EDITORA DO CONHECIMENTO

Auxiliando a humanidade a encontrar a Verdade

SOB A LUZ DA REDENÇÃO

Sob a Luz da Redenção

Matheus
Obra psicografada por
Leonardo Mamede

CONHECIMENTO EDITORIAL LTDA.
Fone: 19 3451-5440
www.edconhecimento.com.br
vendas@edconhecimento.com.br

Projeto gráfico: Sérgio Carvalho
Ilustração da capa: Banco de imagens

ISBN 978-85-7618-442-3 — 1ª Edição - 2018

• Impresso no Brasil • Presita en Brazilo

Produzido no departamento gráfico da
CONHECIMENTO EDITORIAL LTDA
Fone: 19 3451-5440
grafica@edconhecimento.com.br

Dados Internacionais de Catalogação na Publicação (CIP)
(Câmara Brasileira do Livro, SP, Brasil)

Mamede, Leonardo
Sob a Luz da Redenção / romance mediúnico psicografado por Leonardo Mamede ; Limeira, SP: Editora do Conhecimento, 2018.
442 p.

ISBN 978-85-7618-442-3

1. Literatura espírita 2. Obras psicografadas I. Título II. Espírito (Matheus)

18-0769 CDD – 133.93

Índice para catálogo sistemático:
1. Literatura espírita : Espiritismo 133.93

Pelo espírito Matheus

Sob a Luz da Redenção

Romance mediúnico psicografado por
Leonardo Mamede

1ª edição
2018

EDITORA DO
CONHECIMENTO

Dedico estas humildes páginas a Deus, ao nosso senhor Jesus Cristo, aos queridos amigos do plano espiritual que humildemente e pacientemente nos transmitiram seus ensinamentos, à amada esposa Aline e à querida família.

Sumário

Introdução

Não se pode compreender as mudanças sem antes realmente conhecer quais foram as dificuldades envolvidas. Um homem não se torna mau simplesmente da noite para o dia. São as suas escolhas e atitudes que moldam o seu caráter no decorrer de cada existência.

Esta obra nos apresenta a história de um rapaz identificado como Matheus, que ao longo dos tempos foi se permitindo envolver em verdadeira escuridão. Uma criatura cujo ódio, alimentado através das existências físicas, acabou tornando-o alguém capaz de causar ao próximo dor e sofrimento, sem que haja em si qualquer sinal de arrependimento ou remorso. Apenas com o intuito de realizar seus desejos de vingança, e desta maneira tentar satisfazer uma necessidade incompreendida.

Contudo, um dos objetivos desta obra como um todo não é apenas focar-se somente nessa obscuridade que envolve determinadas criaturas, mas sim procurar remover as pesadas nuvens que cercam aqueles que caem em verdadeiras trevas, e mostrar o que realmente existe por trás da escuridão. Iremos apresentar um pouco do importante e tão caridoso trabalho de auxílio realizado pelas inúmeras correntes de benfeitores espirituais, que tanto se empenham em ascender-nos à meta do amor e da humildade, e também elucidar que qualquer criatura, por mais perdida, cruel e voltada à violência que seja, pode perfeitamente encontrar sua verdadeira luz interior e o caminho à tão almejada felicidade, independentemente de quais tenham sido suas escolhas e atitudes.

Narrada não somente pelo espírito Matheus, mas sim por uma grande equipe de colaboradores do plano espiritual, posso dizer que estes escritos constituem uma simples, humilde e verdadeira lição de esperança e conforto. Demonstram que para qualquer um, seja um espírito encarnado ou não, encontrando-se perdido ou revoltado, a luz, o auxílio e o amparo necessários à libertação sempre estarão ao seu alcance, apenas esperando por seu próprio arrependimento.

Encontraremos aqui como nossas más atitudes mostram ser as

únicas responsáveis por moldar-nos o caráter e colocar-nos a seguir indeterminadamente por um inevitável caminho tortuoso, até que possamos, através dos ensinamentos de Jesus Cristo, ter reais condições de seguir adiante.

Por isto, estendamos as nossas mãos ao próximo, abstendo-nos dos sentimentos de orgulho, raiva e inveja. Conforme nos descrevem os amáveis companheiros do plano espiritual, nós somos todos uma grande e eterna família, unida e abençoada pelo sublime e eterno amor de Deus.

Prefácio

A história desta narrativa teve início numa pequena vila do interior do estado de São Paulo, em meados do século XIX, quando ainda me encontrava por trás da escuridão que envolvia minha alma.

Passei por um período de trevas, na busca por vingança de um mundo que eu julgava condenar-me, e de um Deus que eu julgava ter me injustiçado, levando-me, infelizmente, a praticar atos irracionais e de muita crueldade.

Feri muitas pessoas que cruzaram meu caminho, dentre elas Cláudio e Elisa, um jovem casal cuja felicidade provocou em mim um forte sentimento de revolta quando me deixei dominar por uma ardente obsessão pela doce e gentil Elisa.

Após longo período vendo minhas tentativas de retaliação fracassarem, tomado por um incontrolável desejo de vingança e cegado pelo ódio, num último ato de desespero, tentara colocar um fim a tudo e todos que, no meu entender, tanto me haviam feito sofrer. Porém nesta minha última ação, atormentado por dezenas de criaturas desencarnadas que se haviam enlaçado a mim, atraídas por todos aqueles atos infelizes que eu tanto praticara, acabei vitimando a mim mesmo quando, por minhas próprias mãos, adentrei o mundo dos mortos.

Perdido e desesperado, após desencarnar, vaguei por longo tempo em um mundo de trevas para onde havia sido arrastado. Neste mundo, vivenciei um incalculável período envolto em enorme aflição e sofrimento. Porém logo descobri uma maneira de cessar meu sofrimento, podendo ainda retornar ao plano físico para concluir minha vingança. Assim me aliei a criaturas com os mesmos objetivos destrutivos, vagando entre os encarnados, causando ainda mais dor e sofrimento por onde passei, e alimentando ainda mais meu ódio.

Contudo, no decorrer de minhas investidas, deparei-me com uma situação que me levou a ser confrontado por espíritos de grande elevação espiritual, e de alguma forma isto despertou algo em mim, fazendo-me questionar se realmente seria o caminho do ódio o único a seguir.

Confuso, passei mais um longo tempo perdido, e acabei por fim voltando à vida de Cláudio e Elisa, tentando novamente prejudicá-los. Porém, após testemunhar a bondade e pureza de seus corações, que nenhum rancor tinham de mim, mesmo após toda a tormenta que eu havia causado em suas vidas; e ao ouvir uma oração de puro amor feita pelo casal em meu benefício, finalmente comecei a questionar-me sobre os caminhos que havia escolhido trilhar. Então, graças à misericórdia divina, ao arrepender-me, pude seguir das trevas à luz, sendo acolhido e conduzido a um elevado plano espiritual.

Após longo período em recuperação e tratamento, pude depurar-me, iniciando uma nova vida, auxiliado sobretudo pelo grande amigo e mentor espiritual, Balthazar. Através de valiosos ensinamentos e a prática da caridade, percebi o quanto ansiava por ter, se me fosse permitido, uma nova oportunidade no plano físico, sobretudo junto àqueles a quem tanto prejudicara, buscando alcançar a abençoada redenção.

Eterna Felicidade

Quando temos Jesus em nosso coração, somos verdadeiramente mais felizes. Com ele tornamo-nos crianças, e seus braços paternais sempre estarão ao nosso alcance. Prontos para nos amparar, confortar, acolher, conduzir e proteger.

Nosso querido e abençoado Senhor não veio ao mundo para pedir-nos e sim ensinar-nos. Ensinar a sermos mais simples, humildes, confiantes e principalmente amorosos. Quem ama de coração, seja a si mesmo independente dos aparentes defeitos que possa julgar possuir, e ama ao próximo de tal maneira, que não mede esforços para que este receba somente o seu melhor, fazendo-o apenas porque sua felicidade está em vê-lo feliz, independente se este irá retribuir-lhe ou não, pode ter a certeza de que Jesus Cristo já se encontra a seu lado.

E não pense que são apenas alguns poucos que podem obter isto. Todos nós, se nos permitirmos, também poderemos. No entanto, basta primeiro que lancemos fora todo sentimento de inveja, orgulho e vaidade. Em seguida, nos coloquemos na situação do próximo, agindo com este como gostaríamos que fosse conosco. E por fim, ter fé, crer que jamais nos encontramos a sós e principalmente desamparados.

Jesus Cristo indicou-nos o caminho a seguir, deixando-nos como grande exemplo sua própria vida, como a verdadeira e mais pura lição de amor. A felicidade de caminhar ao seu lado em direção ao Reino de Deus também não está distante. Esta oportunidade, está e sempre estará bem diante de cada um de nós. Basta que para isto, aceitemos com o coração puro e manso, as mãos daquele que sempre deixou-as estendidas em nossa direção, esperando simplesmente por nossa decisão de segui-lo. Nosso eterno e amado Senhor, Jesus Cristo.

Matheus
São Paulo, 10/11/12

Parte 1

1 – Um novo começo

> Na verdade, na verdade te digo que aquele que não nascer da água e do Espírito, não pode entrar no reino de Deus.[1]

O ano é 1900, e o cotidiano na pequena vila do interior do estado de São Paulo onde Cláudio e sua querida companheira, a doce e gentil Elisa, moravam, agora prestes a alcançar o status de cidade devido ao aumento no número de seus habitantes, seguia sendo muito calmo e tranquilo.

Cláudio e Elisa ainda moravam na mesma casa, próximo à igreja, com dona Marta, mãe de Cláudio. Contudo, uma grande mudança havia ocorrido em sua família, pois agora partilhavam da companhia de seu filho, ainda recém-nascido, Matheus, sendo este o meu espírito reencarnado, em nova e valiosíssima oportunidade de redimir minhas faltas com estas pessoas tão queridas e a quem tanto devia.

— Cláudio! Aonde vai? É véspera de Natal e não se esqueça de que amanhã seus tios virão para cá – lembrou Elisa, segurando a mim, o pequeno Matheus, no colo.

— Sim, não me esqueci, meu amor. É que pretendo comprar um presente para nosso filho. Quero muito dar-lhe algo neste primeiro Natal que passaremos juntos. Vou até a loja do Sr. Agenor e não me demoro.

— Está bem. Vá com Deus.

Cláudio estava radiante. O pequeno filho era o melhor presente que poderia imaginar um dia ter. E além disso, sua querida esposa havia se curado e estava bem de saúde. Por mais fé que possuísse, Cláudio não imaginava um dia receber tantas bênçãos e poder estar tão feliz e radiante.

Ver Elisa recuperada e sem sequelas do câncer, ainda lhe pare-

[1] Novo Testamento, João 3:5.

cia um milagre. E o pequeno Matheus, poder segurá-lo em seus braços e chamá-lo de filho, era um sonho que se havia realizado.

O próprio doutor Joaquim, com base no que vivenciara em toda sua carreira, disse considerar serem fatos inexplicáveis, tanto o nascimento de um bebê em um útero doente, quanto o desaparecimento do câncer.

No entanto, para o amigo do casal, o atencioso padre Gerônimo, o que ocorrera naquela família era obra da vontade de Deus. O padre, desde que soubera da doença de Elisa, e depois, quando tomou conhecimento de sua gravidez e então do nascimento do bebê, sempre dedicava em suas orações um momento para pedir que as bênçãos do Senhor se derramassem sobre eles.

E para retribuir-lhe o carinho, Cláudio decidira, a partir do próximo ano, dedicar um tempo exclusivo para auxílio aos inúmeros trabalhos que os voluntários da igreja realizavam junto aos mais necessitados.

Anteriormente, sua companheira e ele já realizavam algo parecido, mas com o tempo e principalmente devido às dificuldades com a doença de Elisa, acabaram por afastar-se dessas atividades.

Contente e realizado, prosseguia então o amoroso pai à loja do Senhor Agenor para comprar um presente para seu amado filho.

— Olá, senhor Agenor – disse Cláudio, entrando na loja.

— Como vai, Cláudio? É muito bom vê-lo. E Elisa e o neném, como vão?

— Estão muito bem, graças a Deus.

— Ah que bom, fico muito feliz, meu amigo. Que Deus os abençoe sempre. Mas a que devo a visita, procura algo?

— Sim, na verdade procuro algo para presentear meu filho.

— E você procura algo em especial?

— Para lhe ser sincero, não pensei em nada. Como ele ainda é muito pequeno, não sei o que poderia dar-lhe. O senhor, como já é pai, me aconselha algo? – perguntou Cláudio, olhando à sua volta para ver se encontrava algo.

— Bem, como ele é recém-nascido, são poucas as opções. Mas também depende se você deseja presenteá-lo com algo para ele utilizar, ou se é para lembrar da data.

— Sei que para ele usar fica difícil, mas não queria que fosse algo somente para marcar a data. Será que o senhor me permite olhar pela loja, para ver se encontro algo?

— Mas claro que sim, Cláudio, fique à vontade. Se encontrar algo, me avise.

Então Cláudio começou a olhar pacientemente todas as prateleiras da pequena loja, procurando por algo que lhe tocasse o coração. Este queria poder presentear seu amado filho com algo que representasse os sentimentos que estava vivenciando. Sentimentos de carinho, amor e amparo. Queria presenteá-lo com algo que, além de ser uma lembrança boa, quando mais velho, seu filho pudesse olhá-lo e assim recordar-se de tudo o que representava.

E foi então que, vasculhando na última prateleira, viu, empoeirado atrás de um porta joias, o pequeno objeto. Um pequeno crucifixo, cuidadosamente talhado com a imagem de nosso Senhor.

Cláudio imediatamente se encantou com o objeto. Na imagem, Jesus possuía um semblante muito sereno. O radiante pai admirou-se por encontrar um objeto tão delicadamente trabalhado. Ao segurá-lo e passar os dedos em cada detalhe, parecia conversar com a imagem. Seus olhos brilhavam como se estivesse em suas mãos o presente perfeito.

Qual objeto poderia representar melhor os sentimentos de carinho, amor e amparo do que a imagem de Jesus Cristo? A verdadeira personificação de toda pureza e bondade que já existiu.

— Senhor Agenor, vou levar este – falou Cláudio, feliz pelo achado.

— Ótima escolha, gostaria que eu o embrulhasse?

— Não precisa. Quero levá-lo à igreja para ser benzido pelo padre. Mas se o senhor me permite, quero levar também o embrulho. Depois que o benzer, pretendo embrulhá-lo.

Então, após pegar o presente, Cláudio despediu-se do senhor Agenor e seguiu em direção à igreja. Não demorou para que chegasse.

Por tratar-se da véspera do Natal, e também pelo horário, a igreja estava quase vazia.

Cláudio adentrou respeitosamente e seguiu à procura do atual pároco da igreja, o padre Francisco. Encontrou-o na sacristia, ouvindo zelosamente uma senhora, e decidiu não os incomodar. O padre viu-o e logo percebeu que este desejava algo. Então, humildemente acenou a cabeça, indicando que assim que possível o atenderia. Cláudio sorriu e dirigiu-se para os assentos, a fim de aguardá-lo.

Como não sabia o tempo que o padre demoraria, decidiu aproveitar a oportunidade para rezar um pouco. Ele tomou firme o crucifixo que daria de presente ao filho amado, ajoelhou-se e então preparou-se para orar.

No entanto, assim que iniciou, viu a poucos metros uma senhora de cabeça baixa e aos prantos.

Cláudio olhou-a humildemente, tentando solver o porquê de suas lágrimas, mas sentiu que não deveria intrometer-se e voltou-se para sua reza. Conseguiu concentrar-se apenas por alguns instantes, antes do choro da senhora interrompê-lo novamente.

Cláudio ergueu a cabeça, olhou novamente para a senhora e em seguida inclinou-se, procurando pela igreja alguém que pudesse dirigir-se a ela. Havia naquele momento apenas três pessoas, fora ele e a senhora. Cláudio olhou-os, verificando se estes também estavam preocupados com aquela cena, mas não viu ninguém esboçar qualquer reação.

Como Cláudio não aguentava ver as pessoas chorando, principalmente mulheres, decidiu ir até ela conversar.

— Senhora, com licença – disse, aproximando-se.

A mulher levantou o rosto inchado de tanto chorar e, passando a mão nos olhos, olhou-o fixamente.

— Me desculpe, não desejo intrometer-me. É que eu estava ali rezando e não pude deixar de notá-la – falou, sincero.

— Poxa, moço, o senhor me desculpe, eu não queria incomodá-lo. Eu estou tão acabada, que nem havia percebido o escândalo que estava fazendo.

— Não, de maneira nenhuma, senhora. Não vim até aqui exigir que se controle. Muito pelo contrário, gostaria de saber se eu poderia ajudá-la em algo.

— Imagina, não precisa se preocupar não. A última coisa que quero é estragar a vida de mais alguém. Olha, moço, eu agradeço sua preocupação, mas é melhor o senhor não saber sobre os meus problemas. A vida já foi muito cruel para mim, e não vejo mais sinal algum de esperança – disse, baixando a cabeça e voltando a chorar, porém mais contida.

Cláudio franziu a testa, respirou fundo e, mesmo quase convicto de que deveria deixá-la, tocou sutilmente em seu ombro e, com um sorriso humilde, solicitou encarecidamente que lhe contasse o que havia ocorrido.

A senhora mais uma vez pensou em pedir-lhe para deixá-la, mas olhando em seus olhos, viu que este realmente estava disposto a ouvi-la.

Quando Cláudio percebeu que ela havia se acalmado e que realmente entendera sua intenção, estendeu-lhe a mão e apresentou-se.

— Eu me chamo Cláudio.

— Eu sou Etelvina. Prazer, moço.

— Então, Etelvina, não gostaria de me contar o que foi que houve?

— Bem, moço, é uma longa história... – iniciou a senhora, procurando manter um tom de voz baixo, para não incomodar mais ninguém.

Etelvina contou-lhe ter vindo para a cidade havia algum tempo, juntamente com seu marido Cleberson. Ambos embarcaram para a nova empreitada no período em que muitos migrantes vieram à procura de novas oportunidades.

Contudo há de ressaltar-se que ela não contou toda a verdade, pois havia ficado na cidade junto apenas de alguns imigrantes, uma vez que seu antigo companheiro, Cleberson, retornara para cidade de onde haviam saído, após esclarecer que não queria mais nada com ela.

Disse que ela e o marido, na cidade onde viviam, levavam uma vida de pobreza e extrema miséria. Porém, apesar das dificuldades, tentavam ser felizes.

O casal havia trabalhado por quase três anos para um fazendeiro, chamado Orácio. Ela como empregada e seu marido Cleberson como auxiliar de um dos agricultores da fazenda.

Porém o senhor Orácio fora assolado por uma crise financeira, o que o fez perder dois terços de suas terras. Tal fato fez com que entrasse em desespero, obrigando-o a dispensar muitos de seus trabalhadores. Dentre estes estavam Etelvina e Cleberson.

O casal ficou então sem saber o que fazer, pois o fazendeiro, além de demiti-lo,s também queria que deixassem sua casa.

Porém a esposa de Orácio, Emanuela, interviu junto ao marido, solicitando-lhe que os deixasse ficar no barraco improvisado nos fundos do casarão, até que encontrassem novo emprego. Assim o fazendeiro permitira que Etelvina e Cleberson permanecessem no local, apenas porque sua esposa retinha um grande carinho por ambos.

O tempo foi passando e quanto mais o casal via suas chances sumirem, mais revoltado ficava também o fazendeiro Orácio. Este não gostava do carinho com que sua esposa tratava o casal, além das inúmeras vezes que a flagrou indo levar-lhes comida escondido. Apesar da revolta, Orácio gostava muito da esposa e somente a repreendia.

Durante este período, o casal Etelvina e Cleberson descobriu a gravidez do primeiro filho. Ao mesmo tempo em que a felicidade os invadira, o desespero também. Pois se mal conseguiam sustentar-se, imaginavam então como seria com um filho.

No entanto ter um filho era um desejo que sempre esteve presente na vida de Cleberson. Este, muito apegado a crianças, não via o momento de ser pai. O casal chegou a tentar engravidar por algum tempo, mas por mais que desejassem, algo relacionado à saúde de Etelvina não permitia.

A notícia da gravidez foi uma surpresa para o marido, uma vez que a frustração do desejo de tornar-se pai fizera-o cogitar até abandonar a esposa. O relacionamento entre eles, pelo menos por parte de Cleberson, havia-se tornado mais um costume do que amor.

Já Etelvina seguia apaixonada pelo marido. Nutria por este um amor incontrolável e era capaz de realizar qualquer coisa. Quando por algo discutiam e Cleberson ameaçava abandoná-la, ela lançava-se a seus pés, implorando seu perdão.

Porém, por mais que o marido por hora abandonasse o desejo de deixá-la, o fato de não conseguirem ter filhos seguia frustrando-o. Cleberson via-se ficando cada vez mais velho, e com isto a possibilidade de ser pai tornava-se cada vez mais distante.

Quando Etelvina descobriu estar grávida, sentiu que finalmente nunca mais correria o risco de ser abandonada. Agora só bastava que o fazendeiro Orácio não descobrisse a gravidez, para não os colocar para fora, até que conseguissem um novo emprego.

Contudo, apesar do medo de serem descobertos, o casal possuía como aliada a senhora Emanuela, esposa de Orácio. Esta, sempre muito amável com ambos, ajudou-os como pôde nos meses que se seguiram. Levava-lhes comida e tudo o que fosse possível para auxiliar na gravidez de Etelvina.

Tudo seguia bem, até que em uma noite Orácio acorda e, ao não ver a esposa na cama, decide sair à sua procura. Após buscar pela casa e não a encontrar, o fazendeiro tem impulso de procurá-la no barraco onde Cleberson e Etelvina moravam. Como a distância não era muita, Orácio pegou um lampião e seguiu ao local.

Ao chegar ao barraco, o fazendeiro teve um surto de ódio. Viu a esposa dedicando-se aos cuidados de Etelvina, que se encontrava grávida e com dores. A discussão foi inevitável, pois pelo tamanho da barriga, Orácio logo percebeu que havia tempos vinha sendo enganado.

O fazendeiro, ao ver a cena, seguiu para cima do casal, procurando colocá-los para fora por terem-lhe escondido a gravidez. No entanto sua esposa Emanuela interviu e colocou-se entre eles.

A gentil esposa bem que tentou acalmar os ânimos do marido, mas este estava irredutível. Gritando e gesticulando, Orácio não se importou com os pedidos da esposa para que se acalmasse, e seguiu esbravejando sobre o casal.

Nem mesmo o fato de Etelvina estar contorcendo-se de dores fê-lo retroceder; apenas gritava e mandava-os saírem de sua propriedade. Vendo que o marido não se acalmava, Emanuela segurou-o firme e puxou-o contra si.

Isto foi o suficiente para que o marido se desequilibrasse e deixasse que o lampião que trazia caísse e se quebrasse sobre sua esposa, acabando por atear fogo nas roupas dela.

Em desespero, Orácio gritava e tentava apagar as chamas do corpo da mulher juntamente com Cleberson, mas infelizmente o tempo foi demasiadamente longo. A senhora Emanuela faleceu apenas algumas horas depois que conseguiram apagar o fogo.

Naquela mesma noite, Etelvina, com fortes dores, viera também a perder a criança. Ao casal restou apenas a dor pela perda da gentil senhora que tanto os auxiliou, e do filho amado.

No dia seguinte, mesmo com a morte da esposa, Orácio fez valer seu desejo e colocou-os para fora de sua propriedade, deixando que levassem apenas as roupas do corpo.

— Meu Deus, Etelvina, mas que história mais triste – falou Cláudio, comovido.

— Isto é apenas uma parte da minha história. Depois que nós tivemos de deixar nossa casa e recomeçar do nada, acabamos vindo parar aqui nesta cidade.

— Mas e seu marido, onde está agora?

— É isto que irei contar-lhe.

2 – Caminhos da vida

Muitas vezes, enquanto no físico, somos confrontados com situações diversas, as quais têm por objetivo expor-nos distintas oportunidades de aprendizado, resgate ou amadurecimento. Estas surgem atraídas por nossas íntimas necessidades que, envolvendo-nos, direcionam nossas vontades para a obtenção do resultado esperado.

Cada ser traz inconscientemente um detalhado percurso que almeja cumprir, não importando quais sejam os meios utilizados no decorrer. Se duas trilhas que caminham paralelas possuem o mesmo ponto de chegada, porém enquanto uma é fácil de transpor, a outra oferecerá maiores dificuldades, nada há que impeça ao viajante decidir por onde deseja seguir.

Se está em seu objetivo enfrentar uma tempestade, então os meios conduzi-lo-ão em direção a esta, mesmo que a princípio nada colabore para isso. Cabe ao sábio viajante utilizar todos os recursos disponíveis para que, quando então confrontar algum obstáculo, consiga superá-lo.

E quais melhores recursos do que os maravilhosos ensinamentos de Nosso Senhor Jesus Cristo?

Alimentemo-nos com este pão da vida. Único verdadeiro benefício que nos foi entregue, capaz de prover condições para que o percurso no transpor de nossas trilhas possa ser suave e leve.

Enquanto aguardava o padre para que este pudesse benzer o presente que Cláudio pretendia dar ao filho, a senhora Etelvina seguia contando-lhe sua história.

— Bem, depois que perdi meu filho e o fazendeiro colocou-nos para fora, eu e meu marido entramos em desespero. Imagina o senhor, termos acabado de perder nosso filho, vermos a única pessoa que nos queria bem morrer, e ainda sermos expulsos do lar.

— Mal consigo imaginar a dor e o sofrimento pelo qual passaram – lamentou Cláudio.

— As dores físicas causadas pelo aborto ainda me acometiam quando eu e meu marido, após vagarmos sem rumo, ouvimos de um homem sobre as oportunidades de trabalho que estavam surgindo em uma cidade. No começo ficamos muito receosos em abandonar nossa cidade e partir em uma jornada incerta, mas a situação não nos permitia escolhas – lembrou Etelvina.

A senhora explicou que assim como eles, muitos ali também se encontravam em situação bem semelhante. Homens, mulheres, idosos e até crianças, sem um teto, sem alimento e sem qualquer esperança de deixar aquela situação deplorável.

Os boatos eram de que, com a chegada da linha férrea à cidade, muitos fazendeiros lá pretendiam instalar-se. Isso levaria à necessidade de mão de obra nas lavouras e plantações.

Então, não demorou muito para que vários grupos de famílias à procura de melhores condições se reunissem e partissem rumo à nova cidade. Contudo, apesar das possibilidades de vida nova, Etelvina percebeu que desde que perdera o tão sonhado filho, seu marido Cleberson tratava-a de forma diferente.

Etelvina era apaixonada pelo marido e sempre tentava agradá-lo, acariciando-o e fazendo suas vontades. Por inúmeras vezes deixara claro que não saberia viver sem ele. Não apenas por causa do sufocante amor que sentia pelo companheiro, mas também porque era totalmente dependente de Cleberson. Sabia que se este um dia a abandonasse, morreria de fome.

Apesar das tentativas de perguntar ao marido o que estava ocorrendo, este se demonstrava distante e vazio. Sempre lhe indicava não ser nada. E assim seguiu até que finalmente chegaram, com inúmeros migrantes, à nova cidade.

Etelvina sentia-se feliz com as possibilidades de uma vida nova. Porém seu marido não demonstrava o mesmo desejo, algo seguia incomodando-o. Foi então que, após muita insistência da mulher, Cleberson finalmente lhe contou o que estava acontecendo. O marido disse perceber que estar ao seu lado não lhe trazia a mesma felicidade de antes. Cleberson queria ser pai. Sempre tivera o sonho de ter um menino, e infelizmente isto sua esposa parecia não lhe poder dar.

Etelvina sentiu-se arrasada. Nem todo seu amor poderia suprir aquela necessidade do marido. Mais uma vez a ideia de abandoná-la seguia viva na mente dele, contudo muito mais forte que antes. Não bastasse isto, a falsa ilusão de que na nova cidade haveria emprego e vida fácil, logo desmoronou. Muitas famílias viram-se, assim como na antiga cidade, ali também entregues à própria sorte.

Em meio a uma grande desilusão, o casal seguia com seu destino juntos incerto. Cleberson estava disposto a deixá-la, e parecia que aquela situação encaminhá-los-ia para isto.

Foi quando, então, uma luz de esperança pareceu surgir diante destes. E por intermédio de um conhecido que com eles embarcara rumo à nova cidade, Cleberson fora chamado para trabalhar em uma das plantações de tomate. Esta notícia foi o suficiente para acalmar um pouco seus ânimos de largar a esposa.

Vendo que finalmente possuía uma chance de segurar seu marido, Etelvina, nos meses seguintes, fez de tudo para mais uma vez tentar engravidar.

Depois de algum tempo morando em uma das propriedades da fazenda, em um velho galpão, o desespero em não conseguir engravidar começou a tomar conta da mulher. Cleberson estava estressado com aquela situação e não aguentava mais carregar uma esposa infértil nas costas. Queria ser pai, e se Etelvina não lhe proporcionasse isto, tudo entre eles estaria terminado.

Constatando que seria abandonada e não mais teria seu grande amor a seu lado, a mulher rogou ao marido uma última chance de tentar engravidar, e para sua surpresa e espanto do marido, finalmente conseguiu. Cleberson parecia não acreditar que a esposa conseguiria enfim lhe dar o desejado filho. Depois de Etelvina ter tido complicações e perdido o filho, o desconfiado marido estava com um pé atrás. Este deixara claro que se mais uma vez a mulher viesse a perder a criança, iria para a rua.

Porém, na verdade, diferentemente do que Etelvina dissera a Cláudio, ela, por não conseguir engravidar, já havia sido deixada por Cleberson havia algum tempo.

— Nossa, mas que situação chata. – considerou Cláudio – Mas o que houve, vocês finalmente conseguiram ter este filho?

Antes que Etelvina pudesse prosseguir, o padre Francisco gentilmente os interrompe, dizendo a Cláudio que poderiam conversar, desde que o assunto fosse rápido, pois ele já estava atrasado para iniciar os preparativos da missa.

— Não, padre, é assunto rápido. Apenas gostaria que o senhor benzesse este crucifixo aqui. – falou Cláudio, retirando-o do bolso – É que pretendo dar-lhe de presente a meu filho neste natal – completou.

— Sim, como não. Farei isto a você com todo o prazer – respondeu o padre, pegando o presente e dirigindo-se à sacristia.

— Nossa, você nem havia me dito que tinha filhos – falou

Etelvina.

— Pois é. Tenho um lindo filho que acabou de nascer. Seu nome é Matheus – responde o orgulhoso pai.

— Puxa, esqueci de dizer o nome de meu filho ao padre. Sei que talvez isto não tenha importância, mas gostaria muito que ele pensasse no nome dele ao benzê-lo – lembrou Cláudio – Me dê licença, senhora. Vou até o padre e já volto – solicitou.

Ao deixar Etelvina, esta ficou ali pensativa. Saber que Cláudio acabara de ter um filho, fê-la cogitar uma atitude até então inesperada.

Pouco tempo depois, após dizer o nome do filho ao padre, Cláudio retorna para dar continuidade a sua conversa com a sofrida mulher. Mas, para sua surpresa, esta havia simplesmente sumido. Ele ficou sem entender, mas imaginou que ela tivesse se lembrado de algo importante e então partido.

Enquanto Cláudio, na igreja, aguardava ansioso pelo retorno do padre com o presente de seu filho, ao seu lado, porém sem poderem ser vistos, o querido espírito Cássius conversava com o amigo Balthazar, que acabara de chegar.

— É bom tornar a vê-lo, meu querido irmão – disse Balthazar fraternalmente.

— Eu digo o mesmo, meu amigo – respondeu-lhe Cássius.

— E então, como está nossa abençoada família? – perguntou Balthazar, referindo-se a Cláudio, Elisa e o pequeno filho.

— Confesso-lhe que não poderiam estar melhor. Como soube, a doença de Elisa se extinguiu com o nascimento do aguardado filho. E este segue indo muito bem. Ainda não acredito que nosso irmão Matheus conseguiu reencarnar como filho de Cláudio e Elisa – disse Cássius, sorrindo.

— Sim, podemos dizer que foi um verdadeiro presente de Deus. Não imagina como me orgulhei em vê-lo solicitar esta nova oportunidade.

— Realmente, Balthazar. Mas me diga, como foi o processo e o período que precederam sua vinda a esta nova roupagem?

— Pois bem. Recorda-se que em nossa última estada aqui no físico, encontramos o casal Cláudio e Elisa enfrentando a doença que proliferara no útero dela, e que, segundo os médicos, sua única chance seria a remoção de seu útero?

— Sim, como não, meu amigo. Eu acompanhei de perto todos os

receios que os envolviam da intervenção cirúrgica. Não posso negar que, acompanhando Cláudio, ver seu grande desejo de tornar-se pai desaparecer, entristeceu-me também – lembrou Cássius.

— Contudo nós sabemos que a providência divida sempre nos oferta novas oportunidades. Saiba que o retorno de nosso irmão entre estas criaturas, as quais seguiam, assim como ele, unidas por um laço fraterno, já se encontrava direcionado para isto há longo tempo – explicou Balthazar e prosseguiu.

— Por isto é verdadeira a máxima que diz: "Deixa ali diante do altar a tua oferta, e vai reconciliar-te primeiro com teu irmão".[2] Ou seja, nosso querido Matheus não conseguiria seguir adiante enquanto não retornasse e se permitisse saldar os débitos que intimamente seguia carregando com estes irmãos.

— Sua história – iniciou Cássius – é um grande exemplo de humildade para todos que seguem arrastando pesados fardos em consequência das próprias escolhas realizadas. Sinto-me feliz por ter presenciado esta maravilhosa mudança. Vê-lo compreender como suas atitudes o estavam mantendo acorrentado e distante de sua própria luz, é verdadeiro bálsamo de esperança.

— Esperanças a todos que de alguma forma ainda jazem em sofrimento, dor e revolta, meu amigo.

— Mas me diga, Balthazar, você chegou a acompanhar junto dos responsáveis pelas novas roupagens físicas, os novos processos e traçados almejados por Matheus nesta encarnação?

— Devo confessar-lhe que sim, meu amigo. Alguns pontos foram necessidades de alto valor para ele, e outros, para aqueles com quem irá cruzar ou em algum momento cruzou. Magnífica é a máquina da vida, cujas condições de proporcionar-nos estas oportunidades tão valiosas, são realmente algo surpreendente.

— Verdade... – comentou Cássius.

— Não tenho dúvidas de que nosso querido irmão concluirá com louvor todo seu novo objetivo. Sinto-me honrado por ter sido a mim permitido que o oriente quando chegar o momento certo.

— Pode contar com meu auxílio também. Como sabe, sigo aqui agradecido por também poder estar junto de Cláudio e sustentá-lo com suas escolhas em direção à desejada luz interior – disse Cássius.

— Eu lhe agradeço – retribuiu o amigo.

---

[2] Novo Testamento, Mateus 5:24.

— Balthazar, e como foi a conclusão do curso de Matheus e a notícia, dentre seus companheiros na Morada Renascer, de seu regresso ao físico?

— Foi lindo. Como sabe, poder concluir algo no qual se deposita tanta vontade, é realmente gratificante. E para nosso Matheus, não poderia ter sido de outra forma. Ver seus olhos brilhando de felicidade, com a conclusão daqueles abençoados estudos no Frei Augusto, foi um grande presente para mim.

— Não tenho dúvidas. Soube de seus débitos também em relação ao pai dele, José. Impressionante como vamos, ao longo de nossas existências, acumulando débitos e bênçãos no decorrer de cada encontro, aprendizado e experiência que compartilhamos com nossos irmãos do físico. A providência age de forma ímpar ao proporcionar-nos estes encontros com criaturas com as quais temos muito o que aprender.

— Exatamente, Cássius. E são estes mesmos encontros que nos permitem expor o que de valor obtivemos ao longo de nossas jornadas, e igualmente poder, com o auxílio daqueles que conosco estiveram, romper as amarras que nos impediam de prosseguir – completou Balthazar e prosseguiu.

— Não fossem estes encontros, todos estaríamos à mercê da dúvida e da incerteza sobre como teríamos agido mediante uma nova oportunidade dentre aqueles com quem de alguma forma falhamos. Matheus, com sua inteira força de vontade, e graças ao amparo dos inúmeros servos de bem, conseguiu compreender seu estado e como poderia proceder para libertar-se. Esta nova oportunidade junto a Cláudio e Elisa, agora como seus queridos pais, será para ele de extrema importância.

— E meu amigo Balthazar, no decorrer de novo plano traçado a esta existência de Matheus, você teve acesso a questões detalhadas sobre pontos que este viria a enfrentar? – perguntou Cássius, preocupado.

— Bem, como lhe expliquei, não tive acesso a informações mais aprofundadas. Há assuntos que somente dizem respeito a ele e a seus credores. Mas se me permite perguntar, por que está apreensivo com isto?

— Na realidade peço-lhe desculpas por minha intromissão em tais assuntos. Mas como agora Matheus faz parte da família de

Cláudio, preocupo-me com eventuais enfrentamentos que possam vir a fazer parte do seu novo plano reencarnatório, e desta forma virem a influenciar indiretamente seus pais, Cláudio e Elisa. E como considero Cláudio como um filho, pois o tenho acompanhado desde os primeiros instantes nesta sua atual encarnação, não quero ser demasiadamente protetor e querer estar sempre um passo à frente, tentando impedir que ele não se machuque, por eu ser muito cuidadoso. Eu acho que você já conseguiu compreender aonde quero chegar. Sinto-me um pouco envergonhado – confessou Cássius.

— Ora, não se envergonhe por apenas querer o melhor para os seus. Isto é perfeitamente compreensível. Contudo não queiramos ser os senhores da razão. Sabe que somente o Pai tem condições de expor o que será melhor a cada um de seus filhos. O pai zeloso não quer ver seu filho machucar-se com algo que julga desnecessário à sua formação. Mas sejamos mais que apenas protetores, sejamos verdadeiros companheiros. Como sabe, somos sujeitos a cair ao tentar transpor um degrau, para que na próxima tentativa, este já não mais nos surpreenda. É assim que as coisas prosseguem, Cássius. Nosso trabalho não é evitar que eles caiam, e sim ampará-los e sustentá-los para que se levantem e prossigam. Somente assim conseguirão obter o necessário à sua própria formação interior – concluiu Balthazar, gentil.

Neste instante, o padre, atendendo ao pedido de Cláudio para que benzesse o crucifixo, retorna, trazendo o presente de Matheus.

— Aqui está, Cláudio. Peço desculpas pela demora.

— Eu que lhe peço desculpas, padre. Sinto ter tomado seu tempo, pois sei que já está atrasado para os preparativos da missa.

— Não foi nada demais, Cláudio. Sabe que é sempre um prazer atendê-lo. Se puder, venha com sua esposa e filho para a missa de natal – disse o padre, despedindo-se.

Então, após pegar o presente, Cláudio, sem perda de tempo, corre para casa, onde os seus aguardavam-no para o início das confraternizações de Natal.

Nesse lar e de todas as famílias, era um momento de paz e confraternizações, onde o verdadeiro espírito de amor e humildade, transmitido por nosso Senhor Jesus Cristo, seria derramado por sobre todos.

Nos planos superiores, servos de luz emanavam muitas bênções em forma de chuva, acalentando e iluminando todos que ainda se encontravam espalhados nos diferentes caminhos da vida, procurando nutri-los e ampará-los, dando-lhes a certeza de que nosso amado e querido Senhor está e sempre estará presente conosco.

3 – Jovens fazendeiros

Quando a estrela de Belém anunciou no céu a chegada do Senhor, o planeta vibrava de felicidade pela oportunidade que estava tendo. Poder receber dentre os seus aquele que elaborara a própria constituição do globo e arquitetara suas diretrizes, era valiosa bênção.

O planeta interage diretamente com sua psicosfera, e com ela nutre-se para equilibrar o sistema. Após eras, fazia-se necessária a intervenção de seu próprio elaborador para que o real caminho pudesse ser indicado.

A evolução segue sempre um caminho repleto de entraves, os quais são importantes, mas não essenciais. O percurso estava sendo lenta e cuidadosamente seguido como esperado, porém fatores acumulados através de escolhas que não foram as opções mais viáveis, inclinavam-nos a seguirmos todos por trilhas dispersas.

Quando se verificou que o rumo poderia ser dificultado e a oportunidade estava presente, uma vez que a pedra principal já estava sendo preparada anteriormente, isto é, a palavra de Deus já havia sido semeada no mundo, o Pai enviou-nos seu amado filho para então consolidá-la.

Nosso Senhor Jesus Cristo veio no momento certo, como estava previsto, para que Sua luz pudesse conduzir-nos e abrandar o verdadeiro caminho que nos leva em direção a Deus.

Abracemos esta fonte eterna que nos foi enviada por Deus, e de braços e corações abertos, levemos juntos a viva lembrança de seu querido filho, Jesus Cristo.

Na residência de Cláudio, toda sua família estava reunida para celebrar o Natal. Além dele, sua mãe, a esposa Elisa e o pequeno bebê, também estavam presentes seu tio Alberto, a esposa e os filhos, e, visitando-os, alguém que havia tempos não partilhava com estes a comemoração natalina, o irmão de Elisa, hoje casado e pai de família, Pedro.

A humilde casa ficou pequena para todos que lá se encontravam. Poder ver a família reunida, e ainda em uma época cuja alegria vibrava de forma mais intensa, era para Elisa grande emoção.

Mesmo após enfrentarem distintas provações no caminhar até chegarem neste dia em que podiam estar juntos e com um amado filho nos braços, a felicidade jamais deixara o semblante de Elisa.

Nem mesmo enquanto esteve doente e acamada, a vontade de viver a abandonava. Quem a visse com o pequeno filho no colo ali, contente e procurando ser atenciosa com todos, não imaginaria o que já enfrentara.

Ou então, quem visse Cláudio feliz e sorrindo, não imaginaria que ele agora só colhia os louros, porque para ele as tempestades, se em algum momento de sua vida existiram, eram apenas lembranças do passado.

O casal estava feliz e unido, possuíam um teto, tinham muitos amigos que os queriam bem, e ainda haviam sido agraciados com a vinda de um pequeno filho. Tudo estava perfeito. Mas sem saber que eram invejados, nem imaginavam estarem sendo observados.

Enquanto o casal comemorava junto dos seus, do lado de fora uma senhora de aspecto frágil e inocente media-lhes cada movimento. Cada gesto e cada gargalhada eram vistos e mentalmente indagados do porquê de eles terem tanto e ela nada.

Sem saber que havia sido seguido até sua casa, Cláudio, radiante com a paternidade, embalava o pequeno filho. Era visível sua felicidade tendo-o em seus braços e portando o humilde presente, o crucifixo que horas antes fora benzido pelo padre. Cena esta que aumentara ainda mais o sentimento de inveja daquela senhora, a qual horas antes também estivera na igreja com Cláudio.

Observava-o e invejava-o, começando a lançar-lhe intenções duvidosas, a horas antes sofredora senhora Etelvina.

No dia seguinte, Cláudio, após despedir-se amorosamente do pequeno filho e da esposa, sai em direção ao casarão existente dentro da fazenda onde trabalhava, a fim de verificar o abrigo das colheitas. Como havia dias o tempo vinha estando bastante instável, ele queria ter certeza de que seus empregados haviam tomado os devidos cuidados e organizado tudo corretamente.

Cláudio, que com os anos de empenho e dedicação junto a seu antigo chefe, havia-se tornado um dedicado fazendeiro, trabalhava em uma pequena fazenda de plantações diversas, não muito distante de casa, que também pertencia a um velho amigo que tornara-se seu sócio.

Este seu sócio chamava-se Norberto e possuía dois terços das terras onde cultivavam. Quase tudo era decidido por este senhor, cabendo a Cláudio ficar voltado mais para a parte das vistorias do que colhiam.

Cláudio tinha Norberto como uma pessoa com a qual poderia sempre confiar e contar. Poucas foram as vezes em que discordaram de algo ou discutiram. Apesar do caráter autoritário que Norberto às vezes apresentava, a simplicidade de Cláudio sempre contornava as dificuldades.

Norberto era um senhor de boa aparência, vestia-se sempre muito bem e possuía boa educação. Quem visse aquele senhor de quase cinquenta anos, diria tratar-se de um estrangeiro. Ele possuía quatro filhos, três com a primeira mulher, com quem estivera casado por doze anos, e mais um com sua atual, com a qual já completaria sete anos de união.

Dentre seus quatro filhos, dois trabalhavam na fazenda de seu pai e Cláudio. Eram eles Josiel, de dezoito anos, e Josias, de dezesseis. Os outros dois filhos de Norberto eram Francilene, de quinze anos, fruto também do primeiro casamento, e Romualdo, de oito anos. Sendo este último um dos motivos do término do relacionamento entre Norberto e sua primeira esposa, Josimara.

Apesar da sempre boa aparência de Norberto e sua educação junto àqueles que o conheciam, dentro de sua própria casa ele era um pai autoritário e um marido exigente.

Norberto nunca escondeu de sua mulher Josimara sua grande atração pelas mulheres, porém o que esta não imaginava era que havia tempos ele a vinha traindo.

Foram várias as mulheres com quem este se relacionava, principalmente quando viajava à capital. No entanto foi apenas quando este engravidou Roseli, uma mulher negra que trabalhava na fazenda vizinha, que sua mulher descobrira suas traições.

Quando Roseli engravidou e seu patrão viu sua barriga crescer, colocou-a contra a parede, e esta confessou tratar-se de um filho do fazendeiro vizinho. Não demorou para que seu patrão chegasse até Norberto e o obrigasse a ressarci-lo pelo prejuízo de ter uma empregada grávida.

Apesar de negar ser o pai da criança, este concordou em ressarcir o fazendeiro, com receio de que boatos se espalhassem, fazendo-o perder clientes. Contudo, mesmo esforçando-se para manter o assunto em sigilo, os boatos correram e logo chegaram aos ouvidos da esposa Josimara.

Mais uma vez, ao lhe ser indagado, Norberto negou ser o pai, contudo logo voltou atrás e assumiu a paternidade ao ver Roseli ser expulsa pelo patrão da fazenda onde trabalhava. Pois, sem família, amigos ou ter para onde ir, Roseli foi buscar abrigo junto de Norberto, uma vez que seu filho já estava para nascer.

Assim que este nasceu, confirmou-se realmente se tratar de um filho de Norberto, dada a semelhança entre ambos.

Logo em seguida, Josimara abandonou Norberto, indo viver com uma irmã mais velha. Este tentou fazer de tudo para que sua esposa não o abandonasse, porém nada adiantou.

Ao ver-se sozinho e com uma mulher portando um filho recém-nascido à sua porta, Norberto decidiu fazer um acordo com Roseli. Estes viveriam juntos, mas ela, além de ser sua mulher, não deveria intrometer-se quando este quisesse relacionar-se com outras.

Como Roseli era jovem e bonita, Norberto queria tê-la por perto para que esta, além de ser sua empregada, também saciasse seus desejos.

Então, sem alternativa, Roseli decide aceitar viver com Norberto e ainda trabalhar como sua empregada.

O tempo passou e a antiga esposa de Norberto conheceu outra pessoa. Os filhos que tiveram juntos, cresceram. E com a mágoa entre estes e o pai tendo diminuído, Norberto convidou Josiel e Josias para que viessem trabalhar com ele.

Desde então já fazia quase um ano que ambos haviam aceitado virem trabalhar com o pai na fazenda.

Josias, o filho mais novo, era um dedicado trabalhador e sempre se esforçava para exercer o seu melhor. Atencioso e bastante humilde, seguia as orientações no trabalho sem se queixar.

Já o filho mais velho, Josiel, era o oposto de seu irmão. Todas as tarefas eram para ele motivos de reclamação. Parecia nunca estar satisfeito e sempre queria fazer as coisas do seu próprio jeito.

Ambos trabalhavam sob a supervisão e orientação de Cláudio,

uma vez que seu pai considerava-se mais eficiente para as finanças e negociações.

Desde que começaram a trabalhar junto de seu pai, poucas foram as vezes em que estes realmente fizeram algo juntos. Passavam a maior parte do tempo acompanhados por Cláudio, que nunca lhes negou um auxílio ou orientação.

Cláudio gostava muito dos garotos e tratava-os igualmente, contudo tinha conhecimento do forte temperamento de Josiel. Este, apesar dos incentivos em aprender, apresentava-se sempre de cara fechada e, quando indagado, dizia de maneira seca já saber como fazer.

Nem sempre Josiel fora um rapaz fechado para o mundo. Isto teve início quando sua mãe, Josimara, descobrira sobre a traição de seu pai com a atual mulher dele, Roseli. O rapaz nunca aceitara o fato de o pai tê-los traído. Josiel espelhava-se muito nele, e sua atitude provocara-lhe verdadeira revolta. Pois, apesar da pouca idade quando então seu pai os abandonara-os, sabia claramente o que estava acontecendo.

Norberto, assim que se separou de Josimara para viver com Roseli e o filho Romualdo, procurou tentar manter o vínculo com seus outros filhos. Contudo a revolta de Josimara contra Norberto inevitavelmente acabou por influenciá-los, quando maldizia o pai, que os traíra.

Nos anos que se seguiram logo após a separação, Norberto procurava, quando podia, sempre estar presente junto aos filhos, mas sua ex-esposa tratava-o como um verdadeiro traidor.

Porém o tempo passou e logo a aproximação de Norberto para com seus filhos começou a tornar-se possível.

Sua filha Francilene, de quinze anos, seguia sendo para Norberto sua querida e eterna princesinha. Dentre os quatro filhos que possuía, esta era a mais apegada ao pai. Sempre que sua mãe Josimara permitia que Norberto fosse visitá-los, esta gostava de passar horas junto do pai.

O mais jovem, e único filho de Norberto com Roseli, o hiperativo Romualdo, de oito anos, não sentia tanto a falta do pai, uma vez que morava com ele.

Norberto sempre se preocupou com a educação dos filhos. E apesar de não mais estar convivendo na mesma casa que três deles, sempre fez questão de assegurar que não lhes faltasse o necessário.

Contudo, mesmo educando e tratando-os igualmente, era inevitável que a influência da mãe tivesse efeito em relação ao convívio destes. Acontecia que Josimara nunca aceitara o filho de Norberto com Roseli. Ainda mais, a seu ver, em se tratando de uma criança que havia nascido de uma mãe negra.

Desta forma, o mais velho, Josiel, acabou nutrindo uma grande repulsa pelo pequeno Romualdo, enquanto seus outros irmãos, tanto Josias quanto Francilene, demonstravam-se indiferentes.

Já com relação ao trabalho que Josiel e Josias vinham mantendo havia quase um ano na fazenda do pai, o mais novo seguia sendo o único interessado. Se dependesse de Josiel, seu pai poderia desaparecer.

Contudo, conhecendo um pouco da história que envolvia aquela família, havia na fazenda alguém que estava muito disposto a auxiliá-los. Para Cláudio, tudo o que pudesse fazer para ajudar o amigo Norberto, faria de coração aberto.

E foi justamente por causa destas boas intenções para com os filhos de Norberto, que Cláudio quase sempre acabava tendo de refazer ou reorganizar o trabalho dos garotos. Por serem jovens e pouco experientes, muitas coisas que realizavam no trabalho acabavam não saindo como esperado. E como Cláudio queria que o pai deles sentisse orgulho dos filhos, sempre se esforçava para que nada de errado chegasse aos seus ouvidos.

Quantas não foram as vezes em que Cláudio tivera de assumir os erros por encomendas terem sido entregues trocadas. Apesar de estarem trabalhando na fazenda havia pouco menos de um ano, Cláudio perdera a conta de quantas vezes tivera que se desculpar com seus clientes. Sempre gentil e atencioso, este fazia tudo o que estava a seu alcance para auxiliá-los.

E exatamente por este motivo, Cláudio havia-se dirigido naquela manhã nublada até o trabalho. Como no dia seguinte, logo cedo, Norberto viria com um de seus clientes mais importantes buscar a remessa encomendada, seria desastroso se algo não estivesse de acordo.

E a preocupação de Cláudio era justamente porque quem organizara e separara as caixas, fora Josiel. Não se admiraria se este houvesse trocado as caixas de propósito, só para irritar ou prejudicar o pai, uma vez que já havia demonstrado possuir estas intenções, já que o trabalho jamais o agradara.

Porém, enquanto se dirigia ao trabalho, preocupado com o que iria encontrar, Cláudio não podia imaginar que alguém o seguia de longe.

4 – Resgates do passado

> Não cobiçarás a casa do teu próximo. Não cobiçarás a mulher do teu próximo, nem seus servos ou servas, nem seu boi ou jumento, nem coisa alguma que lhe pertença.[3]

Quando nós olhamos para o próximo e a este lançamos desejos negativos, criamos ao seu redor um campo de vibrações capaz de atraí-lo ou, melhor dizendo, desarmonizá-lo em relação a pontos que nele não estejam solidificados. Toda criatura possui em torno de si um campo composto por diferentes energias. Desde as do próprio ambiente, as suas e até mesmo as do próximo. Tudo sendo energia, tudo manifesta energia. E observando mais detidamente, pode-se visualizar que, como uma verdadeira dança, estas se comutam, realizando sensíveis trocas entre si. Ou seja, as criaturas trocam diferentes energias, e neste processo, o emissor das emanações é sensivelmente mais afetado por estas do que aquele a quem elas se destinam.

Então, quando em nós manifestamos desejos nocivos e negativos para com o nosso semelhante, estamos concentrando-os principalmente em nosso próprio campo. Apesar do intuito quando destas criações ser lançá-los sobre um semelhante, acabamos instaurando em nós mesmos fragmentos capazes de desestabilizar-nos, tornando-nos poderoso centro de atração. Como somos energia, seja dentro ou fora da matéria, esta reage não importando o seu meio. Pois, estando a energia mergulhada no todo universal, esta se relaciona indiretamente com quaisquer fontes, desde que em seu campo a possibilidade esteja presente e ativa.

Aquele que ainda segue convicto de ser a morada física o único meio capaz de proporcionar uma existência, seja esta racional ou não, segue equivocado. Nada segue no vazio, e em cada ponto cintila uma pequena fonte. Fonte esta que pode emanar e captar, tanto quanto se estivesse localizada na matéria.

Sendo assim, pense bem antes de permitir em si tais manifestações. Pois será inevitavelmente o maior receptor delas.

Sem saber que era seguido, Cláudio enfim chega à sede da fazenda onde trabalhava. Enquanto abre os portões e entra na propriedade, escondida atrás de uma árvore estava, mais uma vez, a

[3] Antigo Testamento, Êxodo 20:17.

sorrateira dona Etelvina. Esta o havia seguido até a fazenda, uma vez que a distância até o local não era grande.

Etelvina, sem conhecer exatamente os motivos, havia-se atraído pela vida que Cláudio levava. Sua família, sua casa e agora seu trabalho despertaram-lhe verdadeiro sentimento de inveja. E aos poucos, quanto mais conhecia a vida dele, mais desejava ter tudo o que ele possuía. Após anos de amargura e revolta, os pensamentos de Etelvina encontravam-se dispersos e confusos. Apesar de externamente demonstrar ser uma pessoa simples e até mesmo calma, no fundo os sentimentos de desgosto com sua vida consumiam-na.

Porém, em meio a estes pensamentos encobertos pela injúria, havia de forma latente um desejo que jamais a abandonara. O desejo de ser mãe e enfim poder dar um filho a seu grande, e agora distante, amor, Cleberson. A perdida senhora ainda acreditava que uma criança poderia reatar sua antiga vida e trazer-lhe o ex-marido.

E era exatamente isto que Etelvina pretendia conseguir. Como não conseguia engravidar e, em meio a seus pensamentos doentes, mantinha firme a certeza de que tudo o que Cleberson queria era uma criança para poderem tornar a ficar juntos, ela então pretendia conseguir uma. E sabia exatamente onde encontrar esta criança: raptaria e tomaria como seu próprio filho o pequeno e amado bebê de Cláudio.

— *Bem, então quer dizer que é aí onde você trabalha, Cláudio?* – pensava Etelvina – *Você tem uma casa, amigos, uma esposa, um emprego e até mesmo um filho. Um lindo e recém-nascido filho. Você tem tudo o que eu deveria ter. Não é justo. Eu quero o seu filho para mim. Sim, é exatamente o que terei. Sua criança será minha!*

No plano espiritual, mais precisamente na Morada Renascer, o benfeitor Cássius havia ido encontrar-se com o amigo Balthazar. Este solicitara a presença do amigo a fim de explicar-lhe alguns preceitos que envolviam os meus caminhos como filho de Cláudio, uma vez que Cássius era o benfeitor deste e estava a preocupar-se com os eventos que ocorreriam caso se concluíssem os desejos de Etelvina.

— Seja bem vindo, meu amigo Cássius – cumprimentou-o gentilmente Balthazar.

— Muito obrigado por chamar-me aqui. Vir a esta casa é sempre uma renovação interior – disse Cássius.

— Bem, queira por favor acompanhar-me. Devemos nos encontrar com nosso irmão Belarmino. Este responderá a suas indagações a respeito de nosso querido Matheus em sua nova jornada – solicitou Balthazar.

Atendendo ao desejo de Cássius de conhecer um pouco mais sobre minha nova existência física, agora como filho do casal Cláudio e Elisa, Balthazar gentilmente convidou o amigo para conhecer um dos encarregados que me auxiliaram nas devidas preparações para a reencarnação.

Como Cássius havia sido designado, assim como ele próprio escolhera, a acompanhar Cláudio naquela existência, fazia-se necessário atualizar suas bases de informações agora que eu, por intermédio da providência divina, também fazia parte daquela família.

Após seguirem ao instituto responsável, na Morada Renascer, pelos planejamentos arquitetados para as futuras encarnações, foram recebidos pelo simpático irmão Belarmino.

— Paz em vossos corações, queridos irmãos – saudou-os ele.

— De todos nós – responderam.

— Obrigado por dispor de um tempo para receber-nos – agradeceu Balthazar

— Eu que lhes agradeço, meus irmãos. Bem, vocês procuram informações de um irmãozinho recém-encarnado, não é mesmo? – perguntou Belarmino.

— Exatamente – respondeu Cássius.

— É que nosso caro Cássius acompanha o pai desta criança desde o início, e tudo o que o senhor puder nos informar sobre ela nesta nova ramagem, será de grande valor – explicou Balthazar.

— Claro, eu compreendo. Pois bem, vejamos aqui o que os nossos registros informam sobre ele – disse Belarmino – Hum... Matheus. Filho de Cláudio e Elisa, nascido em vinte e um de dezembro de 1900, em uma pequena cidade do interior do estado de São Paulo.

— Sim, gostaríamos de saber se há algum evento considerável para ele neste início de existência – solicitou Balthazar.

— Algo que envolva uma pessoa que hoje atende por Etelvina – adiantou Cássius.

— Lembro-me muito bem do rapaz. Um jovem muito promissor, eu diria – comentou Belarmino, sorrindo – Bem, como sabem, nem todas as informações pertinentes a uma nova existência são passíveis de registros em nossos humildes arquivos. Uma vez que nós atuamos em conjunto com companheiros em esferas mais elevadas, estes são os verdadeiros intérpretes das vontades do Alto. Nós aqui apenas modelamos alguns pequenos traços do real composto em cada nova empreitada, meus amigos – explicou o bondoso senhor e prosseguiu.

— No entanto, mesmo esta maravilhosa bênção, que é a vida física, possuindo suas ramificações alicerçadas no mais Alto, nós aqui também contribuímos um pouco em sua formação. E o que nossos registros aqui indicam é que este irmãozinho recém-encarnado fez solicitações de resgate logo no início de sua caminhada.

— Como assim? – questionou Cássius.

— Pois bem. Sabem que nossos caminhos ao longo de cada jornada física proporcionam-nos muitos encontros e reencontros, sendo estes valiosas oportunidades de aprendizagem a todos os envolvidos. Solicitações, por exemplo, de um mau pai, agora arrependido, de reencontrar seu filho em nova oportunidade, a fim de ajustar ou auxiliar para que ambos possam minimizar, ou até mesmo extirpar, um ponto que os impedia de prosseguir – disse Belarmino – No caso deste irmãozinho Matheus, ele solicitou humildemente que nesta nova etapa física fosse-lhe permitido reencontrar alguém que para ele fora, em uma existência pretérita, objeto de cobiça. E aqui indica tratar-se justamente desta senhora.

O bondoso senhor Belarmino explicou que em uma antiga existência minha, ocorrida em um pequeno povoado na Inglaterra, Etelvina e eu já nos havíamos encontrado. Ela com o nome de Evelyn, e eu como Raymond. Período em que também seguia na romagem física o caro amigo Balthazar.

Não era surpresa para este a revelação de tal encontro, uma vez que Balthazar já possuía conhecimentos a respeito de algumas de suas antigas existências junto a mim. Porém, o que este não conhecia era a respeito da reencarnação desta senhora, que para ele tratava-se de uma figura conhecida do passado.

— Agora que você falou, lembro-me de uma mulher chamada de Evelyn, a qual conviveu conosco nesta época – falou Balthazar.

— Recorda-se desse período? – indagou Cássius.

— Sim. Não em detalhes, mas há nesta existência fatos que eu não poderia esquecer. Contudo, deixemos que nosso amigo Belarmino prossiga – solicitou Balthazar.

Belarmino contou-lhes que já desde aquela época eu, Matheus, vinha alicerçando-me em terreno lodoso. Vivendo em um período onde enquanto alguns seguiam na ostentação, a grande maioria beirava a faixa da miséria, as classes com mais posses isolavam-se do restante e nada havia que lhes fizesse imaginar seguir de outra forma.

Evelyn era uma jovem, filha de pais ricos, a viver em uma região onde o luxo predominava, enquanto eu lutava para conseguir ter somente algo para comer.

Éramos três irmãos e vivíamos de forma improvisada com um tio que dificilmente conseguia manter-se sóbrio por mais que dois dias. E há de ressaltar-se que um de meus irmãos era justamente o humilde Balhazar, e que nosso tio era o homem que encarnações depois seria meu pai, com o nome de José.

Abandonados pelos pais quando pequenos, nós três, sendo eu o irmão do meio, seguimos por quase cinco anos nas ruas, até que fôssemos então amparados pelo nosso tio. Este tentou no início proporcionar-nos um lar, mas a perda do trabalho e em seguida da companheira, levou-o a entrar no vício da bebida.

Enquanto meus irmãos tentavam obter a dignidade através de trabalho, eu acabei buscando recursos através do furto. Quantas não foram as vezes em que me espreitava pelas vielas, à espera de uma vítima. Às vezes conseguia roubar pequenos objetos ou até mesmo algumas moedas de ouro. No entanto, na maioria das vezes encontrava alguém disposto a enfrentar-me, e por ser franzino, eu quase sempre acabava apanhando.

Meu irmão mais velho, Balthazar, que na época atendia por Jonathan, jamais aprovara minha conduta e sempre procurava aconselhar-me. Porém eu, apesar de sempre apresentar-me machucado devido aos furtos, acabei acostumando-me com aquele estilo de vida. Não queria saber de trabalhar, ainda mais em algo tão desgastante e sem nenhum retorno, como era o caso de meus irmãos. Acreditava que o roubo era o caminho mais rápido. E foi com este pensamento que cresci e cheguei à idade madura.

Assim como a época em que era jovem e as dificuldades faziam-se presentes, com a maturidade estas se intensificaram, fazendo-me procurar obter dinheiro e objetos de valor em locais mais apropriados que becos e vielas. Comecei então a invadir e furtar as próprias residências das pessoas que considerava ricas.

Hematomas cada vez mais frequentes não eram nada se comparados aos ferimentos causados por punhaladas ou ferimentos à bala. Espantar-se-ia quem visse meu estado e sendo ainda capaz de seguir adiante.

Já contava eu com mais de trinta anos a entregar-me àquela vida, quando durante um de meus furtos invadira a casa de alguém que me tocaria profundamente.

Enquanto dentro de uma luxuosa residência, no meio da madrugada, eu buscava por objetos de valor, fui surpreendido por uma mulher a fitar-me, aparentemente sem temor algum. Observando-me com olhar curioso, aquela mulher de aspecto sedutor nada disse ou fez contra mim. A mulher parecia muito tranquila com minha presença em sua casa, ainda que estivesse munido com um saco para guardar os objetos que me interessassem.

A mulher parada ali a observar-me chamava-se Evelyn e era a única filha de um casal muito rico que morava havia pouco tempo na cidade. Havia mudado para lá com a família depois de ter sido acusada de manter relacionamentos com muitos homens casados na antiga cidade.

Acontecia que desde jovem, Evelyn sempre fora uma mulher muito atraente, e sua beleza sempre atraíra diversos homens. Porém sua arrogância, orgulho e vaidade não eram algo que podia ser notado a princípio. Como esta sempre teve tudo o que queria a seus pés, acostumou-se a tratar o próximo com completo desprezo. Se este fosse pobre então, aí lhe seria apenas mais um objeto.

Algo que Evelyn gostava de fazer era manter relações com estranhos. Desde cedo seus desejos pela carne eram motivos de grande preocupação para seus pais. E como estes, por mais que se esforçassem para frear suas vontades, não conseguiam impedi-la de manter relações com desconhecidos, às vezes Evelyn acabava engravidando.

Como ela parecia não se importar com seus atos, seus pais, procurando preservá-la, acabavam optando por realizar o aborto. Mas o que no início era apenas um último recurso encontrado por seus pais, acabou tornando-se para Evelyn a solução para as gravidezes indesejadas. Mesmo sem o consentimento e o conhecimento de seus pais, ela começou a praticar o aborto sem se importar com possíveis consequências.

Quando vi aquela estranha mulher simplesmente inerte à minha frente, pensei em largar tudo o que carregava e apenas fugir o mais rápido possível. No entanto havia nela algo que me prendia a atenção. Pois apesar de já haver tido diversas mulheres, aquela era a primeira vez que uma mulher rica parecia querer algo comigo. Então, sem me importar com o local ou a situação, deixei-me levar e acabei mantendo relações com ela.

Os dias passaram e minha mente, ainda focada naquela estranha mulher, indagava-me sobre os motivos que a levaram a fazer aquilo. Comecei então a pensar na possibilidade de relacionar-me com ela e talvez conseguir obter algum proveito que me tirasse da miséria.

Visitei-a mais algumas vezes e, assim como antes, esta pouco falava ou revelava-se na intimidade. Apenas parecia querer ter-me como objeto de prazer.

Porém nosso estranho relacionamento não durou muito. Pois quando eu comecei a aproximar-me um pouco mais dela, simplesmente começou a evitar-me.

Preocupado e ao mesmo tempo curioso, comecei a procurar obter mais informações a respeito daquela mulher. Quem realmente era e por que gostava de fazer aquilo?

Não precisou muito para que logo as primeiras informações viessem. Descobrira quem realmente era ela e também seus incontroláveis desejos pela carne. Soubera também que fugira de sua antiga cidade, procurando seus pais preservá-la, e que toda vez que engravidava, praticava o aborto.

Foi então que me veio uma ideia. Teria um filho com aquela mulher e enfim poderia sair da revoltante miséria. Contudo havia um grande problema: como evitaria que esta, se engravidasse de mim, não recorresse novamente ao aborto?

5 – Tempestades internas

Na vida somos todos tentados a experimentar ações pelas quais, se em nós não houver sido devidamente consolidada a verdadeira moral e se não houvermos previamente nos preparado, poderemos então facilmente falir.

Quando não se prossegue com os pés firmes e os olhos fixos no real objetivo, entraves serão sempre motivos de preocupações.

Tormentas e dificuldades fazem parte de qualquer percurso quando se deseja obter novas aquisições. Eis o vitorioso viajor, aquele que não se abala ou duvida de que está amparado e segue obtendo o melhor proveito em todo o percurso.

Pois os que não duvidam, e persistem seguindo por entre as pedras e fazendo destas poderosos incentivos, estes já possuem diante de seus olhos o farol a guiá-los à meta.

Aqueles que, mesmo recebendo a luz, preferem navegar sob a escuridão, e vendo pedras no percurso, atam-se de tal maneira que ao invés de superá-las, acumulam-nas às costas, saibam que por mais longe que se encontrem de qualquer esperança, esta jamais os abandonará.

Todo aquele que se lança ao mar, deve estar preparado para enfrentar qualquer tempestade. Não se aflige ou recua, pois que confia e aguarda. Sabe que por mais densa que esta tempestade possa apresentar-se, sua duração não irá prolongar-se indefinidamente. Cabendo então a ele escolher como deseja transpô-la e se estará confiante durante sua travessia ou não.

Seguindo ainda com os pensamentos completamente tomados por Evelyn, aquela misteriosa e sedutora mulher, nas semanas que se seguiram após nosso último encontro, eu continuava sem sucesso a tentar reencontrá-la. Seguindo com a ideia fixa de conseguir engravidá-la, e com isto ter direito à sua fortuna, eu fora por diversas noites até sua residência, tentando vê-la, mas sem sucesso.

A perturbação começava a incomodar-me, pois havia dias que não possuía notícia alguma sobre o que ela andava fazendo ou os motivos para evitar-me. E esta situação logo foi agravada quando, através de boatos, soubera que uma famigerada senhora estava na cidade. Senhora esta muito falada quando o assunto era realizar um aborto. Conhecida como Glende, diziam ser esta senhora de quase meia idade a realizadora de inúmeros abortos.

Assim que soube que esta se encontrava na cidade, logo a associei a Evelyn. A dúvida era se a jovem havia sumido porque havia engravidado. E se havia realmente engravidado, quem seria o pai daquela criança?

Sentado em um banco estava eu a pensar sobre como conseguiria reencontrar Evelyn, a fim de descobrir por que sumira, quando então ouvi algumas mulheres comentarem sobre um pequeno boato. Atento a cada palavra que diziam, logo percebi tratar-se aquela conversa de um assunto que muito me interessava. Diziam que corriam boatos de que uma enfermeira de fama conhecida pela prática de abortos havia aportado na cidade para a realização de um trabalho.

As mulheres a poucos metros de mim nem imaginavam que lhes espreitava a conversa. Estas falavam que esta tal enfermeira, por ser alguém que os boatos da prática de aborto rondavam, evitava ao máximo ter qualquer exposição, para que não fosse incriminada.

Infelizmente a prática do aborto por jovens era naquela época muito comum. Porém poucas eram as que possuíam condições de realizá-lo com alguém que chamavam de profissional no assunto. Geralmente a maioria, quando engravidava e não queria ter o filho, virava-se como podia. O que em muitos casos, devido a complicações por causa da grande agressividade que o organismo sofre, acabava culminando com a morte da mãe.

Assim, as que não queriam arriscar-se, logo solicitavam a presença de alguém para auxiliá-las. No entanto esta solicitação era limitada apenas àquelas que possuíam condições financeiras de arcar com o alto valor cobrado pelas enfermeiras.

Seguindo a ouvir a conversa das mulheres, logo descobri que a enfermeira estava instalada em uma pequena hospedaria não muito longe dali. Mas que não sabiam o possível nome de quem era a mulher que havia chamado a enfermeira, pois tudo corria sempre em absoluto sigilo.

Com as minhas suspeitas de que se tratava realmente de Evelyn o motivo pelo qual aquela enfermeira encontrava-se na cidade, decidi então seguir até o hotel. Eu estava completamente disposto a fazer qualquer coisa, e nem me ative à possibilidade de a enfermeira não estar só. Geralmente estas mulheres, principalmente as mais antigas, sempre andavam com uma espécie de guarda-costas para o caso de um eventual problema.

Alguns minutos depois, logo estava eu estacado à frente do hotel, pensando em como faria para entrar sem ser visto e em qual quarto estaria a enfermeira. Foi então que me ocorreu uma ideia. Por ser fim de tarde e logo iria escurecer, eu iria invadi-lo pelo edifício vizinho. Este era uma pequena fábrica têxtil e logo se encerraria o expediente. Bem na parte de trás havia uma porta que poderia ser facilmente aberta, e foi o que fiz tão logo o edifício esvaziou-se.

Após subir alguns lances de escada, logo alcancei o topo, de onde poderia pular para o telhado do hotel. Assim que entrei, fui cuidadosamente procurar em qual dos quartos estaria um guarda costas a vigiar a porta. Se eu realmente estivesse certo, esta enfermeira não se arriscaria a vir à cidade sem trazer um.

O hotel possuía quatro andares, com apenas quatro quartos por andar. Após procurar pelo quarto andar e nada encontrar, dirigi-me ao terceiro, que foi onde então vi um indivíduo com uma cara suspeita, parado bem em frente à porta do quarto de número trinta e três.

Vigiando-o sem que este pudesse ver-me, comecei a pensar em como faria para conseguir entrar no quarto e questionar a enfermeira se o seu encontro seria com Evelyn. Eu precisava a qualquer custo saber se a jovem havia engravidado. Se esta estava grávida, eu não tinha dúvidas de que aquele filho era meu. Nós encontramo-nos muitas vezes para que fosse de outro.

Eu estava tão preocupado com a possibilidade de ser pai do filho de uma jovem rica, que nem tinha planejado direito, nem sabia realmente o que estava fazendo ali.

As horas começaram a passar e o homem permanecia o tempo inteiro estacado em frente à porta. Pensava até em chamar sua atenção para este vir atrás de mim, mas as chances de ele alcançar-me eram grandes. Foi então que, ao encostar-me na porta de um dos quartos, justamente um que ficava ao lado do quarto onde supostamente a enfermeira estava, a porta se abriu.

Assim que entrei, tratei logo de correr para a parede a fim de tentar escutar algo. Queria ver se escutava um nome ou endereço conhecido, que me indicasse tratar-se de Evelyn o motivo pelo qual aquela enfermeira lá se encontrava. Porém, por mais que me esforçasse, eu nada escutava, tudo seguia em pleno silêncio.

Então, sentado em uma cama e com o ouvido colado à parede, fiquei a esperar. Já havia muitas horas que escurecera, e por mais que estivesse focado em conseguir ouvir algo, o cansaço acabou invadindo-me. Havendo muitos anos que dormia em situação precária, aquela cama convidava-me ao descanso. E sem que me desse conta, adormeci.

— Imagino realmente o desespero em que Matheus se encontrava. – considerou Cássius – Invadir um hotel e, mesmo vendo que havia alguém a vigiar a porta, seguir à procura de informações no quarto ao lado.

— Matheus, na vestimenta de Raymond, tinha perdido havia muito tempo as esperanças de seguir com uma vida simples – respondeu Belarmino.

— Devo confessar que nisto há também minha parcela de culpa por não ter sido forte o suficiente para ampará-lo, uma vez que eu era seu irmão – lamentou Balthazar.

— Compreendo sua colocação, meu distinto companheiro, mas sabe que cada qual é inteiramente o senhor de seus atos. Se realmente fôssemos entender como nossa culpa tudo o que recai sobre os ombros do próximo, então todos seríamos considerados culpados. Fazemos aquilo de que somos capazes, dadas as envolventes circunstâncias a que somos submetidos – considerou Belarmino.

Prosseguindo com as explicações acerca de minha existência como Raymond, Belarmino contou o que ocorrera quando despertei no hotel.

Eu fora lançado para fora da cama por um funcionário do hotel que, ao ver-me dormindo no quarto, começou a gritar, ameaçando-me.

Sem compreender ainda o que realmente havia ocorrido, tratei logo de correr, procurando não ser agredido.

Assim que saí do hotel e verifiquei estar em uma distância segura, procurei acalmar-me do susto e tentar entender o que houvera. Não precisou muito para que a lembrança de mim encostando-me na cama viesse-me à mente. Revoltei-me por ter dormido e nada ter conseguido obter no hotel. Contudo, reorganizando melhor os pensamentos, recordei que, ao fugir em disparada do hotel, eu passara em frente à porta do quarto de número trinta e três, e este já se encontrava vazio. O homem que vigiava sua porta e seu hóspede simplesmente haviam partido. Circundei os arredores do hotel, buscando pelo homem que vira à porta, mas para meu desespero, este desaparecera.

Então, preocupado com onde estes teriam ido, arrisquei-me em buscar alguma informação junto de algumas pessoas que passavam próximo ao hotel. E de todos que indagava, ouvia a mesma resposta: que não haviam visto ninguém com aquela descrição.

Sem alternativas, decidi seguir rumo à casa de Evelyn, com receito de que tudo o que imaginava fosse acontecer. Ocorria, porém, que a casa já não mais se encontrava fácil de ser invadida. Quatro cachorros de grande porte haviam sido adquiridos para reforçar a segurança.

Contudo, sem perda de tempo, logo cheguei à casa e coloquei-me a espreitar, pois precisava ter a certeza de que aquele homem e a suposta enfermeira encontravam-se lá.

Depois de muitas horas, eu, com a mente agitada, nervoso e com o estômago completamente vazio, não estava pensando direito, e decidi enfrentar os cachorros e invadir a casa. A única coisa que vinha em minha mente era a cena de Evelyn grávida de um filho meu e realizando um aborto. Estava tão atormentado e confiante de que tudo o que imaginava fosse realmente acontecer, que nem passou pela minha cabeça a possibilidade de estar completamente equivocado.

Eu passara tantos anos de minha vida buscando uma forma para escapar da pobreza, que mesmo se alguém me dissesse estar enganado sobre a gravidez de Evelyn, eu negaria. Convenci-me de que ela estava grávida e desaparecera para realizar o aborto.

Decidido a evitar o aborto, ignorei os cachorros e, assim que a noite caiu, invadi a casa. Melhor teria sido se não o tivesse feito. Demasiada presunção acreditar que venceria o muro e entraria na casa com aqueles cachorros a vigiá-la. Assim que estes me viram, não demorou muito para que me alcançassem. Tive um pedaço da perna arrancado antes que me desse conta do ataque, e dezenas de mordidas espalhadas por todo o corpo e quatro dedos arrancados. Teria morrido se não houvessem surgido alguns funcionários da casa, devido a toda a gritaria e latidos. Acordei somente dois dias depois, no posto médico.

Desolado e completamente revoltado com o que me ocorrera, eu sentia-me confuso. Não conseguia compreender por que aquilo havia acontecido. Em minha mente tudo era tão simples. Eu invadiria a casa de Evelyn, impediria o aborto e esta seria convencida a casar-se comigo. Isto era o que deveria ter ocorrido.

Contudo eu havia me enganado e deixado ser tomado de tal forma, que jamais imaginaria o contrário. Tinha ódio em meu coração. E aos poucos este sentimento fora consumindo-me, fazendo com que considerasse Evelyn a culpada por eu ter ficado naquela situação.

Não acreditava ser o único responsável. Pensava que se Evelyn não houvesse desaparecido, nada daquilo teria acontecido. E por mais que, mesmo em meu doentio raciocínio, fosse amparado e confortado por meu atencioso irmão Jonathan, nada mudaria o que sentia. Eu só queria ficar junto de Evelyn, e no entanto agora estava manco e com uma das mãos incapaz.

Os meses passaram-se e logo vieram os anos. O antigo Raymond nunca mais fora o mesmo, a não ser por um único sentimento que me acompanhara desde então: o desejo de vingança.

Enquanto a mim o tempo fora o grande inimigo, para Evelyn foi o contrário, esta se havia tornado uma nova pessoa.

A antiga mulher promíscua e que somente se relacionava com os homens por interesse e prazer, desaparecera, dando lugar a uma mulher apaixonada e atenciosa. Esta conhecera o filho único de um poderoso nobre que havia falecido, deixando-lhe toda sua fortuna.

Apesar de o renomado rapaz ostentar tal considerável fortuna, o que realmente chamou a atenção de Evelyn fora o caráter deste. Possuidor de uma educação exemplar e um verdadeiro cavalheirismo para com as mulheres, ele fê-la sentir-se completamente atraída.

Os pais de Evelyn admiraram-se com a espantosa mudança de caráter da filha. Apoiavam aquele romance e não mediam esforços para que ela fosse realmente feliz.

Conforme o tempo passava e a união do casal tornava-se cada vez mais consolidada, um sentimento novo começara a germinar em Evelyn: o desejo de finalmente se tornar mãe. Mãe do filho de um homem a quem tanto aprendera a admirar.

A prática do aborto finalmente se havia extinguido de sua mente, dando lugar a uma terna vontade de ver-se mãe. E como o casal amava-se e o desejo de ficarem juntos era tudo para eles, como desejado, Evelyn logo se viu grávida.

A felicidade parecia reinar, e com a gravidez veio o desejo de oficializar aquela união. Todos os preparativos foram realizados e uma grande cerimônia organizada. Por ambos serem de famílias ricas e sendo o noivo filho de um nobre muito conhecido ainda, mesmo após sua morte, muitos foram os convidados.

Evelyn estava inteiramente desejosa em ter seu amado filho e isto se daria em pouco menos de dois meses. E justamente por isto o casamento não se faria esperar. Estes queriam estar devidamente casados antes que o primogênito nascesse. E foi o que realizaram.

— A igreja estava muito bem decorada, o noivo estava impecável e os convidados todos presentes. Estes cuidadosamente listados e separados. Ali todos partilhavam dos mesmos sentimentos de carinho e afeto para com os noivos. Todos, exceto um. Sentado não muito distante do altar, perto o suficiente para não perder nenhum detalhe, estava ninguém menos que o revoltado Raymond – explicou Belarmino.

6 – O peso da consciência

No turbilhão da vida, emoções e sentimentos misturam-se com inúmeras ações que nem sempre são as mais sensatas. Porém, apesar de estas poderem aparentemente ser simples descuidos de conduta e consequentes erros, e que portanto deveriam ter sido evitadas, são na verdade necessárias ao aprendizado perante a contínua e progressiva evolução humana.

Há de acrescentar-se que nem sempre a culpa pelo erro é unicamente da criatura que o cometeu. Ao fazermos escolhas, nem sempre somos os únicos responsáveis por elas. Sofremos continuamente influências do ambiente e dos irmãos, encarnados e desencarnados, que nos envolvem, podendo aceitá-las ou não.

Todos estamos sujeitos a tais conjunturas, para que mais um degrau da longa senda possa ser superado. Ao depararmo-nos com um erro cometido, ou a simples possibilidade de errar, comumente expressamos certo receio. Porém o erro, ou a consciência da predisposição a ele, constitui importantíssima experiência para que, futuramente, possamos superar os obstáculos em toda a sua essência.

As oportunidades de avanço são inúmeras, ainda que não sejam reconhecidas devido a sua simplicidade. Um auxílio, um resgate ou até mesmo uma valorosa oportunidade de aprendizado compõem toda a construção e estruturação necessárias para a consolidação do verdadeiro objetivo do ser, que é o de tornarmo-nos capazes e confiantes de que nada há que nos impeça de sermos realmente dignos do que nosso amado Pai nos oferta: a abençoada oportunidade da vida.

— Pois bem, como podemos observar, nós somos no dia de amanhã tudo aquilo que em nós realizamos hoje. – continuou Belarmino – Nada há que se faça, nenhuma ação que se realize, seja por você ou por outro alguém, que não fique enfeixada no tear da vida. Sábio o dito "Nós colhemos tudo aquilo que plantamos". Neste caso, nosso caro Raymond foi permitindo em si que os sentimentos de ódio e revolta fossem se prendendo de uma tal maneira que dele não se afastaram mais.

— Triste ver como podemos ter e ser tudo aquilo de melhor que poderia haver, e no entanto deixamo-nos cegar por nossas próprias imprudências – considerou Cássius.

— Não há como negar o quanto todos nos encontramos ainda muito distantes de nosso verdadeiro potencial que nosso Pai entregou-nos. Por favor, Belarmino, se puder prosseguir, nós agradecemos – solicitou humildemente Balthazar.

O bondoso senhor prosseguiu explicando o quanto tive de ser forte para não sair do meio dos convidados no casamento de Evelyn e despejar-lhes toda a minha ira.

Enquanto assistia à cerimônia, em minha mente reinava apenas o desejo de vingança. Eu queria ver aquela mulher sofrer por tudo o que me causara. Observando-os enquanto sorriam, queria que todo ódio do mundo fosse despejado sobre eles. Em pensamento, amaldiçoava-os para que sofressem e nunca, jamais, encontrassem paz naquele casamento.

Assim que se encerrou a cerimônia, tratei logo de abandonar o local, a fim de não ser visto, enquanto pensava em alguma forma de vingança. E ao observar a gestação de Evelyn, ocorreu-me como obter isto. Eu esperaria seu filho nascer e então me apossaria dele.

— *Que melhor maneira para fazê-la sofrer do que lhe retirando o aguardado filho?* – pensava eu.

Nas semanas que se seguiram após o casamento, fiquei somente a pensar em como faria para apossar-me do fiho de Evelyn assim que nascesse. Desta vez eu não invadiria a casa, arriscando-me novamente entre os cachorros. Seria algo muito bem planejado.

Os dias passaram e logo os meses até que finalmente soube do nascimento do filho de Evelyn, um garoto. Meus pensamentos encheram-se de ira.

— *Então realmente nasceu o filho da mulher que eu desejava que fosse somente minha, com aquele miserável* – pensei.

— Maldita mulher! Largou-me para ir ficar com outro. E ainda retirou o filho que seria nosso. Nunca irei perdoá-la por isso! –

esbravejei.

Logo na semana seguinte ao nascimento, estava eu pronto para realizar minha vingança. Pegaria aquela criança, e seria entrando pela porta da frente. Pois a casa onde Evelyn morava possuía muitos funcionários e empregados, dentre os quais alguém que liberaria o meu acesso. E seria uma empregada recém-contratada, chamada Jenifer, de quem eu astutamente me aproximara.

Assim que soube da contratação de Jenifer, que se tratava na verdade do espírito de Elisa em uma de suas encarnações, eu comecei a encontrá-la no bar que ela costumava frequentar. Após oferecer-lhe algumas bebidas, que ela apreciava, não foi difícil aproximar-me dela para então rapidamente iniciar um relacionamento. Após a ludibriar e prometer-lhe o céu, Jenifer ficou totalmente à minha mercê. Não foi nada difícil convencê-la de que eu era apaixonado por crianças recém-nascidas, e que minha alegria seria poder ver o pequeno filho de sua patroa, porém sem que seus patrões estivessem em casa, pois não desejava causar nenhum incômodo.

Evelyn era uma mulher que gostava muito de se cuidar. Não muito distante de sua residência havia um local aonde muitas mulheres seguiam quando necessitavam cuidar da aparência. E foi justamente para lá que ela seguiu, após amamentar o pequeno filho.

Era manhã de uma quarta-feira, o tempo estava nublado e até os mais otimistas diriam que iria chover. Apesar dos funcionários e empregados da casa, poucos eram os que possuíam acesso ao local onde se encontrava o recém-nascido. Como a casa era grande e o quarto onde o pequeno estava era no andar térreo e não muito distante de uma entrada de acesso de funcionários, era por lá que eu entraria.

Jenifer era ajudante da senhora que estava responsável por cuidar da criança. Esta senhora, muito simples e humilde, nunca suspeitaria que a jovem Jenifer permitiria a entrada de um estranho na casa, menos ainda para ver o recém-nascido.

Seguindo tudo que eu mandava, a jovem deixar-me-ia entrar somente quando tivesse a certeza de que ninguém me veria. Então, após observar por alguns instantes a movimentação na casa e ver que ninguém me surpreenderia, logo permitiu o meu acesso.

Inocente e sem saber o que eu planejava, Jenifer levou-me diretamente ao quarto onde o pequeno dormia. Internamente, eu queria pular de alegria ao ver-me ali, junto da criança. Esta dormia calmamente, sem saber que observando-a estava alguém que amaldiçoava sua existência.

— *Maldito! Tão pequeno e no entanto tão inconveniente. Seria tão fácil aproveitar e acabar logo com isto!* – pensei.

Fiquei ali parado, estático, por alguns minutos, observando-o, enquanto em minha mente um verdadeiro turbilhão de anseios invadia-me. Por mais que esperasse por aquela oportunidade havia tempos, quando enfim pude tê-la em minhas mãos, fiquei completamente perdido e sem ação.

Tudo o que mais desejava estava, naquele momento, diante de mim. Um único sopro e eu acabaria com tudo.

— *Mas por que estou hesitando?* – questionava-me em pensamento, confuso – *Vamos lá, Raymond, termine o que começou. Faça aquela mulher miserável sofrer pelo que lhe fez!* – pensava.

Então, enquanto observava aquele pequeno ser, ainda sem sequer demonstrar minhas reais intenções, fui aturdido com a voz desesperada de Jenifer, que ficara do lado de fora do quarto, vigiando.

— Você tem que sair agora! Por algum motivo a patroa já retornou. Se ela nos pegar, estamos mortos! – dizia ela, desesperada com a chegada de Evelyn.

Em um pulo, despertei. Se Evelyn visse-me, eu seria preso e entregue aos cachorros.

— *E então ela mais uma vez me humilhará... Não, isto não irá acontecer!* – pensei.

Pensei em sair pela janela. Contudo, quando me virei, procurando evadir daquela casa, algo me segurou. Era o sentimento de ódio que durante tempos acumulara contra aquela mulher por ter-me largado.

Então, sem me importar em ser visto ou capturado, decidi não perder aquela oportunidade. Mostraria àquela mulher que eu ainda lembrava do que tivemos juntos e que ela não sairia impune por toda a dor que me provocara.

— Raymond, por que ainda está aqui? Minha patroa entrará a qualquer momento e... – interrompe-se Jenifer ao ver-me.

Eu estava segurando o pequeno nos braços. Com uma mão segurava seu dorso e com a outra cobria sua boca e nariz.

— Mas o que você está fazendo?! – gritou Jenifer, assustada com a cena.

Neste instante, Evelyn também entra no quarto e grita. A jovem ficou em pânico ao ver-me segurando a pequena criança de maneira a tentar sufocá-la.

— Meu filho! – grita Evelyn, implorando.

— Não se aproxime! – disse eu, revoltado – Fiquem bem onde vocês estão. Se derem mais um único passo, eu acabo com isto agora – completei, retirando a mão do nariz e da boca da criança.

— Por favor, eu lhe imploro, faço tudo o que você desejar, mas não machuque o meu filho! – implorou Evelyn, às lágrimas.

— Fará tudo o que eu quiser? Pois deveria ter pensado nisto antes, quando estávamos juntos. Agora é tarde para suas lamentações, cretina. Nós estávamos juntos e tudo ia bem, mas você simplesmente me deixou. – esbravejei – Eu era capaz de dar-lhe tudo, e você menosprezou meu amor. Nosso pequeno filho iria selar nossa união, e você jogou tudo fora. Me enganou com suas falsidades e, se não bastasse, retirou nosso filho.

— Mas do que você está falando? – disse Evelyn, confusa.

— Ora, não se faça de desentendida. Eu sei muito bem de todas as suas mentiras, sua falsa, cretina – redargui.

— Por favor, Raymond, se acalme – pediu Jenifer.

— Cale esta sua boca, você também. Isto aqui não tem nada a ver com você – disse.

Ouvindo a gritaria dentro do quarto, os empregados da casa correram para ver do que se tratava. Ao vê-los entrarem no quarto, acuei-me junto da janela e mandei que ninguém se aproximasse.

— Fiquem longe, ou eu acabo com ele – ordenei, segurando no pescoço da criança.

— Façam o que ele diz! – gritou Evelyn.

— Isto é tudo culpa sua. Nós tínhamos tudo e você destruiu.

— Mas, Raymond... – implorou ela.

— Senhora, não acha melhor fazermos algo logo, antes que seja tarde? – adiantou-se um dos empregados.

— Já mandei ninguém se aproximar, ou eu quebro o pescoço dele. Não me provoquem, seus cretinos.

— Ninguém aqui fará nada. Eu quero que todos saiam e nos deixem a sós – solicita Evelyn, contendo as lágrimas.

— Mas, senhora... – espanta-se um deles.

— Não me desobedeçam. Mandei todos saírem. Eu quero conversar a sós com ele – completou Evelyn.

Neste instante, mesmo contrariados e acreditando que devessem intervir para evitar que eu fizesse algo com a criança, os empregados começaram a sair do quarto. Contudo, não antes de garantirem a Evelyn que entrariam assim que esta ordenasse.

Então, assim que todos saíram, a apreensiva e desesperada mãe olhou-me profundamente e, após se ajoelhar, suplicou meu perdão.

— O que houve, Raymond? Por que está fazendo isto? – indagou-me.

Observando que eu nada respondia e ainda permanecia com a mão no pescoço do filho, prosseguiu:

— Eu lhe peço, por tudo que é mais sagrado, não machuque meu filho, ele não tem nada a ver com isso. Ele é apenas uma criança inocente, que não merece pagar por meus erros. Por favor, Raymond, me escute. Eu sei que já fiz muita coisa errada nesta vida e não nego, e se houver justiça, um dia ela irá me julgar. E então, se eu for culpada por meus erros, pagarei por isso. Mas meu filho nada fez para você. Imploro de toda minha alma que não o machuque. Faça o que quiser comigo, mas deixe-o ir – suplicou a mulher, enquanto em meus braços seu filho chorava.

Enquanto via e ouvia as palavras e súplicas daquela mulher, capaz de fazer qualquer coisa naquele momento para salvar o filho, eu não pronunciei uma única palavra.

— Anda, Raymond, por favor, solte-o. Se é a mim que você queria, eu já estou aqui. Me castigue, mas não o machuque.

Então, observando que eu parecia estar mais calmo, Evelyn começou a aproximar-se de mim, tentando alcançar o filho. Ainda ajoelhada, avançava com lágrimas nos olhos e os braços estendidos.

Ali, bem diante de meus olhos, estava uma mãe completamente desesperada. Praticamente rastejando em minha direção, estava quase alcançando o pequeno em meus braços, quando entra no quarto o marido de Evelyn, aos gritos.

Confesso que até então eu ainda não havia decidido o que faria. Por mais ódio e revolta que possuísse por Evelyn, vê-la ali se rastejando e suplicando pelo filho, fez-me ficar sem reação. Teria eu me arrependido e deixaria que laa pegasse o filho? Seria aquela humilhação de Evelyn o suficiente para mim?

Perguntas estas que talvez nunca sejam respondidas. Quando

o marido de Evelyn chutou a porta e entrou no quarto aos gritos e armado, eu, que estava próximo à janela, assustei-me, fazendo com que eu e a criança caíssemos do lado de fora. Eu levantei-me e corri. A criança nem se mexeu. Os seus gritos, que outrora ecoavam por todo o quarto, cessaram. Ela simplesmente estava morta.

Quando caí, caí com o cotovelo sobre o pescoço da criança, quebrando-o.

Apesar de encontrarmo-nos no andar térreo e a janela encontrar-se não muito distante do chão, a altura foi o suficiente para que meu peso projetado sobre a criança provocasse o acidente. Ao deparar-me com o ocorrido, minha única reação foi sair dali o mais rápido que pude. Pois no fundo aquela não era a minha intenção, pelo menos não daquela maneira.

Com a criança morta, a única reação de Evelyn foi gritar em desespero, com ela em seus braços. Gritos que podiam ser ouvidos ao longe, enquanto eu corria. Apesar de nunca ter sido uma pessoa condizente com o respeito ao próximo, eu nunca havia ceifado a vida de uma criança. Naquele instante sentia-me vazio, como se de mim houvessem retirado algo e sobre meus ombros, colocado carga difícil de carregar.

Não posso mensurar toda a dor que provocara naquela família e principalmente naquela mulher, por quem não conseguia mais sentir ódio. No instante em que ouvi seus gritos, implorando pelo amado filho, compreendi um pouco do que era perder alguém tão amado. Confesso que me sentia confuso com todos aqueles sentimentos que me invadiam. Tinha em mim um sentimento de culpa.

Depois daquele dia, desapareci da cidade e nunca mais vi Evelyn. Apenas soube que ela nunca mais conseguira engravidar. Os maus tratos que se impusera no passado, quando realizara abortos, provocaram-lhe graves consequências, sendo que na época em que obtivera sua última gravidez, esta já havia sido algo surpreendente para seu médico.

Sem o amado filho e consciente de que nunca mais poderia engravidar, Evelyn entrou em profunda depressão. Tornou-se uma mulher amargurada e com o tempo começou a manifestar ataques de loucura, fato este que após se tornar insuportável, acabou obrigando seu marido, não vendo alternativas, a interná-la. E assim a situação dela se prolongou até o fim de sua vida.

Quanto a mim, após fugir da cidade, tornei-me viciado em bebida. Era a única maneira encontrada para tentar aliviar o peso que eu carregava. Contudo, assim como Evelyn, eu também nunca mais fora o mesmo. Tornei-me indigente, e antes de completar os quarenta anos, pois estava então com trinta e oito, contraí terrível doença, vindo a falecer completamente irreconhecível do que eu fora um dia.

7 – Perdoai nossas dívidas

> Porque, se perdoardes aos homens as suas ofensas, também vosso Pai celestial vos perdoará a vós.[4]

Com estas sábias e maravilhosas palavras, o Senhor indica-nos que todo aquele que deseja libertar-se e seguir rumo ao reino do Pai, deve primeiro perdoar aquele que lhe tenha feito algo, para aí então dirigir-se a Deus.

Na casa do Pai somente os mansos e humildes podem entrar. Todo aquele que cultiva em si desejos de baixo caráter contra alguém, inevitavelmente se mantém interligado e até mesmo imantado a vibrações que não condizem com o chamado reino dos céus.

Deus sendo a pureza e a bondade, nada há que se faça para alcançá-lo enquanto no íntimo do ser humano não se busque realmente obter isto. Contudo, não pense que Deus não ouve os pecadores ou priva-os de seguirem até eEe; pelo contrário, é justamente para com estes que sua destra mais se inclina. Amando-nos todos igualmente, os inúmeros missionários do Pai jamais negam o auxílio e amparo àqueles que ainda jazem nos desfiladeiros da vida, pois seu amor é tão sincero como o do Pai.

Alcançar o reino de Deus é estar bem consigo. Com o íntimo leve e puro, pois é neste onde vive o verdadeiro reino dos céus. Uma consciência livre de ódio, inveja, rancor, ou qualquer sentimento negativo, é a chave para abrir essas portas.

Por isto, não busquemos o reino de Deus fora de nós, pois é em nós que ele existe. Se não perdoarmos o próximo, podemos criar um forte elo nocivo para com este, e nada irá alterar isso enquanto a humildade não se manifestar.

Lembremo-nos sempre que nosso sucesso não é alcançado individualmente, e sim coletivamente, uma vez que o verdadeiro valor

[4] Novo Testamento, Mateus 6:14.

está não apenas no que conquistamos, mas sim no que repartimos.

— Pois bem, meus irmãos, o que fica claro aqui com esta etapa que lhes narrei sobre uma existência passada de Matheus, é que o vínculo criado entre ele e Evelyn não se dissolveu ou abrandou com o tempo, e sim estendeu-se. – explicou Belarmino – Nada cai no esquecimento. Quando cultivamos algo por alguém, se bom, este se solidifica; se ruim, este se agita. No íntimo de cada ser os resultados de suas escolhas e a consequência de seus atos prolongam-se indeterminadamente. Daí onde nascem e proliferam as grandes famílias e onde residem os inimigos, pois essas escolhas e atos são capazes de provocar importantes mudanças no caráter.

— Realmente, Belarmino. Não há como negar as graves consequências geradas entre criaturas que cultivam o desafeto – considerou Balthazar.

— Sim. Somos tudo aquilo que em nós cultivamos. Por isto, sábio seria se conseguíssemos sempre acertar nossas desavenças e diferenças antes que estas nos consumissem – asseverou Cássius.

— Muitas vezes, quando não cuidamos com a devida atenção de um ferimento antes inocente, este pode acabar tornando-se um verdadeiro câncer. Possuímos em nós totais condições e recursos para superarmos as dificuldades antes que estas se alastrem. Cabe a cada um abandonar as máscaras do orgulho e vestir o abençoado manto da humildade – completou Belarmino.

No plano físico, na casa de Elisa, esta junto ao pequeno filho, embalava-o recitando-lhe pequenos versos em forma de cântico.

— Meu querido presente, meu querido amor, em ti entrego minha vida, para ti entrego meu amor. Se pudesses hoje compreender o quanto te amo, diria apenas "também te amo". Como ainda somente me amas com o olhar, sou eu quem te digo, filhinho querido, que Deus possa nosso amor sempre abençoar. Hoje meu amor também é teu, e por isto agradeço a Deus, por este lindo presente que Ele nos deu. Estarei sempre ao teu lado enquanto Deus permitir, pois devo a ti, somente a ti, tudo o que de bom na vida hoje me faz sorrir. Mamãe te ama e é por isto que quem compreende o amor de mãe, jamais se cansa. Te amo, te amo, meu querido pequenino."

— Ele já dormiu? – sussurra Cláudio, entrando no quarto.

— Acabou de dormir – sussurra Elisa.

— Então venha, você precisa comer. Ficou tão preocupada com

ele, que nem parou para comer nada. Você deve estar morrendo de fome – completa Cláudio, levando-a à cozinha.

Contudo, Elisa não queria sair de perto do pequeno filho. Seus olhos úmidos lançavam sobre a criança todo o amor e desejo de proteção que nutria. Sentia como se necessitasse permanecer ao lado do filho caso este acordasse.

— Não se preocupe, Elisa, ele ficará bem – falou Cláudio, sorrindo.

Então, mesmo com aperto no coração, Elisa decide ouvir ao amado e ir comer algo.

— Você tem razão, ele vai ficar bem. Deve ser coisa da minha cabeça – disse, beijando o bebê na testa e seguindo para a cozinha.

Contudo o que Elisa não imaginava era que sua intuição realmente era fruto de uma influência do plano espiritual. Porém não uma influência positiva, vinda de servos do bem, mas sim de espíritos inferiores que se aproveitavam da oportunidade.

Estes espíritos inferiores que alcançavam Elisa e incitavam incertezas em seu íntimo, faziam parte de grupos de criaturas revoltadas e perturbadoras que havia tempos enlaçavam-se a alguém que estava muito próximo daquela casa. Vigiando-lhes os movimentos estava a senhora Etelvina.

Trazendo fixo na mente um desejo ardente de ter aquela pequena criança para si, esta somente aguardava o momento em que o pequenino filho do casal ficasse sozinho.

— Finalmente! – vibrou ela ao ver pela janela que enfim o pequeno bebê estava só.

Aproveitando-se da ida de Elisa junto de Cláudio para a cozinha, Etelvina, que aguardava com ansiedade aquela oportunidade, tratou logo de entrar no quarto pela janela. Como fazia muito calor, esta havia ficado entreaberta para refrescar o ambiente, o que foi suficiente para a invasão de Etelvina.

A mulher acreditava cegamente que se conseguisse uma criança, mesmo não sendo sua, seria o suficiente para seu ex-marido, Cleberson, voltar para ela. Então, após analisar cuidadosamente a família de Cláudio e ver no pequenino o resgate para seu casamento, Etelvina, que seguia sendo objeto de obsessão dos espíritos inferiores, decidiu enfim pôr em prática suas intenções.

Etelvina abriu a janela e entrou no quarto, fazendo o mínimo de barulho possível, e logo se viu diante de mim, o pequeno Matheus, que dormia no quarto. A senhora ficou admirada com a beleza e ternura da criança que estava ali, de pele e cabelos claros. Ela chamou-me de seu pequeno anjinho.

Em seguida, com todo o cuidado para que eu não acordasse, Etelvina pegou-me nos braços e fugiu.

Antes que se possa acreditar que os espíritos benfeitores nada fizeram para evitar tal acontecimento, cabe esclarecermos que estes permaneceram a todo instante junto da família. Amparando e confortando-nos para que tudo o que fosse realmente necessário acontecer para o resgate e evolução dos espíritos ali envolvidos, pudesse seguir seu curso esperado.

Todos somos constantemente assistidos por inúmeros espíritos de diferentes categorias e níveis de evolução. Cada qual trazendo consigo interesses e objetivos totalmente distintos.

Quando algo considerado ruim ou incompreensível ocorre, isto não quer dizer que espíritos inferiores influenciaram ou apossaram-se de determinada criatura no físico para que esta simplesmente agisse conforme suas vontades. Também não é correto considerar que se isto ocorre é porque determinada pessoa está privada do auxílio de espíritos superiores ou porque estes não possuíam condições suficientes para impedi-los. O que muitas vezes julga-se verdadeiro e correto, não passa de pura ilusão criada pelo homem.

Como já explicamos anteriormente, quem decretou que o sofrimento é errado? Não pode o pai deixar que o filho passe pela dor da cirurgia para que obtenha a cura esperada?

Por ainda ser aos olhos do homem a vida física o único meio de sua existência, ele ainda não atingiu maturidade suficiente para compreender o que se encontra fora dela.

Deveríamos ter na consciência a inviolável certeza de que nada ocorre ao acaso e que tudo tem seu real motivo de ser. Acredite que nada, absolutamente nada, ocorre sem o consentimento de Deus. Até mesmo o cair de uma simples folha não foge aos seus olhos.

Desta maneira, se questionaria como pode Deus permitir que algo aparentemente ruim aconteça com alguém sobre quem nada pesa, por seus atos?

Ora, por acaso não é sabido que Deus, nosso amado Pai, é a verdadeira pureza? Não nos afirmou Jesus que aquele Deus perverso e vingativo que os antigos tanto pregavam não passava de criação do homem?

Jesus mostrou-nos o quanto Deus, nosso querido Pai, é bom e justo. Sua essência é o amor. Assim, este não poderia jamais permitir que alguém bom e justo sofra. Deus nos quer bem. E uma extensa corrente de espíritos elevados dedica-se com todo amor, pureza e humildade para que todos possamos ser felizes.

Por isto, quando algo que julga errado acontecer, não se condene ou julgue a Deus ou ao próximo. O bom filho atende com atenção aos conselhos daquele que por este entrega o seu melhor. Se ficar preocupado com determinado fato, não se desespere, apenas entregue suas aflições para Deus. Tenha o costume de conversar com seu Pai como se realmente pudesse vê-lo. Pois de uma afirmação pode ter certeza, você talvez ainda não possa vê-lo ou ouvi-lo, mas saiba que não importa onde você esteja ou quais sejam suas aflições, basta apenas falar-lhe do fundo de seu coração. Porque Ele pode vê-lo e também escutá-lo.

Passados alguns poucos minutos desde que deixara o quarto onde eu dormia, Elisa retorna para ver se tudo estava bem, mas desespera-se por não me ver na cama.

— Matheus! Oh, meu Deus, Matheus! – grita Elisa, vasculhando o quarto.

— Mas o que houve? – pergunta Cláudio, entrando assustado no quarto.

— O Matheus sumiu! Não o encontro em lugar algum, Cláudio.

— Mas como não, Elisa? Você não o havia deixado na cama? Já olhou embaixo dela?

— Sim, já olhei todo o quarto e não sei onde ele possa estar – diz Elisa, aos prantos.

— Tenha calma, nós iremos encontrá-lo. Veja, a janela está aberta.

— Espere, eu não a havia deixado assim. Ah, meu Deus, será que alguém entrou aqui e o levou, Cláudio?

Neste instante ambos correm para a janela, tentando avistar o filho ou alguém, mas para seu desespero, nada veem. Cláudio então pula a janela e avista, jogada não muito distante dali, uma trouxa de roupas.

— Espere, eu conheço isto. – espanta-se – Isto aqui estava com aquela mulher que conheci na igreja. Como era mesmo o nome dela? Ah, Etelvina.

Sim, realmente a mulher possuía uma pequena trouxa de roupas com todos os seus pertences, a qual não podia passar despercebida por Cláudio, uma vez que a mulher não parava de mexer nela enquanto ambos conversavam.

Acontecia que, na empolgação por conseguir pegar a criança e na pressa de fugir, Etelvina nem percebeu que havia esquecido sua trouxa de roupas.

— Elisa, acho que sei quem pode ter pegado nosso filho, uma mulher que conheci na igreja. Venha, vamos depressa falar com o delegado.

— Não, espere! Cláudio, deixe que eu vou ao delegado e você os procura pelas redondezas. Se foi mesmo esta mulher, talvez ela não esteja tão longe. E como você a conhece, será mais fácil localizá-la – sugere Elisa.

— Tudo bem, você está certa.

Após decidirem como proceder, cada um seguiu para um lado. Apesar da gritaria com o meu sumiço enquanto me procuravam na casa, a mãe de Cláudio nem acordara. Devido aos seus problemas de saúde e à idade avançada, dona Marta passava a maior parte do dia dormindo. Como apesar do desespero eles sabiam da debilidade em que dona Marta se encontrava, decidiram poupá-la de qualquer preocupação, enquanto realmente não soubessem o que havia acontecido.

Passados alguns instantes, então chega Elisa, desesperada, à delegacia à procura de ajuda. Como ainda era dia, o delegado responsável, Romualdo, tratou logo de reunir um grupo de homens para seguir em busca da mulher que Cláudio descrevera a Elisa e que esta informara ao delegado, que pretendia aproveitar que o sol ainda não havia se posto para vasculharem a região.

Enquanto os homens preparavam-se para ir ao encalço de Etelvina, Cláudio seguia procurando-a em cada canto da cidade.

— Oh, Deus! Matheus, aonde aquela mulher o levou? – indagava-se, aturdido.

Como o dia estava quase acabando, poucas pessoas ainda se encontravam nas ruas. E dentre estas, Cláudio encontrou um velho conhecido, o senhor Agenor.

— Senhor Agenor, por acaso o senhor não viu uma mulher de

meia idade, cabelo preto na altura dos ombros e vestindo uma blusa escura e um vestido bege?

— Acalme-se, Cláudio, por que toda esta afobação, ocorreu algo?

— Sim, senhor Agenor. Meu filho desapareceu e tenho quase certeza de que foi esta mulher quem o levou.

— Meu Deus, homem do céu! Isto o que está me contando é muito sério. Você já avisou às autoridades?

— Elisa correu para lá enquanto o procuro pelas imediações. O senhor não viu passar por aqui alguém com estas características?

— Não vi, infelizmente, mas vamos procurar. Se esta mulher estiver com seu filho por aqui, nós a encontraremos.

— Muito obrigado, senhor Agenor. Nem sei como lhe agradecer.

— Ora, não se preocupe com isto, Cláudio. Faço o que qualquer um faria. Agora vamos, não podemos perder nem mais um segundo.

Assim como Cláudio, o senhor Agenor conhecia muito bem a região. Ambos seguiram cada um em um sentido. Apressados, não perderam tempo, pois logo seria noite.

Contudo o que estes não imaginaram era que Etelvina já havia planejado tudo. Antes de invadir a casa de Cláudio e raptar-me, esta já havia invadido um pequeno celeiro e roubado uma charrete para facilitar sua fuga.

Enquanto todos nós procurávamos pelos arredores da casa, nós já nos encontrávamos quase fora da cidade. O plano de Etelvina era levar-me para a sua antiga cidade, para onde seu ex-companheiro retornara, cidade esta a três dias de viagem.

8 – Companhias e companheiros

Acreditai, jamais nos encontramos desamparados. Sejais vós criaturas de vigoroso caráter, ou pobres infelizes que ainda jazem relutantes com as provas que deveis enfrentar, sabei que estais sempre acompanhados.

Se vossas companhias serão de baixo ou elevado caráter, dependerá somente do que em vosso íntimo achardes mais confortável. Alimente um cão e este sempre lhe será amigo. Castigue-o e prive-o, e então receberá o nada.

Deixando um pouco de lado a companhia dos anjos guardiões, os quais jamais abandonam seus protegidos, consideremos apenas os irmãos em menor nível. Criaturas ainda em processo de evolução, que assim como vós, fizeram suas escolhas e hoje refletem o que alcançaram, cada qual ainda buscando ou doando uma parcela de si.

Se pudésseis ver esta grande massa, surpreender-vos-íeis com a importância que vossos atos e pensamentos têm. Irmãos à procura de auxílio, outros ainda presos à matéria, buscando satisfazerem-se com aquilo que não possuem mais. Há também aqueles que mesmo vos vendo a caminhar em direção ao precipício, esforçam-se para reter-vos e orientar-vos.

Por isto, sábio é o provérbio "dize-me com quem andas e te direi quem és".

Nós somos quem escolhe nossas companhias. E são estas mesmas companhias que nos derrubarão ou irão erguer-nos. Sabei que são necessários grandes esforços para o homem de hoje alçar um único degrau, mas somente uma palavra ou um ato impensado é suficiente para que este desabe.

Por isto, quando estiverdes na dúvida e confusos sobre qual atitude deveis tomar, lembrai-vos daquele que veio ao mundo para nos guiar, e pedi-lhe forças para encontrardes o devido caminho: Nosso Senhor Jesus Cristo.

Após três dias de viagem, enfim Etelvina chega comigo à cidade onde residia seu ex-marido. Ela estava radiante por poder finalmente encontrar Cleberson. Apesar do período em que estiveram distantes, ela jamais perdeu as esperanças de retornar para seu único e eterno amor.

— Veja, meu bebê, esta será sua nova cidade. Daqui a pouco nós iremos encontrar seu futuro pai e então seremos uma família feliz – disse Etelvina.

Enquanto Etelvina era só alegria, o clima era outro na casa de meus pais, Cláudio e Elisa. Desde que eu desaparecera, estes não paravam de procurar-me um único instante.

Infelizmente o peso devido à ausência de alguém é algo que envolve de maneira devastadora toda uma família.

Como no físico poucos são aqueles que mesmo lhes restando poucas esperanças, jamais abandonam a fé na providência divina, a grande maioria quando é abatida por uma prova que deve enfrentar, esquece-se por completo de ater-se confiante no Pai.

No caso de Elisa, esta desde pequena acostumada a orar e estar em contato com os espíritos do bem, apesar da dor imensurável, procurava seguir firme e confiante que tudo acabaria bem. Contudo Cláudio não se mostrava desta forma. Apesar de este ter evoluído bastante e ter aprendido a orar, era somente surgir uma pedra em seu caminho para que começasse a duvidar da providência.

As buscas por mim e Etelvina estenderam-se por todos os cantos da cidade. E além dos empregados do delegado responsável, todos que conheciam o casal também auxiliaram como puderam.

Por serem pessoas honestas e de bem, todos, quando souberam do ocorrido, saíram às ruas à procura de informações que indicassem meu paradeiro. Grupos eram formados e dirigiam-se a todos os locais mais próximos e arredores. Os que possuíam cavalos ou charretes rumavam às localidades mais afastadas.

A comoção causada pelo sequestro de uma criança de apenas alguns meses era geral. A notícia do sequestro correu pela cidade e estendeu-se às cidades vizinhas. Durante os três dias em que se perpetuou o ocorrido, o assunto não era outro.

Algumas informações bem que chegavam a respeito de mulheres com crianças recém-nascidas, contudo quando o grupo de buscas organizado pelo delegado averiguava, nada era encontrado.

Na casa da família, os amigos mais próximos tentavam consolar o casal:

— Tenho certeza de que em breve irão encontrá-lo – falou o senhor Hamilton.

— Verdade. A equipe que o delegado organizou está vasculhando todo os cantos – considerou a senhora Clementina.

Vizinhos do casal, o senhor Hamilton e a senhora Clementina eram alguns dos que na residência se encontravam.

— Muito obrigado, amigos. Temos fé que em breve surgirão notícias – agradeceu Elisa.

Esta seguia confiante de que seu amado filho logo seria encontrado. O desespero inicial fora dando lugar à fé na providência.

Desde que enfrentara as dificuldades do câncer, Elisa começara a prestar mais atenção às emanações vindas do plano superior. Sutilmente começou a desenvolver a percepção das distintas energias que nos circundam, procurando absorver os inumeráveis benefícios que estes contatos proporcionam.

Dentre algumas destas pequenas fontes de paz e inspiração,

seguia ao seu lado sua amada mãe, Matilda. Esta sempre endereçava ao seio de Elisa todo amor e conforto necessários para que em todas as dificuldades de seu caminho pudesse receber o apoio necessário ao transpasse.

Espírito de luz, Matilda, desde que eu, o pequeno Matheus, fora levado por Etelvina, procurou estreitar ainda mais os laços que as uniam. Apesar de conhecer claramente a fé que a filha possuía, ela sabia que naquele difícil momento todo apoio seria benéfico. Esta já havia surgido em sonho à amada filha, procurando confortá-la de que o pequeno encontrava-se bem e que os bons anjos o amparavam.

Os amigos até se espantavam com a força de Elisa em um momento tão delicado. Estes acreditavam que por dentro ela chorava, mas por fora procurava aparentar-se forte. Realmente, no íntimo, Elisa chorava por não ter o amado filho em seus braços, mas se externava força e confiança, não era para manter as aparências, e sim porque sua fé seguia inabalável. Confiava que tudo estava nas mãos de Deus e que nada contra seu pequeno filho iria acontecer, pois os anjos já a haviam confortado.

Já Cláudio, mesmo tendo sempre a seu lado o dedicado e atencioso Cássius, sua mente seguia vacilante. Deve-se ter grande afinidade espiritual e fazer-se sempre uso da prática para que ambas as partes possam afinar-se e estreitarem cada vez mais os laços que as unem.

A constante prática das orações e as puras conversas entre aquele que se encontra no físico e seu mentor, são verdadeiras fontes de elevação e engrandecimento espiritual.

Quando se é criança, o contato é exercido sem que haja bloqueios ou interferências. No entanto, à medida que cresceis, tudo se torna mais difícil e opaco. Antes aquele que sempre víeis e ouvíeis ao vosso lado como um verdadeiro amigo, quando envelheceis simplesmente esqueceis dele.

A pureza e o manto da inocência já não mais possuem forças para seguirem ativos e presentes. O orgulho, a vaidade e principalmente a dúvida dificultam qualquer tentativa e esforço por parte destes humildes amigos, uma vez que em vós esta "porta" encontra-se fechada.

Por isto, lembrai-vos, queridos irmãos. Lembrai-vos daqueles amigos que um dia deixastes entrar em vossa vida. Pois estes jamais vos abandonaram, apenas seguem aguardando educadamente por vosso chamado.

Sem a mesma compreensão que Elisa, Cláudio, o aflito pai, não dormia e pouco se alimentava. Tudo em sua mente era dor e revolta por terem lhe tirado o filho querido. No início bem que tentou orar, pedindo que lhe trouxessem de volta o pequenino. Mas com o passar do tempo, a dúvida bateu-lhe às portas e o pouco de confiança que retinha em si começou a dar lugar ao desespero. O temor pelo filho nas mãos de uma desconhecida e o medo de nunca mais vê-lo fizeram com que Cláudio abrisse em si as portas para espíritos inferiores.

Cássius, guia e protetor de Cláudio, o qual também sofria por ver o amigo daquela maneira, seguia firme ao seu lado, auxiliando-o na maneira como este lhe permitia. Por mais que o benfeitor se dedicasse a orientar e doutrinar as criaturas infelizes que no amigo se compraziam, o desejo deste de tê-los consigo e o sentimento de autopiedade dificultavam intenções contrárias.

O respeito de Cássius pelos desejos do amigo eram superiores a qualquer dúvida que pudesse manifestar-se. Como cada criatura é senhora de si, deve primeiramente surgir nesta o desejo do resgate. Poderíamos dizer que de nada adianta um náufrago receber auxílio se não deseja ser resgatado. Este possui seu tempo e ficará à deriva até o momento em que em si nascer a vontade de ser auxiliado.

Mas não penseis que por isto pode entender-se que um protetor deixará seu protegido na cova dos leões. Não, este permanecerá ininterruptamente ao seu lado, doando-lhe todo seu amor e carinho e seguirá por todo o percurso de braços estendidos, esperando por seu desejo de ser resgatado. Mesmo que esta intenção seja apenas uma pequena fagulha em meio a uma total escuridão.

Distante dali, escondida dentre as pessoas da cidade, estava a mulher Etelvina com o pequeno filho do casal nos braços, coberto por um tecido. A mulher não queria chamar atenção, pois não sabia se estavam procurando-a tão distante de onde levara a criança.

Andando dentre os moradores da região, Etelvina estava à procura de informações que a levassem ao paradeiro de seu ex-companheiro, Cleberson. Da última vez que haviam estado juntos ali naquela cidade, hospedaram-se por alguns dias na casa de uma senhora chamada Niceia. Por isto aquele era o primeiro local aonde se dirigiria.

Situada às margens de um pequeno lago não muito distante da

região do comércio, a casa da senhora Niceia no passado servira de pousada aos viajores que chegavam de outras regiões em busca de oportunidades ali naquela cidade.

— Ó de casa! – disse Etelvina, batendo à velha porta.

Não precisou muito para que lhe atendesse uma senhora de bastante idade, apoiada sobre uma bengala e portando um olhar assustado com a visita inesperada.

— Por Deus, Etelvina! – disse-lhe, abrindo um grande sorriso.

— Olá, senhora Niceia, será que ainda há um quarto em sua casa para eu me hospedar?

— Mas claro que sim, venha, entre!

Portando somente um pequeno embrulho nos braços, Etelvina entrou na residência sem mencionar que este se tratava de uma criança.

Como eu estava dormindo, a velha senhora nem me percebeu enrolado no tecido.

— Venha, sente-se – solicitou ela, indicando uma cadeira.

— Obrigada – respondeu-lhe Etelvina, sentando-se sem largar o embrulho.

— Por favor, deixe-me ajudá-la – falou a senhora Niceia, referindo-se ao embrulho que estava com Etelvina.

— Não... – falou a mulher, em tom assustado – Digo, não precisa se preocupar, não está pesado. E também não quero incomodar – completou Etelvina.

Como a senhora Niceia já não possuía a visão muito clara, imaginou tratar-se realmente de um embrulho contendo roupas.

— Mas me fale, minha filha, o que a traz até aqui? Está tudo bem com Cleberson?

Pela indagação, Etelvina logo percebeu que a senhora Niceia não fazia ideia de que eles já não mais estavam juntos e tão pouco do paradeiro de seu ex-companheiro.

— Desculpe aparecer assim, é que tive de vir até a cidade visitar uns amigos enquanto Cleberson ficou em casa. Ele tem trabalhado muito e não pôde vir – falou Etelvina.

— Ah, vocês então finalmente conseguiram a casa de vocês?

Acontecia que da última vez em que Etelvina e Cleberson estiveram lá, não possuíam um lugar para ficar. Aquilo era frustrante para eles, terem de abrigar-se em um lugar, já que não tinham para onde ir. Por diversas vezes, enquanto na casa da senhora Niceia, estes reclamavam da situação em que se encontravam.

— Pois é! Finalmente nós conseguimos o nosso cantinho. E foi por isto que o Cleberson não pôde vir. Ele quis ficar tomando conta da casa – falou Etelvina.

— Eu compreendo bem, minha filha. Nós nos apegamos tanto ao nosso cantinho, que fica difícil sair.

— Realmente! Então, a senhora acha que eu poderia ficar alguns dias aqui na sua casa enquanto estiver na cidade? Prometo não dar trabalho algum.

— Mas claro que sim, minha filha. Não será trabalho algum tê-la aqui. Pode ficar o tempo que precisar.

Então, após se instalar em um dos quartos da casa, Etelvina começou a planejar quais seriam seus próximos passos.

Eu tive sorte desta velha estar quase cega e não ter percebido que trazia uma criança comigo – pensou – *Mas também não posso ficar abusando da sorte. Ela pode estar quase cega e caduca, mas não está surda. É só esta criança começar a chorar para ela descobrir tudo.*

Para a sorte de Etelvina, eu era uma criança muito calma, e dificilmente começaria a chorar fazendo um escândalo. Porém bastaria a mulher não respeitar o meu horário de comer e tudo poderia ser descoberto. Mas Etelvina estava preparada. Sem que a senhora Niceia soubesse, já havia assaltado sua cozinha e pegado um pouco de leite ainda fresco.

Após alimentar-me e colocar-me para dormir, tendo a certeza de que eu não acordaria tão cedo, Etelvina, após trancar a porta do quarto, decidiu fazer uma rápida visita à cidade. Pretendia encontrar mais um conhecido, Reginaldo.

Reginaldo fora amigo de Cleberson no período em que este esteve com Etelvina na cidade. Tendo-se conhecido ao acaso, acabaram tornando-se bons amigos quando trabalharam alguns dias juntos.

Na época Reginaldo também se encontrava desesperado à procura de emprego, para conseguir sustentar seus cinco filhos. No entanto sua situação era um pouco mais reconfortante que a de Cleberson, pois possuía um local para morar. E era justamente para este lugar que Etelvina seguiria. Ela pensava que se Reginaldo ainda morasse naquela cidade, com certeza saberia o paradeiro de Cleberson.

9 – Saber crer e confiar

Todo aquele que crê e confia no Senhor, jamais será desamparado. Não há vento que sopre capaz de alterar-lhe o curso, pois suas bases já foram consolidadas.

Eis o verdadeiro filho. Sabe, não julga e segue firme, consciente de que os meios para subir mais um degrau não são meras casualidades, e sim contribuições postas ao seu auxílio.

Abandonemos o medo e o receio. Poderá um cego caminhar na corda sobre um precipício, contanto que em si a fé inabalável já se tenha manifestado.

Por isto, deixemos a presunção de lado, e aceitemos que tudo ocorre para nosso próprio aprimoramento espiritual. Somente assim começaremos a dar os primeiros passos em direção à tão almejada e necessária libertação.

Refugiada em uma cidade a três dias de viagem da cidade de Cláudio e Elisa, Etelvina aproveitava que o sol ainda não se havia posto para procurar por Reginaldo.

Não posso me demorar. Tenho de retornar antes que a criança acorde – pensava Etelvina, caminhando.

— Nossa, nem faz tanto tempo que deixei esta cidade e vejo que algumas coisas já mudaram – sussurrou.

Etelvina referia-se a algumas ruas novas que haviam surgido, onde antes havia grandes terrenos vazios. Com estas, casas e pequenos comércios completavam o cenário.

A mulher começou a ficar preocupada se realmente conseguiria encontrar facilmente o amigo do ex-companheiro. Pois a quantidade de pessoas nas ruas havia quase que dobrado.

— E agora? Com estas novas ruas não consigo me lembrar onde era a casa em que Reginaldo morava – lamentou-se.

Então, preocupada que já começava a escurecer e que ficaria quase impossível encontrar a casa, Etelvina decidiu retornar.

Bom, pelo menos consegui ver que não será tarefa tão fácil quanto imaginava – pensou – *Mas não importa. Tenho certeza de que encontrarei meu Cleberson, e quando ele vir nosso pequenino, enfim poderemos formar uma família.*

Já na longínqua cidade de onde eu fora levado havia três dias, a noite caía e, entregue ao surgir das estrelas, Elisa orava pela proteção e retorno de seu pequeno filho.

Debruçada na janela e de mãos postas em oração, a humilde mãe procurava ser forte. Seguia confiante de que seu amado filho em breve retornaria ao lar, com saúde e em segurança.

— Oh, senhor Jesus, peço-lhe com toda minha alma, proteja meu querido filho. Que suas mãos estejam sobre ele onde quer que esteja, guardando-o e afastando todos os perigos. Fazei com que o vosso sublime amor possa manifestar-se no coração de quem o levou. E que esta pessoa arrependa-se e compreenda toda a dor e sofrimento que está nos causando. Senhor, confio em vós e sei que vossos anjos acompanham meu filho. E a vós entrego minhas esperanças de que tudo acabará o mais breve. Peço-lhe forças para que eu não caia em desespero e possa amparar meu Cláudio neste difícil momento. Fazei com que eu possa ser seu instrumento de fé. E que mais adiante possamos todos nos reunir em uma grande família, para todo o sempre. Amém.

Mesmo com toda a dificuldade em manter-se firme e confiante, Elisa permanecia com sua fé inabalável. Mesmo com o coração de mãe despedaçado, acreditava que a mulher que levara seu amado filho não tardaria em arrepender-se. E realmente eram estes sentimentos emanados por Elisa que, com o auxílio dos espíritos benfeitores, eram projetados sobre Etelvina.

Após fazer uma busca rápida pela cidade à procura do amigo de seu ex-marido, sem sucesso, a mulher retornara para a casa da senhora Niceia e para o pequenino bebê. Contudo, ao chegar ao local e entrar no quarto onde eu me encontrava, Etelvina teve uma estranha sensação.

Eu estava acordado, e ao ver-me, sem conseguir ver os benfeitores espirituais que me acompanhavam, dentre estes Matilda e Balthazar, a mulher sentiu um forte arrepio.

Assustada e muito incomodada, o que Etelvina experimentara eram as vibrações da confiante mãe Elisa, que haviam chegado até ela. Naquele instante, pela primeira vez, um pequeno sentimento de dúvida havia-se manifestado. Vendo ali a pequenina criança, a mulher por instantes indagou-se a que ponto havia chegado.

Sem saber que a benfeitora Matilda tocava seu ombro, Etelvina, sem compreender, começou a chorar.

Apesar do forte enlace que algumas criaturas revoltadas mantinham com aquela mulher, por instantes a máscara da inveja e raiva havia caído, dando lugar ao ser humano racional. Mas logo Etelvina afastou os pensamentos incitados pelos benfeitores e fixou-se novamente em seus planos.

— Meu Deus, mas o que é isto? O que estou fazendo? – indagou-se enxugando as lágrimas – Era só o que me faltava. Depois de todo o trabalho que tive, arrepender-me. Você agora é meu filho, entendeu? Meu e de mais ninguém – completou, afastando aqueles pensamentos e pegando-me nos braços.

Distante dali, Cláudio, que desde que eu fora levado mal conseguia dormir, seguia procurando-me. Além de não descansar, também mal se alimentava. Em sua mente nada mais importava, a não ser encontrar o pequeno filho.

E sentado à beira de um riacho, sem forças e confuso, Cláudio, assim como sua companheira, procurava orar pelo retorno do pequeno filho ao lar.

— Senhor, lhe peço, amado Pai, traga meu filho de volta para meus braços. Não sei mais o que fazer com esta situação. Como pode, Pai, alguém ser tão ruim a ponto de levar o filho de alguém? – começou a suplicar, aos prantos – Estou tão cansado com tudo isto, que mal consigo ter forças para pensar. Sinto como se me houvessem tirado o coração e deixado apenas uma carcaça oca e completamente vazia. Me diga, Pai, o que foi que eu fiz de tão grave para merecer passar por isto? Se fiz algo, me castigue então, mas não meu pequeno filho. Só de imaginá-lo com frio, fome e nas mãos de uma desconhecida, que mal sabemos o porquê de ter feito isto, é um horrível pesadelo – ofegante e olhando para o céu, Cláudio respirou fundo e prosseguiu.

— E quanto à minha sempre doce e gentil Elisa? Como pode alguém que já teve de enfrentar tantas provações na vida ser obrigada a passar por isto, meu Pai? Por mais que eu busque respostas, não consigo entender por que isto está nos acontecendo. Imploro com todas as minhas forças, senhor. Me diga, onde está meu filho? Me digaaaaa! – grita Cláudio, desabando de joelhos.

Difícil descrever aquela triste cena. Ao depararmo-nos com uma dolorosa e difícil provação, ou uma oportunidade com que tenha sido agraciado nosso espírito imortal, o corpo físico, dentro de todas as suas limitações, faz com que sejamos totalmente cegos e descrentes das reais intenções envolvidas em tais oportunidades.

Porém, há centenas de criaturas dispostas a entregarem-se por auxílio e benefício do próximo. Além dos espíritos familiares que acompanham as pessoas que seguem no caminho correto, há também os espíritos benfeitores. Como era o caso do dedicado Cássius, que seguia abraçado ao amigo Cláudio.

Ele entregava-se em carinho e respeito ao amigo naquele momento pelo qual passava. E como todo amigo e servo do bem, procurava com todo amor insuflar-lhe palavras de fé, esperança e principalmente confiança no Pai.

Por possuírem grande afinidade, geralmente quando Cássius procurava inspirar algo a Cláudio, este, na medida do possível, atendia-o. Porém, desde que o pequeno filho fora levado, Cláudio fechou-se para o amigo benfeitor e começou a dar ouvidos aos espíritos inferiores que se aproveitavam da oportunidade.

Com o desespero de Cláudio e sua confiança, que já era frágil, abalada, estes espíritos, que não querem ser auxiliados e apenas se comprazem em insuflar a inveja e maldade, e fazem de tudo para que os outros também sofram, atormentavam-no.

No entanto, como se uma pequena fagulha surgisse em seu íntimo, lembrando-lhe que tivesse confiança e que o Pai jamais desampara seus amados filhos, Cláudio deixou de ouvir os espíritos inferiores e, como um breve lampejo, ouviu a voz do amigo Cássius em sua mente. E então, naquele instante, Cláudio soube aonde deveria ir em busca de seu pequeno e amado filho Matheus.

Poucas horas depois, Cláudio chega apressado a sua casa para avisar à companheira Elisa que sabia onde estava seu filho.

— Elisa, Elisa! – grita ele, entrando no quarto.

Deitada na cama, porém sem conseguir dormir, Elisa espanta-se com a gritaria.

— Nossa, mas o que houve, Cláudio? Você está bem, aconteceu algo?

— Você não vai acreditar. Eu sei para onde levaram o nosso Matheus – diz ele, quase às lágrimas.

— Mas como assim? Alguém lhe contou?

— Não sei se é apenas coisa da minha cabeça ou se são nossos anjos da guarda, mas enquanto eu implorava a Deus para mostrar-me aonde poderiam ter levado nosso filho, me veio à mente o nome de um lugar.

— Mas que lugar, Cláudio?

— Não sei se você irá se lembrar de quando viajamos, há uns três anos, a convite da senhora Guiomar para o batismo de seu neto na igreja São Benedito.

— Claro que me lembro. Não teria como esquecer aquela linda igreja. Mas essa cidade fica a três dias de viagem daqui, Cláudio.

— Sim, eu sei. Mas algo me diz que foi para lá que levaram Matheus. E também isto explicaria porque ainda não o encontramos. Pois nos preocupamos em procurá-lo pelas regiões mais próximas, imaginando que eles não poderiam ter ido tão longe.

— Ai, Cláudio, agora que você falou, eu também sinto que é lá onde está o nosso Matheus. O que nós faremos? Já está tão tarde e escuro. Vamos avisar ao delegado?

— Não dá para esperar, eu não posso mais perder tempo. O delegado irá querer mandar uma equipe de busca somente amanhã, quando já estiver claro. Eu irei para lá agora mesmo.

— Você não acha melhor esperar o delegado? Eu também não aguento mais, mas pode ser muito arriscado. Não temos certeza se quem o levou não é perigoso.

— Não me importo, Elisa. Se for para lá que levaram o nosso filho, então eu irei. Lembre-se que são três dias de viagem, e quanto mais esperarmos, pode ser pior.

— Se você está mesmo disposto a ir agora, então eu vou com você, Cláudio.

— Não, Elisa, quero que você fique e avise o delegado. Além do mais, eu consigo ir mais rápido se for sozinho.

— Mas pode ser perigoso, Cláudio, deixe-me ir com você – diz Elisa, segurando seu braço.

— Já lhe disse que não me importo. Agora deixe-me ir.

— Está bem, então. Mas por favor, tome muito cuidado.

— Pode deixar – diz Cláudio, dando um beijo em Elisa e partindo no cavalo que possuíam.

No dia seguinte, logo cedo, Etelvina, após avisar à senhora Niceia que iria resolver alguns assuntos, enrolou-me em alguns tecidos para não ser visto e saiu sorrateiramente.

Bem, deixe-me ver como farei para encontrar o Reginaldo – pensou.

Então, sem perda de tempo, a mulher começou a andar rua após rua, atrás do amigo de Cleberson. Apesar do dia mal ter começado, já havia grande movimento de pessoas. Como era domingo, muitos aproveitavam para fazer o que não conseguiam durante a semana.

Passaram-se cerca de quatro horas de procura, com Etelvina andando por todos os lados, olhando todos os rostos que podia. Como as pessoas mais velhas dificilmente mudam muito com o tempo, a mulher acreditava que o reconheceria caso o visse. Decidira por não sair perguntando, para que as pessoas não começassem a questioná-la sobre quem era ou o que pretendia, uma vez que Etelvina era uma fugitiva e não podia levantar suspeitas de que aquilo que trazia enrolado em tecidos era uma criança.

Começando a ficar cansada e vendo que eu já me encontrava irrequieto porque estava com fome, a mulher decide parar em uma banca de alimentos. Queria comprar algumas frutas e um pouco de leite com as moedas que pegara na casa da senhora Niceia.

— Me dá duas maçãs, uma banana e também um pouco de leite – disse ela ao vendedor, entregando as moedas.

Após pegar as coisas e andar alguns passos, Etelvina ouviu chamarem por um "Reginaldo". Ao virar-se, viu que o vendedor da banca onde estava era quem o chamara.

— Ei, Reginaldo, bom dia, homem. Está andando aí todo avoado. Eu trouxe hoje o que me pediu – falou o vendedor.

Para surpresa de Etelvina, o homem era o mesmo Reginaldo que esta procurava. Pensou ela não poder ter sorte maior.

— Puxa, me desculpe, Senhor Antenor, é que estou com um pouco de pressa agora. Eu passo aqui mais tarde – falou Reginaldo ao vendedor.

Apressado e com um ar muito estranho, Reginaldo não perdeu tempo e seguiu todo afoito.

Nossa, mas que estranho – pensou Etelvina – *O que será que houve com esse homem e aonde vai com tanta pressa?* – completou, decidindo por segui-lo.

Acompanhando seus passos de longe, Etelvina seguiu-o por um tempo, até que este estacou em frente a uma grande casa. Parecendo ser de alguém muito importante, a residência tinha à porta dois homens com aspecto de poucos amigos, os quais pareciam conhecer Reginaldo.

Escondida atrás de uma árvore, a mulher viu que após trocarem algumas palavras, os homens deixaram que Reginaldo entrasse.

Mas que lugar, afinal de contas, é este? E por que o Reginaldo parece estar tão incomodado? – indagou-se Etelvina.

Então, após observar o local apenas à distância, a mulher resolveu tentar aproximar-se a fim de descobrir que lugar era. Como a casa era muito grande e os dois homens que pareciam seguranças encontravam-se apenas à porta principal, Etelvina deu a volta, tentando descobrir se havia alguma outra entrada ou janela.

Situada em uma região afastada do centro, local onde se concentrava o comércio, a casa, de aspecto imponente, era cercada por muros que tinham por volta de dois metros de altura, possuía três andares e, além da entrada principal, tinha outra nos fundos. Contudo, assim como a da frente, um homem também controlava seu acesso.

Perturbada e disposta a descobrir de quem era aquela casa, Etelvina decidiu pular o muro. Após colocar-me cuidadosamente escondido em um arbusto, a mulher escalou o muro usando uma pequena fresta neste.

Sem sequer pensar se a casa teria cachorros ou mais homens vigiando o jardim, a mulher pulou o muro e invadiu o terreno. Do lado de dentro, sem perda de tempo, ela logo correu para uma das janelas do térreo.

Após tentar ver algo e não conseguir devido a cortina estar fechada, ela seguiu para outra, que para sua sorte estava entreaberta.

No ambiente que parecia ser uma sala de reunião, havia quatro pessoas. Um homem que parecia ser um segurança, Reginaldo, uma mulher e mais um homem de costas e sentado em uma cadeira. Este parecia ter algum relacionamento com a mulher, pois após algumas palavras, esta lhe deu um caloroso beijo e saiu.

Mais alguns instantes de conversa e após ouvir de Reginaldo que aquilo não voltaria a acontecer, o homem que estava sentado levantou-se e deu-lhe dois tiros.

Assustada, Etelvina quase soltou um grito. Nunca imaginou que em meio a uma conversa que parecia, ao seu ver, tranquila, alguém pegaria uma arma e dispararia contra um homem com toda aquela frieza.

Então, sem aguardar mais um único segundo, Etelvina, que

se preparava para sair da janela, viu algo que jamais poderia prever. Após assassinar Reginaldo, o homem virou-se e então ela viu que aquele assassino tratava-se de alguém muito conhecido. Seu ex-companheiro, Cleberson.

10 – Escolhas e decepções

Somos todos aquilo que praticamos e onde praticamos. De nada adiantam palavras aveludadas, mas cheias de intenções vazias. Tampouco boas intenções que se mantêm somente desde que não interfiram, ou melhor, não sejam aplicadas de forma a alterar nosso sossego.

Muitos são os que julgam possuir boas intenções, mas poucos os que realmente se empenham em concretizá-las.

Oh, trabalhadores! Arregaçai vossas mangas e colocai-vos todos sob o peso da enxada.

O mundo necessita de criaturas firmes e dispostas a realmente fazer a diferença. Chega de jogar vossos grilhões em direção ao próximo, esperando que seu suor atue também por vós.

Entendei-me bem. Não esperamos que lanceis fora toda a vaidade e vos entregueis de olhos fechados, atuando em benefício de qualquer instância. Desejamos apenas que aproveiteis aquilo que vos foi ofertado nas pastagens da vida, agindo com sabedoria. Aproveitai para que vossa passagem possa ser também cheia de louros obtidos em prol do vosso próximo, contribuindo para um mundo melhor e mais justo.

Ao ver que fora seu ex-companheiro Cleberson a assassinar aquele homem, Etelvina entrou em estado de choque. Imaginava estar sonhando e que tudo era fruto de sua mente.

Etelvina pensava em como poderia alguém ter mudado tanto ao ponto de estar envolvido com uma mulher que mais parecia mulher da vida e ser capaz de matar o próprio amigo.

— Impossível, não pode ser o meu Cleberson – murmurou.

No entanto, por mais que a mulher não aceitasse, aquele era seu antigo companheiro. Apesar do pouco tempo em que ficaram separados, parecia que Cleberson havia-se tornado outra pessoa.

Escondida e observando pela janela, por instantes Etelvina pensou em surgir e dizer-lhe que havia retornado. Mas depois de tudo o que presenciara ali, já não mais sabia o que fazer.

Então, antes que pudesse decidir por surgir ou não ao companheiro, viu-se obrigada a fugir, devido à movimentação que começou a perceber nos arredores da casa.

Logo, sem perda de tempo e com todo o cuidado para não ser vista, a mulher tornou a pular os muros, em seguida pegou-me no arbusto e tratou de fugir para o mais longe possível daquela casa.

Enquanto Etelvina fugia, no plano espiritual Balthazar conversava com um amigo. Estes haviam observado tudo.

— É realmente muito triste vermos as criaturas chegarem a este ponto. Se acreditassem com fé que somos todos filhos e filhas do mesmo Pai e soubessem o verdadeiro peso de nossas escolhas, o mundo seria outro.

— Você tem razão, Balthazar. Creio que o mundo somente se encontra neste estado porque o homem não tem fé. Pois se tivesse, agiria pensando não em si, mas no próximo. Deixaria de lado as questões materiais, o orgulho, e pensaria no bem comum.

— Mas também não sejamos nós mais instrumentos da falta de fé, meu querido amigo. Lembre-se de que somente o Pai sabe o que é melhor a cada um de seus filhos. Tudo sempre é dado a seu tempo, e por mais que nossos corações ainda se atenham a permanecer com suas fundações na existência física, devemos sempre ter em mente que tudo está como deve ser. E o nosso papel aqui é amparar estes nossos irmãos a agirem sempre com base no bem.

— Me desculpe, é que não é fácil ainda para mim, mesmo depois de estar fora do corpo, ver determinadas coisas e não realizar um pré-julgamento.

— Ora, meu amigo, não pense que é somente você. Eu e muitos que aqui ainda se encontram, se não nos focarmos, deixando-nos sermos influenciados, acabaremos também pensando assim. Mas isto faz parte de nossa própria evolução, se esqueceu? Por acaso não viu o mentor daquele homem atuando ininterruptamente sobre ele naquele momento? Viu como elevava os braços recebendo orientação com o anjo protetor daquele homem?

— Sim, é verdade, Balthazar. É que em meio a todo aquele turbilhão de espíritos revoltados, a sutileza dele seguia quase imperceptível.

— Exatamente. Mas apesar de quase imperceptível aos nossos

olhos, ele vibrava com toda sua intensidade em benefício do amigo naquele momento. E justamente por isto, alçou-se ao alto procurando sustentar-se no anjo guardião, que ali possuía total controle daquela situação. Pois estes são os instrumentos do Pai para com seus filhos ainda em aprendizado.

Na casa onde Reginaldo fora assassinado, os seguranças do local conversavam.

— Puxa, o chefe realmente se irritou com aquele indivíduo. Nunca imaginei que ele fosse assassinar alguém com as próprias mãos – falou um deles.

— Isto porque diziam que no passado eles foram grandes amigos. Mas se você quer saber, eu já ouvi boatos de que este não é o primeiro que ele mata. Ou você acha que o temor que todos têm por ele surgiu do nada?

— É, realmente também já ouvi algo do tipo. Mas se você quer saber, eu ainda acho que tudo tem a ver com aquela mulher que o abandonou, uma tal de Etelvina – lembrou-se.

— Será? Mudar por causa de uma mulher?

— Ué! E você acha isto difícil? Até parece que nunca teve um relacionamento. Não sabe do que um homem é capaz quando se sente abandonado ou traído.

— Eu imagino. Mas se for esta tal de Etelvina a mesma que estou pensando, também ouvi que foi o chefe que a abandonou. Parece que ela não queria ter filhos ou não podia ter... Não sei direito.

— Enfim. De qualquer maneira, se tudo o que ele faz hoje é mesmo por causa desta tal mulher, isto não explicaria o porquê de ele estar sempre rodeado de lindas mulheres. Deve ser para esquecê-la.

— Verdade. Mas a loirona é a oficial. Pelo menos é com ela que ele passa mais tempo – disse, referindo-se à mulher que estava na sala com Cleberson quando este assassinou Reginaldo.

— Até eu gostaria de uma loirona daquelas como minha oficial – brincou.

— Ora, cala essa boca, homem. Se o chefe escuta você dizendo algo deste tipo, ele te mata na hora. Agora vamos mudar de assunto e nos livrar logo deste corpo, antes que o chefe comece a reclamar.

Tempos depois, já de volta à casa da senhora Niceia, Etelvina, trancada no quarto, tenta entender o que havia acontecido. A mulher, ainda em estado de choque, por mais que procurasse explicações para o que vira, sentia-se como se tudo aquilo não passasse de um pesadelo.

Meu Deus, mas o que foi aquilo? – pensa ela – *Como pode o meu Cleberson ter mudado tanto? Nem foi tanto tempo que ficamos separados. E agora? O que eu devo fazer? Ele queria tanto ter um filho, e agora que lhe trago um, encontro-o desse jeito. Depois do que vi, nem sei mais se ele também não seria capaz de matar esta criança. E aquela casa, aquelas pessoas, o que significa tudo aquilo, meu Deus? Não sei o que faço. E se ele estiver com raiva de mim? E se alguém o estiver obrigando a fazer isto? Eu preciso pensar muito no que irei fazer, para não me precipitar* – pensava enquanto me colocava na cama.

No dia seguinte, enfim Cláudio conseguia chegar à metade do percurso. Quase sem parar para descansar, os únicos momentos em que se permitia parar por alguns instantes era para dar água e um pouco de repouso ao seu cavalo. De pé à beira de um lago, enquanto observava seu cavalo beber água, Cláudio prometia a ele mesmo que me encontraria e traria de volta.

— Não tenha medo, meu filho, seu pai está indo buscá-lo. Eu juro que o levarei de volta para os braços de sua mãe, nem que seja a última coisa que eu faça nesta vida.

Ao lado de Cláudio, Cássius empenhava-se em benefício do amigo. Sabia como este, no estado em que se encontrava, seria um alvo fácil para as investidas de espíritos aproveitadores.

Então, aproveitando-se do breve momento de descanso, começou a aplicar-lhe passes procurando acalmar sua mente já bastante cansada. Quase sem dormir desde que o pequeno filho fora levado, sua mente e corpo estavam completamente exaustos. Aquele breve momento, sem que Cláudio soubesse, estava sendo de extrema importância.

E na cidade onde se encontrava, Etelvina, após pensar muito durante a noite sobre o que fazer, decidiu arriscar-se. Escreveria uma carta contando a Cleberson que estava de volta, que ainda o amava e que enfim trazia uma criança consigo. Procuraria ser o mais simples e sincera possível, para que não houvesse dúvidas sobre suas intenções.

Decidira durante a noite que mesmo tendo visto Cleberson com outra mulher e assassinando aquele homem, seu amor por ele ainda era maior e mais forte que tudo aquilo.

Então, no dia seguinte, assim que escreveu a carta, tomou coragem e seguiu para a frente da casa onde vira Cleberson, a fim de entregá-la a um dos homens da porta. Porém, procurando resguardar-se, não diria que era dela a carta, mas sim que lhe haviam pago para simplesmente entregá-la.

Então, após ter a certeza de que era aquilo que queria fazer e mesmo com tudo o que havia presenciado, Etelvina foi até a casa e entregou a carta. Nesta, ela solicitava que Cleberson fosse ao entardecer encontrá-la em frente à paróquia da cidade. Por ser um local não muito distante da casa dele e situada quase no centro da região, Etelvina achou ali mais prudente. Principalmente por ser também um local movimentado e que inibiria qualquer ação suspeita.

Após ir para a casa de dona Niceia procurar acalmar-se e verificar se eu estava bem, Etelvina fez uma rápida oração e saiu levando-me consigo rumo ao local indicado. Em sua mente, medo e ansiedade misturavam-se à enorme saudade que sentia por aquele homem.

Etelvina nem se preocupava em como seria a reação de Cleberson ao vê-la e saber que havia retornado. Apenas queria poder enfim estar novamente junto do grande amor de sua vida.

Chegando ao local, a mulher com o pequeno nos braços fez questão de entrar rapidamente na igreja para fazer o sinal da cruz. Sentia como se os seus desejos estivessem sendo realizados. Trazia uma criança para ser sua e em breve estaria com seu grande amor.

Então, passado algum tempo de espera, para a surpresa de Etelvina, que aguardava sentada em um dos bancos à frente da paróquia, Cleberson surgia caminhando em sua direção. Vinha sozinho e parecia estar com o aspecto sereno. A mulher quis correr em sua direção e abraçá-lo, mas preferiu conter-se e aguardar.

Quando Cleberson enfim estacou diante da mulher, esta abriu-lhe um enorme sorriso e em seguida descobriu os tecidos sobre a criança, mostrando-a com orgulho. Ele a observou atentamente sem mencionar uma única palavra e em seguida fez um gesto para que a mulher o acompanhasse. Etelvina achou estranho ele não dizer nada, não abraçá-la ou tampouco dar um sorriso por revê-la após o tempo em que estiveram distantes. Mas mesmo estranhando, decidiu segui-lo em silêncio. Pensou que talvez ele não quisesse dizer nada ou expressar-se na frente de outras pessoas.

Após caminharem por algumas quadras sem conversarem, e com Cleberson durante todo o percurso mantendo-se dois passos à frente da mulher, ele enfim parou e logo em seguida virou-se.

Cleberson então fez um sinal para Etelvina, solicitando que mostrasse novamente a criança. Após atendê-lo, esta pôs-se a dizer o quanto sentia a falta dele, mas este logo abriu os braços, dando o entender de que desejava segurar o pequenino.

Ao ver que Cleberson queria segurar-me, Etelvina encheu-se de emoção. Então, com lágrimas nos olhos e toda orgulhosa, entregou-me sem hesitação.

Com todo o cuidado ele segurou-me, e pela primeira vez Etelvina viu surgir em seu rosto um breve sorriso. Parecia que enfim a vida seria perfeita para aquele casal, após todo o tempo de dificuldades que passaram.

Porém, antes que pudesse dizer uma única palavra, enquanto olhava para o rosto de seu ex-companheiro, ela começou a assustar-se quando então o sorriso que estampava seu rosto começou a alterar-se. Logo a fisionomia antes serena e aparentemente feliz que Cleberson demonstrava, transformou-se. As sobrancelhas começaram a cerrar-se, os lábios a juntarem-se e em seus olhos o ódio parecia transbordar.

Gélida com a cena que via, Etelvina avançou em sua direção a fim de reaver-me, mas antes que nos tocasse, um golpe acertou-a em cheio na nuca, fazendo-a desfalecer.

O dia estava quase acabando, e a pouco menos de um dia de viagem encontrava-se Cláudio seguindo rumo àquela cidade. Ele pouco parava para descansar, e em sua mente só havia espaço para o amado filho Matheus.

Não muito distante de Cláudio, também seguiam a cavalo até o local indicado três homens enviados pelo delegado, conforme solicitara Elisa. Dificilmente uma equipe seria enviada para um local a esta distância e sem possuir informações suficientes. Mas como o casal era muito amigo do delegado, este abrira uma exceção.

Quem também desejava seguir em direção àquela cidade à procura do filho era Elisa. Porém o estado de saúde da mãe de Cláudio, a senhora Marta, havia tempos inspirava bastante cuidado.

Sem que soubessem de tudo o que estava acontecendo tanto com o filho quanto com a sua sequestradora, Elisa e uma grande amiga sua, que estivera dando-lhe apoio desde o início, rezavam. Assim como Elisa, sua amiga também confiava na proteção e amparo dos anjos. E era justamente para estes que ali as duas, prostradas em oração, elevavam seus pensamentos.

11 – O peso da verdade

A oração é a melhor forma de entrarmos em contato com Deus. Quando oramos, desligamo-nos das tribulações da vida e depositamos toda nossa atenção nesse sublime momento.

Mergulhados no envoltório material e na romagem física, somos compelidos a atuar e direcionar nosso enfoque sobre os pormenores do momento aqui revelados. E assim, vamos solidificando nossas atenções naquilo que acreditamos e fomos cega e erroneamente condicionados a aceitar. Fora disto, tudo o que nos escapa à visão e é intangível, acaba sendo negado, pois duvidamos de sua existência devido ao obscurecimento de nossa própria razão.

Grande erro dos homens fechar esta maravilhosa porta que cada um carrega dentro de si e que permite nos elevar à vida eterna, apenas por não aceitá-la. Mas não porque acredite que não merece sua atenção e dedicação, mas sim porque se deixou envolver da maneira que fora condicionado a ser e agir.

Por isso se deve ter sempre fixo na mente que a vida física é nada mais que uma diminuta etapa necessária ao avanço moral de cada um. Desta forma, ela não deve ser tratada como apenas a única e verdadeira roupagem, mas sim como o complemento necessário à verdadeira compreensão de si próprio.

Todo aquele que na vida se mostra disposto a galgar sabiamente seus degraus, aceitando cada um de seus desafios, também sabe que possui em si toda ajuda e auxílio necessários ao sucesso.

E este sucesso é somente alcançado em toda sua perfeição quando nos interligamos e aceitamos todo auxílio, amparo e a verdadeira entrega que toda esta grande corrente de amor, formada por aqueles que não estão no físico, é capaz de proporcionar em nome daquele que por nós sempre vela, Deus.

Despertando com um pequeno feixe de sol que iluminava seu rosto, Etelvina começa então a voltar a si após a pancada que levara na cabeça.

Com grande dificuldade e ainda muita dor na nuca, a mulher esforça-se para tentar compreender o que havia ocorrido. Sentada no chão, logo percebe que suas mãos estavam amarradas em uma pilastra. Ao levantar então a cabeça, Etelvina verifica que o local onde estava parecia tratar-se de um porão, por possuir somente uma pequenina janela de onde vinham os raios de sol sobre seu rosto.

O cheiro não era dos mais agradáveis, e ao seu lado direito somente uma escada aparentava ser a saída daquele local. Sozinha e muito assustada, Etelvina começou então a gritar, pedindo por socorro.

— Alguém me ajude, pelo amor de Deus! – gritava ela.

Porém, por mais que se esforçasse, de nada adiantava. A mulher gritou por horas, implorando socorro na esperança de que alguém pudesse ouvi-la, mas isto acabou demonstrando-se em vão. Conforme o tempo ia passando, e as forças de Etelvina começavam a sumir, esta entrava cada vez mais em desespero.

Por mais que ela tentasse encontrar alguma explicação para tudo aquilo, nada parecia fazer sentido. Indagava-se se quem fizera aquilo com ela fora um desconhecido ou seu próprio ex-companheiro.

Confusa, gritava o nome dele.

— Cleberson! Socorro, por favor! Se você pode me ouvir, me ajude!

Não apenas sua própria situação a deixava desesperada, mas principalmente o fato de não saber o que houve com a criança. Apesar de eu não ser seu filho de sangue, a mulher havia querido tanto ter um filho seu, que projetava tal desejo com todas as forças sobre mim, o filho de Cláudio e Elisa.

— Meu filho! – gritava Etelvina – Por favor, onde está meu filho?

Etelvina perdeu a noção de quanto gritou, ou quanto tempo se havia passado. Apenas tinha uma ideia devido à luminosidade do sol, que naquele momento já parecia estar bem mais fraca. O que indicava que já estava entardecendo, e com isto completando-se várias horas.

Com o corpo cada vez mais fraco, e sem saber os reais motivos de todo aquele sofrimento, a mulher decidiu então aproveitar o pouco das forças que lhe restavam e orar a Deus, suplicando seu perdão. Etelvina, no fundo de sua consciência, sabia que o ato desesperado de tomar para si o pequeno Matheus era algo inadmissível e imperdoável, por isto lhe pesava muito.

Apesar de não ter medido suas atitudes, prejudicando a vida de todos daquela família, a mulher não se sentia feliz com o que tinha feito. Sabia que aquilo era errado e havia causado muita dor àquelas pessoas. E justamente por trazer em si, bem lá no fundo, este sentimento, Etelvina procurava orar naquele momento. Imaginava-se estar sendo castigada pelos erros que cometera, mas justificava-os como sendo por amor.

— Senhor, eu lhe suplico seu perdão. Misericórdia, meu Pai. Sabe que as atitudes e escolhas que tomei nunca foram para prejudicar ninguém. Eu só queria ter um filho meu. E ele veio até mim, meu Pai. Não me condene por somente querer dar todo amor que possuo. Sabe que eu nunca faria mal a ninguém e que sempre fui uma pessoa boa. Eu sei que não deveria ter tomado a criança do lar daquelas pessoas. E também sei que devem estar sofrendo. Mas o que eu deveria fazer? Por que só os outros é que podem ser felizes? Isto não é justo. Eu só queria ter a minha família. Meu Cleberson e nosso amado filho. Por quê? Por que me castiga deste jeito? – chorava a mulher.

Ao seu lado estavam alguns companheiros do plano espiritual tentando acalentar aquele coração e dos demais espíritos revoltados que acompanhavam Etelvina. Para estes toda oportunidade de ver o sofrimento ou alguma situação que colocasse as pessoas encarnadas em descrença, era a verdadeira satisfação. Ali rodeando-a havia muitos espíritos perdidos. Criaturas que não foram numa única ínfima parcela capazes de proporcionar o bem ao próximo, tão pouco a si mesmas.

Quando no físico alguém pratica atos duvidosos e que visem a alcançar somente seu próprio benefício, independentemente de quantos ele tenha de pisar para atingir seus objetivos, haverá sempre sobre si aqueles que em seus atos comprazer-se-ão.

E da mesma forma, haverá também aqueles que nada esperam, e somente veem nos encarnados mais uma oportunidade para lançarem suas próprias tristezas quando estes estão em sofrimento.

Mas como toda oportunidade é sempre abençoada para aqueles que em Deus confiam, os benfeitores espirituais procuram amparar, auxiliar e doutrinar todos aqueles que buscam por ajuda. Mesmo que nestes haja somente a convicção e a certeza de que é agindo com ódio e revolta que suas próprias dores serão amenizadas.

Quem caminha no escuro e acostumou-se a seguir assim, não sabe que a luz para guiá-lo à meta sempre esteve dentro dele. Ou seja, se a criatura sempre rastejou, como pode saber os benefícios da caminhada?

Cabe então àqueles que já atingiram e conscientizaram-se do enorme proveito que se obtém quando se permite caminhar na luz, mostrarem aos que ainda vagam pelas sombras tudo de que estes são realmente capazes.

Fraca, faminta e completamente exausta, após a oração que realizara, Etelvina acaba entregando-se e desmaia. Já se haviam passado muitas horas desde que fora presa, tanto que o sol que antes se refletia em seu rosto, já havia desaparecido. Quem quer que fosse o responsável por colocar a mulher naquela situação, parecia estar punindo-a.

Etelvina seguiu desacordada durante praticamente a noite inteira. Foi então despertada logo pela manhã com um balde de água no rosto. Ao abrir os olhos, viu que um homem desconhecido estava à sua frente. Nas mãos ele trazia um caldo, a fim de alimentar a mulher.

Confusa, ela bem que tentou dialogar, procurando entender o que significava tudo aquilo, mas por estar faminta e fraca, apenas aceitou o que ele estava lhe dando. E por ela estar com as mãos amarradas, o homem acabou tendo de levar o recipiente até sua boca.

Etelvina, apesar da fome, estava tão fraca que teve de ser forçada pelo homem a comer. Assim que terminou, ela, mais lúcida, tratou logo de indagar do sujeito sobre quem era o responsável por tê-la aprisionado.

— Quem está fazendo isto? Me fala! – como não obteve resposta, prosseguiu:

— Diga, seu miserável. Por que estão fazendo isto comigo? E o meu filho, onde ele está?

Porém, mesmo com o desespero de Etelvina, o homem nada disse e em seguida saiu. Ela então começou a questionar-se. Pensou que o responsável, apesar de colocá-la naquela situação, queria mantê-la consciente.

Por diversas vezes a mulher indagou-se sobre a possibilidade do responsável ser seu próprio ex-companheiro, devido a todos os motivos que vira até ali. Mas não encontrava nada que justificasse ser posta naquele estado. Afinal, ela ainda o amava e havia sequestrado uma criança para satisfazer o desejo dele de ser pai.

Era certo que Cleberson queria muito poder tornar-se pai, mas nunca disse a Etelvina que estava disposto a aceitar que o filho fosse de outro. O desejo da mulher em realizar aquele sonho do companheiro, pelo fato de ter tentado engravidar e não ter conseguido, é que a levou a crer que a criança não necessariamente precisava ser deles.

De qualquer maneira, ela havia encontrado uma criança para que fosse deles, e em sua mente o ex-companheiro sensibilizar-se-ia com aquela atitude. Porém algumas horas depois de ter sido alimentada, a mulher começaria a mudar de opinião.

Enquanto seguia amarrada no que parecia ser um porão, Etelvina escutou que alguém havia aberto a porta daquele local e estava descendo as escadas. Sem se intimidar ou desviar o olhar, ela seguia atentamente quem descia pela penumbra. Um pouco mais consciente e em condições de encarar quem estava fazendo-lhe aquilo, Etelvina já se preparava para xingar quem estava descendo, quando então se assustou com quem viu.

Como já era esperado, mesmo ela não acreditando, quem estava ali diante dela não era ninguém menos que o seu amado Cleberson. Ele estava sorrindo e com um olhar de satisfação.

— Você? – espantou-se Etelvina.

— Mas claro! Imaginou que ficaria tudo bem entre nós depois de tudo o que aconteceu? – iniciou ele – Você é mesmo muito corajosa para aparecer aqui. Ou então é muito burra.

— Do que você está falando?

— Devo confessar que eu não acreditei quando recebi sua carta. Pensei estar sonhando ou então ser uma brincadeira. Mas ninguém seria tão audacioso a ponto de fazer isto. Foi então que mandei alguns dos meus homens ficarem de tocaia e esperando que o responsável surgisse. Quando eles me deram a garantia de que realmente havia uma mulher com uma criança e com suas características na frente da igreja, foi então que percebi tratar-se realmente de você – sorriu Cleberson.

— Sim, eu vim aqui à cidade somente por sua causa. Tudo o que disse na carta era verdade. Não entendo. Por que você está fazendo isto? – questionou ela.

— Não entende? Pois então irei lhe explicar – disse ele, sendo sarcástico – Depois que eu parti e te larguei, passadas algumas semanas eu fui atrás de você. Percebi que havia errado ao lhe dizer que só aceitava ficarmos juntos se você pudesse me dar um filho. Você não faz ideia de como é querer muito alguma coisa e não poder ter. Aquilo estava me consumindo de uma tal forma que não aguentava mais. E por você ser minha companheira mas também ao mesmo tempo ser a responsável por aquele drama, eu acabei explodindo. Eu queria ficar só, queria um tempo para repensar. Entender por que em mim havia um avassalador desejo em tornar-me pai, sendo que eu não conseguia – respirou e completou.

— Daí quando a deixei e fiquei entregue aos meus pensamentos, comecei a sentir-me mais vazio que antes. Havia-me dado conta que mesmo não sendo o casal mais perfeito e mais apaixonado, ainda assim a gente de alguma forma se completava. Então, quando fui embora e apenas algumas semanas depois encontrei você, imaginava que tudo o que havíamos tido ainda significava algo para você. Em minha cabeça, você ainda me amava e termos nos separado era apenas algo passageiro. Pois segundo você mesma disse em vários discursos, inclusive no seu último antes de eu partir, você era a mulher mais apaixonada do mundo. Que jamais iria conseguir viver longe de mim.

— Mas você é meu amor. Eu não consigo viver sem você você é meu amor. Eu não consigo viver sem você – disse Etelvina, às lágrimas – Não consigo me imaginar vivendo de outra forma que não seja ao seu lado. Somente quando estou com você é que me sinto completa. Foi justamente por isto que eu voltei e lhe trouxe uma criança para chamarmos de filho. Por favor, meu amor, compreenda que por você eu seria capaz de qualquer coisa. Somente você e mais ninguém é capaz de me fazer uma mulher feliz... Eu te amo, Cleberson, e jamais amaria ou me entregaria a outro homem que não fosse você.

— É mentira! – grita Cleberson.

Após ouvir as declarações da mulher e de cabeça baixa apenas sinalizar que não concordava, o homem chutou uma cadeira que estava ao lado dele, demonstrando sua indignação.

— Safada, como tem coragem de me dizer estas coisas depois

do que fez? – questiona Cleberson, apontando-lhe o dedo.

Sem compreender por que ele estava acusando-a, uma vez que em sua consciência esta se sentia inocente, Etelvina quis indagar-lhe o que havia ocorrido para ele fazer tal acusação, mas Cleberson, sem deixar que ela explicasse-se, abaixou-se e deu-lhe um tapa no rosto.

— Maldita, você pensa que eu não sei? Acha que eu não vi o que você fez? Quando nos separamos e pouco tempo depois fui atrás de você, eu levei quase quatro semanas para encontrá-la, mas por fim a achei. Eu imaginava que você estaria arrasada por não estarmos juntos e que estaria pensando em uma forma de conseguir voltar, mas não... – fez uma pausa e prosseguiu.

— Na inocência minha eu pensava que a encontrando e dizendo que sentia sua falta, esperava que tudo pudesse voltar ao que era. Mas eu estava enganado.

— Mas ainda podemos, meu amor – implora ela.

— Não mais, sua mentirosa! Eu vi você se deitando com outro homem! – conclui Cleberson.

12 – Amor roubado

Todo aquele que ama, não escolhe e jamais mede seus esforços. No amor tudo se concretiza e torna-se verdadeiro quando não se impõem barreiras ou limites para demonstrar este maravilhoso sentimento.

Amar é querer ao próximo de maneira pura e verdadeira. É permitir-se remover toda e qualquer barreira em benefício de alguém, e muitas vezes buscando formas e meios para que este possa receber tudo o que a vida tem de bom.

Sublime sentimento, capaz de proporcionar-nos a verdadeira razão de nosso Senhor. Felizes todos aqueles que se curvam e abandonam qualquer vaidade, apenas porque anseiam a felicidade do próximo. Quem ama traz em si o desejo de que assim como está feliz por amar, que aquele a quem ama também possa ser inteiramente feliz.

Começava a entardecer naquele que era o sexto dia desde que o pequeno filho de Cláudio e Elisa havia sido levado de casa. Para os pais, a esperança de reencontrar seu querido filho jamais desaparece. Enquanto houver em seus corações a esperança de reaver este ser tão amado, suas vidas concentrar-se-ão neste único objetivo.

Confiante de que o companheiro iria encontrar seu amado filho, Elisa apenas se entristecia por não ter podido seguir junto de Cláudio até a cidade, pois a saúde de dona Marta, mãe de Cláudio, já com seus setenta e cinco anos, requeria muitos cuidados. Então Elisa seguia realizando aquilo em que em momento algum deixou de confiar, a oração aos anjos para que estes protegessem seu pequenino. E quem a acompanhava muito durante aqueles momentos era sua humilde mãe, Matilda.

A senhora Matilda, se pudesse, colocar-se-ia no lugar da filha naquela difícil situação. Porém, como sabe que por trás de cada evento há sempre uma importante lição, e que o Pai não coloca fardos impossíveis de serem carregados, ela agia apenas reforçando a confiança da filha.

Apesar de serem, perante os olhos do físico, difíceis de se compreender e aceitar alguns fatos que ocorrem, tudo sempre tem um porquê. Às vezes se é necessário cair para que mais adiante nossas pernas possam estar muito mais firmes e preparadas para enfrentar qualquer tipo de terreno. E desta maneira podermos também ter condições de auxiliar àqueles que precisam, sem sermos para estes um pesado fardo.

A apenas algumas poucas horas de distância da cidade, Cláudio seguia firme e confiante de que me encontraria. Ele ainda não havia parado para pensar o que faria com a mulher que me levara. Apesar de toda a revolta que sentia e o desejo de crucificá-la pelo que fez, ele só conseguia pensar no filho. Queria tê-lo de volta em seus braços e com saúde. O que ocorreria depois Cláudio nem cogitou. Só sabia que faria qualquer coisa para trazê-lo para casa.

Por algumas vezes, enquanto estivera no caminho até a cidade e em sua mente tentava compreender o que levava uma pessoa a fazer o que Etelvina fez a eles, Cláudio até se permitiu em alguns instantes sentir pena daquela mulher, uma vez que esta lhe havia contado sua história, apesar de ele não ter certeza se era realmente verdadeira. Contudo o asco e desprezo que sua atitude gerou eram muito mais fortes, acarretando a ele o desejo de que ela também sofresse tudo o que estava obrigando-os a enfrentar.

No entanto Cláudio nem imaginava a situação em que Etelvina se encontrava. Amarrada e sendo acusada de traição por seu ex-companheiro, ela parecia já estar sofrendo todo o peso por seus atos.

— Eu ainda não consigo acreditar como você teve a coragem de aparecer aqui depois do que fez – disse Cleberson, inconformado.

— Deve haver algum engano, meu amor, eu jamais trairia você – tentava explicar-se.

— Chega! – grita ele. Não quero mais ouvir suas mentiras. Eu vi com meus próprios olhos você me traindo, mulher. Assim que consegui encontrá-la, soube que você estava hospedada em um galpão de um fazendeiro, e tratei logo de ir vê-la. Mas confesso que nunca em toda a minha vida eu jamais imaginaria encontrá-la com outro – começou a lembrar Cleberson.

— Eu estava com o coração na mão – continua ele – e a saudade já não cabia mais no meu peito. Me sentia como se fosse um adolescente indo encontrar seu grande amor. Mas o que eu encontrei? E o que eu recebi? Uma mulher entregue às gargalhadas e deitada com outro homem. Aquilo foi uma verdadeira punhalada pelas costas – diz, começando a emocionar-se.

Naquele instante o homem frio e insensível pareceu desabar com aquela recordação. Era como se as tristes lembranças que enterrava bem fundo enfim viessem à tona.

Observando como Cleberson ficara, e compreendendo que naquele instante não haveria mais como negar que havia realmente se deitado com outro, Etelvina decide tentar explicar os motivos que a levaram àquela situação.

— Lembre-se que foi você quem me largou e foi embora. Eu sempre fiz tudo por você e jamais lhe neguei meu amor. E mesmo assim você parecia somente me querer para poder ter um filho, mais nada. Não é fácil para uma mulher que tem seu companheiro como a única razão para viver, ouvir que se não puder dar-lhe um filho, que vá embora. Você sempre foi tudo para mim e eu seria capaz de qualquer coisa somente para vê-lo feliz. Então, quando você me mandou embora, dizendo que só voltasse quando pudesse ter filhos, eu fiquei sem chão – lembrou ela e prosseguiu.

No início eu pensava seriamente em me suicidar, pois se não era para viver com você então sentia que minha vida não tinha mais sentido. Eu vaguei confusa, atormentada e sem saber realmente para onde ir. Até que ao acaso encontrei um homem à beira da estrada. Ele era culto, gentil e se propôs a ajudar-me sem nem ao menos me conhecer. Dizia que uma mulher não poderia ficar vagando em tal estado e que me ajudaria no que fosse possível. No início eu não queria ouvi-lo, muito menos queria qualquer tipo de ajuda, mas quando ele disse que se eu quisesse poderia acompanhá-lo apenas para comer e ter um local para descansar um pouco, faminta e cansada como eu estava, acabei não tendo outra escolha.

Ele me levou – continuou ela – em sua charrete até sua residência, onde me deu de comer, deixou que me banhasse e permitiu que repousasse em um galpão ao lado de sua residência. Sem fazer qualquer questionamento sobre quem eu era ou o porquê de me encontrar naquela situação, o fazendeiro apenas me disse seu nome e deixou claro que eu poderia ficar o tempo que fosse necessário. Confesso que em outras circunstâncias eu jamais teria aceitado o convite de um estranho para acompanhá-lo até sua casa, muito menos passar a noite. Mas havia algo naquele homem que, sem saber explicar, me transmitia uma certa segurança. Aparentando ter quase meia idade e com um rosto muito sereno, eu jamais poderia imaginar que ele tivesse outras intenções que não fossem de me auxiliar.

Neste instante Etelvina fez uma pausa para conter uma pequena lágrima e prosseguiu.

— No primeiro dia em que ele me deu abrigo e comida, nós trocamos apenas meias palavras, pois ele, vendo meu estado, parecia compreender que me sentia desolada, querendo apenas ficar só. Logo no dia seguinte, pela manhã, ainda dormindo no galpão, eu levei um susto quando fui acordada por um barulho. Era o senhor que esbarrara em um caixote após ter colocado cuidadosamente alguns pães e frutas ao meu lado. Quando acordei, ele imediatamente pediu desculpas e disse ter ficado preocupado de eu acordar e ir embora sem ao menos levar nada para comer no caminho. Após pouco tempo, depois de comer um dos pães e sentindo-me um pouco mais disposta, eu preparava-me para ir embora quando ele ajoelhou-se diante de mim e implorou para que ainda não fosse.

Sem compreender, eu disse que não e segui em direção à porta – explicava Etelvina – Foi quando ele segurou minha mão e começou a chorar. Então ele disse-me que fazia mais de três anos que havia sido abandonado pela esposa, depois de ela o ter trocado por outro homem. Não bastasse, ela foi embora e levou consigo o único filho do casal. Conforme ele foi me contando sua história, eu fui simpatizando e percebendo muitas semelhanças com o que também estava passando. De alguma forma pensei estar diante de mim alguém que talvez compreendesse um pouco do que eu havia enfrentado, e decidi por hora atender ao pedido dele e ficar mais um tempo. Nos dias que se seguiram, o senhor demonstrava-se ser um verdadeiro cavalheiro com a forma em que me tratava, e aos poucos seu jeito foi deixando-me cada vez mais à vontade. Logo, quando dei por mim, já havia passado quase uma semana.

Foi então – prosseguiu ela, após uma breve pausa – que, logo após o café, ele surgiu com uma garrafa, oferecendo-me e dizendo que aquele dia era uma ocasião especial, pois se tratava de seu aniversário. Pensei em recusar, mas ele aparentava estar tão feliz por ter companhia, que não vi motivos para não o acompanhar... Mal sabia eu que no fundo as intenções dele eram outras.

Cleberson, você sabe que eu nunca fui de beber e por isto minha intenção era apenas tomar um único gole, como forma de agradecer-lhe por estar sendo tão gentil em me dar comida e abrigo. Porém havia algo muito forte naquela bebida que, assim que tomei, senti ficar zonza. Minha garganta queimava e sentia-me suar com o calor. Depois do primeiro gole, eu quis recusar tomar outro, mas sem eu perceber, ele praticamente me forçou a continuar. Quanto mais ele me empurrava aquela bebida, mais fora de mim eu ficava. Sentia-me leve, minha cabeça girava e uma vontade enorme de rir consumia-me. Não demorou muito para que ele me empurrasse praticamente toda a garrafa.

Eu estava completamente fora de mim, – narrava ela – enquanto ele parecia testar bem consciente do que realmente queria. Rindo e quase sem forças para ficar de pé, eu estava completamente à mercê de quem quisesse fazer o que bem entendesse comigo. Foi então que o senhor que parecia ser um homem tão educado e gentil começou a tocar-me. Sem condições de esboçar qualquer reação, eu bem que tentei evitar, mas com a cabeça girando, manter-me lúcida já era um grande sacrifício. E foi então que enquanto eu ria, quando na realidade minha vontade era de chorar, ele, segurando minhas mãos, começou a despir-me. Parecendo estar completamente fora de mim, eu não tive forças para evitar que ele fizesse o que bem entendesse comigo. Não sei quantas horas se passaram, muito menos quantas vezes ele possuiu meu corpo. Só sei que acordei quando o dia seguinte já estava clareando. Eu estava toda machucada, com apenas um pano em torno do corpo e jogada em uma ribanceira em algum lugar muito distante da fazenda onde estava...

Quando você me viu deitada com outro homem e às gargalhadas, saiba que aquela não era eu. Jamais teria feito aquilo, não fosse aquele sem-vergonha ter me enganado. Fui humilhada, violentada e, não bastasse, largada em qualquer lugar como se fosse um lixo – completa Etelvina, às lágrimas, enquanto Cleberson a observa.

Enfim, com sua confissão, a mulher esperava que o ex-companheiro abrisse seus olhos e compreendesse de uma vez que tudo o que ele presenciara entre Etelvina e o outro homem foi realizado contra sua vontade. Que ela fora enganada e usada por alguém que se aproveitou de seu momento de dor para embebedá-la e depois estuprá-la.

Agora você entende? – continuou ela – Depois de toda a humilhação que passei, segui por quase um ano apenas pensando na morte. Eu me sentia suja e impura. Não sabia se teria coragem de reencontrá-lo depois daquilo. Foi quando após quase um ano, compreendi que somente Deus era capaz de me limpar e remover todo o peso que estava sentindo. Então eu decidi seguir até uma igreja e de coração aberto receber meu castigo. Me suicidaria se assim ele quisesse. Mas foi então que, para minha surpresa, enquanto eu orava, eles me mostraram o caminho. Conheci um homem que me contara ter acabado de se tornar pai. Sua esposa havia dado à luz um menino. Então, naquele instante eu soube que aquela era a criança que tanto eu havia pedido a Deus. Não era fruto de nossa união, mas seria amado como se fosse nosso, pois aquele era o nosso presente enviado por Deus. E aqui nós estamos, Cleberson. Eu lhe trouxe o nosso filho como você queria. Lhe trouxe um filho para que possa chamar de seu – conclui a mulher, sorrindo entre lágrimas.

Durante toda a confissão de Etelvina, Cleberson manteve-se sisudo, apenas ouvindo os relatos da mulher. Parecia por instantes ter decido dar uma chance para ela explicar-se. Afinal eles possuíam uma antiga história de amor e lutas.

Mesmo após todo o sofrimento que enfrentara, Etelvina dizia jamais ter esquecido Cleberson, e a prova de seu amor era a criança que trouxera.

— Anda, Cleberson, me solta. Vamos esquecer o passado e

começar uma nova vida com o nosso filho – solicita Etelvina, sorrindo.

Correspondendo ao sorriso, Cleberson pareceu enfim compreender tudo o que havia acontecido. Este acenou com a cabeça para a mulher e seguiu em sua direção. Finalmente o casal poderia tornar a ficar junto, e desta vez com um pequeno filho para chamarem de seu.

Mas foi então que, ao aproximar-se de Etelvina, o inimaginável ocorreu: Cleberson desferiu um violento tapa no rosto da mulher.

— Cretina! A quem você pensa que engana?

Sem entender o porquê de ele fazer aquilo, a mulher não consegue pronunciar uma única palavra enquanto ele prossegue.

— Mas é muito safada mesmo! Então quer dizer que você foi enganada e maltratada por um homem se passando por bonzinho, quando no fundo ele só queria estuprá-la?! – grita Cleberson, segurando-a pelos cabelos – Eu seria muito ingênuo mesmo se acreditasse nesta sua conversinha. Pensa que eu vou acreditar em uma bobagem destas, mulher? Uma pessoa embriagada não age como você estava agindo. Vi e ouvi muito bem, sua safada. E tudo o que presenciei não foi obra de alguém que não estava consciente de suas atitudes – balbucia ele.

— É mesmo muita cara-de-pau a sua vir até aqui depois de tudo o que fez, contar uma história dessas e ainda por cima trazer uma criança dizendo que a sequestrou para que fosse nossa! Você acha que eu sou burro, mulher? Por acaso não passou pela sua cabeça que seria um tanto estranho você aparecer aqui cerca de dez meses depois do que fez? E não bastasse isto, ainda trouxe uma criança com traços claros, exatamente iguais aos daquele homem com quem se deitou?... Nossa, quanta coincidência, não é?! – ironiza Cleberson.

— Mais eu juro...

— Ora, cale-se! – diz Cleberson, desferindo-lhe mais um tapa.

Neste instante ele leva as mãos à cabeça e dá as costas para a mulher, que chora incrédula com o que estava acontecendo.

Cleberson não se conformava que mesmo depois de ter visto a mulher traindo-o com outro, ela fosse retornar com um filho nos braços. Em sua mente aquela criança era fruto da relação que sua ex-mulher tivera com aquele homem.

O companheiro traído sentia-se completamente humilhado. Ela jamais tivera condições de dar-lhe um filho, e de uma hora para outra, coincidentemente cerca de dez meses depois do ocorrido, ela surge com um recém-nascido.

Não, para ele aquilo tudo era uma grande mentira. Uma falsa história criada por ela para tentar justificar-se. Embora Etelvina estivesse realmente dizendo a verdade: tudo acontecera exatamente como havia contado a Cleberson.

— Eu devia tê-los matado quando tive a oportunidade. – murmura Cleberson – Só que eu não sei o que me deu naquele momento. Enfim havia compreendido o quanto a mulher que eu amava era importante para mim e decidi ir atrás dela, disposto a dar-lhe o céu para que voltasse. Mas quando a encontro, vejo-a completamente entregue aos braços de outro... Por mais que meu coração houvesse se despedaçado e em meu íntimo o ódio que senti naquele momento me cobrasse uma resposta, eu não tive forças. Dei-lhes as costas e parti, jurando nunca mais deixar que me fizessem passar por aquilo novamente. Mas foi um grande erro. Jamais deveria ter permitido que vocês me humilhassem, e jamais deveria ter silenciado o ódio que me consumia. Mas você retornou, e o ódio que um dia tentei calar tornou-se mais forte do que nunca. E diferentemente do passado, hoje eu não vou mais contê-lo, pois sei o que devo fazer.

— O que você vai fazer? – pergunta Etelvina, assustada.

— Irei começar matando a criança que você trouxe...

13 – Pedras no caminho

Todos somos sempre amparados pelos braços do Pai. Não há criatura que Dele não receba o mesmo carinho e amor derramado sobre as outras. Todo pai ama igualmente cada um de seus filhos, independentemente do seu caráter, uma vez que são frutos de sua própria essência. Ele sabe, espera e confia que aquele filho que momentaneamente segue por caminhos tortuosos, possa inevitavelmente encontrar a verdadeira paz de espírito. Sua função é a de ampará-lo e indicar-lhe o sublime caminho da vereda do bem.

Um pai amoroso não deve julgar, muito menos condenar, mas sim proporcionar um porto seguro para que quando seu filho sentir-se às portas do desespero, possa envolve-lo de auxílio capaz de evitar que caia ainda mais profundo.

Toda criatura carrega dentro de si um fardo que somente a ela cabe saldar para sua própria reforma íntima. Esses fardos não devem ser considerados jamais como um castigo, mas sim como uma oportunidade de libertação. Não há carga pesada para aquele que se esforça sem jamais desistir.

Estamos todos em verdadeiro e sublime aprendizado. Nada seríamos se vencêssemos os obstáculos sem realmente compreender sua verdadeira essência. E justamente por isso o terreno acaba demonstrando-se mais acidentado e íngreme. São estas "dificuldades", erroneamente assim chamadas, as reais oportunidades que a vida proporciona a cada um de seus filhos.

E é durante estes eventos que a mão firme do pai, que confia no filho, mais deve estar presente. Não para servir-lhe de instrumento de condenação, mas sim de conforto. Deve sustentá-lo na fé em si próprio e fazê-lo compreender que o erro também faz parte de um aprendizado. E que o importante não é errar jamais, e sim procurar aprender com estas oportunidades.

Após se ver obrigado a fazer uma pausa durante a noite para que seu cavalo pudesse descansar do longo caminho que percorreram, Cláudio enfim chega à cidade quando o dia já havia amanhecido.

— *Finalmente consegui chegar a esta cidade após pouco mais de três dias. Espero que realmente eu esteja certo e encontre o meu filho Matheus aqui* – pensa Cláudio, descendo do cavalo.

Aquele era o sétimo dia desde que eu havia sido raptado por Etelvina. Completava-se uma semana que Cláudio não fazia outra coisa senão pensar em reaver-me. De barba, abatido, cansado e usando um chapéu, dificilmente alguém o reconheceria em meio àquelas roupas que trajava.

Ele possuía uma espingarda no cavalo e uma pistola em seu coldre. Jamais havia atirado contra alguém, e se dependesse dele, jamais atiraria. Porém, como não sabia o que iria encontrar, tãmpouco se encontraria resistência por parte de Etelvina em devolver-lhe o filho, não hesitaria.

Seguiria calmamente andando por entre as ruas da cidade, observando atentamente a cada um dos passantes, à procura do filho querido e da mulher que o levara.

Geralmente sempre que surge alguém desconhecido, as pessoas notam. E por isto para ele também seria de grande ajuda questionar as pessoas se nos haviam visto.

Contudo, enquanto Cláudio seguia procurando-nos pelas ruas,

mal sabia ele que tanto eu quanto Etelvina estávamos em poder de Cleberson em sua casa.

Após a conversa que Etelvina e o ex-companheiro tinham tido no porão na noite passada, quando ele disse que mataria a criança que a mulher trouxera, Etelvina passou praticamente a noite inteira tentando libertar-se das cordas que a prendiam.

Foram horas e horas contorcendo-se e ferindo-se na esperança de evitar que algo me acontecesse. Para Etelvina não importava se tivesse que quebrar as próprias mãos para salvar a criança, mas não deixaria que aquele pequeno ser, a quem tinha como se fosse seu próprio filho, pagasse por seus erros.

E com o dia já amanhecido e o polegar de uma das mãos deslocado, finalmente todo esforço de Etelvina havia valido a pena. Pois antes que alguém surgisse novamente no seu cárcere, ela enfim conseguiu libertar-se.

Para sorte de Etelvina, por terem encerrado a discussão quando a noite já havia chegado, Cleberson preferira deixar para matar a criança somente no dia seguinte. Assim ele poderia castigar a mulher, fazendo-a ver a criança ser morta diante de seus olhos.

Enfim liberta, porém muito cansada e com as mãos e pulsos muito machucados, Etelvina rastejou pelo porão em direção à escada. Em sua mente as dores físicas não eram nada perto da dor que a consumiria se algo acontecesse à criança.

Então, após todo o esforço, a mulher enfim conseguiu alcançar a porta no fim da escada, e para sua sorte, esta estava destrancada. O casarão onde Cleberson vivia era um local com muitos quartos, uma grande sala e, para desespero de Etelvina, com muitos empregados. Desde cozinheiros, arrumadeiras, jardineiros até seus seguranças.

Depois que Etelvina e Cleberson se separaram ele acabou conhecendo um senhor que mudou sua vida. Um mafioso muito importante da cidade, com bens e propriedades espalhadas por diversas regiões. O encontro dele com Cleberson foi durante uma tentativa de assassinato. Apesar do senhor sempre andar cheio de seguranças e sempre estar preparado para eventuais emboscadas que viessem a atentar contra sua vida, este jamais poderia imaginar que um dos seus pudesse traí-lo.

Foi em uma tarde em que um de seus empregados, após dopar e substituir o condutor de sua charrete, iria assassiná-lo. Há tempos revoltado com o senhor, principalmente por sentir inveja de suas ostentações, seu empregado arquitetou conduzir sua charrete em direção a uma das encostas da cidade.

Sem os seguranças naquele dia, por ambos terem sido enganados com o horário da partida, o senhor dirigia-se sozinho para um encontro na cidade vizinha, e nem esperava que sua vida seria alvo de um atentado vindo de seu empregado, que, com receio de retaliações contra sua vida, pretendia lançar a charrete alegando um acidente.

Após vendar um dos cavalos, o empregado atiçou-o para que partisse em disparada, enquanto observava tudo à distância. Repousando dentro da charrete, o senhor nem imaginava que os cavalos seguiam em direção à encosta. Porém, com a trepidação ao sair da estrada, o senhor acabou acordando e, para seu desespero, os cavalos estavam sem condutor e rumo à encosta.

Contudo, pela mesma estrada, voltando para a sua cidade após presenciar o que acreditava ter sido uma traição da mulher, vinha Cleberson. Este, ao ver uma charrete sem condutor e com um homem gritando, não pensou duas vezes e seguiu para ajudá-lo. Como seu cavalo era jovem e a distância era pouca, não demorou para que ele os alcançasse e, para sorte do senhor, conseguisse segurar as rédeas, evitando assim que o pior acontecesse.

Depois daquele dia, o senhor sentiu-se eternamente grato a Cleberson por este ter salvado sua vida, e convidou-o para trabalhar com ele. Porém não antes de vingar-se e tomar a vida de seu empregado pela audácia e ousadia.

No início Cleberson pensou em recusar devido à procedência dos trabalhos que o senhor realizava, mas estava tão desolado com o que lhe havia acontecido, que decidiu aceitar. Logo Cleberson começou a gostar cada vez mais do trabalho, e o ódio que carregava contra a ex-companheira impulsionava-o a agir cada vez com mais violência. Não tardou para que este se tornasse braço direito do senhor e obtivesse sua total confiança.

Com o tempo, quanto mais poder o senhor dava para Cleberson, mais violento e sem escrúpulos ele se tornava. Bastaram apenas alguns meses desde que fora chamado para trabalhar com o mafioso para Cleberson modificar-se completamente e deixar seu lado obscuro e revoltado surgir. Todos começaram a temê-lo e ele acabou tornando-se para o senhor o filho que este nunca tivera. E tratando-o como tal, todos começaram a dirigir-se a ele como filho do mafioso.

No entanto aquele senhor conhecido por todos por ter pulso firme e não poupar a vida de quem quer que fosse, havia tempos escondia que estava com a saúde debilitada. E antes que pudesse completar oito meses de seu encontro com Cleberson, o mafioso veio a desencarnar, deixando todo seu legado ao amigo.

Desde então Cleberson começou a tomar conta dos negócios do senhor e acabou tornando-se uma pessoa extremamente respeitada e bastante temida nos negócios da máfia. Em pouco tempo herdou o casarão onde o mafioso residia, seu dinheiro e todos os seus negócios. Revoltado e sem a mulher que amava ao seu lado, Cleberson passou a dedicar-se a manter com mãos de ferro o legado que havia sido deixado a ele.

Logo surgiram alguns invejosos em seu caminho, mas tendo a confiança da grande maioria a seu favor, conseguiu sem muito esforço eliminar todos que pudessem questionar sua sorte.

E conforme seu poder ia aumentando, mulheres ambiciosas começaram a surgir em seu caminho sem que ele cogitasse a possibilidade de retornar a Etelvina. Para ele esta já estava morta e era somente um pequeno borrão em seu passado.

Depois que flagrou Etelvina deitando-se com outro, ele decidiu que a partir daquele dia teria aos seus pés a mulher que desejasse. E foi justamente o que aconteceu. Perdera a conta de com quantas mulheres deitou-se. Não somente com as da própria cidade, mas também inúmeras das cidades por onde passara. Tudo para vingar-se e pôr uma pedra na decepção amorosa que enfrentara.

Logo, mesmo podendo ter qualquer mulher em sua cama, uma começou a destacar-se das demais. Uma mulher fria e gananciosa, chamada Sofia. Sentindo-se a preferida de Cleberson e disposta a fazer tudo para conseguir seus objetivos, esta em sua presença era uma mulher meiga, carinhosa e acima de tudo uma verdadeira escrava para satisfazer seus desejos. Porém, por trás dele, era alguém capaz até mesmo de matar, somente para ver seus desejos realizados. E ao descobrir que a ex-mulher de Cleberson havia retornado e estava amarrada em seu porão, teve de conter-se para não pôr um ponto final em sua vida. Jamais deixaria que uma relação do passado pudesse pôr em risco suas ambições com Cleberson.

Porém, mesmo Cleberson tendo proibido a qualquer um de ir até o porão sem suas ordens, Sofia acabou desobedecendo-o e, assim que pôde, seguiu até o local. Mas ao chegar à porta de acesso ao porão, levou um enorme susto ao encontrá-la entreaberta.

Confiante de que a mulher não escaparia e subestimando o que esta realmente era capaz, Cleberson imaginava não ser necessário colocar um segurança de prontidão. E o que ele jamais imaginaria foi o que ocorreu.

Quando Sofia seguiu ao porão para matar Etelvina e acabou descobrindo que esta simplesmente havia desaparecido, ficou receosa de que a mulher fosse em busca de vingança contra Cleberson. E sem fazer alardes para que não jogassem a culpa pela fuga de Etelvina sobre ela, Sofia apenas dirigiu-se o mais rápido que pôde ao aposento onde Cleberson repousava.

Contudo não era Cleberson a quem Etelvina procurava, e sim seu amado pequeno Matheus. Após conseguir escapar do porão, ela sorrateiramente começou a vasculhar cômodo por cômodo procurando por mim. Para sua sorte, apesar do casarão possuir vários funcionários e seguranças, por ser muito cedo a grande maioria ainda estava dormindo. E apesar de existirem vários seguranças, todos se concentravam em vigiar somente o perímetro do local, nunca imaginaram que deveriam preocupar-se também em vigiar a parte interna.

E por ter deixado para matar a criança somente no dia seguinte, Cleberson acabou dando chances para que esta pudesse ser salva, e justamente pela mulher que a havia raptado de seus pais zelosos. Uma mulher que em tão pouco tempo aprendera a amar a criança e ser capaz de entregar sua própria vida por esta.

Sem saber que era amparada por companheiros do plano espiritual, Etelvina conseguiu vasculhar todo o andar térreo sem que ninguém a visse. Começando a ficar preocupada por não me encontrar, logo começou a entrar em desespero. Contudo, antes que pudesse deixar que tal sentimento tomasse conta de si, Etelvina rapidamente começou a permitir-se receber as vibrações de confiança transmitidas pelos amigos espirituais que me acompanhavam.

Agindo em benefício daquelas criaturas em verdadeiro estágio no plano físico, os amparadores, conscientes das etapas que cada um ali deveria realizar em prol de si mesmos, trabalhavam dedicadamente para proporcionar-lhes condições para tal.

Após não me encontrar no andar térreo, sem temer pela própria vida e somente focada em resgatar-me, Etelvina decidiu arriscar-se no andar superior. Local este onde repousava Cleberson e justamente onde se encontrava a ambiciosa Sofia, que havia ido ver se ele estava bem.

— Bom dia, meu amor – disse ela, dando-lhe um beijo no rosto.

— Por que me acorda, mulher? – diz ele, incomodado por acordarem-no ainda cedo.

— Geralmente Cleberson gostava de acordar próximo do horário do almoço, pois quase sempre estava resolvendo ou discutindo algo relacionado a trabalho noites adentro.

— Me perdoe, é que eu já estava com saudades de você – comentou ela enquanto fitava todo o quarto à procura de Etelvina.

— Sabe muito bem como eu odeio que me acordem cedo. Bom, de qualquer maneira, agora que já me acordou, diga para que me tragam o café.

— Agora mesmo. Ah! E a propósito, sei que em algum dos quartos está aquela criança que veio com a mulher. Digo para também trazerem algo para ela?

— Enlouqueceu, mulher? Por acaso acha que eu irei ficar sustentando filho de vagabunda? Esta criança já está com os dias contados, criatura. Só não acabei com sua miserável vida ontem à noite porque estava exausto, mas de hoje ela não passa. E tem mais... acabarei com sua vida na frente daquela maldita que está no porão. E tão logo faça isto, eu porei um fim também na vida dela.

Sabendo que a mulher havia desaparecido do porão, Sofia questionava-se se deveria contar-lhe de uma vez que esta tinha conseguido escapar. Contudo, enquanto esta seguia decidindo o que fazer, Etelvina, após vasculhar dois quartos no andar superior e não obter sucesso, enfim me encontra. Eu estava pálido e deitado em uma cama, quase que imóvel por estar havia quase um dia sem comer nada.

Eu era uma criança muito tranquila e pouco chorei quando fui retirado da mulher e colocado em um dos quartos do casarão. Porém, mesmo aparentando estar dormindo, na realidade estava exausto. Pois o pouco de forças que possuía havia gastado quando permaneci por horas noite adentro chorando de fome. Por o andar possuir muitos quartos e terem-me colocado no quarto mais distante de onde repousava Cleberson, este nada ouviu enquanto dormia.

Abraçando-me maternalmente, Etelvina logo deu graças a Deus por ter-me encontrado e por eu ainda estar vivo. Agora tinha de encontrar uma maneira de conseguir sair daquele lugar sem que ninguém nos visse. Ela precisava ser rápida, pois apesar de até o momento não ter aparecido ninguém em seu caminho, não podia ficar abusando. Além do mais, quanto mais tempo demorasse, pior seria para a criança.

Então, após me embrulhar em um lençol, Etelvina rapidamente se dirigiu para o corredor, tomando todo o cuidado para não fazer barulho, muito menos ser vista. Enquanto isto, Sofia preparava-se para sair do quarto. Ela preferiu não contar sobre a fuga de Etelvina, uma vez que ela própria era quem queria encontrá-la e acabar com sua vida. Tinha receio de que Cleberson acabasse por mudar de ideia e poupasse-lhe a vida.

Como o quarto onde Etelvina encontrara-me era no final do corredor, ela inevitavelmente teria que passar em frente ao quarto onde Cleberson e Sofia estavam. Como Sofia já se encontrava com a mão posta para abrir a porta, esta logo veria Etelvina passar comigo em seus braços. Contudo quando começou a abrir a porta, algo no quarto chamou-lhe a atenção, fazendo-a parar. Era uma carta que havia caído do criado-mudo ao lado da cama.

Sofia estranhou, pois as janelas estavam fechadas e naquele instante não havia corrente de vento que provocasse sua queda. Curiosa, retirou a mão da maçaneta da porta e abaixou-se para pegar a carta. Cleberson, deitado de costas para a porta e ainda um pouco sonolento, nem se manifestou. Tal atitude foi o suficiente para que Etelvina pudesse passar em frente ao quarto e alcançar as escadas sem que a vissem.

Ainda no quarto e com a carta nas mãos, Sofia indagava-se como aquela carta aparentemente havia caído sozinha. Sem entender o que se passava, mas curiosa, ela logo abriu o envelope para ver de que se tratava a carta. Acabou descobrindo ser a carta enviada por Etelvina a Cleberson, quando então esta lhe contou que ainda o amava e queria tornar a ficar do seu lado.

Lendo a carta repleta de palavras com juras de amor eterno,

Sofia não demorou para enfurecer-se. Para ela era inconcebível que a ex-companheira do homem que lhe garantiria um futuro de ostentações pudesse ter tamanha ousadia em retornar e exigir algo. Para Sofia, Cleberson era seu patrimônio e de mais ninguém. Com os lábios cerrados e revoltada com o que lia, Sofia amassou a carta e jurou para si mesma que não deixaria que lhe tomassem aquele homem. Conhecer as vontades de Etelvina fê-la sair às pressas do quarto e dirigir-se para outro cômodo, onde guardava havia tempos uma pistola. Vasculharia cada canto daquele casarão em busca daquela mulher. Sabia que havia muitos seguranças de Cleberson guardando o local e que dificilmente Etelvina conseguiria escapar.

Começando a vasculhar os cômodos do andar superior um a um, Sofia nem imaginava que Etelvina já se encontrava no andar térreo. Estava escondida em um pequeno depósito de limpeza próximo à cozinha, na qual havia duas funcionárias em conversa com a cozinheira, sendo este o único local do casarão que possuía uma porta que dava acesso aos jardins e não estava sendo vigiado por seguranças. Restava agora saber como sair sem ser vista.

14 – Nos braços da mãe

A vida no corpo físico nada mais é que rápida passagem para o espírito imortal. Um breve lampejo se comparado à verdadeira eternidade do ser. Contudo, deve ser considerada tão importante e valiosa quanto a própria existência na erraticidade.

É composta de incomparáveis e inumeráveis oportunidades cuja apreciação é possível somente quando se está encarcerado na vida física. Sua extrema valia não deve jamais ser subestimada, mesmo que já se tenham obtido reais condições para saltos mais amplos, pois somente graças a esta diminuta passagem é que se consegue recolher em si a parcela necessária para tal avanço.

Um ato, uma palavra ou até mesmo um pensamento, quando realizados neste adensado veículo que é o corpo físico, são compostos de incontáveis particularidades que provocarão sensíveis, mas importantes, mudanças no todo progressivo. Tudo depende do conteúdo que cada espírito adquiriu no decorrer de sua jornada até então.

E conhecendo o enorme poderio que engloba este pequeno instante, e o quanto ele irá influenciar as diversas ramificações que compõem a vida, são cuidadosamente destinadas falanges de benfeitores para orientar-nos.

Verdadeiros e humildes servos de luz, que se dedicam a contribuir para proporcionar o melhor proveito no caminho que a criatura no físico irá encontrar. E em diversos instantes, aqueles que se questionarem da atuação destes companheiros, se estacarem por um breve momento e dirigirem a atenção ao seu redor, a encontrarão facilmente, como por exemplo através de intuições.

O importante é saber o quanto a etapa na vida física é valiosa e merecedora de dedicação. As atitudes que tomamos hoje não são meras casualidades, mas sim uma grande e indescritível oportunidade àqueles que de alguma forma também serão influenciados por elas. E principalmente uma abençoada oportunidade para que nós mesmos possamos libertar-nos das amarras que ainda carregamos e possamos avançar mais um pequeno degrau na longa caminhada da evolução.

Caminhando por entre as ruas da cidade, Cláudio observava atentamente os passantes, à procura da mulher com seu filho raptado. Não deixava passar sequer uma única pessoa sem fitá-la para ver se não era Etelvina.

Já fazia algumas horas que chegara à cidade, e por mais que procurasse, ninguém retinha as características da sequestradora. Logo, após rodar todas as ruas da periferia, decidiu rumar em direção ao centro.

Quanto mais próximo do centro da cidade chegava, maior era o número de pessoas, e com isto começava a ficar difícil prestar atenção a todos. Vez ou outra Cláudio indagava as pessoas sobre se tinham visto alguém com as características de Etelvina carregando uma criança. Porém a resposta era sempre negativa.

Mesmo com o desânimo começando a bater-lhe às portas, Cláudio decidira que não iria desistir e que prosseguiria até encontrar seu pequeno filho. Havia acendido em si as esperanças na providência divina, que o Pai não o desampararia. Confiança esta que se ampliava graças à condição vibratória em que Cláudio permitira-se estar, que também possibilitava que seu querido e dedicado amigo Cássius pudesse auxiliá-lo.

Como um verdadeiro e bondoso guia, o amigo insuflava em Cláudio a calma necessária para que agisse de maneira bem tranquila. Pois enquanto se mantivesse confiante e acreditasse no poder da fé, jamais seria desamparado.

Confiança esta que também começava a invadir Etelvina, que tinha fé de que ela conseguiria escapar e levar-me da casa de Cleberson.

Escondida no depósito comigo em seus braços, Etelvina sabia que não poderia demorar-se. Logo descobririam que ela havia escapado e isto faria com que a segurança de todos os acessos da casa fosse fortificada, além de seu próprio entorno. Porém, apesar de saber que deveria sair dali o quanto antes, a mulher estava muito preocupada com o meu estado. Como eu estava muito pálido, Etelvina não tardou para cogitar que fosse devido ao longo tempo sem me alimentar.

Por estarmos próximos à cozinha, ela poderia tentar aproveitar a oportunidade e pegar algo para mim. Bastava apenas esperar que saísse a única empregada que ainda se encontrava no local. Contudo, com o medo de sermos descobertos, a mulher começou a cogitar se não seria mais prudente tentar fugir do casarão e, assim que estivéssemos longe e em segurança, se preocupasse em dar-me algo para comer.

— *Devo arriscar fugir com esta criança neste estado ou não? Mas e se eu parar para lhe dar algo e nos pegarem? E se eu esperar para dar-lhe de comer depois e aí for tarde demais?* – questionava-se ela.

Etelvina via em mim, o pequeno Matheus, o filho amado que nunca tivera condições de ter, e por quem era capaz de qualquer coisa.

Sem saber o que fazer, pois se arriscasse buscar um alimento poderíamos ser pegos, mas por outro lado de nada adiantaria escaparmos se eu perdesse a vida por causa de alguns poucos minutos, Etelvina seguia com os olhos cheios de lágrimas por ver o pequenino em seus braços tão imóvel, pálido e com a respiração fraca, enquanto esperava que a cozinha esvaziasse-se para ela poder sair do depósito. Quanto mais o tempo passava, mais apreensiva com toda aquela situação a mulher ficava.

Acompanhando-lhe os passos, o atencioso Balthazar direcionava a mim importantes fluidos magnéticos, a fim de auxiliar-me naquele momento. Realmente o longo período sem receber qualquer alimentação estava sendo muito desgastante ao pequeno corpo em desenvolvimento.

Se para um adulto, os efeitos de restrições alimentares por longo período são logo percebidos, para uma criança este processo ocorre muito mais rápido e mais intenso.

Com todos os órgãos ainda em estágio de desenvolvimento, os primeiros meses são fundamentais para a vida da criança. E para este período o leito materno é a mais completa fonte de energia.

Quando uma criança é privada da amamentação, devem-se elevar e muito os cuidados e as atenções em relação ao tipo de alimentação que se deve seguir. Sem haver condições para ingerir alimentos sólidos, os recursos disponíveis recaem sobre as fontes de vitaminas que podem ser obtidas em líquidos. Como no caso de alguns sucos e principalmente do leite fresco, obtido na ordenha e que pode tranquilamente ser consumido após aquecido.

Uma vez que se completava praticamente uma semana desde que eu fora tomado dos braços de minha mãe Elisa, também se completava uma semana de privações do leite materno. Como Etelvina preocupou-se mais em reencontrar seu amado Cleberson, a alimentação proporcionada a mim limitava-se ao que ela conseguia obter no caminho. Porém, no decorrer dos dias, esta alimentação acabou demonstrando-se extremamente falha e pouco nutritiva para um recém-nascido.

Enquanto Balthazar ocupava-se com o auxílio ao pequenino, outro companheiro que o estava ajudando era Altamir, integrante da equipe de espíritos que haviam sido gentilmente designados a acompanhar-me durante os primeiros períodos na roupagem física. Ele dedicava-se a insuflar em Etelvina a necessidade de voltar todas as suas atenções à criança. Altamir, verificando as condições de saúde em que me encontrava, procurava fazer com que a mulher percebesse o quanto era importante alimentar-me o mais breve possível.

Por estarmos próximos à cozinha do casarão, não seria difícil encontrar um pouco de leite em condições de ser consumido. Logo levariam o café da manhã a Cleberson e então seria o momento ideal para Etelvina.

Decidida a não arriscar mais ainda a saúde do pequenino e tendo o cuidadoso benfeitor a indicar-lhe esta necessidade, não foi difícil a mulher compreender e aceitar correr o risco.

Então, atenta aos movimentos vindos da cozinha, bastaram alguns instantes de espera para que o recinto logo ficasse vazio e a mulher pudesse sair e procurar algo. Disposta a não arriscar minha vida nem por mais um instante, Etelvina rapidamente saiu do depósito e, após vasculhar o local, logo conseguiu encontrar um pouco de leite.

Respirando aliviada, cuidadosamente ela inclinou-me em seus braços. E na esperança de que eu bebesse, começou a dar-me o alimento enquanto torcia para que ninguém aparecesse e a encontrasse abaixada ao lado de um armário.

Desde o primeiro momento em que Etelvina teve-me em seus braços, esta foi a primeira vez em que ela realmente se sentiu como mãe. Ali, preocupada somente com o bem estar do pequenino, ela pôde enfim se permitir ser a mãe que tanto sonhara. E conforme eu lentamente ia bebendo o leite e dando sinais de que ficaria bem, a mulher, reclinada sobre mim, beijava-me a testa jurando que não permitiria que ninguém me machucasse.

Então, esquecendo-se do risco que corríamos, ela simplesmente fechou os olhos e fez algo que havia muito tempo não fazia: agradeceu a Deus. Queria agradecer ao Pai pela oportunidade que, mesmo naquele ambiente tão conturbado e com todos os riscos e sofrimentos que havia enfrentado, estava tendo. Aquele sentimento de sublime e verdadeiro amor ao próximo já lhe bastava.

Porém, enquanto seguia alimentando-me, logo começou a ouvir gritos avisando que ela havia fugido. Sem tempo para pensar no que fazer e assustada, Etelvina rapidamente se levantou e tratou de dirigir-se à porta da cozinha, que naquele momento não estava sendo vigiada. Aquela seria sua rota de fuga. Contudo, antes que pudesse alcançá-la, alguém surgiu em seu caminho. Era uma das funcionárias da cozinha, que assustada com a gritaria, procurava esconder-se no local.

O susto da funcionária foi tanto, que um grito logo ecoaria por toda a cozinha não fosse Etelvina ter-lhe coberto a boca. Naquele momento, porém, não pretendia com aquilo evitar que fôssemos descobertos, mas sim resguardar a mim, que adormecera em seus braços.

Segurando a boca da jovem funcionária, que beirava a casa dos vinte anos, Etelvina com os olhos implorou-lhe para que não gritasse. A jovem então, com muito esforço e parecendo ter compreendido que a mulher à sua frente com o pequenino no colo não apresentava perigo algum, respirou fundo e silenciou-se.

Enquanto isso, pela casa toda gritos de "fugitiva" eram pronunciados aos berros por um dos seguranças da casa. Este se tinha dirigido ao porão para ver a situação da prisioneira e acabou encontrando o local vazio.

Seria apenas questão de alguns minutos para que a encontrassem na cozinha, pois no andar superior da casa, Cleberson saíra às pressas do quarto quando ouvira a gritaria. Quem também não demoraria a aparecer era Sofia, que após vasculhar o andar superior e dirigir-se ao térreo, seguia para os fundos da casa.

Então, quando tudo parecia perdido, a jovem sorriu para Etelvina e, após lhe indicar para que corresse para a porta da cozinha, seguiu para a direção contrária a fim de ganhar-lhe tempo. Rapidamente Etelvina agradeceu-lhe com um breve sorriso e em seguida abriu a porta e correu para o jardim. Como a gritaria vinha de dentro da casa, logo os seguranças que estavam vigiando as portas e arredores também correram para dentro, dando chances para que Etelvina alcançasse os muros.

Com a pequena criança em seus braços não seria fácil conseguir escalar o muro, mas após encontrar uma árvore que poderia servir-lhe de apoio, Etelvina não teve dúvida. Correu na direção do muro e, mesmo com um dos polegares deslocado, segurou firmemente no tronco e com um pé no muro, logo conseguiu alcançar o topo.

Porém, para seu azar e parecendo saber que ela já se encontrava do lado de fora do casarão, Sofia surgiu desesperada. Parecia querer a todo custo evitar que aquela mulher que um dia possuíra o coração de Cleberson continuasse viva e pudesse arriscar seu reinado.

Foi então que, percebendo que não conseguiria alcançá-la a tempo, Sofia parou. E retirando da cintura a pistola que trazia, mirou na mulher e na criança, para logo em seguida efetuar dois disparos. A pouco mais de vinte metros e com bastante habilidade no manuseio, Sofia dificilmente erraria.

Mas já no alto do muro, Etelvina, que apenas pensava em resguardar a criança, mesmo com os disparos conseguiu saltar e fugir.

Assim que os seguranças da casa e Cleberson ouviram os disparos, correram para o jardim já com as suas armas em punho, pois como não sabiam se a mulher simplesmente havia conseguido libertar-se sozinha ou se tivera o auxílio de alguém, eles não queriam arriscar. Porém, assim que Cleberson chegou e viu Sofia do lado externo e de arma em punho, tratou logo de exigir explicações.

— Onde está Etelvina?

— Foi tudo tão rápido. – explica Sofia – Eu estava na cozinha quando ouvi gritarem que ela havia escapado, e ao olhar pela janela, vi que alguém tentava pular os muros. Como ela carregava algo que parecia ser volumoso em seus braços, imaginei que estivessem lhe roubando. Então atirei.

— Depressa, vasculhem os arredores, não deixem que aquela miserável escape. Se estiver ferida não poderá ir muito longe – ordenou Cleberson.

Rapidamente então os seguranças deram a volta na casa tentando encontrá-la, mas nada acharam. Ao saltar o muro, para sua sorte ela avistara a alguns metros uma charrete que era conduzida por um jovem beirando os quinze anos. Muito gentil, este não se recusou a dar-lhe carona até o centro da cidade.

Tudo o que Etelvina queria era sair dali o mais rápido possível e levar-me até um local seguro.

Revoltado com a fuga da mulher, Cleberson enfureceu-se mais ainda quando soube que além de ter escapado, ela também conseguira levar consigo a criança. Ele e mais quatro de seus seguranças partiram então atrás dela. Mas como não sabiam que ela havia se dirigido ao centro, acabaram tomando o caminho contrário, no sentidod a mata, dando-lhe tempo para que se distanciasse do local e evitasse que eles a encontrassem.

Reclinada sobre mim, na parte de trás da charrete, enquanto o jovem conduzia-a calmamente, Etelvina chorava em silêncio. Em sua mente, dezenas de lembranças do que ela e Cleberson haviam passado invadiam-na, procurando entender como o homem que ela tanto amava pôde ser capaz de tudo aquilo.

Etelvina não se conformava com as acusações de Cleberson, de que ela o havia traído e tido um filho com outro homem, sendo que na realidade foi enganada e abusada. Ela tinha sido capaz de raptar uma criança apenas para satisfazer-lhe o desejo de ser pai, e no entanto aquilo lhe serviu somente para que o companheiro a condenasse.

A imagem de uma família feliz que tinha logo desapareceu, dando lugar à frustração. Mas lembrou-se de que a criança ainda estava ali com ela e aquilo amenizava um pouco o seu sofrimento.

Com o pequenino em seus braços, pôde enfim sentir-se mãe pela primeira vez e, mesmo diante de toda aquela dor, Etelvina conseguiu finalmente encontrar algo cuja falta tanto lhe incomodava a alma. Sentia que no fundo uma grande e inexplicável espera havia chegado ao fim. Então, cansada e abatida, antes que pudesse dar-se por si, ela desfaleceu.

O jovem que conduzia a charrete, quando chegou ao centro, cheio de afazeres e preocupado em não acordar a mulher, simplesmente parou ao lado do armazém onde trabalhava, a cerca de uma quadra da igreja, e deixou-nos.

Quando já era quase fim de tarde e o jovem retornou à charrete, a mulher com a criança não mais se encontravam lá. Bondoso, ele trazia-lhes algo para comer, imaginando que estavam famintos. Olhou em volta, procurando avistar-nos, mas Etelvina simplesmente havia partido, deixando na charrete uma estranha mancha.

Com o dia quase chegando ao fim, após procurar pelo filho em quase todos os cantos da cidade, Cláudio, sentindo que suas esperanças começavam a diminuir, decide seguir à igreja a fim de afastar aqueles pensamentos. Ele havia dito para si próprio que reencontraria o filho amado e que o levaria de volta para casa. Por isto aproveitaria que tinha retornado ao centro e que a igreja ainda estava aberta para reafirmar a fé que havia depositado na providência divina.

E foi então que, ao aproximar-se do local, começou a ouvir o choro de uma criança que lhe parecia familiar. Desesperado, Cláudio logo correu em direção à praça que ficava em frente à igreja, e para sua surpresa, viu uma mulher deitada em um dos bancos, com uma criança entre seus braços.

A emoção não poderia ser maior. Era seu pequeno e amado filho, que chorava junto de alguém que parecia imóvel.

Deitada com a criança estava Etelvina. Após sair da charrete, ela, buscando forças dirigiu-se até a igreja. Queria com aquele gesto agradecer a Deus por ter tido a oportunidade de sentir-se mãe, e pedir perdão por ter tirado o pequeno filho do seio de uma família. Ali, deitada naquele banco, estava uma mulher que nos momentos cruciais decidira evitar que maltratassem um pequeno ser a quem aprendera a amar. Ali, deitada naquele banco, estava alguém arrependida por todo o sofrimento que seus atos haviam provocado. Ali, deitada naquele banco, estava uma mãe que havia decidido dar sua vida para salvar seu filho.

Quando Cláudio aproximou-se da mulher e esta permaneceu imóvel mesmo com o choro da criança, percebeu que uma mancha de sangue estendia-se por suas costas. Ao pegar-me nos braços e ver que eu estava bem, virou a mulher e logo viu duas marcas de tiros em seu corpo. Um que atravessara seu abdômen e outro que atravessara seu peito e parou em seu braço, braço este que me carregava.

Ao ser alvejada pelo primeiro disparo no abdômen, Etelvina colocou seu braço entre eu e ela e saltou o muro. Com este gesto, queria evitar que o tiro transpassasse seu corpo e me atingisse, o que realmente teria acontecido não fosse a mulher ter tomado tal atitude. Pois, após tê-la atingido, a bala também acertaria o pequeno que se encontrava à sua frente.

Sem ódio por aquela mulher que havia levado seu filho, e compreendendo a atitude que ela ali havia tomado para resguardá-lo, Cláudio, feliz por estar com a criança a salvo em seus braços, mas triste com o fim que aquela mulher havia tido, decide prostrar-se em oração. Rogava a Deus para que Etelvina pudesse encontrar a paz e que as bênçãos dos anjos envolvessem-na. Do fundo de seu coração, desejava que aquela mulher fosse perdoada por seus atos, pois viu que a atitude dela foi apenas consequência do sonho de alguém que na realidade apenas estava perdida e que somente ansiava muito por ser mãe.

15 – Momentos de paz

Não existe um único ser vivo cuja existência seja imersa em eterna maldade, pois toda criatura é obra de Deus, que é puro amor e bondade. Sendo assim, toda escuridão, por mais densa que seja, perdurará somente o tempo necessário para que se obtenha a verdadeira luz que pulsa dentro de cada filho da criação.

Muitas vezes a escuridão faz-se necessária para que se possa encontrar a luz, uma vez que é nela onde se situam as maiores provas que envolvem as mentes incapazes de enxergar a própria centelha viva que carregam. Mas a escuridão não deve ser amaldiçoada, como muitos pensam. Ela também possui importante função na construção do real caráter da criatura; tão logo o caminho seja alcançado, a escuridão não mais se demonstrará como obstáculo, e sim fonte de aprendizado.

Logo, se pode compreender que, por mais distante que se possa imaginar, a escuridão também faz parte da obra de Deus. E por isso se poderia indagar: a maldade que acomete aqueles que imergem na escuridão, também é fruto de Deus? Naturalmente que não.

O que se deve compreender é que a escuridão é a morada proporcionada gentilmente pelo Pai para que aqueles menos afortunados possam seguir até que em si desperte a luz, que os fará compreender de maneira gradativa o real caminho que a criatura deverá tomar. Não se pode obrigar a criatura que ainda segue envolta nas veredas da incerteza, e cujo caráter não obteve ainda condições para desvencilhar-se da maldade, a simplesmente aceitar prosseguir na luz. Toda mudança é gradativa e vinculada ao que cada um acumulou dentro de si.

Já a maldade que ainda reina e persiste no coração de alguns é fruto de sua própria condição, que os impele e afasta da bondade, compelindo-os a aceitar cegamente que suas atitudes já os sentenciaram a tal. Saibam que Deus não condena seus filhos a rastejarem em eterna escuridão, conforme tenham sido suas escolhas e seus atos voltados somente para o mal. Deus sabe que em cada filho Seu, por mais distante que esteja da verdadeira luz, a centelha viva que carrega é a certeza de que por mais envolto nas sombras que pareça estar, nada fará com que extinga essa luz. Ele também sabe que a maldade que em dado momento foi realizada era o melhor que naquele instante a criatura poderia fazer.

Por isto, antes de julgarmos ou condenarmos qualquer criatura, mesmo que, ao nosso ver, seus atos tenham sido completamente voltados para o mal, consideremos o que faríamos caso fosse este um irmão consanguíneo, ou alguém por quem se tem muita estima e que no fundo bem sabemos que não agiu em plena razão. Já não bastaria sua própria consciência a castigá-lo? Você realmente crê que todos aqueles que porventura sofreram alguma maldade praticada por ele simplesmente tiveram o azar de cruzar seu caminho? Julga que Deus estava de olhos fechados e simplesmente não viu o infortúnio cometido?

Saiba que tudo ocorre como tem de ser. Nada é por acaso e

tudo possui um porquê de ser. Demonstre que você tem fé e confia naquele que jamais nos deixará desamparados. Não seja você também mais um a renegar as valiosas lições deixadas por Jesus quando disse "Amai a vossos inimigos, bendizei os que vos maldizem, fazei bem aos que vos odeiam, e orai pelos que vos maltratam e vos perseguem".[5]

O ano é 1905 e a simples e humilde família de Cláudio, este prestes a completar 60 anos, e a sempre gentil Elisa, de 57 anos, e eu, seu pequeno filho Matheus, agora com 4 anos, segue cada dia mais unida e feliz após superar, com o auxílio dos amigos e principalmente a fé no amparo dos anjos, as dificuldades enfrentadas quando eles tiveram o filho levado de casa. Momentos realmente difíceis e de verdadeira prova para as criaturas envolvidas, mas que tiveram extrema importância na dissolução de pendências galgadas no decorrer das existências, e principalmente na absorção de poderosos valores à construção moral.

Assim como disse Jesus: "vai reconciliar-te primeiro com teu irmão, e, depois, vem e apresenta a tua oferta",[6] foi o que eu humildemente escolhi e solicitei fazer quando tive no plano físico o reencontro com o espírito de Evelyn, reencarnada como Etelvina.

Com a graça de Deus, nosso querido Pai, e o generoso amparo dos dedicados benfeitores espirituais, que tanto me auxiliaram a compreender os reais e verdadeiros valores da vida, pude ser agraciado com a possibilidade de tornar a ter na romagem física abençoado reencontro com minha querida irmã Etelvina.

Reencontro este que me proporcionara, enquanto filho de Cláudio, com o nome de Matheus, incomparável satisfação ao poder ver nossos caminhos tornarem a cruzar-se, com o amparo dos benfeitores que tanto nos envolvem e atuam para que os melhores recursos estejam envolvidos nas oportunidades aguardadas.

Devo aqui, prostrado em agradecimentos ao Pai e a toda esta corrente de irmãos, afirmar que não há nada mais gratificante que poder receber a oportunidade, mas principalmente contribuir, mesmo que de maneira sutil, para que profundas cicatrizes que nos dificultam o progresso possam ser revistas e abençoadamente transformadas.

Após o período em que Etelvina pôde reter-me consigo, conse-

[5] Novo Testamento, Mateus 5:44.
[6] Novo Testamento, Mateus 5:24.

guiu enfim se desvencilhar de todo o peso e rancor que carregava por meu espírito, e então se permitir ser bondosamente amparada.

Esta sua última passagem pelo físico foi-lhe de fundamental importância para que o início do verdadeiro processo de cura mental pudesse ser estabelecido de maneira mais ampla. Liberta das correntes que tanto a atrasavam, ela finalmente poderia, após seu necessário depurar nas regiões de purgação, ser conduzida a locais de maiores auxílios e amparos.

Importante é a compreensão de que todos os nossos atos são indiretamente os responsáveis por agregar ao próximo estigmas que efetivamente o acompanharão enquanto sua extirpação não se demonstrar claramente possível. Por isto é de fundamental importância para o progresso das criaturas que todas as pendências sejam diluídas antes que suas consequências tornem-se verdadeiro martírio aos envolvidos.

Prosseguindo na mesma casa simples e humilde, a poucas quadras da igreja da cidade situada no interior do estado de São Paulo, a família parecia enfim ter encontrado momentos de paz, e em breve celebraria o sexagésimo aniversário de Cláudio, o que Elisa vinha preparando havia semanas. Ela queria poder realizar uma inesquecível festa a seu amado.

Pois, apesar dos tempos de paz, o falecimento de dona Marta, em meados de 1902, ainda não tinha sido superado por Cláudio, apesar de já se terem passado alguns anos. Ele era muito apegado à mãe e esta sempre esteve ao seu lado, jamais deixou que lhes faltasse algo em casa. Quando ela adoeceu, Cláudio, se pudesse, faria qualquer coisa para vê-la bem. Contudo, sua saúde já vinha debilitada havia tempos, e a idade de pouco mais de 80 anos já lhe pesava.

Assim que sua mãe partiu, mesmo com todo o amparo que Cláudio sempre recebeu dos benfeitores espirituais e mais precisamente do dedicado amigo Cássius, houve momentos em que, não fosse a companhia do filhinho e de Elisa, ele desejava segui-la.

Como são ainda inúmeras as criaturas que, ao deixarem o corpo físico, carregam consigo as lamúrias do que acreditam terem sido vítimas, basta somente um único instante de invigilância para que estas se aproveitem. Já dizia sabiamente Jesus: "vigiai e orai".[7] Pois de sofredores o mundo está cheio. E a grande maioria dessas

[7] Novo Testamento, Mateus 26:41.

criaturas revoltadas comprazem-se em ver também no próximo as dores de que foram vítimas.

Os benfeitores atuam em prol de seus amados pupilos, porém, por mais que lhes transmitam vibrações de paz e conforto, nada há que se fazer caso para estes benfeitores as portas sejam temporariamente fechadas.

Por isto, quando alguém que estiver situado no corpo físico vier a sofrer algum tipo de prova ou expiação e não se mantiver firme na senda do bem e seguir confiante que Deus permanece no controle de tudo, será inevitavelmente objeto desses revoltados. Atuarão consciente e inconscientemente para que, assim como eles, também duvide da providência e entregue-se em verdadeira ira e desgosto pela vida que tem.

Somente a fé em Deus e o bom estudo do Evangelho de Jesus são os remédios capazes de fortalecer a alma e afastar os pensamentos negativos. Somado a isto, todo apoio e auxílio da família e daqueles que nos querem bem constituem bálsamos de luz para que as dificuldades que surgirem possam ser efetivamente superadas.

Então, quando Cláudio começava a dar sinais de fraqueza, o amigo Cássius imediatamente procurava cobri-lo com todo o seu amparo, e sobre seus pensamentos inspirava-o a recordar somente dos ternos e inúmeros momentos felizes que haviam tido. Cláudio recordava-se então dos beijos, dos abraços e do amável sorriso que sua querida mãe sempre possuíra. Lembrava-se também da felicidade que o invadiu quando sua mãe pôde segurar a mim, seu pequeno neto, nos braços. Apesar da idade e das dores que vinha enfrentando, ela sempre se demonstrou forte e parecia feliz. Dificilmente reclamava de algo e sempre possuía uma palavra amiga e de conforto.

Junto a Elisa, a quem adotara tão carinhosamente por filha, assim como seu irmão, quando perderam o pai, jamais deixou que a perda lhescausasse tristeza. Fazia de tudo para que mesmo com todas as dificuldades pudessem ser uma verdadeira família. Não somente no lar, mas também fora dele, pois como gostava muito de ir à igreja, sempre dizia que lá se encontrava sua segunda família. E foi justamente o que procurou transmitir aos seus: que mesmo com todo zelo e amor que possuímos em nosso lar, não devemos limitar-nos somente àqueles de nosso convívio. Devemos tratar todos como queridos e amados irmãos em Deus, cuja família é uma só e a cujo seio um dia todos retornaremos.

Na casa de Elisa era dia de festa. Seu amado companheiro estava completando 60 anos, e ela havia lhe preparado uma surpresa. Como de costume, a família sempre comia um pequeno bolo e, às vezes, quando podiam, compravam presentes. Porém neste ano seria diferente; Elisa havia combinado com alguns amigos e o tio de Cláudio, Alberto, e sua esposa Marisa, de irem a sua casa.

Irmão mais velho da falecida mãe de Cláudio, Alberto já beirava quase os 90 anos de idade e costumava sair muito pouco. Contudo, aquela era uma ocasião especial, pois o querido sobrinho estava completando 60 anos e, após o falecimento de sua querida irmã, sentia ser uma obrigação estar presente. Apesar da idade avançada, Alberto sempre possuíra uma ótima saúde; era mais por comodidade que evitava sair de casa.

Sendo ele sempre muito querido por Cláudio, assim também como sua tia Marisa, que estava com 85 anos, Elisa, com a presença deles, queria alegrar um pouco o companheiro, trazendo pessoas próximas a sua falecida mãe. Não para trazer-lhe recordações de quando ela se encontrava com eles, mas sim fazê-lo compreender que tudo possui seu tempo. Queria que ele entendesse que nada simplesmente desaparece, e que sempre continuará presente em nós. Mas que não devemos jamais nos esquecer de aproveitar os momentos pelos quais estamos passando, uma vez que são únicos, e cujas lembranças servirão apenas para mostrar-nos a forma como escolhemos vivê-los.

Elisa queria que Cláudio não ficasse apegando-se cegamente ao passado, e olhasse para o presente. Gostaria que aproveitasse as belas oportunidades e companhias que a vida estava lhe oferecendo. E foi justamente com este intuito que decidiu realizar uma festa surpresa. Aproveitaria que o companheiro, como de costume, iria vistoriar o andamento dos trabalhos em sua modesta fazenda, para organizar as coisas em casa.

Então, após Cláudio despedir-se e sair, Elisa logo correu para ajeitar a casa. Havia comprado um lindo conjunto de porcelana e uma toalha nova, com as vendas das peças que costurava e tanto adorava fazer. Também havia feito um belíssimo colete com que pretendia presenteá-lo.

Como o dia de seu aniversário seria em um dia comum, durante a semana, a grande maioria só poderia comparecer após o expediente. Mas mesmo com os amigos só podendo ir mais tarde, Elisa combinou para que as pessoas pudessem chegar até as 17h20, horário em que Cláudio costumava chegar à casa.

Apesar de não possuírem uma residência muito grande, pelos cálculos que Elisa havia feito, viriam aproximadamente dezoito pessoas: o tio Alberto, a tia Marisa e os filhos deles, Renato e Marcela, com seus respectivos esposa e marido, além dos três filhos de Renato e dois de Marcela. Também haviam sido convidados dois casais de vizinhos que moravam na mesma rua, além da senhora Rita, que era auxiliar na igreja, e o senhor Lourival, dono da sapataria e muito amigo de Cláudio, com sua esposa.

A modesta casa de Cláudio nunca havia recebido mais do que dez pessoas. Mas como a intenção de Elisa era não ser algo que se estendesse muito, uma vez que já havia comunicado aos convidados, acomodar todos não seria grande problema.

O importante ali seria mais o carinho das pessoas que gostavam de Cláudio e o tinham como amigo, do que puramente uma festa em si. Por isto Elisa não havia preparado um banquete, e sim apenas o suficiente para que todos se sentissem bem.

Então, feliz com a surpresa que tinha preparado para o companheiro, Elisa seguiu praticamente o dia todo com um largo sorriso no rosto. Estava sentindo-se em paz e grata a Deus pela oportunidade e a querida família que havia formado. Já caminhando pela casa, eu, o pequeno Matheus de quatro anos, parecia ter percebido que haveria algo, pois seguia os passos da mãe todo curioso.

Eu já articulava várias palavras e adorava ficar correndo pela casa. Havia me desenvolvido bastante e parecia nem me lembrar do período em que fora levado de casa, como seria de imaginar-se. Nunca demonstrara ser uma criança reclusa ou receosa com as outras pessoas. Muito pelo contrário, era bastante comunicativo.

No geral posso dizer que ali, enquanto eu estive sob as vestes daquela pequena criança, seguia envolto na pureza e doçura que envolvem todos os pequeninos durante os primeiros anos, que são de fundamental importância para a consolidação do corpo semimaterial junto ao novo veículo.

Em minha mente de criança, permanecia recoberto sob o véu

do esquecimento, tão necessário ao completo aproveitamento da nova caminhada, porém inconscientemente trazia de maneira compactada, o cuidadoso traçado que pleiteava desbravar.

Fosse de outra forma, dificilmente alguém que tenha sido no passado objeto de provas e expiações aceitaria passivamente reencontrar seu opressor na forma de filho. O verdadeiro amor necessário e o alto grau de desapego ainda não se encontram realmente desenvolvidos para que seja de outra forma. Por isso Deus sempre promove a todos uma nova oportunidade junto àqueles que mais necessitam, recobrindo-os sob a ingenuidade das crianças, desta maneira podendo estreitar então os laços que se haviam afastado, traçando assim um novo recomeço e consequentemente uma nova conclusão.

Ressalta-se também que, para tanto, nos orientam do invisível abnegados servos de luz. Verdadeiros companheiros que por misericórdia aceitaram auxiliar-nos a reencontrarmos o sublime caminho para Deus. São estes os nossos queridos irmãos que nos instruem a absorver exatamente aquilo de que intimamente precisamos e inconscientemente buscamos. Ou seja, nosso querido Pai presenteia-nos com inúmeras maneiras para que simplesmente possamos sempre buscar o melhor.

E envoltos com este sentimento de agradecimento ao Pai, lá estavam todos reunidos e unidos na casa de Elisa para comemorarem o aniversário de Cláudio.

Aquele querido irmãozinho estava completando 60 anos de existência física, junto a grandes amigos que, assim como ele, nutriam um singelo sentimento de fraternidade. Todos lhe vibravam os mais puros sentimentos de paz, desejando que as bênçãos de Jesus envolvessem-no.

Cláudio estava muito feliz com a inesperada surpresa que sua querida companheira havia lhe feito, e também pela presença dos queridos tios que lá estavam para abraçá-lo. Mesmo com a idade avançada, estes se haviam deslocado até sua humilde casa para prestigiá-lo e levar-lhe um pouco de conforto e carinho. Sem que soubessem, junto de Cláudio também lá estava sua amada mãe, Dona Marta, que havia recentemente se libertado do corpo físico. Lá estavam todos, irmãos e irmãs em Deus, unidos e vibrando o maior e mais sublime sentimento universal, o amor.

16 – Sublimes oportunidades

Sublimes são as oportunidades que tão generosamente nosso amado e bondoso Pai concede-nos a cada instante. Oportunidades altamente valiosas e de indescritível concepção, pois em cada uma cintila um grandioso universo repleto de peculiaridades, e cujo propósito visa somente a atender as nossas mais íntimas necessidades.

Eis o verdadeiro sentido da vida. Procurar absorver em cada uma dessas oportunidades tudo o que de mais íntimo nos for requerido enquanto criaturas em constante formulação.

Seguindo na romagem evolutiva, cujo objetivo indubitavelmente é o mesmo horizonte que a todos ilumina, a criatura humana que ainda prossegue a caminho de atingi-lo tem por obrigação jamais reprimir a singela centelha viva que acendeu em si.

Muitos homens, porém, começaram a repelir esta partícula de razão que trazem, por considerarem-se independentes de alguma fonte que não fosse sua própria arrogância. No decorrer do prolongado caminho que se condicionaram a seguir, abandonaram importantes e necessários recursos, ao declararem-se superiores e detentores da verdade.

Estenderam, e muito, um processo que requeria a mais perfeita simplicidade. Vastos campos de ignorância e total desarmonia foram surgindo um após o outro sobre suas próprias cabeças, coroadas com inumeráveis dissabores.

E com isso, caminharam rumo ao abismo interno em que se permitiram estar. Começaram a afastar qualquer auxílio que procurasse removê-los de seu estado, e abraçados por um falso desejo, foram-se alojando em meio às próprias ruínas que cegamente acumularam.

Eis então que foi necessária a vinda de um sublime modelo para guiá-los à verdadeira meta, que sua vaidade julgou desnecessária.

Deus enviou ao mundo, sob as vestes de um humilde cordeiro, seu amado filho, para que reacendesse nos homens a pequena centelha, tão necessária, dos reais valores da vida. Com isso, carinhosamente nos brindava com mais uma abençoada oportunidade de redenção.

O ano de 1909 foi um momento bastante diferente na vida da família de Elisa. Desde que completara meus oito anos, eu começara a dizer que frequentemente um moço visitava-me em meu quarto.

É certo que desde os cinco anos eu já demonstrava que, mesmo sozinho, parecia sorrir e às vezes até brincar com alguém que meus pais não podiam ver. Porém jamais deram muita atenção e sempre julgavam ser somente uma atitude de criança.

Mas neste último ano, minhas atitudes começaram a levantar uma pequena preocupação em meus pais. Fatos que eram sempre bastante esporádicos começaram a ocorrer quase que semanalmente. Bastava que meus pais deixassem-me sozinho ou me colocassem para dormir, e então os diálogos começavam. Eu nunca fora uma criança arteira, e demonstrava ser sempre obediente aos pais. Às vezes parecia querer ficar recluso e em outros momentos parecia necessitar de atenção. Principalmente de minha mãe, Elisa, a quem era muito apegado. Às vezes também parecia querer disputar a atenção dela com meu pai, Cláudio.

Ocorria que mesmo com esta aparente propensão do filho em buscar mais a presença e o conforto da mãe, Cláudio jamais se sentiu rejeitado, pois reconhecia altamente comum as crianças reclinarem-se na direção de algum dos pais. Mas eu, pequenino, não agia assim por maldade, uma vez que nos momentos em que estava a sós com meu pai, tratava-o sempre com bastante respeito.

Algo que a família sempre praticava e auxiliava-nos a manter forte o elo de união, eram as leituras que cotidianamente realizávamos do Evangelho. De formação católica, a família aproveitava este momento para estudar e tentar interiorizar os ensinamentos deixados por Jesus.

O momento do Evangelho era uma agradável oportunidade que tínhamos de procurar absorver nas mensagens deixadas pelo filho de Deus tudo o que pudesse auxiliar em nossas próprias vidas.

Acostumada desde pequena a realizar o estudo do Evangelho, quem incentivou Elisa à pratica foi sua falecida mãe, Matilda. Após sua morte, Elisa bem que tentou prosseguir com os estudos em sua casa, mas com o tempo, para seu também falecido pai, Júlio, a perda da amada esposa acabou tornando-se sobre este um verdadeiro tormento e uma completa revolta contra o próprio Deus.

Então, quando Elisa e seu pequeno irmão Pedro foram gentilmente acolhidos pela mãe de Cláudio em sua casa, Elisa teve a oportunidade de retomar os estudos que tanto gostava. Pois, assim como ela, a mãe de Cláudio também gostava muito de ler o Evangelho.

E conforme o tempo foi passando, quem também acabou sendo realmente conquistado com o estudo do evangelho foi Cláudio, que se dizia sempre sentir-se outra pessoa após aqueles estudos. Falava do quão valiosa era cada uma daquelas palavras, e o quanto se sentia em paz.

Quando eu nasci e minha mãe Elisa viu-se curada do câncer, eles acreditaram terem sido abençoados com uma nova oportunidade. Decidiram então que procurariam absorver cada ensinamento contido nas palavras de Jesus e esforçar-se-iam ao máximo para colocá-los em prática no decorrer de suas vidas.

Toda reencarnação é importante oportunidade de avanço moral, não somente àquele que reencarna, mas também àqueles que, em dado momento, com ele irão encontrar-se. Oportunidade de auxiliar e amparar os mais atrasados, mas principalmente de tentar ultrapassar as faltas e os erros cometidos no passado, contudo não apenas vencer estes obstáculos, que fomos permitindo surgir em nosso caminho, mas sim aprender e compreender quais foram os motivos que lhes permitiram surgir diante de nós.

Eis aí então o verdadeiro mérito em conseguir romper essas barreiras. Pois ao compreenderem-se as peculiaridades que estiveram envolvidas na criação destas, será verdadeiramente possível sentir-se finalmente capaz de superá-las. E desta forma, tendo compreendido o que as gerou, será possível também repassar ao próximo o aprendizado obtido, quando a oportunidade fizer-se presente.

Mas engana-se a criatura que julga que para seu próprio avanço seja necessário somente não realizar atos ilícitos, ou não os realizar na presença de outro alguém. Seja em plano físico ou espiritual, tudo se envolve de maneira que a chamada região onde a criatura habita não impede que esta venha a influenciar a outra. Tanto uma pessoa consegue influenciar um ser desencarnado quanto vice-versa.

Não são somente as criaturas em estado fora do corpo físico que acabam envolvendo os homens com seus desejos e necessidades, mas também o homem, com suas vontades e atitudes pouco elevadas, pode influenciar os que estão fora da matéria.

Por isto não basta somente ser um bom cidadão da porta de casa para fora, mas sim também o ser mesmo em completa solidão. E mais ainda, ser um bom cidadão dentro de si próprio. Pois é exatamente nesses momentos que somos mais suscetíveis a falhar.

Imagine que, por exemplo, você fosse alguém que na presença dos outros pregasse as palavras de Jesus a todo instante. Sempre procurasse dar bons conselhos e se sentisse um verdadeiro exemplo de bom cristão. E então, quando se fechasse em casa, agisse de maneira completamente oposta. O que ocorreria com seus irmãos desencarnados que ao vê-lo na rua encontrassem um pequeno feixe de esperança para seus tormentos?

Estes, cujas dores são muito mais intensas, seriam atraídos para junto de você, a fim de procurar amenizar um pouco de seu sofrimento. Eles em sua maioria nem conseguem compreender o real motivo que os levou até lamentável estado. Então, se o acompanharem tentando procurar instintivamente um bálsamo que os alivie, são violentamente atingidos por deploráveis pensamentos e necessidades sórdidas, que você ingenuamente carrega em si.

Logo, a oportunidade que esta criatura desencarnada teria de amenizar suas lamúrias com seu auxílio terá o efeito contrário, e elas, ao invés de serem suavizadas, serão somente intensificadas.

Toda nova reencarnação é revestida pelo abençoado véu do esquecimento, para que os que reencarnam não venham a sofrer qualquer tipo de interferência ao remontar ao passado. Contudo, quando Deus assim permite, existem algumas exceções, conforme a necessidade e o avanço moral da criatura.

Amparadas por este véu, todas as lembranças seguem temporariamente adormecidas e intactas. E no decorrer da jornada física, estas em estado latente podem em momentos oportunos fazerem-se presentes. Destaca-se que também são envoltas todas as passagens referentes às existências fora do corpo. Isto se faz necessário para que a criatura possa seguir gradativamente sua ascensão na nova etapa, sem que incongruências ocorram e provoquem conflitos.

Mas ocorre que nos primeiros anos de existência física, enquanto o espírito da criatura ainda prossegue acomodando-se ao novo veículo, existe uma facilidade mais acentuada para que as percepções estejam em maior sintonia com o plano espiritual. Esta possibilidade pouco estudada, porém de natureza altamente sutil, é também fonte de benéfico amparo no que tange a este período de adaptação.

As primeiras constatações de que além daquilo que meus olhos físicos podiam ver, havia algo que não escapava aos olhos da alma; ocorreu próximo dos meus cinco anos de idade. Porém, com todas as minhas percepções físicas tentando adaptar-se ao novo mundo que se apresentava à minha volta, tudo se intercalava de maneira a impedir tal diferenciação.

Contudo, conforme os anos foram prosseguindo e em meu aparelho orgânico começaram a destacarem-se condições para tal advento, aos oito anos já começava a divisar algumas percepções. Percepções estas galgadas e envolvidas em meu próprio espírito imortal, de maneira a atribuir-lhe tais condições. Deve-se aqui destacar que apesar de todas as criaturas estarem recobertas por um veículo físico, todas são capazes de desenvolver percepções que lhes permitam adentrar e distinguir as nuances do plano espiritual. Todavia existe a necessidade que nesta criatura o gérmen que lhe permita avançar rumo a esta condição já tenha sido previamente estimulado.

Logo, retendo condições para captar estas vibrações provenientes do plano espiritual, comecei a interagir de maneira mais efetiva e acentuada.

Já era noite e, como de costume, assim que meus pais deixavam-me na cama e iam dormir no quarto ao lado, eu começava então a dialogar com o espírito de um bondoso moço que costumava visitar-me.

Este espírito tratava-se do mesmo companheiro que seguia auxiliando-me e amparando havia longa data. O sempre gentil Balthazar.

Gostaria de destacar minha fraterna admiração por este meu querido irmão, ao qual devo enorme gratidão por ter humildemente me acompanhado tanto na senda física quanto na espiritual, sempre procurando ascender-me à sublime meta do amor e da caridade. Posso afirmar que não fossem as mãos deste querido irmão a amparar-me, dificilmente conseguiria encontrar o verdadeiro caminho em direção a Deus.

Quando Balthazar soube que graças à providência divina eu teria uma nova oportunidade de regressar ao plano físico, e no seio daqueles a quem um dia tanto mal causei, ele prontamente se ofereceu para prosseguir junto a mim. Apesar de encontrarmo-nos em planos diferentes, Balthazar, assim como Cássius, que tão humildemente solicitou acompanhar Cláudio em sua jornada, esperava poder fazer tudo ao seu alcance para poder orientar-me, mesmo em caso de meu novo veículo físico dificultar nossa comunicação.

Balthazar sabia que meu intuito ao solicitar vir ao físico como filho do casal Cláudio e Elisa seria valiosa oportunidade de aprendizado e principalmente reajuste sobre os pontos em que outrora falhei.

Por isto, desde meus primeiros instantes encarnado, este irmão já me acompanhava os passos, amparando-me e transmitindo-me todo seu sincero amor, somente à espera do momento em que eu retivesse totais condições para iniciarmos nosso trabalho.

Contando somente oito anos de idade, eu já conseguia quase que conversar claramente com Balthazar. Porém, devido a ser apenas uma criança e este processo de compreensão e afixação destas percepções necessitar de mais aprofundamento, que para mim ainda não era possível, os diálogos que mantínhamos eram muito pouco extensos e consistentes. Da mesma maneira seguiam as imagens, que se apresentavam dispersas e ainda um pouco turvas.

A presença de Balthazar junto a mim também tinha por objetivo amparar-me quando da aproximação de criaturas desencarnadas e em condições pouco favoráveis a atingir degraus mais altos na escalada evolutiva. Contudo, somente pelo período em que estivesse eu revestido pelas vestes da infância. Logo que tal período fosse concluído, caberia a mim escolher, conforme minhas íntimas necessidades, permitir ou não a aproximação de tais criaturas, uma vez que a consciência e o moral envolventes sobre as minhas escolhas não mais encontrariam barreiras que dificultassem as suas plenas manifestações.

Além de Balthazar, que dedicadamente me acompanhava do plano espiritual, os amigos Cássius e Matilda também procuravam exercer este humilde amparo ao casal Cláudio e Elisa. Abnegados servos de luz, estes benfeitores espirituais envolviam carinhosamente os seus queridos irmãozinhos encarnados. Constituindo uma verdadeira família universal, todos aqueles espíritos que possuem condições para tal sempre procuram, após o desencarne, auxiliar também aos que em dada oportunidade estiveram com eles.

Estes irmãos desencarnados conseguiram, através do esforço próprio e do amparo que outrora se encontrava sob as mãos dos benfeitores que agiam sobre eles, entender as distintas forças que nos recobrem na romagem física. Assim como hoje são eles aqueles que se dedicam ao amparo, em dado período no passado foram eles os pupilos. Receberam o mesmo auxílio através de irmãos desencarnados que procuraram envolvê-los com o amor de Deus, para que conseguissem, em sua passagem pelo plano físico, obter todos os recursos necessários à sua própria evolução.

E alguém que também havia deixado a roupagem física não fazia muito tempo, e se continuasse empenhando-se teria dentro em breve condições para amparar aqueles que deixou no físico, era a mãe de Cláudio, dona Marta.

Assim como o falecido pai de Elisa, o senhor Julio, que havia despertado para a vida maior e encontrava-se empenhado com seus estudos em escolas dos planos superiores, dona Marta também aguardava por sua oportunidade. Ela gostaria muito de poder amparar não somente o filho Cláudio, mas também os outros parentes que deixara. Após uma rápida passagem em região de esgotamento dos resíduos físicos que trazia, e a necessidade de cuidados em local apropriado, dona Marta, que fora recebida por sua própria mãe na Morada Renascer, esperava pelo início de uma nova turma para ingressar na escola Frei Augusto.

E assim estes irmãos prosseguiam. Procuravam estudar e compreender cada vez mais as particularidades da nova vida que encontraram, e assim conhecendo as sutilezas existentes por trás do véu. Para que pudessem através do esforço próprio e os ensinamentos tão importantes deixados por Jesus Cristo, prosseguir na senda do bem e do mais importante sentimento dentre as criaturas, que é o amor ao próximo.

17 – À procura de Jesus

"Porque, onde estiverem dois ou três reunidos em meu nome, aí estou eu no meio deles".[8] Por estas palavras Jesus afirmou que toda criatura que se permitir a manifestação dos ensinamentos que ele sabiamente nos deixou, através da boa vontade e do humilde desejo de propagar tudo o que por ele foi dito, poderá ter a certeza de que junto dessa criatura Ele estará.

Podemos dizer que Jesus é a manifestação pura de Deus. Humildemente se fez homem para auxiliar-nos no progresso moral, que se encontrava distante dos valorosos ensinamentos que aque-

[8] Novo Testamento, Mateus 18:20.

les que o precederam já haviam tão bem iniciado.

Jesus veio para ser o verdadeiro exemplo de como as criaturas humanas deveriam almejar ser. Ele fez-se carne para que os olhos dos homens pudessem permitir-se compreendê-lo mais claramente, uma vez que a falta de compreensão do que realmente era Deus provocava inúmeras distorções.

Jesus veio através de si próprio apresentar-nos um Deus bondoso e amoroso para com seus filhos. Um Deus justo e presente em cada ato ou pensamento. Um zeloso Pai capaz de perdoar e indicar o correto caminho. Não um Deus cruel, vingativo e distante. Jesus veio mostrar-nos tudo aquilo que nosso amado Pai espera de cada um dos seus filhos. Que possamos despir-nos dos sentimentos de inveja, orgulho e vaidade, para que consigamos enfim obter a eterna felicidade.

E para que possamos iniciar esta sublime caminhada e permitamo-nos compreendê-la, carinhosamente Jesus ensinou-nos a verdadeira oração. O ato de conectarmo-nos com este grandioso mundo, onde as barreiras são rompidas com a força da fé e do amor.

Por isto, antes de lançarmo-nos em direção aos caminhos da nossa própria incerteza, voltemo-nos para aquele que veio para ser a eterna luz a guiar-nos: Jesus Cristo.

Chegávamos a 1913, quando se deu o meu primeiro contato real com o meio cristão, contando eu agora 12 anos de idade.

Geralmente são os pais que iniciam as crianças em suas crenças. Porém no meu caso, fui eu que, após ver um grupo de garotos reunidos em estudos na paróquia, disse à minha mãe, Elisa, que gostaria de participar.

No princípio ela achou que meu interesse era devido à curiosidade e pelos risos que geralmente acompanhavam o grupo de estudos da senhora Marcélia. Ela era uma das duas instrutoras que davam aula de catequese na igreja. Não era propriamente dita uma catequização aos moldes do que se pode encontrar nos dias atuais, mas já possuía o real princípio que era o de apresentar o evangelho de Jesus, buscando assim popularizar estes ensinamentos. Sempre muito simpática e sorridente durante as aulas que ministrava ora em sua casa, na própria igreja ou, em dias bonitos e agradáveis, na praça em frente à paróquia, a senhora Marcélia, juntamente com seu marido e ambos beirando à casa dos 60 anos, eram bastante conhecidos do casal Cláudio e Elisa.

A senhora Marcélia e seu marido, o senhor Otávio, eram moradores bem antigos da cidade e conheciam a história relacionada ao meu sequestro quando recém-nascido. Inclusive, seu marido foi um dos que na época auxiliou Cláudio a procurar-me pela cidade e arredores, juntamente com a equipe designada pelo delegado. Era um casal que sempre estava muito sorridente e também gostava muito de fazer generosidades. Para a senhora Marcélia era de imenso prazer e alegria a oportunidade que tinha de iniciar os jovens na educação cristã. Ministrava suas aulas com bastante dedicação, pois era grande estudiosa do cristianismo, e realizava-as com muito amor e uma alegria contagiante. Gostava muito de mesclar os ensinamentos com situações cotidianas e principalmente com bastante humor.

A senhora Marcélia possuía um jeito especial de inserir os ensinamentos de Jesus nos jovens. Ela não queria que eles decorassem cada passo ou cada palavra, mas sim que compreendessem a essência contida em cada lição. Procurava apresentar o filho de Deus como alguém bem próximo e simple, e não alguém distante e em um pedestal inalcançável. Para ela, Jesus era sim alguém que merecia todo o respeito, mas nem por isto o considerava alguém que não pudesse estar sempre presente conosco. Ela havia aprendido que Jesus encontra-se sempre ao nosso lado, seja nos momentos ruins ou nos bons.

A grande maioria somente se lembra do filho de Deus quando as dificuldades batem-lhes à porta. Contudo são muito poucos os que se lembram quando tudo está bem ou quando estão felizes. Para a senhora Marcélia todos deviam lembrá-lo a todo instante.

Outro fato que ela gostava de frisar era a alegria de Jesus. Apesar de muitos terem a falsa ideia de que Jesus não sorria, ele era sim uma criatura muito bem humorada.

Estipulou-se tal crença por acreditarem que desta maneira as pessoas sempre manteriam o respeito à grandiosa figura. Contudo ser respeitado não é sinônimo de seriedade. Uma pessoa bem humorada e feliz com a vida que tem, passa tanta credibilidade quanto aquele que se apresenta de maneira sisuda. Tampouco observar uma pessoa gargalhando, diminuiria sua seriedade. Ocorria que como o povo encontrava-se embrutecido e havia a necessidade de fazê-los manterem-se atentos aos ensinamentos que ele viera transmitir, no geral a seriedade que se fazia necessária sobressaía, levando-se então a tal crença.

Então Elisa, após conversar com o companheiro Cláudio, decide por iniciar-me no curso de catequizado. Já tendo eu sido batizado pelo padre logo após meu pai ter-me trazido para casa após o sequestro, então não haveria nada que os impedisse.

Eu entraria na turma da senhora Marcélia, uma vez que a turma da senhora Everalda já se encontrava com uma quantidade grande de alunos. Geralmente as turmas juntas contavam com cerca de vinte a vinte e cinco alunos, porém naquele ano este número havia saltado para trinta e dois alunos. Número considerado bastante elevado, pois aquela seria a primeira vez que as duas turmas juntas chegariam ao número de trinta e três alunos, contando comigo. Ficando então a turma da senhora Everalda com dezoito alunos e a da senhora Marcélia, com quinze.

A turma da senhora Everalda teria as aulas de catequizado no período da manhã, para aqueles alunos que cursavam a escola à tarde poderem participar. Enquanto a turma da senhora Marcélia seria ao contrário.

Como eu estudava no período da manhã, então a turma do catequizado seria com a senhora Marcélia e à tarde. A minha turma era bastante mesclada, tendo somente dois meninos a mais que meninas. O primeiro dia de aula foi muito divertido, pois desde que meus pais concordaram em colocar-me no catequizado, eu ficara muito ansioso para começar.

Geralmente no primeiro dia muitos ficam apreensivos e assustados com o que irão encontrar, mas eu não. Quem me visse, diria que esperava por aquilo desde que nasci. Algo que muitas vezes somente por existências passadas pode ser devidamente explicado, sendo um desejo ou uma experiência já adquirida, ou então uma oportunidade solicitada. Para a grande maioria, tem-se esta atração pleiteada durante o processo que antecede a nova roupagem física.

Destaca-se aqui que o fato de eu possuir em meu espírito imortal condições que favoreciam o contato com algum benfeitor espiritual não foi determinante para que eu buscasse adentrar no curso. Os benfeitores procuram sempre amparar seus assistidos de maneira a instruí-los a seguirem sempre o caminho do bem e do amor, mas não ditam quais caminhos ou escolhas estes devem seguir. Pois, por mais bem intencionado que um benfeitor espiritual ou qualquer outra criatura esteja em esperar que seus assistidos sigam por verdes pastos, a escolha final caberá sempre ao assistido.

Somente através das próprias escolhas é que a criatura, seja no plano físico ou no espiritual, consegue retirar para si o que realmente lhe era importante e necessário naquele momento. Do contrário não haveria mérito algum, a verdadeira essência contida em cada escolha não seria meritória.

— Boa tarde, turma, eu sou Marcélia. Quero que todos saibam que para mim é uma grande alegria podermos estar dando início a mais uma turma de catecismo. – iniciou sorridente – Saibam que nós iremos aprender muitas coisas importantes, não somente relacionadas às lições do filho de Deus, mas também àquelas que cada um de nós possui. Pois eu sei que todos aqui são jovens, mas também sei que em determinados assuntos conhecem muito mais que eu. Como por exemplo, essa brincadeira que chamam de futebol. Eu confesso a vocês que por mais que eu veja vocês correndo de um lado para outro e chutando aquele negócio, eu não entendo nada. Não sei como não chutam um a perna do outro – completou, arrancando gargalhadas.

Muito gentis, tanto a senhora Everalda quanto Marcélia possuíam o total apoio e confiança do padre Francisco para ministrarem o evangelho de Jesus e assim apresentá-lo aos jovens. Constituída em sua grande maioria por católicos, a maioria dos pais incentivavam bastante os filhos a realizarem a catequização. Desde que fora instituído este molde de ensino, as turmas haviam-se tornado cada vez mais assíduas, contribuindo sensivelmente em sua popularização.

Chegando à casa, minha mãe Elisa indaga-me sobre como fora meu primeiro dia de aula.

— E então, Matheus, gostou?

— Sim. Tanto a senhora Marcélia quanto os meus colegas são todos muito simpáticos.

— Que bom, meu filho. E era com você esperava?

— Muito mais, mãe. A senhora Marcélia fala de Jesus de uma forma como se ele fosse igual à gente, sabe? E não aquele filho de Deus que eu imaginava, distante.

— Ora, meu filho. E por acaso só porque Jesus foi o filho enviado por Deus, ele deveria ser alguém tão distante?

— Ah! Não é isto. Só que, ouvindo os sermões do padre, eu imaginava outra coisa.

— Sei bem como é. Mas não se engane com os sermões da missa. Quando o padre Francisco fala de Jesus da forma como o faz, não está querendo colocar Jesus como alguém inalcançável. Ele apenas procura mostrar toda a importância que Jesus teve e merece.

— Como assim, mãe?

— A intenção do padre é nos apresentar o filho de Deus como um exemplo que todos devemos procurar seguir. Mas não pense que só porque devemos tomá-lo como exemplo, significa que ele não seja simples. Não, meu filho. Jesus era muito simples e jamais quis ser colocado sobre uma montanha. Ele está sempre pertinho da gente. É a gente que acabou se afastando dele e colocando uma montanha no caminho. Mas é por isso que a gente está aqui. Para irmos devagarzinho subindo pouco a pouco, até que tenhamos condições de estar junto dele.

— Acho que eu entendi, mãe. Não é que Jesus esteja longe, é a gente que tem de se esforçar para senti-lo – respondi, sorridente.

— Exatamente, Matheus. Por isso, quando você tiver algo o incomodando, não pense que só porque Jesus é o filho de Deus, que ele vai estar longe para te ouvir. Ele te ama tanto quanto eu te amo. É só você não deixar as coisas da vida te afastarem dele, que ele vai estar sempre bem pertinho. Só esperando você chamar.

Apesar de possuir em mim, nesta nova roupagem física, um forte interesse por assuntos para os quais eu ainda não havia amadurecido, a vida encarregava-se de colocar-me no devido caminho. Todas as nossas mais puras necessidades, sejam estas quais forem, jamais se perdem no espaço das existências. Tudo o que necessita ser saldado, experimentado ou absorvido, sempre permanecerá acompanhando-nos até o momento oportuno, quando então ansiaremos por isso de maneira efetiva.

Os dias foram seguindo, e cada vez mais eu ia conhecendo um pouquinho mais de quem realmente fora e tudo o que representava a figura de Jesus Cristo. Este período também iniciara minha verdadeira aceitação e compreensão do que se passava comigo em relação ao fato de possuir um bondoso amigo acompanhando-me.

Já acostumado ao convívio daquele gentil moço, que desde quando eu era pequeno mostrava-se presente, ele tornava-se para mim, além de um querido amigo, um abnegado instrutor. Ainda sem compreender o porquê de parecer que somente eu podia vê-lo, fui permitindo-me aceitá-lo como alguém que buscava auxiliar-me.

Os nossos diálogos começaram a ser quase diários, e logo a imagem antes não muito definida deu lugar à feição paternal que ele trazia. E aquele que antes eu somente chamava de anjo, comecei então a chamar por seu nome, Balthazar.

— Senhor Balthazar, por que somente eu posso vê-lo? – indaguei, curioso.

Amável, sempre tão atencioso e compreensivo, o querido amigo logo tratou de elucidar-me.

— Bem, meu querido Matheus, ocorre que você possui em seu corpo certo desenvolvimento para tal. É algo que você já possuía há longo tempo, e com o seu progresso pôde enfim reter condições para isto. Mas não pense que só você é que consegue ver-me. Por aí existem também muitas pessoas iguaizinhas a você.

— E você não pode aparecer para os meus pais também?

— Mas eu estou sempre presente junto a eles, como tenho estado de você. Ocorre que as percepções deles é que diferem da sua neste momento. Para que isso pudesse ocorrer, haveria a necessidade de estar presente alguém com capacidades semelhantes às suas, para que este então pudesse fornecer-me, através de seus fluidos, condições para que eu pudesse materializar-me.

— Veja bem, meu querido Matheus, – prosseguiu Balthazar – saiba que mesmo seus pais não conseguindo ver-me da forma como você me vê, eu já estive junto a eles inúmeras vezes, tendo eles inclusive me visto.

— Puxa, como isto? – perguntei.

— Ocorre que enquanto vocês estão acordados, o espírito de cada um segue atento a tudo o que junto do corpo está fazendo. Mas durante o sono, quando o corpo entra em estado de repouso, os espíritos das pessoas podem enfim se libertar. Não no sentido de deixarem os seus corpos, não é isto. Ele permanece ligado ao corpo por um importante fio que lhe permite deixá-lo temporariamente e ir para bem longe se quiser.

— Mas o que as pessoas fazem fora do corpo?

— Vou tentar ser o mais simples, mas podemos dizer que Deus permite que elas saiam durante o sono para irem realizar algo que gostariam ou necessitam fazer e que, estando no corpo, não poderiam. Muitos também aproveitam este momento para se reencontrarem com aqueles que já partiram antes deles. Sua falecida avó dona Marta, por exemplo.

— O que tem ela?

— Bem, saiba que tanto seu pai quanto sua mãe já a visitaram algumas vezes do lado de cá. Mesmo depois que as pessoas desencarnam, continuam sempre unidas com aqueles que amam.

— Mas e eu? Por que nunca a vi?

— Ora, como não, Matheus? Você também, inclusive, já veio visitá-la aqui.

— Mas por que não me lembro?

— Isso não acontece só com você, mas com quase todo mundo. É difícil alguém conseguir se lembrar do que fez fora do corpo. Por isto dizem terem tido um sonho com determinada pessoa. As pessoas pensam que foi tudo fruto da imaginação delas, quando na realidade é o cérebro quem deixa de uma forma às vezes um pouco confusa. Não vai me dizer que desde que sua avó faleceu, você nunca teve um sonho com ela...

— Sim, é verdade, senhor. E não foi só uma vez que sonhei estar junto dela.

— Está vendo? E você realmente esteve com ela, pode confiar, pois eu também estive com vocês. Acontece que o espírito é algo maior que o corpo, daí quando ele sai, você consegue ter sensações muito mais amplas, mais verdadeiras. Então quando ele retorna, tem de se comprimir, se diminuir para poder retomar a sua realidade momentânea. E quando isto ocorre, o cérebro, que é aquele que lhe transmite as lembranças guardadas no espírito, acaba fazendo o que pode para se lembrar dos fatos ocorridos com o espírito enquanto estava fora do corpo. Por isto lembramos somente de alguns trechos, o que na maioria das vezes acaba sendo um pouco confuso.

— Verdade – concordei.

— Contudo, assim como existem pessoas como você, Matheus, que possuem esta condição no aparelho físico de verem e ouvirem a nós que estamos desencarnados, também existem aqueles que mesmo quando entram no sono, conseguem se lembrar com detalhes de tudo o que aconteceu.

— O senhor diz que quando acordam, se lembram de tudo o

que sonharam?

— Isso mesmo. Porém não consideremos como sendo isto um sonho de que se recordam, mas sim uma realidade que vivenciaram. Porque as pessoas também sonham. Não é só começar a sonhar com algo que quer dizer estarem tendo uma participação em determinado evento fora do corpo, só com o espírito. O cérebro é um órgão assim como o coração, que jamais descansa ou repousa. Enquanto as pessoas seguem relaxando o corpo, o cérebro continua ativo, em um estado digamos de vigília, mas não em repouso.

— Mas então por que não acordamos com a cabeça doendo, já que ele não para?

— Ora, meu querido Matheus, e por acaso quando você acorda sente o coração doer porque ele ficou funcionando direto? – sorriu carinhosamente Balthazar e prosseguiu.

— Deus, nosso amado Pai, é muito sábio naquilo que faz. Existem certos órgãos do corpo físico que foram feitos exatamente para funcionarem o tempo inteiro. Não precisam parar para descansar. É verdade que durante o sono, o cérebro diminui seu ritmo e concentra-se apenas naqueles órgãos mais essenciais, porém permitindo-se relaxar. Este então começa a pegar algumas lembranças existentes na própria consciência do espírito. E seria mais ou menos por aí que surgem os sonhos. Bem, mas agora vamos deixar que você consiga assimilar melhor o que conversamos. Por agora, deve descansar, meu querido Matheus.

— Está certo, então, senhor. Boa noite.

— Uma boa noite.

18 – Abençoados ensinamentos

Oh, manhã tão bela e graciosa, se eu pudesse, com toda minha pequenez, fazer-lhe algo em retribuição por toda a alegria que me proporciona, entregar-me-ia de corpo e alma com o único propósito de mostrar-lhe o quanto sou grato. Sempre tão cuidadosa em cada pequeno detalhe, sua luz, seu aroma e a delicada melodia com que tão gentilmente nos brinda, são verdadeiros presentes enviados por Deus para sustentar-nos em nossa jornada.

Muitas vezes seguimos fixos em um ciclo que nos impede de apreciar vividamente particularidades caprichosas, cuja função, dentre tantas, também é fazer-nos compreender o quanto somos amados. Assim como a mãe cuidadosamente procura fornecer um berço ao conforto do amado filho, Deus também nos oferece um local delicadamente preparado para que possamos ser acolhidos de maneira que nada nos falte.

E da mesma forma como este pequeno mundo é o nosso abençoado berço e Deus o querido Pai que nos proporcionou confortável local para que pudéssemos evoluir, nosso amado Senhor Jesus Cristo é o singelo instrutor que busca levar-nos ao verdadeiro caminho a seguir.

Toda criança tem em seus tutores os humildes servos de Deus. E por sua vez, eles são os tutelados de Jesus, que devem através do amor, carinho e compreensão, transmitir seus sublimes ensinamentos.

Somente assim, quando todos os ensinamentos deixados por Jesus estiverem contidos verdadeiramente dentro dos corações de cada criatura, não mais haverá necessidade de prosseguirmos nesse berço do mundo material, e quem sabe um dia possamos tornar-nos também humildes servos e tutores, e mostrar o inevitável caminho que um dia todos hão de seguir, que é o caminho do amor.

Nas semanas que se seguiram, o amigo Balthazar prosseguiu com as instruções:

— Matheus, eu lhe expliquei algumas das particularidades envolvidas no período de descanso e enquanto se está dormindo, contudo gostaria de completar o nosso raciocínio.

— Pois não, senhor – respondi, atento.

— Dissemos que em algumas oportunidades os espíritos deixam o corpo momentaneamente para realizar tarefas ou estudos no plano espiritual, mas este momento do sono também é utilizado por nós de outra maneira. Nós aproveitamos este período para algumas vezes transmitir-lhes mensagens. Como lhe expliquei, não são todos que, assim como você, conseguem compreender-nos de maneira mais clara. E por mais que tentemos insuflar-lhes uma orientação, a percepção e compreensão nem sempre ocorrem de maneira totalmente clara. Por isto, também nos fazemos valer do momento do sono para instruí-los.

— Mas quase sempre os sonhos parecem tão confusos – considerei.

— Sim, isso é verdade, meu pequeno amigo. Contudo, talvez

ainda não tenha reparado, mas apesar de ocorrer o que lhe expliquei em relação ao cérebro agir como mediador das lembranças, saiba que a essência do que é realmente importante sempre permanece intacta. Seja através de uma palavra, uma imagem ou fazendo-se uso de alguma lembrança, que o levará até o real objetivo.

— Pensando bem, agora que o senhor falou, me lembro de já ter sonhado com algo e no meio das imagens ter esta sensação.

— Verdade, Matheus. Enquanto você ainda começava a perceber a nossa presença e ainda não era possível instruí-lo como temos feito, eu mesmo fiz uso do seu sono para indicar-lhe através do sonho o que esperava que buscasse. Porém não pense que sou eu quem dita os caminhos que você deve seguir, meu amigo. Você é totalmente senhor de si. Apenas estou aqui para procurar sustentá-lo na intenção que você mesmo almeja.

— Isso ocorreu com este desejo que tenho em conhecer mais a respeito dos ensinamentos de Jesus?

— Digamos que todo desejo, seja este qual for, nasce primeiro dentro de cada um de nós. Não se pode fazer alguém simplesmente gostar da chuva sem antes ter surgido nele esta inclinação. E isto é válido para toda e qualquer pretensão. O que nós espíritos fazemos é intensificar este desejo latente. Agora, se a pessoa irá aceitá-los ou não, aí cabe somente a ela – completou Balthazar.

— E falando em aceitar, acontece de um espírito influenciar alguém a seguir determinado caminho e algo acabar dando errado? – quis saber, curioso.

— Meu querido Matheus, os espíritos não são os senhores da verdade. Apenas existem aqueles que possuem conhecimentos um pouco mais elevados que vocês que estão encarnados, ou não. Depende se está se deixando influenciar por um espírito benfeitor ou algum obsessor. Pois estes, que procuram ver nos homens a imagem de seus próprios sofrimentos e revoltas, existem aos montes. Contudo, meu pequeno, na senda da vida, saiba que nada ocorre de maneira errada. Tudo prossegue exatamente como deveria naquele momento. Nem para mais, nem para menos, somente e apenas o estritamente necessário.

— Então quer dizer que se eu cair em um buraco, isto só aconteceu porque deveria ser assim, senhor?

— Exatamente. Neste percurso que você fez até cair no buraco, tanto seu espírito benfeitor, quanto um espírito perdido podem tê-lo influenciado a desviar ou prosseguir em sua direção. Contudo, influenciando-o ou não, se você porventura acabou caindo no buraco, é porque isso de alguma maneira lhe seria útil. Seja para você obter conhecimentos necessários para que em uma nova ocasião consiga superá-lo, ou para que aquele que o influenciou a cair possa, através do seu exemplo de humildade e resignação, obter finalmente condições para iniciar sua própria redenção.

— Eu nunca havia imaginado desta forma.

— Não se preocupe, meu querido amigo Matheus, você ainda é muito novo e terá tempo suficiente para compreender as maravilhas existentes nos pequenos detalhes da vida.

— Sim, eu quero muito aprender. É como já expliquei ao senhor. Sinto que há dentro de mim algo que ainda não consigo explicar, mas que me impulsiona a conhecer mais a fundo tudo o que o padre explica sobre o Evangelho de Jesus. Às vezes parece que eu preciso disso, como se eu não fosse me sentir completo enquanto não obtiver este conhecimento. O senhor sabe o porquê?

— Porque Jesus foi e será sempre o maior exemplo que a humanidade já teve. Ele era puro e considerava todos como verdadeiros irmãos. Para ele não havia pessoa boa ou má. Tratava todos com o mesmo carinho e respeito. E mesmo dentre aqueles que desejavam o seu mal, ele era gentil. Conhecia-nos muito mais que nós mesmos e sabia claramente que a maldade era simplesmente a ausência de bondade, pura manifestação daqueles que ainda não conseguiram compreender que o único caminho para a sua própria felicidade é o do amor. Criaturas que tentam adiar o inevitável, que é tornarem-se tão boas e humildes ao ponto de pensarem primeiro no próximo antes de em suas próprias vontades.

— E Jesus, – prosseguiu ele – conhecendo a cada um, sabia exatamente que aquele ali à sua frente, mesmo desejando o seu mal, nada mais era que alguém em condições de ser tão bom quanto aquele que já o era. E sentia-se feliz por poder estar ali, dentre aqueles queridos irmãos, ensinando-lhes passivamente como um dia poderiam vir a ser. Ele não via indivíduos, porque a individualidade é somente momentânea. Ele via em cada um deles um pequeno pedacinho daquilo que realmente são, que é Deus. Daquilo que trazem e que um dia, através do próprio esforço, inevitavelmente hão de atingir. Como vê, meu pequeno Matheus, tudo é Deus. Aos seus olhos, aos nossos olhos, a individualidade existe em quase tudo. Mas não aos olhos de Jesus. Ele amava Deus sobre todas as coisas. E o que é Deus?

— Deus é tudo – respondi.

— Isto mesmo. Deus está em tudo aquilo que você vê, ouve, cheira, sente ou pensa. Não há absolutamente nada que não seja Ele. E por isto Jesus era feliz. Porque ele sabia que Deus está no meio de nós. Porque todos somos pequenas partes dele e então, sendo um só, a sua felicidade não está somente no seu progresso, mas ela completa-se apenas com o progresso do próximo. Aí então ela se torna realmente verdadeira. Agora me diga: que criatura, tendo condições de aprender a obter esta verdadeira felicidade através dos ensinamentos de alguém que já a possuía em si, não se sentiria atraída por obter esse conhecimento? E foi isto o que Jesus veio nos mostrar, meu pequeno amigo. Se você sente este desejo de aprender o Evangelho de Jesus, siga em frente. Pois assim você estará também indo em busca daquela que é a verdadeira felicidade – completou Balthazar.

— Sem entrar em detalhes a respeito do desejo que eu trazia naquela nova roupagem física em relação à íntima busca pelos ensinos de Jesus Cristo, Balthazar prosseguia orientando-me e instruindo-me conforme nos era possível.

Seguia eu dedicando-me no período da manhã ao colégio, no período da tarde, duas vezes por semana, aprendendo sobre o Evangelho junto à senhora Marcélia, nos outros três dias à tarde, procurando aprender com meu pai Cláudio sobre o trabalho nas plantações, e durante todos os dias, por uma hora no período da noite, tendo como instrutor o amigo Balthazar.

Apesar de ser eu ainda bem jovem, tendo somente doze anos, conseguia ser bastante responsável com aquela rotina e não me sentia nem um pouco cansado. Pois, mesmo não vendo os amigos protetores espirituais o tempo inteiro, sentia facilmente a presença deles junto a mim, sustentando-me. E em algumas oportunidades, conseguia sentir claramente o amor que estes continham em seus corações. Um sentimento tão agradável e ao mesmo tempo reconfortante, como se tudo fosse belo e simples, tendo a confiança de que Deus sempre permanecia zelando por seus amados filhos.

Então, quando estes amados irmãos e benfeitores aproximavam-se e era possível, eu me sentia leve e inexplicavelmente feliz. Não havia dificuldades, e sim grandes oportunidades. E não via o próximo como alguém distante e sem parentesco, mas sim um querido e verdadeiro irmão, que assim como eu seguia trilhando seus passos nesta grande escola da vida física.

Contudo, eu não era um privilegiado apenas por ter a oportunidade de sentir ou dialogar com estes queridos irmãos desencarnados. Era um privilegiado principalmente por Deus ter me dado aquela nova existência. Era um privilegiado por estar ali naquele corpo e em condições de ir em busca de tudo que um dia havia deixado passar. Este é o verdadeiro privilégio: poder, graças à bondade divina, retornar à roupagem física quantas vezes se façam necessárias, até que finalmente consigamos compreender as palavras de Jesus.

E ali, naquele novo corpo, sem compreender as forças que me moviam ou os fatos ocorridos em existências pretéritas, devido ao véu do esquecimento, seguia em busca de algo que ainda não conseguia explicar.

Contando eu doze anos e havendo quase cinco que mantinha um contato mais íntimo com o amigo Balthazar, por diversas vezes procurei explicar aos meu pais Cláudio e Elisa o que ocorria comigo. Contudo, sentia que eles achavam tratar-se apenas de algo referente ao imaginário de uma criança. Muito comum em algumas que se acreditava terem amigos imaginários, o que os especialistas diziam tratar-se de uma forma encontrada pelas crianças para suprir uma falta, talvez de um irmão ou dos pais pouco presentes.

Ocorria que comigo isso em nenhum aspecto sucedia, uma vez que meus pais estavam quase sempre presentes em meu dia a dia e eu possuía amigos, tanto no colégio quanto no curso de catecismo.

Minha mãe sempre fora mais espiritualizada que meu pai, mas mesmo assim, quando eu dizia ter conversado com um amigo que me visitava quase todas as noites, ela geralmente sorria, afagando-me os cabelos e dizia-se feliz por mim. Nunca me repreendeu ou orientou a agir de outra maneira. Ela simplesmente procurava dar-me atenção e confortar-me para jamais me modificar por influência dos outros. Desejava que eu fosse feliz e seguisse em busca de meus sonhos. Confesso que na época eu não compreendia se minha mãe apenas estava sendo gentil e ouvindo as histórias do filho sobre um amigo que só ele podia ver, ou se ela realmente acreditava que tudo aquilo poderia ser verdade. De qualquer maneira, nas vezes em que eu me sentia à vontade, contava-lhe as conversas que tinha, e quando algo incomodava, recolhia-me aos pensamentos.

Já com meu pai Cláudio, eu tentei no início contar-lhe a minha felicidade em ter aquele amigo ao meu lado; porém, como ele sempre demonstrava ser uma pessoa tão ocupada e com preocupações, eu acabava evitando. Não que o meu querido pai não me desse a devida atenção, fosse ausente ou não tolerasse aquele tipo de assunto, muito menos que eu me sentisse repreendido. Apenas sentia que deveria aproveitar os momentos com ele, sentindo o seu carinho, seu amor, e permitindo-lhe orientar-me conforme gostaria, sem qualquer preocupação de que eu estivesse recebendo orientações de outro que não fosse ele. Afinal, assim como confiava no amigo Balthazar, também confiava em meu pai. E ambos estavam sendo muito importantes para mim.

Enquanto meu pai esforçava-se para instruir-me a ser um bom filho, uma boa pessoa, e iniciar-me nos conhecimentos relacionados ao cultivo, explicando o quão bem faz ao homem trabalhar, o amigo Balthazar minuciava sobre os valiosos aspectos envolvidos por trás de cada uma destas instruções. Ele buscava oferecer-me a oportunidade de verificar as reais variáveis contidas em cada etapa, e a maneira como estas interagem e respondem diante das escolhas que fazemos, e quais são os benefícios ou as privações envolvidas.

Sentia-me feliz de uma tal maneira, que imaginava nada poder abalar aquele sentimento. Como se algumas pequenas discussões que às vezes ocorriam dentre os colegas da escola ou a sensação de ver alguns rápidos vultos incitando-os, em nada pudesse alterar meu estado.

Porém a reincidência com que vez ou outra deparava-me com vultos, principalmente quando próximo a alguma pessoa enraivecida, começava a preocupar-me. Então, assim que possível, levei o assunto para o amigo Balthazar, procurando esclarecimentos.

— Hoje na escola aconteceu novamente aquela sensação de haver um vulto junto dos garotos que discutiam, senhor. Pensava eu no início tratar-se apenas de impressão minha, no entanto me dei conta de que tal sensação começou a ocorrer com mais frequência. O senhor saberia me explicar o que eram ou por que isto está ocorrendo?

— Veja bem, meu querido Matheus, isso que você tem tido a impressão de ver, estes vultos, nada mais são do que criaturas que já deixaram o corpo físico, contudo que ainda permanecem aqui, ligadas à matéria. De criaturas como estas o plano físico está cheio. Geralmente foram em vida física muito ligadas ao materialismo e em quase nada avançaram seu nível de evolução espiritual.

— Como assim, senhor Balthazar?

— Ocorre que grande parcela daqueles que retornam à vida física, cheios de planos e expectativas, infelizmente deixa-se influenciar de maneira danosa pelos problemas que surgem no cotidiano, e acabam deixando de lado pretensões que traziam referentes ao engrandecimento espiritual. Melhor dizendo, meu pequeno, existem criaturas desencarnadas que assim que entram em um novo corpo, começam a pensar e agir somente visando a obter algum bem material. Isto é válido também para os desejos e vontades sobre alguma outra pessoa. Seja um amor não correspondido, uma inveja, ou até mesmo uma vingança. Tudo está mais relacionado com as vontades materiais do que com desejos propriamente ditos. E seguindo por este caminho, o homem deixa de trabalhar aspectos morais que o auxiliariam a lapidar seu próprio espírito em direção a um bem maior, e passa a adornar-se com os inevitáveis grilhões presentes nos obstáculos da vida.

Observando a minha fisionomia ainda um tanto confusa, o amigo salientou:

— Não se preocupe, meu querido Matheus, imagino que não deva ser ainda possível para você conseguir compreender algumas coisas. Por isto temos caminhado de maneira gradativa em relação aos temas que tenho lhe apresentado. Contudo isto não quer dizer que não deva abordar quaisquer assuntos. Tenho procurado buscar, neste período, palavras e formas mais simples para expor-lhe os assuntos que estamos estudando. E como lhe expliquei, se houver algo que eu tenha dito de que a compreensão não estiver sendo clara, você tem a total liberdade para dizer-me. Considere-me mais como um amigo que apenas está humildemente se esforçando para auxiliá-lo e orientá-lo na maneira do possível, do que como um instrutor, está bem?

— Sim, não se preocupe, senhor. E de minha parte, quero novamente agradecer-lhe por tudo o que está fazendo. Estou muito feliz em poder ter esta oportunidade. Se depender de minha vontade, não irei desperdiçar isso.

— Que bom, fico muito feliz em saber. Agora deve descansar. Boa noite, Matheus.

— Boa noite, senhor.

19 – Instrumentos da paz

> Na verdade, na verdade vos digo que aquele que crê em mim também fará as obras que eu faço, e as fará maiores do que estas, porque eu vou para meu Pai. E tudo quanto pedirdes em meu nome eu o farei, para que o Pai seja glorificado no Filho.[9]

Por diversas vezes Jesus procurou acender nas pessoas a compreensão de que todos somos irmãos e filhos de Deus, posto que afirmava que tudo o que realizava era obra do Pai. Ele possuía a fé no amparo do Pai nos milagres que realizava. E em nenhum momento deixou de confiar que este o sustentaria.

Mas os milagres de Jesus eram frutos da fé que aqueles agraciados por ele possuíam. Quantas vezes ele não disse que a fé os havia curado, desejando que não pecassem mais?

Pois bem, ele afirmando que era a fé que os havia curado, deixava claro que tal realização só fora realmente possível porque aqueles homens traziam intimamente a confiança de que poderiam obter a cura para seus males. A busca e a iniciativa para seus desejos já haviam sido cultivadas em seu íntimo, e a única coisa que Jesus fez foi possibilitar-lhes que pudessem colhê-los.

Uma vez que o filho amado de Deus era tão humilde, bondoso e nutria enorme carinho por seus pequenos irmãos, ele agia como o pai que ampara o filho nos primeiros passos. O pai sabe intimamente que o filho possui em si a capacidade para conseguir andar por si só, e que necessitará somente de alguém para ampará-lo e dar-lhe confiança. Sabe que as dificuldades existirão, mas que com persistência e confiança conseguirá superá-las.

Da mesma forma age Jesus. Ele sabe que haverá quedas, mas que assim que a vontade e o desejo de superar os obstáculos possu-

[9] Novo Testamento, João 14:12-13.

írem condições para tal, o percurso tornar-se-á muito mais simples e concreto. Basta que antes de tudo se acredite em nossa própria capacidade de superação e tenha-se fé em que nos amparando e somente aguardando por nossos primeiros passos estará sempre o nosso amado Senhor Jesus Cristo.

Em casa, eu e meus pais, Cláudio e Elisa, conversávamos durante o almoço de domingo sobre as aulas de catecismo, e eles, contando com sessenta e oito e sessenta e seis anos respectivamente, explicavam-me como fora a época deles.

— Na minha época – iniciou Elisa – não havia condições de realizar um curso como este, então tudo o que pude aprender foi através de um antigo padre da igreja, chamado Antônio. Ele era uma pessoa maravilhosa, meu filho. Sempre muito gentil e atencioso com todos, o padre nunca negava um conselho. Lembra-se dele, Cláudio?

— Sim, como não? O padre Antônio era uma figura muito simpática e bastante simples. Não há como esquecê-lo, pois ele era o pároco da igreja quando nos conhecemos – lembrou Cláudio.

— Puxa, vocês se conheceram na igreja? – perguntei, surpreso.

— Sim – respondeu Elisa, sorrindo.

— Eu e sua mãe nos conhecemos ao acaso. Bem, na realidade hoje sei bem que nos conhecermos estava escrito, mas se não estou enganado, nos conhecemos porque ela havia ido à igreja rezar pelo pai, e eu ido a solicitar ao padre que abençoasse um presente que daria a sua avó. Era Natal e eu iria dar-lhe uma linda imagem de Nossa Senhora.

— Nossa, mas que legal saber que foi na igreja que se conheceram. E você e a mamãe logo se gostaram? – perguntei, curioso.

— Bem, eu devo confessar que desde que vi sua mãe, já sabia que iria passar o resto da vida com ela. Porém da sua mãe, não posso dizer o mesmo – lembrou Cláudio, rindo.

— Ora, mas claro que eu já havia sentido algo por você. Sabe muito bem que na época eu não podia assumir nenhum compromisso. Mas, graças a Deus, aquilo tudo foi passageiro e pudemos ficar juntos – respondeu Elisa.

— E vocês se casaram jovens? – indaguei.

— Na realidade, meu filho, eu e sua mãe nunca nos casamos. Houve alguns problemas que acabaram nos impedindo na época, e conforme o tempo foi passando, acabamos nunca mais tocando no assunto.

Neste instante fez-se um breve silêncio, enquanto Cláudio e Elisa inevitavelmente se recordavam do passado, parecendo trazer-lhes lembranças tristes de um acontecimento que era para ser rememorado com alegria, que fora o dia em que iriam casar-se, mas que infelizmente lhes trazia lembranças dolorosas.

Observando-os e verificando que ambos pareciam carregar alguma mágoa por motivos que naquele instante não me atrevi a tocar, e sentindo que não terem tido a oportunidade de casar na igreja provocava-lhes certa tristeza, segurei firme na mão de ambos e sorri. Não conseguia explicar o que estava sentindo, mas havia algo que me confortava. E se dependesse de mim, faria tudo para que ambos pudessem ser inteiramente felizes.

Então, enxugando uma pequena lágrima, meu pai, procurando descontrair, logo fez questão de dizer que a união deles já havia sido abençoada no dia em que se conheceram, pois estavam na igreja e junto do padre Antônio.

Minha mãe Elisa abrandou os pensamentos que lhe haviam povoado a mente e logo fez questão de mostrar-me que estava bem, rindo junto com meu pai.

Quando chegou a noite, eu logo me pus a solicitar a presença do amigo e benfeitor espiritual Balthazar. Se possível gostaria de questionar se ele saberia os motivos que levaram meus pais a não se casarem.

— Senhor, hoje, conversando com meus pais sobre quando se conheceram, acabamos tocando sobre o fato de estes não terem se casado. Porém, sem entrarem em detalhes, apenas me disseram que foi por causa de alguns problemas. Mas acabei percebendo que de alguma forma isto parecia tê-los afetado e que se sentiam tristes. Desculpe, mas haveria algo que o senhor poderia me dizer a este respeito? – indaguei a Balthazar.

— Você ainda é jovem para compreender certas coisas e entender algumas necessidades da vida, Matheus. Contudo, geralmente ocorre que quando duas almas ou espíritos desencarnados possuem entre si um poderoso elo de verdadeiro afeto e carinho, ou então existe alguma necessidade a ser superada e cuja parcela abraça essas almas, quando chega o momento de reencarnarem, é solicitado que seus caminhos possam se cruzar. São criaturas que necessitam intimamente desta oportunidade para que juntas consigam prosseguir na estrada evolutiva. Seus pais, em existências passadas, retinham pendências cujas resoluções ansiavam serem absorvidas, de maneira a promover-lhes condições para seguirem adiante.

— Como assim?

— Todos nós, criaturas encarnadas ou não, estamos em constante contato através das vibrações que cada um emite. Então, um ato que você pratica agirá sobre as pessoas encarnadas que prosseguem aí com você, e também sobre aqueles desencarnados que compartilham dos mesmos sentimentos. Logo, se você fizer alguma maldade para alguém, ou provocar uma injúria, ou até mesmo se ocorrer que um ato seu gere alguma interferência sobre a jornada de alguém, mesmo que suas intenções não fossem seguir em direção a esta pessoa, imediatamente se cria um vínculo vibratório. Esta pessoa irá então lançar-lhe de volta, em forma de vibrações, seus próprios desgostos acarretados pelas consequências que seus atos lhe provocaram. Nisto acaba estabelecendo-se um elo, que conforme seja mais ou menos harmonizado, de acordo com os atos que realizarem enquanto estiverem encarnados, tenderá a acompanhá-los de maneira positiva ou não. Se isto não for de alguma forma apaziguado e chegar o instante de a criatura que se sentia injustiçada vir a desencarnar, esta refletirá sobre si própria todo aquele sentimento que trazia, criando-lhe verdadeiro tormento, o qual consequentemente irá procurar lançar sobre aquele que acredita ser o causador de seus males.

— Então, se eu consegui entender, em alguma existência passada dos meus pais, ocorreu algo que acabou provocando-lhes consequências nesta vida? – deduzi.

— Não necessariamente isto se verifica de uma existência física para outra, Matheus. Como expliquei, todos os nossos atos geram consequências não apenas para nós mesmos, mas para todos à nossa volta, sejam estes espíritos encarnados ou não. O que você deve compreender é que nada ocorre sem um motivo. Tudo se interliga nas estradas das existências. Cabe a nós sempre procurarmos empenhar o nosso melhor e jamais nos esquecermos de pedir a Deus para que possamos sempre agir sabiamente e seguir humildemente os ensinamentos de Jesus.

Os meses foram prosseguindo e cada vez mais eu ia conhecendo um pouco das maravilhosas lições deixadas por Jesus Cristo, através da gentil senhora Marcélia, no curso de catecismo. Como prosseguia eu envolto no véu do esquecimento devido a estar situado em novo corpo físico, em nada recordava que tivera a abençoada oportunidade de estudar seus ensinamentos enquanto estivera na acolhedora Morada Renascer. Como ocorre com a grande maioria, reiniciamos sempre do zero, porém contando com algumas nuances em nossas lembranças. São recordações pouco claras ou quase imperceptíveis, que trazemos não completamente encobertas, pois fazem parte de particularidades que nos auxiliarão na nova roupagem física. Ocorre muito nos momentos em que dizemos que, aparentemente sem explicações, tal fato parece-nos muito familiar, como se já o tivéssemos presenciado. Isto também se verifica quando nos deparamos com alguém que nos parece conhecido há longa data, sem que jamais o tivéssemos visto antes.

São lições e companheiros que realmente fizeram parte de nossas jornadas anteriores à que estamos vivenciando. E cujas peculiaridades saíram por sobre o véu, uma vez que se encontram com alicerces enraizados diretamente em nosso espírito. E também conforme sejam as nossas necessidades e o plano estabelecido por nós e por aqueles que nos orientam no plano espiritual.

Sem me recordar que o motivo principal por meus pais não se terem casado fora por minha própria causa, em existência anterior, eu seguia ainda me indagando quais teriam sido realmente os problemas, existentes na época, que os impediram.

Conforme os esclarecimentos de Balthazar, imaginei tratar-se de alguma criatura com grande débito em relação a meus pais. Contudo, o que me causava certa estranheza era o porquê de eu ainda continuar pensando naquilo. Sentia-me de alguma forma atraído ao assunto.

No plano espiritual, os amigos Cássius e Balthazar conversavam a respeito de minhas indagações.

— Balthazar, você crê que de alguma forma nosso amigo Matheus possa resgatar os desajustes que possuía em relação aos agora seus pais Cláudio e Elisa?

— Resgatar não, meu caro Cássius. Como você bem sabe, as criaturas não retrocedem. E o pequeno Matheus segue envolto em uma sintonia diferente daquela que conhecemos no passado. Esta sua etapa de agora, sob as vestes de filho do casal, fora solicitada por ele próprio, para que conseguisse esgotar pendências que o impediam de prosseguir. Matheus conseguiu finalmente abrir uma porta em direção ao verdadeiro caminho da paz de espírito e segue empenhado em mantê-la aberta.

— Mas você não acredita que as influências comuns àqueles que adentram em uma nova existência física o levarão a distanciar-se do caminho que almeja? Confesso que infelizmente já presenciei muitos irmãos que possuíam a essência dos ensinamentos do Cristo talhada em seus próprios corações, mas vierem a desviar-se do propósito porque acabaram permitindo que as necessidades físicas sobrepujassem as espirituais.

— Realmente isso não deixa de ser uma possibilidade, meu caro Cássius. E é justamente esta a nossa função enquanto amparadores desses nossos pequenos irmãos. Devemos insuflar-lhes sempre confiança para que não se deturpem com as influências tão comuns a estas etapas do plano físico, de maneira que prossigam no caminho justo. Eu jamais deixei de ter fé em nosso querido Matheus, mesmo quando ele encontrava-se envolto em trevas. Sabemos que toda tempestade é passageira e que por trás das nuvens o sol jamais deixa de brilhar. Se ocorrer de algum dos nossos irmãozinhos escolher momentaneamente desviar-se do caminho onde o sol é seu guia, e necessitar transpô-lo por entre as pesadas nuvens, devemos então nos tornar os seus guias e permanecer ao seu lado, até que consigamos, juntos e com fé, ascender sobre qualquer dificuldade e possamos aportar tranquilamente nos braços do Senhor – concluiu Balthazar.

Apesar de já se completarem alguns anos desde que retivera condições para identificar e distinguir através das percepções mediúnicas o verdadeiro mundo espiritual que nos envolve, o único espírito que eu realmente conseguia ver com clareza era o amigo Balthazar. Nem o mentor de Cláudio, Cássius, eu possuía condições de perceber claramente sua presença, ou qualquer outro espírito que acompanhasse meus pais. Somente tinha uma ligeira impressão de que eram acompanhados por alguém, porque em dados momentos sentia-me leve e calmo, como quando Balthazar encontrava-se presente comigo. A afinidade que eu possuía com o amigo Balthazar era o que me permitia tal percepção.

Tudo, seja no plano espiritual ou material, segue obedecendo a um simples e básico princípio, que é o da atração. Poderosa ferramenta, o pensamento é fonte de criação dos inúmeros elos existentes entre todas as criaturas. Sem entrar em particularidades com relação aos que já abandonaram o corpo físico, mas é correto afirmar ser através deste ato a maneira como os planos interligam-se e interagem.

Por isso tão importante é a prática da oração. Momento sublime, onde todos podemos envolver-nos, de forma que não existem distâncias, e onde toda criatura consegue, além de obter recursos para receber ou doar, também e principalmente entrar em contato com Deus. Quando oramos pedindo força e que os bons espíritos nos amparem, devemos primeiro lembrar-nos de Deus, nosso amado Pai, fonte da vida. Nada mais somos sem Ele que apenas taças vazias. Por mais que busquemos saciar a sede de um companheiro ou a nossa própria, é de fundamental importância que nos voltemos primeiro a Deus, e depois aos benfeitores, solicitando que nos amparem para tal.

Seria como tomar uma taça trazida pelos anjos, sem se ater ao fato de que ela provém direto da fonte, cujas peculiaridades e nutrientes são destinados somente a cada um e no devido tempo.

Por isso um pensamento puro eleva-nos e aqueles pensamentos infelizes tendem a manter-nos envoltos em dúvidas e tormentos. Quando alguém encarnado pensa de maneira negativa, mesmo que inocentemente ou sem a real pretensão de envolver-se com aquilo, saiba que as portas já foram abertas. Imagine que há um corredor por onde caminham centenas de criaturas dos mais variados tipos e cada qual com um interesse. E todas em busca de uma maneira para conseguirem saciar seus desejos. Então, quando passam em frente à sua porta, percebendo que se encontra aberta, e ao observarem-na constatam que possui em seu interior elementos semelhantes ou iguais aos seus, é como se fossem então convidados a entrar. Sabem que ali poderão amenizar todas as necessidades que traziam, criando assim um pequeno elo, cuja tendência é solidificar-se.

Quando ocorre essa permuta de interesses de maneira passiva, a possibilidade que esta, se não tratada, venha a tornar-se um verdadeiro conluio de interesses, é considerável. Pois não é somente porque um espírito atraiu-se àquele encarnado que o convidou a entrar, que a força de atração deixará de exercer-se sobre outros espíritos. Ela prossegue, dando oportunidade para que outros detentores dos mesmos interesses também o envolvam.

Logo que esse processo seja efetivado, as dificuldades de conseguir manter o pensamento em algo positivo ou conseguir libertar-se por si só, tornam a tarefa árdua e delicada. Por mais que o pensamento não permaneça a maior parte do tempo voltado a interesses infelizes, estes, dependendo do grau, sempre procurarão uma maneira de fazerem-se ser ouvidos. Prosseguirão agindo, mesmo que de forma quase imperceptível, para que o seu obsidiado realize os desejos que acalentam.

Eis porque se torna tão importante procurar manter o pensamento elevado. Quando pararmos de focar-nos apenas em nossos próprios interesses e começamos a ater-nos a tudo o que já nos foi sabiamente transmitido por nosso Senhor Jesus Cristo, as nossas portas jamais se abrirão para permitir que aqueles que seguem em tormento possam tentar influenciar-nos. Muito pelo contrário, às vezes através de dedicado esforço, ocorre que uma criatura infeliz que se tenha encostado em alguém por atração, pode vir a ser também esclarecida.

Quando nos observamos com humildade e permitindo que os bons espíritos, que jamais nos abandonam, auxiliem-nos a compreender os caminhos tortuosos que estávamos prosseguindo por aceitação das necessidades dos espíritos infelizes, ocorre que nossa mudança nos pensamentos também auxiliará aos obsessores.

Esses irmãos perdidos que nada esperam a não ser obter um pouco de saciação, ao verem que seu obsidiado permitiu-se a manifestação da luz de Jesus em si, começarão também a experimentá-la, indicando-lhes que existe um outro caminho a seguir. É aí então que os espíritos benfeitores conseguem iniciar o esclarecimento destas criaturas. O ex-obsidiado transforma-se então de instrumento de saciação em instrumento de esclarecimento.

20 – Os laços de luz

E assim os inimigos do homem serão os seus familiares.[10]

Por este maravilhoso ensinamento, fica claro, através das palavras de Jesus, que não existe falta ou débito que não será devidamente saldado. Se fizer mal a alguém, tendo a falsa ilusão de que

[10] Novo Testamento, Mateus 10:36.

jamais tornará a encontrá-lo, saiba estar enganado. Todas as nossas dívidas serão, no tempo devido, postas sobre a mesa, cobrando-nos por cada ceitil que tenhamos devido.

Tristes aqueles que ainda caminham envoltos em trevas, e que os olhos da maldade prosseguem mantendo submersos na obscuridade materialista em que se alicerçaram.

Deus, nosso amado Pai, permite que haja este contato entre criaturas mais adiantadas e estes irmãos atrasados moralmente, para que a luz possa resplandecer em suas frontes de maneira a auxiliá-los. Contudo, é chegado o tempo em que a luz começa a fazer-se presente em todo o globo, e mesmo aqueles que não compreenderam que esta mudança seguirá continuamente, terão a mesma função dos mais adiantados. Servirão de instrumentos na contínua senda evolutiva, da qual todos os filhos de Deus fazem parte, porém em outra morada, mais atrasada.

Por isso a providência divina permite que possa existir este contato entre os que possuem débitos. Além de colocá-los a participar do mesmo lar, promove-lhes condições para que todas as pendências possam ser devidamente resgatadas.

E assim, lhes dá oportunidade para que não somente aquele que praticou um ato maldoso possa reajustar-se, mas também para que sua vítima não se desvie de seu caminho, crendo ter sido injustiçada. Logo, um terá importante papel sobre a ascensão do outro.

Na casa de meus pais Cláudio e Elisa, os sorrisos e as gargalhadas demonstravam o quanto nossa família estava feliz. Apesar das dificuldades existentes em um lar, ou dos incômodos em função de alguns problemas físicos relacionados à idade, nós seguíamos felizes e cada vez mais unidos. Estando eu com pouco mais de doze anos e ainda no iniciar dos processos decorrentes da nova encarnação, seguia observando e conhecendo cada vez mais aquelas amáveis criaturas que me haviam acolhido em seu lar.

Ali naquele maravilhoso ambiente, onde as bênçãos de Deus, nosso querido Pai, seguiam proporcionando-nos valiosos ensinamentos acerca dos tênues laços que nos envolvem a todos, não havia criaturas em desavença cujo encarceramento na vida impedisse de encontrar o reajuste necessário. Tampouco inimigos de outrora, cujos corações haviam bradado por justiça e vingança. Não. Lá estavam irmãos e irmãs, filhos e filhas de um único e bondoso Pai, pequenas centelhas de Sua própria essência, e criadas cada qual com o simples propósito de seguir em busca da verdadeira felicidade.

Almas interligadas umas com as outras através dos tempos, e participantes cada qual com seu próprio desafio. Porém todas, sem exceção, trazendo momentaneamente, de maneira inconsciente, a certeza do objetivo que deveriam alcançar. Os caminhos são suas próprias escolhas, assim como o período em que permanecerão experimentando-os. Contudo, por mais íngreme que este caminho se apresente, e por mais sinuoso que possa parecer, só existe um único sentido a seguir, que é caminhar em frente, rumo à inevitável evolução.

Por isso, Deus abençoa-nos e proporciona-nos esses encontros e reencontros. Para que dessa maneira possamos todos ter condições de auxiliar aqueles irmãozinhos que ainda seguem envoltos em dúvidas, e cujos caminhos apresentam-se ainda tortuosos como consequência de seus próprios atos e escolhas. Assim como podemos também, quando somos nós que nos encontramos em dificuldades, ser auxiliados e amparados por aqueles a quem ocasionamos tormentos, possibilitando então que um possa auxiliar o outro, e consequentemente a si próprio.

— Entrem, venham almoçar – solicitou Elisa.

Estávamos, eu e meu pai Cláudio, no quintal, brincando desde cedo. Minha mãe também ficou um tempo lá fora conosco, até que entrou para preparar o almoço. Apesar de ambos possuírem mais de sessenta anos, quem os olhasse diria serem mais jovens. É certo que em alguns dias, corriqueiros problemas físicos que envolvem pessoas de mais idade também os envolviam, porém nada que abalasse a maneira como encaravam a vida.

Toda criatura possui condições para ultrapassar qualquer obstáculo. Há aquelas que não se atêm às dificuldades que surgem pelo caminho, e procuram ver tudo com olhos de alegria. Estas criaturas que não se abalam perante os percalços que a vida lhes apresenta, sabem que nada é motivo para arrancar-lhes o sorriso e têm a certeza de que tudo serve para melhorar suas próprias vidas.

Conseguiram compreender que atrás de cada dificuldade existe a oportunidade de se melhorarem, seja enfrentando os problemas com fé e resignação, seja servindo como exemplo, ou até mesmo utilizando a oportunidade para fortalecer-se ainda mais.

Alguns dizem ser difícil manter-se com firmeza e confiante da superação diante de dificuldades que às vezes parecem colocar-nos em cova profunda. Contudo é justamente em meio a estes momentos que a criatura mais se fortalece. Quando segue confiante em Deus e sabe que Jesus estará sempre ao seu lado, disposto a proporcionar-lhe a confiança necessária e o amparo carinhoso, a criatura, ao invés de maldizer as aparentes dificuldades, simplesmente agradece humildemente diante daquela oportunidade.

A existência do espírito já é por si só merecedora de todo agradecimento. E esta gratidão aumenta ainda mais quando se considera o ensejo da veste física, cujo peso faz-se necessário para que a criatura conheça uma nova oportunidade de auxiliar-se e também ao próximo, através das particularidades que somente a vida física é capaz de proporcionar. E por isto mesmo, Deus, nosso querido e amado Pai, permite que tenhamos essas experiências. Ele espera pacientemente por nossa ascensão e consequente compreensão das vivências que experimentamos.

Por isto nos enviou seu amado filho Jesus. Fê-lo carne assim como nós, para que o tomássemos como sublime modelo e ascendêssemos cada um no caminho que deveríamos seguir. Buscava assim que através dos ensinamentos físicos e morais dele, conseguíssemos abrir os olhos para nossa verdadeira essência e tudo o que somos capazes de realizar.

Então nos lembremos sempre de que tudo passa, seja a dificuldade ou a felicidade. Elas vêm, trazem o seu ensinamento, e depois nós é que temos de procurar absorver tudo o que de melhor pudermos obter com cada uma delas.

— Não se esqueçam de lavar as mãos – solicita Elisa, colocando os pratos na mesa.

— Mamãe, estou com fome – adiantei.

— Que bom! Então quero que aproveite e coma bastante. Preparei aquele ensopado que você tanto gosta.

— Hum! O cheirinho está ótimo – comenta Cláudio, beijando a companheira.

— Obrigada. Brincaram bastante?

— Sim, mamãe, foi bem divertido. O papai até me ensinou um jogo novo, você vai gostar bastante.

— Acredito que sim. Agora coma enquanto está quente. Se você comer tudo, prometo que depois vamos todos passear. Hoje está um lindo dia, vai ser bem gostoso – concluiu Elisa.

Fazia algum tempo que nós não saíamos os três juntos para passear, pois apesar de meu pai possuir alguns empregados e ter pessoas de sua confiança para tomar conta dos assuntos relacionados a seu trabalho, ele gostava de estar sempre presente e participando, e isto não lhe deixava muito tempo livre para o lazer com a família.

Com o tempo, meu pai Cláudio pôde começar a cuidar somente da parte mais administrativa dos negócios e deixar que os empregados cuidassem tanto do plantio quanto da colheita. Porém, por mais que sua atual posição lhe desse condições para que apenas gerisse a fazenda, ele não conseguia manter-se afastado daquele trabalho mais braçal. Meu pai praticamente cresceu dentro daquela fazenda, e realizando esse tipo de trabalho, então ficar apenas olhando os seus empregados efetuarem todo o trabalho pesado acabava deixando-o triste. Mesmo não mais possuindo o vigor e a disposição física de antes, ele sempre tentava ajudar como podia.

Minha mãe Elisa procurava alertá-lo para que não abusasse, e deixasse que os mais jovens cuidassem das etapas mais puxadas. Contudo, meu pai sempre dizia estar bem. Enaltecia sua saúde e acalmava-a, garantindo que caso não se sentisse bem e em condições de realizar algo, não abusaria.

Sem ter tido condições para aprofundar-se nos estudos, meu pai Cláudio sempre teve de aprender por conta própria. Gostava de pegar os livros que sua mãe tinha em casa e folheá-los, observando as letras. Então procurava, com o auxílio de sua mãe, seu tio Alberto, o antigo chefe e alguns outros amigos letrados, ir aprendendo devagarzinho a montar as palavras e conhecer seus significados.

Foi isto que após anos acabou dando-lhe condições para que começasse a cuidar da parte administrativa da fazenda, função que também realizava com muito orgulho.

— Cláudio, vamos! – solicita Elisa, lembrando-o do passeio.

— Só um instante. Deixe-me colocar os sapatos e então iremos. O Matheus já está pronto?

— Eu imagino que sim. Ele estava tão empolgado para irmos passear, que parecia não ver a hora – explica Elisa.

— Você quer que eu vá chamá-lo? – questiona Cláudio, levantando-se do sofá.

— Não precisa, meu amor, pode deixar que eu irei chamá-lo.

Após o almoço eu fui para meu quarto aguardar o descanso de meus pais antes de nós sairmos. Aproveitava também para conversar com o amigo Balthazar. Gostaria de indagar-lhe se sabia como andava a saúde de meu pai. Ocorria que enquanto nós estávamos brincando, pude perceber que em alguns momentos ele simplesmente parava e aparentava bastante cansaço.

— Senhor Balthazar, eu entendo que as pessoas de mais idade possuem algumas restrições e normalmente acabam se cansando com mais facilidade, mas hoje, enquanto brincava com meu pai, senti-o muito cansado. Como se ele estivesse mais cansado que o normal. Ele está doente?

— Compreendo perfeitamente a sua preocupação, meu querido amigo Matheus. Porém, como você bem sabe, com o tempo o corpo físico vai se desgastando, o que é perfeitamente normal. As pessoas, em sua grande maioria, infelizmente não conseguem levar uma vida mais regrada. Esquecem-se que antes de mais nada devem dar-se a devida atenção. Cuidar carinhosamente desta pequena morada chamada de corpo físico, que nos é dado tão bondosamente pelo Pai. O corpo é o veículo do espírito. Sem ele, aqui o espírito reencarnado não consegue manter-se.

— Sim, eu entendo.

— Pois bem, imaginemos uma árvore. O que esta precisa para realizar todo o seu papel enquanto organismo físico?

— Da chuva! – lembrei.

— Isso mesmo. E o que mais esta árvore necessita?

— Do sol – respondi.

— Exatamente. Mas também existe algo mais que é extremamente importante para que essa árvore cresça. Algo de onde ela irá retirar os nutrientes que precisa para sobreviver. O solo.

— Hum, é verdade.

— Ou seja, sem pelo menos estas três coisas, torna-se bem difícil que esta árvore consiga crescer e gerar bons frutos. O fruto é a realização de um dos trabalhos que ela possui. Além da contribuição que existe em relação à conservação da boa qualidade do ar, da própria mata à sua volta, e também das outras minúsculas espécies de animais e insetos que dependem desta nossa amiga árvore, de seu fruto e tudo o que ela oferece também ao homem. Você com isto consegue perceber o quanto é importante o papel que uma árvore desempenha, meu querido Matheus?

— Eu acho que sim.

— Então, meu amigo, a árvore é como cada um dos homens e mulheres que seguem vivendo sobre este maravilhoso planeta. Ela possui uma função muito valiosa na contribuição a todos aqueles que dela dependem. Uma árvore não existe somente para si própria, ela faz parte de uma grande família que interage – Balthazar fez uma pausa e prosseguiu.

— Assim também é o homem. Uma pequena semente que foi enviada por Deus para aprender a tornar-se o mais próximo que conseguir de Jesus. Ou seja, eles, assim como as árvores, possuem um objetivo que devem buscar. Porém, enquanto é Deus o responsável por fornecer totais condições para que a árvore realize o seu trabalho, é o homem aquele que tem a responsabilidade sobre sua própria evolução e manutenção. É ele quem deve procurar manter-se em condições suficientes para que o seu corpo, que é seu veículo físico aqui, possa proporcionar-lhe meios para realizar seus objetivos. Se o homem não procurar obter recursos suficientes, porém equilibrados, para manter o seu organismo físico funcionando de maneira correta, inevitavelmente não possuirá condições para que seu corpo físico possa realizar tudo o que o espírito almeja enquanto encarnado.

Seguindo a ouvir atentamente as explicações e os ensinamentos do amigo Balthazar em meu quarto, eu nem me dei conta de quando minha mãe Elisa chamou-me por algumas vezes e então entrou, procurando-me. Como eu pareci nem me dar conta de sua presença, ao continuar conversando com Balthazar, e minha mãe, mesmo não possuindo a sensibilidade que eu possuía para enxergar o amigo com quem dialogava, acreditava na existência dos nossos amigos de luz, ela respeitava-me quando me via conversando. Então, sem dizer mais uma única palavra enquanto me aguardava terminar, ela encostou a porta e ficou observando-me. No início ela cogitou deixar-me a sós para que mantivesse a privacidade, porém assim que percebeu que o assunto era sobre a saúde de meu pai Cláudio, acabou não se contendo e permaneceu.

— Mas mesmo assim, senhor Balthazar, eu sei que meu pai é uma pessoa cuidadosa. Sempre o vejo comendo e descansando nos horários que penso serem os certos. Além do mais, sei que lá em seu trabalho ele costuma fazer de tudo um pouco. Sei que com a idade as pessoas devem tomar mais cuidado, mas meu pai sempre teve a saúde tão boa. Nunca o vi reclamando de nada.

— Isto é verdade, Matheus. Seu pai dificilmente expõe algo relacionado a estar cansado ou então sentindo alguma coisa de saúde. Veja bem, meu querido amigo, muitas vezes as pessoas costumam evitar tocar em determinados assuntos ou fazer alardes, para que ninguém fique desesperado. Não querem que a família ou os amigos pensem no pior. O que é totalmente compreensível quando as pessoas possuem afeto e procuram somente o melhor ao próximo. Contudo, evitar que as pessoas que amamos participem de maneira mais ativa em nossas vidas, nem sempre implica estarmos privando-as de preocupações desnecessárias. Quando o corpo possui alguma alteração que merece mais atenção de nossa parte, ele envia-nos um sinal através dos mecanismos que possui. Neste caso emitindo para o cérebro um sinal de dor.

— Sentir dor – continuou ele – não é algo que deva ser considerado como mera casualidade. Ainda mais dependendo do seu grau de intensidade e de sua frequência, ela pode indicar o estado em que o local se encontra. Cada um conhece bem seu corpo e possui uma vaga ideia de como este se encontra. Porém existem pessoas especializadas e em melhores condições do que aqueles que não estudaram e aprofundaram-se no assunto, para indicarem a real condição física por trás de uma dor. Justo crer uma possível dor ser algo passageiro e evitar causar preocupações ao próximo. Contudo, quando algo de anormal acomete nosso corpo físico e não damos a devida atenção, dependendo do caso, algo que era tão simples de se resolver, pode trazer consequências muito maiores – concluiu Balthazar.

Sem que pudesse ouvir uma palavra do que Balthazar explicara-me, Elisa somente me viu ficar em silêncio e parecendo prestar atenção a algo. Logo ela ouviu-me dizer ao amigo o que compreendi das explicações e o que procuraria fazer em relação à saúde de meu pai Cláudio.

Foi então que ela, ouvindo-me dizer que meu pai estava com algum problema de saúde e que parecia tratar-se de assunto que merecia maiores atenções, além de que ele não estava comentando nada com ninguém porque imaginava não ser algo relevante, ela não se conteve e quis logo saber do que se tratava aquilo.

— Matheus, por acaso seu pai está doente?

21 – Grilhões da vida

O corpo físico é o templo de cada espírito. Verdadeira morada da alma, o corpo nada mais é que provisória roupagem ofertada por Deus a cada um de seus filhos, para que possam através dela realizar suas tarefas sobre a Terra.

Veículo denso e ainda grosseiro, o corpo físico onde o espírito foi momentaneamente aprisionado é o instrumento que o Pai nos concedeu para servir-nos ao mesmo tempo como grilhão e libertação. Cada criatura, ao longo de sua jornada evolutiva, vai realizando atos que se somam a seu espírito imortal, lapidando-o e transformando-o de acordo com suas escolhas. Contudo, quando estas atitudes para com o próximo e para consigo mesmo começam a envolver-se de energias cada vez mais densas e contrárias aos preceitos transmitidos por Jesus, o espírito vê-se obrigado a buscar uma verdadeira depuração física. Sente em seu próprio íntimo o desejo de progredir, lançando fora toda a bagagem pesada adquirida ao longo das existências pouco iluminadas. Almeja oportunidades não só para si próprio, mas junto daqueles com quem acumulou débitos.

Então, quando o espírito começa a permitir que a luz de Deus, que brada em seu interior, possa fazer-se ouvida, despe-se do véu denso construído ao longo dos tempos, e busca encontrar a redenção. É esta compreensão e a procura por reajuste, a verdadeira libertação do espírito.

Por isso devemos todos dar graças ao Pai pela abençoada oportunidade de permitir que mesmo que escolhamos, por demasiado tempo, somente os caminhos do orgulho, da vaidade, da inveja e da revolta, ainda assim tenhamos sempre a oportunidade de realizar uma nova escolha.

Como Deus nos ama e conhece a pequena sementinha de luz com que Ele nos presenteou para brilhar em cada um de nós, sabe que não importa o tempo ou as dificuldades, pois um dia todos permitiremos que essa luz enfim se acenda.

Cláudio nunca fora uma pessoa muito cuidadosa com sua saúde. Meu pai, desde pequeno, sempre teve de auxiliar minha saudosa avó Marta com o sustento da casa. Então acabava sempre se esforçando mais do que seu corpo parecia suportar. Sempre muito prestativo, meu pai, no trabalho, buscava auxiliar a todos que pudesse. Quando a sua tarefa estava concluída, procurava então ajudar seus colegas e principalmente seu tio Alberto.

Como meu pai era jovem e sempre gozou de boa saúde desde pequeno, acabava em muitas oportunidades realizando as tarefas quase que em dobro. Nem mesmo a perda de um dos olhos foi capaz de tirar-lhe o bom ânimo. Dizia que o trabalho era o que o motivava.

Por isso meu pai nunca foi de reclamar de dores ou cansaço. Para ele, quando o corpo dava algum sinal de indisposição, bastava somente repousar por um momento e então logo prosseguia.

Contudo, os anos foram passando, meu pai começou a cuidar da parte financeira da fazenda e logo acabou acumulando mais tarefas. Como o trabalho sempre lhe foi uma grande satisfação e muitas vezes dedicava horas e horas a mais que o necessário somente para garantir que tudo estivesse em ordem, sem que ele se desse conta, seu corpo acabou desgastando-se. Somado isso ao fato de que havia algum tempo seu corpo já não mais respondia como antes devido à idade, inevitavelmente chegaria o momento em que esse corpo manifestar-se-ia.

Após minha mãe Elisa ouvir-me conversando com o amigo Balthazar, porém sem ouvi-lo como eu, para que ela compreendesse as explicações dadas, tive de explicar-lhe as minhas preocupações com a saúde de meu pai.

Ela não conseguia acreditar que já havia algum tempo que ele andava com a saúde debilitada e vinha escondendo dela por imaginar não ser nada para preocupar-se. Sabia que meu pai já não tinha o mesmo corpo que antes e que deveria ser mais cauteloso. Além do mais, inúmeras foram as vezes que ela alertou-o para tomar conta da saúde e não ficar esforçando-se.

Foi então que, estranhando a demora de minha mãe ao ir chamar-me para irmos passear, meu pai resolveu ir até meu quarto ver o que tinha acontecido, e acabou sendo surpreendido por minha mãe falando sobre sua saúde. Ao vê-lo à porta, não demorou para pedir-lhe explicações. Minha mãe Elisa não estava brava, pois sempre confiou no bom senso de meu pai, e foram inúmeras as vezes que ele disse que estava sendo cauteloso no trabalho para evitar excessos.

Naquele dia nós acabamos não saindo. Meus pais tiveram uma longa conversa a e respeito de saúde, bom senso e diálogo. Minha mãe sabia o quanto o trabalho significava para meu pai e reafirmou confiar que ele não iria abusar. Contudo queria que ele não mais lhe omitisse se estivesse sentindo algo. Por mais que ele imaginasse não se tratar de nada relevante, ela pediu-lhe para que sempre a deixasse a par, pois não gostaria de ser novamente pega de surpresa.

No dia seguinte, minha mãe solicitou a meu pai que conversasse com o doutor para expor-lhe o que andava sentindo, mas ele fez questão de afirmar que era apenas cansaço acumulado. Que não havia a necessidade de procurar médico, uma vez que iria ser mais cauteloso e iria vigiar mais sua saúde. Minha mãe não gostou muito, uma vez que imaginava ser bom fazer uma consulta médica de vez em quando, ainda mais para ter a certeza de que não se tratava de nada mais preocupante. Contudo, como meu pai Cláudio foi contundente em dizer que era apenas cansaço físico e que caso tornasse a sentir algo, iria prontamente ao doutor, ela decidiu acatar.

Como de costume, meu pai levantou-se, tomou seu café na companhia de minha mãe, conversaram um pouco e logo em seguida ele foi até meu quarto, onde eu ainda dormia, para dar-me um beijo e então sair rumo ao trabalho. Ele dirigiu-se a um local onde mais dois funcionários costumavam aguardá-lo para irem juntos. Gostava da companhia dos funcionários e também bons amigos, Almir e Tomás.

Ainda jovens, ambos projetavam um grande futuro para suas vidas. Esperavam encontrar uma boa esposa, terem a própria casa e enchê-la de filhos. Contando Almir com trinta e dois anos e Tomás com vinte e nove, eles trabalhavam na fazenda junto com Cláudio havia quase oito anos. Muito esforçados, eles sempre procuravam ser prestativos e colaborar para o bom rendimento dos negócios. Sabiam que se os lucros fossem bons e continuassem prosperando, a chance de prosperidade para eles também aumentaria.

Cláudio sempre foi uma pessoa muito justa e desde que assumiu a direção da modesta fazenda onde trabalhava desde pequeno, havia deixado claro aos funcionários que os negócios indo bem, todos lucrariam. Como sempre teve uma vida muito humilde e sabia das dificuldades para ganhar-se o pão de cada manhã, ele não gostava de ver os funcionários receberem somente parcelas ínfimas. Ele sabia quanto a maioria dos fazendeiros pagava para seus funcionários e por isso fazia questão de ser justo. Enquanto havia alguns que recebiam somente um almoço e às vezes a oportunidade de terem um teto, morando nos estábulos, Cláudio fazia questão de remunerar os seus também com alimentos das colheitas, que poderiam levar a suas famílias, e uma pequena quantia em dinheiro.

Tanto Almir quanto Tomás moravam em casebres com alguns irmãos. Enquanto Almir não tinha pai, Tomás tinha um que somente vez ou outra aparecia em casa. Nunca colaborou com o sustento da mulher ou dos filhos, pelo contrário, quando aparecia exigia que o filho lhe desse uma porcentagem por ele deixá-lo morar em um casebre que ele conseguira em troca de um cavalo que dizia ter achado.

Então, como Cláudio conhecia um pouco das dificuldades dos jovens, fazia questão de auxiliar quando podia. Houve algumas vezes em que os lucros foram tão baixos e as despesas tão altas, que para saldar seus fornecedores, Cláudio teve de direcionar o salário dos funcionários, e mesmo assim tirou de seu próprio bolso para pagar a eles. Cortava-lhe o coração deixar que praticamente o único sustento daquelas famílias fosse comprometido.

Além do mais, Cláudio, com o tempo, aprendera muito bem a gerenciar e administrar os lucros conforme surgiam as despesas, para evitar que os períodos de estiagem prejudicassem os negócios. Somente em casos muito esporádicos ocorreu de precisar pagar as despesas com o dinheiro de seu bolso. No geral as coisas sempre seguiam bem.

O jovem Almir trabalhava na parte de plantio, enquanto Tomás ficava com a colheita. Além deles havia mais outros funcionários, porém eles dois eram os que se encontravam em pior situação econômica. Por isso Cláudio fazia questão de passar com a charrete que possuía para levá-los à fazenda. Pois, antes, ambos, que moravam muito próximos um do outro, ao dirigirem-se ao trabalho tinham de levantar muito mais cedo a fim de chegarem no horário. Para Cláudio era uma alegria poder auxiliar aqueles jovens, mesmo tendo de dirigir-se a um local completamente oposto de onde ficava a fazenda, para buscá-los.

O dia de trabalho lá na fazenda geralmente se iniciava quando o sol ainda nem havia surgido e terminava somente quando anoitecia. E apesar da longa jornada de trabalho, Cláudio tinha-se acostumado tanto com aquela rotina, que sentia muita falta. Assim que ele assumiu a parte administrativa e teve a oportunidade de pensar em reduzir sua jornada de trabalho, foi logo intimado por minha mãe a ponderar o assunto. Contudo, mesmo tendo a oportunidade de chegar mais tarde e ir embora mais cedo, meu pai Cláudio fazia questão de ser um dos primeiros a chegar. Pois com isto ele tinha a oportunidade de planejar todo o cronograma diário conforme surgiam as encomendas, além dos produtos e das matérias-primas.

Também fazia questão de chegar cedo porque assim tinha a possibilidade de levar os funcionários Almir e Tomás, como já foi explicado. Porém, a pedido de minha mãe, meu pai não mais trabalhava de sábado, mas emprestava uma charrete da fazenda para os amigos utilizarem quando esta não estava em uso.

Aquela quinzena seria bastante longa, pois era a segunda do mês e, como de costume, o maior consumidor da fazenda, o senhor Vitório, aguardava pela encomenda dos legumes que abasteceriam seus armazéns. Era praticamente ele quem garantia a aquisição de quase um quarto de toda a produção. Por isto nesta quinzena Cláudio fazia questão de cuidar de todos os detalhes, para certificar-se de que nenhum contratempo ocorreria.

Então, logo no início destes períodos, meu pai já organizava tudo e verificava como estavam as plantações, para decidir como iriam proceder. Geralmente era nos primeiros dias que ele já começava a deliberar as tarefas e distribuir os grupos de funcionários para cada uma das lavouras. Ele também sempre fazia questão de procurar motivar os funcionários e asseverar-lhes que o bom trabalho efetuado por cada um era o que garantia que as coisas dessem certo.

E por ser sempre tão simples e agir com humildade e bastante respeito para com todos, meu pai Cláudio era visto por eles como um bom homem, justo e sincero. Dentre aqueles que trabalhavam com ele na fazenda, não havia um que não gostasse dele. Por isto mesmo, quando chegava o final dessa quinzena, todos faziam questão de empenhar-se ao máximo.

Tudo transcorreu conforme esperado e rapidamente chegaram os últimos dias antes das coletas e consequentemente entrega ao senhor Vitório. Então, como de costume, meu pai pegou a charrete e dirigiu-se ao encontro dos amigos Almir e Tomás. Porém, ao chegar ao local encontrou apenas um dos jovens, Almir. Preocupado pela ausência de Tomás, Cláudio indagou Almir se conhecia o motivo.

— Puxa, você por acaso sabe o que houve com o Tomás? Ele dificilmente falta ao trabalho.

— Seu Cláudio, eu bati logo cedo na casa dele antes de vir para cá, e a mãe dele disse que ele não havia dormido em casa. Me contou que o pai dele apareceu por lá e ambos acabaram discutindo ontem à noite.

— Nossa, que chato. Mas também este pai dele sempre me pareceu ser um homem amargurado com a vida. Pobre do rapaz e daquela família. Vamos rezar para que tudo se resolva – desejou Cláudio, dirigindo-se com Almir ao trabalho.

Em pensamento, meu pai orava para que tudo ficasse bem e também para que o rapaz não se ausentasse nos próximos dias, que seriam justamente os das colheitas. Como todos já estavam bastante sobrecarregados, não imaginava como iria proceder para cumprir as metas e atingir o volume dos lotes esperados caso ele tornasse a ausentar-se.

À tarde, enquanto meu pai seguia ocupado em seu trabalho, eu dedicava-me aos estudos junto à senhora Marcélia. Dentro em breve estaria tendo a oportunidade de concluir os estudos de catequese, e procuraria absorver ao máximo aqueles ensinamentos.

Tudo o que a gentil senhora contava-nos a respeito de Jesus Cristo era para mim maravilhoso. Toda a sua vida, a dedicação, as lições e o que aquela grandiosa figura representava, convidavam-me à meditação. Sentia que algo em mim exercia influência na busca pelo Senhor, nosso pão da vida. Toda aquela luz e o amor que trazia inundavam-me como se demonstrasse de uma forma simples tudo o que nós poderíamos e um dia iríamos ser.

Comecei então a pensar no que todo aquele sentimento que eu trazia significava. E percebi também que apesar do ambiente de paz em que nos encontrávamos e das mensagens de amor que estávamos vendo, as imagens que antes eu percebia somente em locais e situações específicas, começavam a surgir turvadamente ali também.

Já havia conversado com o senhor Balthazar sobre quem ou o que seriam aquelas figuras de aspecto sofrido e perturbado que perambulavam agitadas de um local para outro, como se estivessem à procura de algo. E o que nosso bondoso amigo explicou-me era tratar-se dos espíritos de pessoas que ainda seguiam presos à vida física da Terra. Criaturas que em geral não conseguiram obter o bálsamo necessário em sua última passagem física e que por isso ainda permaneciam presas a esses liames.

Seus semblantes carregados inspiravam-me tristeza. Sentia, através de seus olhos macerados, um pouco da dor que traziam sobre os ombros. E aquilo de certa forma também me perturbava. Como se diante de mim estivessem passando inúmeras criaturas doentes e eu não pudesse fazer absolutamente nada para aliviá-las.

Foi então que ele aconselhou-me que, por hora, infelizmente eu deveria procurar afastar-me, até que reunisse em mim condições para auxiliá-los.

No início não compreendi, pois sentia que no fundo de meu íntimo poderia ajudá-los de alguma maneira. Porém, como ele havia me orientado a afastar-me e aguardar, obedeci. Contudo, parecia que estes irmãos, não contentes em surgir somente em locais e momentos específicos, agora também apareciam naquele ambiente de estudos, fazendo-me reconsiderar.

Eu sabia que no fundo, se aquela situação se mantivesse, dificilmente eu conseguiria absorver tudo o que almejava junto à senhora Marcélia. E como deveria manter-me afastado deles, ponderei então se haveria alguma saída.

Foi aí que ouvi a instrutora falar-nos dos benefícios da oração. Contou-nos o quanto este simples gesto poderia auxiliar não só a nós mesmos, mas também aos nossos queridos familiares que já haviam partido. Asseverou-nos o quanto era valioso este poderoso instrumento com que Deus abençoou-nos.

Logo considerei então se eu também não poderia utilizar-me da oração para tentar abrandar o coração daqueles inúmeros irmãos que vagavam diante de mim. Recolhido em meu íntimo, procurei acalmar meus pensamentos, e em seguida dei início a uma pequena e singela oração.

Procurava ali acender em mim a luz de Jesus, e se possível, de alguma forma, tentar acalentar os irmãos em sofrimento que vagavam naquele ambiente. O senhor Balthazar havia-me dito para ficar afastado deles. Compreendi assim que se referia a não tentar dialogar. Imaginava que isso não se aplicava também ao ato de orar. E foi então o que fiz.

Contudo, eu logo perceberia que aquilo também fazia parte da solicitação, pois assim que comecei a emanar vibrações aos irmãos sofredores que ali estavam, como um poderoso ímã, inocentemente atraí a atenção de quase todos aqueles espíritos que lá se encontravam, fazendo com que todos rapidamente me cercassem e envolvessem num verdadeiro turbilhão de pensamentos.

No início eu procurei não me abater e lembrar dos ensinamentos que tivera sobre manter a calma e confiar. Esperava que tentando manter a mente serena e não me deixando envolver por aqueles sentimentos e desejos de raiva, ódio, muita dor, tristeza e sofrimento que os espíritos possuíam, eu poderia auxiliá-los sem sofrer suas influências.

Porém não precisou muito para que logo constatasse que minhas forças eram incapazes de evitar que os mais ensandecidos iniciassem uma poderosa obsessão sobre mim. Tentei então chamar os benfeitores de luz para sustentarem-me, mas rapidamente fui consumido por toda aquela influência negativa. Sem praticamente conseguir discernir o que era de fato meu e o que provinha deles, acabei não suportando e desfaleci.

22 – Caminho da perdição

> Entrai pela porta estreita; porque larga é a porta, e espaçoso o caminho que conduz à perdição, e muitos são os que entram por ela.[11]

Por estas palavras, Jesus alertava-nos sobre os cuidados que devemos ter em relação ao que realmente necessitamos dar valor. Quantos são os exemplos de como a vaidade, a cobiça ou a ganância podem provocar verdadeira devastação na vida de alguém.

Muitas vezes a própria criatura consegue antever sua inevitável queda diante de errôneas escolhas feitas, impulsionadas pelas fraquezas que cada um carrega. Contudo, mesmo diante do precipício que se lhes apresenta, poucos são aqueles que chegam ao ponto de reconsiderar seu caminho.

A grande maioria fecha os olhos e ouvidos para aquilo que consideram simples. Não mensuram o todo que envolve cada uma de suas atitudes. E por mais que lá no fundo de sua própria consciência exista alguém relutante e disposto a fazer todo o possível para ser ouvido, a força com que os sentimentos e desejos contrários a ele agirão, conseguirá sobrepor-se, levando o indivíduo então a uma dolorosa queda, entrando assim em verdadeira desgraça.

[11] Novo Testamento, Mateus 7:13.

Por isso, jamais se deixe inebriar pelas sombras do orgulho ou da vaidade. Uma pessoa simples consegue avançar muito mais rápido e absorver melhor cada uma das importantes lições existentes na sublime vereda da vida.

— Elisa, venha, ele está acordando! – grita Cláudio.

— Oi, meu amor, que bom que você enfim acordou! Seu pai e eu ficamos preocupados – explica Elisa.

Ainda sem compreender o que havia acontecido, percebi que me encontrava deitado em minha própria cama. Levando a mão à cabeça, tentei entender o que tinha havido.

O que aconteceu comigo, mãe? A última coisa que me lembro era de estar na aula de catecismo.

— Você dormiu por quase um dia, meu filho – respondeu-me ela.

— Um dia? – indaguei, assustado.

— Sua professora Marcélia, juntamente com outros colegas, trouxe-o desacordado para casa. Disseram que você simplesmente começou a gritar e gesticular como se estivesse fora de si. Parece que pronunciava palavras desconexas e confusas – explicou Cláudio.

— O que foi que houve, meu filho? Ontem o doutor veio ver seu estado, mas disse não ter encontrado nada de anormal. Você não consegue se lembrar o que sentiu? – perguntou Elisa, afagando meus cabelos.

Enquanto meus pais observavam-me em silêncio, aguardando por uma resposta, vi entrar em meu quarto e ficar à frente da cama o amigo Balthazar. Ele tinha um semblante preocupado, mas sorriu, transmitindo-me estar feliz por ver-me bem.

Indaguei-lhe em pensamento se sabia o que havia ocorrido, e prontamente me asseverou que explicaria no momento certo. E que por hora eu deveria dar a devida atenção a meus pais, que não se ausentaram nem por um instante de meu lado.

Compreendendo a indicação do amigo, voltei-me a meus pais, cujos olhos pareciam estar cansados e tristes por toda aquela situação. E sem conseguir explicar o que ocorreu, estendi-lhes os braços, à espera de um reconfortante abraço. Por alguns minutos nós três permanecemos ali. Eu com o coração triste por ter feito meus pais ficarem preocupados, e eles com os olhos úmidos e tranquilos por o amado filho estar bem.

Logo em seguida, eu bem que tentei procurar em minha mente

o que tinha acontecido, mas como se em minha cabeça tudo simplesmente tivesse sido revirado, infelizmente eu nada pude fazer para aliviar seus corações. Observando eles que o mais importante naquele momento era que o querido filho estava bem, trataram então de deixar que mais adiante, se eu lembrasse de algo, lhes contasse. Procuraram assim fazer todo o possível para que me sentisse confortável e que repousasse.

Enquanto minha amada mãe tratou de rapidamente preparar-me o que comer, visto o tempo que fiquei praticamente em jejum, meu pai Cláudio, sentado à beira da cama, contava-me que uma das cadelas da fazenda acabara de dar cria a sete filhotes.

Gentilmente, o amigo Balthazar, procurando dar-me a privacidade de receber ali o conforto e carinho de meus pais, dirigiu-se ao outro cômodo, a fim de esperar uma oportunidade para conversarmos.

Nas horas que se seguiram, recebi todo o amor e cuidados que meus amados pais jamais deixaram de proporcionar-me, porém nesta ocasião recebia-os em dobro, uma vez que lhes havia dado um grande susto. Mas eu também aproveitava para retribuir-lhes. Meus pais sempre foram tão dedicados para comigo, que os sentimentos de gratidão e afeto que ali eu possuía eram imensuráveis diante de todo zelo com que sempre me trataram.

Então, após conversar descontraidamente com meus pais e apreciar um ótimo jantar preparado por minha mãe, quando chegou o momento de deitar-me, após ter recebido as devidas bênçãos de meus pais e encontrar-me a sós no quarto, mentalmente solicitei a presença do amigo Balthazar, fato este atendido prontamente pelo benfeitor.

— Senhor Balthazar, desculpe-me, mas se possível eu gostaria muito de saber o que houve comigo.

— Meu pequeno Matheus, não acha que deveria aproveitar o momento de descanso? Alivie sua mente, meu amigo. Podemos conversar assim que você estiver melhor.

— Mas eu estou bem, senhor. Por favor, não conseguirei dormir tranquilamente sem entender o que ocorreu – implorei.

Percebendo que naquele estado eu dificilmente conseguiria repousar sem receber algum esclarecimento, o gentil amigo pôs-se a explicar.

— Bem, o que houve com você foi ocasionado pelo contato com criaturas em baixo nível de vibração, gerando uma obsessão. Estes espíritos o enlaçaram de uma tal maneira, que sozinho e sem os devidos cuidados você dificilmente conseguiria restabelecer-se por si só.

— Obsessão? Mas isto não ocorre somente quando a própria pessoa possui em si algo de compatível com estes espíritos? – questionei, confuso.

— Não necessariamente, meu amigo. A obsessão de espíritos ocorre em diferentes níveis. E tudo depende de como e em que escala encontram-se os seus campos vibratórios. Muitas vezes, as pessoas acabam depositando demasiada confiança em relação a situações em que se encontram pouco desenvolvidos ou preparados para receber uma carga maior do que aquelas que conseguem suportar. Quando eu o encontrei em sua sala de aula, você estava envolto por exatos dezessete espíritos desencarnados que o obsidiavam. Eles haviam se apegado a você não por aquele que você é hoje, meu amigo, mas sim aquele que um dia foi no passado. Não direi "infelizmente" porque somente somos aquilo que somos hoje, devido aos fatos que transpassamos no passado. Cada queda nossa contribuiu para moldar-nos e transformar-nos.

— Então eu ainda trago comigo os erros que um dia fiz? – perguntei, assustado.

— De maneira alguma. O que você, e tantos que aqui estão, trazem, não são erros, e sim degraus, Matheus. São estes que um dia serviram-lhe de obstáculos, mas que hoje são apenas mais alguns degraus nesta longa escalada que temos. E isto simplesmente não se transforma do dia para a noite, é necessário muito esforço e empenho. Algo que você dedicadamente já tem realizado e tem sido muito feliz.

Observando que permanecera calado, o gentil amigo prosseguiu.

— Por isto eu havia lhe aconselhado a evitar o contato com esses irmãos. Eles circulam por entre os encarnados à procura de algo que geralmente desconhecem, mas que tende a de alguma forma aliviá-los e saciá-los. Então, quando do seu contato, viram-se imediatamente atraídos. E como possuem dos mais variados desejos e necessidades, enlaçaram-se, transferindo uma parcela de todo aquele peso que carregam. Quando o vi em tal estado e pronunciando aquilo que eles lhe transmitiam, não tive escolha a não ser fazê-lo desfalecer.

— Então, – prosseguiu ele – colocando-o em sono profundo,

solicitei o auxílio e amparo de amigos mais experientes, para conseguirmos, através de muito amor e prece, ajudar os irmãos que o obsidiavam, para que desta forma você pudesse enfim restabelecer-se. Alguns, nós tivemos a alegria de conseguir ajudar e levar aos centros especializados. Mas outros, ainda revoltados, simplesmente o abandonaram e fugiram, crendo que ninguém os encontraria e que poderiam prosseguir como bem entendessem, atormentando e perturbando. Contudo, por mais que o tempo passe e esles continuem a enlaçarem-se e assim se sentirem cegamente saciados, chegará o momento em que não mais se esconderão, e virão por eles próprios em busca do auxílio necessário.

Enquanto eu permanecia os próximos dias ainda em repouso, por orientação do doutor, meu pai preocupava-se porque seu empregado Tomás seguia ausente pelo terceiro dia seguido. E como as colheitas seriam realizadas no dia seguinte e o rapaz era realmente necessário para que conseguissem cumprir as metas, meu pai não sabia como iria proceder.

— Almir, estou preocupado. Faz dias que o Tomás não aparece por aqui, e como sabe, amanhã é o dia das coletas.

— É verdade, senhor Cláudio. Mas como sabe, eu passei lá todos estes dias, e nem sinal dele. Com certeza tem a ver com aquele pai dele. No mínimo só deve voltar para casa quando ele tiver ido embora – deduziu Almir.

— Mas se isto for realmente acontecer, pode ser que nem amanhã ele apareça. E ele sabe como nos dias das colheitas ele é importante. Estou preocupado de não conseguirmos cumprir nossas metas com o senhor Vitório – lamentou Cláudio.

— Bom, temos de rezar para que isto não aconteça. O senhor sabe como o Seu Vitório fica irritado com isto. Lembra quando por engano deixamos de mandar cinco caixas, e ele já espalhava para todo mundo que iria procurar outro fornecedor? – lembrou Almir.

— Sim, isto é verdade. E você sabe que é ele quem garante boa parte das encomendas. Você tem razão, não podemos falhar com ele outra vez. Se perdermos este cliente, vai ser difícil encontrar outro igual.

— Aquele seu primo ainda está desempregado? No período em que ele trabalhou conosco, antes de tentar carpintaria e depois pedir as contas, ele conseguia aprender e ajudar bastante.

— Seu Cláudio, meu primo se mudou da cidade. Viu que por

aqui as coisas não estavam dando muito certo para ele, e foi tentar a vida na cidade vizinha. Mas se o senhor quiser, eu posso ver com meu irmão, o Betinho. Ele é pequeno, mas é esforçado.

Betinho era um dos três irmãos de Almir, tinha onze anos de idade. Os outros eram duas meninas, uma de sete e outra de dois anos.

— Não, infelizmente seu irmão ainda é muito pequeno, meu amigo. E além do mais, por mais esforçado que seja, o trabalho nas colheitas não é tão simples. Sabe que se não realizado corretamente, a gente acaba perdendo muita mercadoria. Você mesmo, quando chega esta época, ainda sofre um pouquinho. E mesmo com o auxílio dos outros – considerou Cláudio.

— É verdade, Seu Cláudio. Meu negócio é mais plantar. Só me aventuro nas colheitas quando não tem jeito. Como será o caso de amanhã.

— Eu sei. Mas não se preocupe, encontraremos uma solução. Agradeço muito por toda sua ajuda. Quem sabe não nos enganemos e amanhã o Tomás apareça, não é? – desejou Cláudio, pensando em como resolveria aquilo.

Já em casa, Cláudio, deitado e sem conseguir dormir, preocupado com as colheitas do dia seguinte, pensava nas possibilidades que tinha para cumprir suas metas. Foram horas entregue a seus pensamentos, buscando uma solução. Contudo, por mais que considerasse alguma possibilidade, esta logo era descartada, pois todos seus empregados já estavam muito atarefados.

Então veio à sua mente a hipótese de deixar de cumprir toda a entrega para o senhor Vitório, e já especulava o que fazer caso perdesse aquele cliente. Logo vieram os cálculos e despesas que teriam, os investimentos, e tudo o que poderia acontecer com seus negócios, caso a fazenda deixasse de contar com aqueles lucros.

Foi então que uma diminuta parcela de despesas brotou em sua mente, e antes que Cláudio desse conta, ela rapidamente tomou conta de todo seu pensamento, levando-o a abrir uma pequena fresta àqueles que compartilhavam dos mesmos sentimentos. Criaturas desencarnadas e que se escondem nas sombras, somente à espera de uma única oportunidade para lançarem seus desgostos sobre o próximo.

Mesmo tendo, no decorrer de sua vida, aprendido bastante e se tornado uma pessoa mais confiante e espiritualizada, Cláudio, assim como a maioria das pessoas, quando lhe surge um obstáculo, começa a questionar-se se conseguirá superá-lo.

A grande parcela das criaturas ainda fica apreensiva e temerosa sobre as chances possíveis de obterem sucesso diante de algum evento que julgam mais árduo. E esquecem-se que toda vez que começam a duvidar de si próprios, acreditando encontrarem-se em verdadeiro beco sem saída, estão interiorizando vibrações negativas que tendem a envolvê-los, colocando-os de fato naquele estado negativo. O estado de ser e estar das criaturas, estejam estas encarnadas ou não, depende exclusivamente delas próprias.

Um homem pode estar em uma jaula com leões e mesmo assim não sofrer dano algum. Sairá tão ileso quanto entrou. E isto ocorre porque ele não permitiu que aquela possibilidade fosse aceita por ele. Pois se trata somente de uma possibilidade. Não é definitiva, assim como cair de um precipício não quer necessariamente dizer que o indivíduo deixará de escapar. Tudo se concretiza somente quando em nosso íntimo aceitamos determinada condição. Quando manifestamos em nós a certeza do bom resultado e não permitimos que a dúvida exista, o resultado somente será favorável.

Por isto, jamais e em hipótese alguma devemos duvidar tanto de nossa capacidade quanto da providência divina. Além do mais, se o fizermos, estamos fechando uma porta para os abnegados servos de luz, que tanto se empenham em nosso benefício e dedicam-nos o amor que possuem; e abrimos outra porta para espíritos inferiores. Inconscientemente somos nós quem os chamamos quando baixamos nosso campo vibratório, sendo que deveria ocorrer justamente o contrário, pois toda vez que uma dificuldade surgir, o primeiro passo é elevar o pensamento a Deus e pedir o auxílio dos bons espíritos, para nos darem o amparo necessário. Sem decretar que tal obstáculo não será superado.

Isso seria o mesmo que um lutador entrar em uma disputa já se considerando derrotado. Como alguém pode obter a vitória se nem ele próprio acredita em sua capacidade?

Então, permitindo-se receber aquelas influências negativas vindas dos espíritos inferiores, mesmo com os benfeitores transmitindo-lhe a confiança necessária, Cláudio, que havia ficado abatido com o incidente ocorrido comigo, acabou por aceitá-las.

Mais uma vez frisamos que isso não significa que espíritos benfeitores nada podem fazer para evitar que seus assistidos deixem-se influenciar por desejos que visam somente a prejudicá-los. Se é observado que tal condição equipara-se em ambas as partes, e intimamente esta é uma prova que a própria criatura influenciada almeja enfrentar, o benfeitor humildemente se dedica a sustentá-la, insuflando-lhe todo seu amor.

Quando chegou o dia seguinte, data em que seriam efetuadas as colheitas e entregas ao senhor Vitório, Cláudio acordou extremamente abatido e cansado. Tendo praticamente conseguido dormir por apenas uma ou duas horas, em pequenos intervalos, durante a noite toda, após tomar um rápido gole de café e trocar duas palavras com Elisa, pegou a charrete e rapidamente se dirigiu ao local do encontro com os funcionários, torcendo para que Tomás não faltasse.

Contudo, assim que chegou ao local, como nos últimos dias, somente Almir o esperava. Sem dar qualquer explicação e aparentemente desconsiderando o quanto aquele dia das colheitas era importante para a fazenda, Tomás novamente deixara de aparecer.

Ver novamente aquela cena fez Cláudio entrar em verdadeiro desespero. O seu principal funcionário responsável pelas colheitas, e que dentre todos era aquele que possuía mais experiência, simplesmente havia abandonado o emprego. E com a influência dos espíritos inferiores ampliando aquela sensação de encontrar-se sem saída, junto dele estes foram logo se aproveitando da situação para sussurrar-lhe que só havia uma única alternativa: que Cláudio esquecesse sua situação debilitada e arriscada, e se pusesse a trabalhar.

23 – Vozes da consciência

Cada homem possui um corpo físico que é único e perecível. Por isso merece receber todos os cuidados, uma vez que nem mesmo ele nos pertence.

Deus, nosso amado Pai, provê-nos essa maravilhosa vestimenta, ainda tão rudimentar, mas capaz de proporcionar-nos inúmeras maravilhas. Pequena casca que reveste o espírito imortal, cuja função nada mais é que nos possibilitar experimentar e transpor as diferentes vivências que somente no físico são possíveis.

Mas assim como essa roupagem possui um início e propósito, também é sujeita ao esgotamento e consequente necessidade de manutenção. Logo, não somente tem grande importância a maneira como a conduzimos, mas também a forma como a nutrimos, através dos recursos alimentícios fundamentais ao seu bom funcionamento, ou o quanto exigimos de sua própria capacidade, enquanto veículo do pensamento, de realizar o que necessitamos.

Salvo exceções peculiares, o corpo ainda é o único meio capaz de proporcionar ao homem condições de alcançar o que seu atual estágio necessita. Por isso devemos ter com ele o mesmo cuidado, ou até maior, que o que temos com aquilo que possuímos de maior valor.

Assim como um homem ostenta seus troféus e admira-os, polindo-os para que tanto ele quanto aqueles que os observarem vejam a magnitude de tais conquistas, o homem consciente sabe que o bom resultado deve-se também à boa manutenção de seu veículo físico, que lhe possibilitou alcançar seus objetivos.

Sem um corpo capaz de permitir-lhe tais conquistas, seus resultados seriam sempre insuficientes. E um objetivo que poderia hoje, através do esforço e dedicação, ser conquistado, ficará inevitavelmente fadado a ser conquistado apenas em uma futura ocasião. Ou seja, se hoje você, espírito encarnado, é possuidor de um corpo físico em condições de permitir que uma prova tão fundamental para seu avanço moral possa ser obtida apenas com você cuidando e garantindo o bom funcionamento de seu corpo, por que se deixar fracassar e ter de aguardar uma nova encarnação?

Então escutemos a voz silenciosa, porém direta, que nosso corpo nos transmite. E respeitemos esta importante ferramenta que Deus nos concedeu. Somente assim conseguiremos agir corretamente com algo que não nos pertence, mas que nos foi confiado para que através dele pudéssemos ter a oportunidade de subir os degraus que a evolução nos apresenta.

Enquanto meu pai Cláudio dirigia-se ao trabalho tendo a mente envolta em preocupações e alguns espíritos a perturbarem-lhe o raciocínio, em casa minha mãe Elisa recolhia-se a seus pensamentos, preocupada com o companheiro.

Algo deve estar incomodando Cláudio, pois estes dias nós mal temos conversado e hoje ele parecia com o pensamento tão distante. – pensava Elisa – *Espero que os anjos o amparem para que ele possa superar este período, que com certeza deve ser por causa do trabalho. Como hoje é o dia das colheitas, ele deve estar preocupado com isto. Meu Cláudio sempre foi muito trabalhador e responsável, e desde pequeno cumpre com suas obrigações. Mas por cobrar-se demais, sei que muitas vezes acabou indo além de seus limites. O que, mesmo que ele não me conte, sei que já tem começado a cobrar-lhe o preço. Eu não imaginava ser algo que pudesse vir a ser perigoso para sua saúde. Ele já não é mais jovem, e seu corpo não aguenta o ritmo de antigamente. Bem, mas ele prometeu-me que não iria abusar e que deixaria o trabalho pesado aos mais jovens. Devo confiar que agirá assim.*

Já na fazenda e sentado em sua cadeira, procurando alguma solução para a ausência de Tomás, Cláudio começava a considerar ele mesmo deixar os papéis de lado e tentar suprir aquela falta. Afinal ele conhecia bem a maneira e todos os cuidados necessários para não estragar os alimentos.

Porém sabia que havia prometido a Elisa que não importava o que acontecesse, permaneceria somente realizando trabalhos menos desgastantes fisicamente, uma vez que tinha consciência de que sua saúde estava um pouco fraca e qualquer esforço em demasia poderia ser perigoso.

Ao lado de Cláudio, o benfeitor Cássius aplicava um passe no amigo, enquanto procurava doutrinar os espíritos inferiores que o tentavam. Sabia que aqueles ali permaneceriam até que não houvesse mais alguma fonte que os alimentasse. Mas Cláudio, por ser alguém que sempre se cobrou a mais que os outros, e deixar de cumprir um acordo consumia-o, intimamente quase sempre criava aqueles elos.

Contudo, aquela vez era diferente. Havia em seu íntimo algo que não tinha antes, e os espíritos inferiores, apoderando-se daquela fraqueza, utilizavam-na contra Cláudio. Eles estavam usando a saúde de seu filho, pois como eu houvera desmaiado sem um motivo aparente, e Cláudio ainda sentia que deveria ser cauteloso enquanto os dias não mostrassem que aquilo poderia voltar a ocorrer, tinha o trabalho como esperanças de garantir um futuro ao filho.

Pensava ele no que faria caso se descobrisse que o filho possuía alguma doença que necessitasse de tratamento e por ventura não conseguisse pagar. E não conseguisse pagar porque quando teve a chance de suprir a falta de seu empregado, realizando a colheita em seu lugar, não o fez por receio de sua própria saúde. E para ele a saúde do filho era muito mais importante do que a sua.

Logo tal receio acabou por fazer-lhe crer que somente se ele trabalhasse no lugar de seu empregado a fazenda não viria a perder seu maior cliente. E mesmo já não possuindo sobre si nenhum dos espíritos inferiores que tanto o influenciavam, uma vez que o amigo Cássius, com amor e humildade, conseguira fazê-los compreender o ato que faziam e arrependerem-se, Cláudio decidiu por si só esquecer-se de si e pensar somente no filho.

Então, consciente de sua decisão, Cláudio arregaçou as mangas e pôs-se a trabalhar, lembrando os velhos tempos. Toda a lavoura estava farta e pronta a ser colhida. Alguns funcionários estranharam ver o patrão ocupando-se com aquele assunto, porém nada disseram. Somente Almir, que já imaginava os motivos que levaram Cláudio a prestar-se àquele trabalho braçal, teve a coragem de interpelá-lo.

— O senhor resolveu pôr a mão na lavoura para cobrir o Tomás, foi?

— Foi a única alternativa que encontrei. De outra maneira dificilmente conseguiríamos atender as entregas do senhor Vitório.

— Poxa vida, mas que situação chata, patrão. Por causa dos problemas pessoais do Tomás o senhor ser obrigado a ter de ajudar nas colheitas – lamentou Almir.

— Não se preocupe, meu amigo. Problemas e contratempos todo mundo tem.

— Verdade. Mas eu imagino que o senhor, depois de hoje, vai querer mandar o Tomás embora. É mesmo? – indagou-lhe, curioso.

— Imagina, a vida é assim mesmo. Às vezes surgem situações para as quais nem sempre estamos preparados. Pobre do Tomás. Mal imagino os problemas que ele deve enfrentar em casa, com seu pai. Se por acaso ele quiser voltar, aqui as portas estarão sempre abertas.

Logo, conforme o tempo ia passando e Cláudio percebia que se não acelerasse, dificilmente conseguiria cobrir a falta de Tomás, ele começou então a aumentar as quantidades que colhia. O corpo já não mais respondia como antes, mas mesmo assim prosseguiu. Em sua mente, somente o receio de perder aquele cliente era o que o movia. Enquanto os outros funcionários realizavam pequenos descansos para beber água e retomar o fôlego, Cláudio seguia somente fixo na colheita. Não queria perder um instante sequer. O trabalho era árduo, mas os funcionários, já acostumados com aquela carga e o ritmo, pareciam seguir tranquilamente. Exceto Cláudio, que se encontrava bastante ofegante.

A fixação de Cláudio era tamanha, que mesmo o benfeitor Cássius direcionando-lhe suas intuições para que se poupasse, ele seguia irredutível naquela escolha que havia feito. Não descansaria enquanto não atingisse sua meta. E por isto o amigo espiritual, vendo a insistência de Cláudio, aproximou-se então de Almir, para que este o aconselhasse a ter cautela com sua saúde.

— Senhor Cláudio, me desculpa dizer, mas vendo-o assim um pouco ofegante, não acha que talvez fosse prudente descansar um pouco? Nós já conseguimos colher quase metade do combinado e ainda faltam algumas horas para o pessoal do senhor Vitório vir buscar.

Contudo, irredutível e somente preocupado em chegar à quantidade desejada, o patrão pouco ligou para o amigo, e apenas se ocupou em dizer que estava bem. Mas ainda influenciado pelo benfeitor, Almir tornou a insistir.

— Desculpe, mas tem certeza, senhor? Um descanso de alguns minutos não fará mal algum.

— Já disse que não, Almir. Estou bem – respondeu-lhe, secamente.

Porém Cláudio não estava. Possuía o coração bastante acelerado e o corpo encharcado em suor. Tudo o que queria era atingir o objetivo e garantir o acordo. Mas esquecia-se de que se até mesmo um corpo jovem necessita de descanso, imagine então o de alguém que poucas atividades físicas realizava e já havia passado dos sessenta anos de idade.

Foi então que mais alguns instantes completamente entregue àquele único objetivo e sem realizar o descanso devido, o inevitável aconteceu. Pálido e inteiramente sem ar, Cláudio levou as mãos ao peito e logo em seguida caiu.

Eis a presunção presente e ainda enraizada nas criaturas. Superestimam a capacidade de seu corpo físico ao tomar para si uma carga maior do que este realmente pode suportar. Colocam sobre seus ombros responsabilidades sobre situações cuja resolução está além de seu alcance, deixando-se levar por objetivos equivocados que surgem diante das mentes ainda pouco conscientes do verdadeiro propósito que cada um deve almejar, que é a própria evolução espiritual.

A vida na Terra é sabiamente planejada, portanto o corpo físico que abrigará o espírito durante sua escalada, é forjado de tal forma que sirva a seu propósito durante determinado tempo, tendo sua vivência consumida conforme sua disposição seja solicitada. Portanto, quando a criatura que o habita precipita-se, sobrecarregando suas funções, sobrecarrega-o de forma a desestabilizar sua linha da vida. Jamais de forma a encurtá-la ou subitamente interrompê-la, mas de tal forma que a conclusão das tarefas futuras seja dificultada.

No transcorrer dessa experimentação que a criatura, ao precipitar-se totalmente inclinada a atingir um objetivo além de seu alcance, permite-se realizar, acaba por desequilibrar o andamento natural do fluxo de sua própria vida. E assim provoca vibrações ao seu redor que a colocam numa situação desnecessária. Por isso, quando o espírito pressente que está havendo esta desarmonia, procura meios de retomar o percurso que inicialmente era esperado.

Lembremos, porém, que ainda que a criatura precipite o enfrentamento de determinados desafios, estes são de fato planejados, todavia somente deveriam realizar-se quando, mais preparada, ela enfrentá-los-ia naturalmente. Desafios estes que, enquanto não se colocassem verdadeiramente à prova, seguiriam ecoando e incitando a criatura no transcorrer de seu percurso, pois se trata de algo que sempre fez parte do seu fluxo contínuo em direção ao todo. Mas que apenas se realizaria no tempo devido, aguardando condições para tal.

Deus, o sublime arquiteto da vida, é o único que conhece intimamente cada um de seus filhos e o momento exato onde cada experiência será realmente posta à prova. Dessa maneira, propicia-nos totais condições para seguirmos adiante.

Por isso crede sempre que nada ocorre sem um real propósito, apesar de nem sempre se compreender o porquê dos acontecimentos. Há momentos em que somente aqueles mais experientes têm condições de divisar e compreender o verdadeiro contexto das situações que vão surgindo no percorrer de cada uma das etapas do que compreendemos como vida.

Em sua casa, com o pôr do sol anunciando que dentro em breve o dia chegaria ao fim, Elisa, como que sentindo que algo a incomodava, pôs-se a janela de sua casa à espera do companheiro Cláudio. Ela havia praticamente passado o dia todo com um forte aperto no coração. Um misto de angústia e apreensão envolveu-lhe os pensamentos. Não sabia com exatidão de onde provinham aqueles sentimentos, ou o que os provocara, mas no fundo algo lhe dizia que tinha a ver com seu companheiro.

Os últimos acontecimentos ainda ecoavam em sua mente, e ela sabia que, assim como para ela, o fato que ocorrera comigo quando desmaiei sem motivo aparente e as dores no peito que Cláudio vinha sentindo, eram para este, mesmo que inconscientemente, motivos de preocupação.

Elisa conhecia bem o companheiro e sabia que o receio de provocar preocupações, que imaginava desnecessárias, era para ele mais importante que os próprios fatos em si. E sabia que Cláudio nunca fora alguém que dera mais atenções a sua saúde do que aos compromissos assumidos. Como tinham sido mínimas as ocasiões, durante o tempo que seguiram juntos, em que ele demonstrou algum problema físico ou receio de algo, minha mãe Elisa, mesmo amando-o com todo seu coração, não ficava lhe ditando como seguir. Ela intervinha somente nas ocasiões em que determinado excesso era evidente, caso contrário confiava que ele saberia como proceder.

Os homens consideram-se os únicos donos de si próprios. Creem ter nas mãos o controle sobre a vida e a morte. Porém disso nada sabem. Muitos são aqueles que julgam não somente os acontecimentos relacionados a si próprios, mas também em relação aos outros.

Fácil encontrarmos aqueles que dizem ser injusta ou revoltante determinada situação. Quando observam alguma ocorrência que coloca o próximo em verdadeira provação, logo se põem a julgar, como se possuíssem o conhecimento dos motivos que se encontravam por trás daquele ato. O homem somente observa o mundo com os minúsculos olhos físicos, e não com os olhos da alma. Creem estar acima das leis de Deus e esquecem da lei de causa e efeito.

Por acaso pensais que sabeis mais do que Deus?

Acreditais que se vosso irmão caiu em desgraça, foi consequência de uma fatalidade?

Ou então credes que o mundo segue entregue às escuras e que Deus nos abandonou?

Oh, homem! Até quando manterás os olhos fechados e te julgarás conhecedor das ilusórias verdades que por séculos carregaste? Por acaso te esqueceste das palavras do Cristo? Não disse ele "Ó geração incrédula e perversa! até quando estarei eu convosco, e até quando vos sofrerei?"[12]

Com suas palavras fica evidente como sua vinda era para acender uma verdadeira luz nos corações da humanidade. O mundo encontrava-se em verdadeira escuridão e necessitava de um guia e modelo a seguir. Pois bem, há mais de vinte séculos Jesus, a verdadeira luz do mundo, já nos indicava como seguir, e mesmo assim ainda existem tantos que insistem em fechar os olhos. Negam ver a luz que começa a alcançar a todos os cantos do globo.

É certo que a humanidade vem progredindo lentamente. Contudo, mesmo assim e nos dias atuais, prosseguem inúmeros corações embrutecidos por uma falsa sensação de superioridade. São estas criaturas que, quando um mal bate-lhes à porta, imediatamente começam a condenar primeiro Deus, e depois a todo o mundo por aquela cega injustiça.

Ouvi e compreendei, meus irmãos, na vida não existe mal algum. Seja numa encarnação ou não, tudo é pura e simplesmente uma verdadeira bênção de Deus. São abençoadas oportunidades que surgem para nosso próprio benefício, nossa própria evolução. Estamos todos, sem exceção, apenas colhendo aquilo que plantamos. Não somente em uma única encarnação, mas em várias.

Se fizeste mal a teu irmão em uma antiga existência física e na próxima não tiveste condições de saldar tal débito, fica consciente de que o reajuste logo chegará. Tu mesmo em dado momento clamarás por isto.

Então, quando vires algo ou tiveres de passar por algo, agradece a Deus. Diz-lhe obrigado por aquela dor, pois será teu bálsamo de luz. A dor tão necessária à cura é o que te elevará mais alto do que quando iniciaste tua caminhada.

— Descanse, meu amigo, logo você ficará bem – solicitou gentilmente uma voz serena.

— Não sinto meu corpo – verificou Cláudio.

— Fique calmo, você exigiu demais de seu corpo e deve guardar forças.

— Mas onde eu estou, e por que não consigo fixar o olhar em minha volta? – assustou-se Cláudio.

— Bem, como lhe disse, você exigiu muito de seu corpo, meu amigo. Fechou os olhos aos inúmeros avisos que vinha recebendo e

[12] Novo Testamento, Mateus 17:17.

o resultado não poderia ser outro.

— Mas eu não compreendo. Só me lembro que havia algo muito importante e que eu precisava cumprir, porém não consigo lembrar. Parece que minha mente está entorpecida.

— Faz parte do esforço que você realizou. O corpo físico possui reservas que devem ser atentamente respeitadas. Todo abuso implica uma consequência. Por isto a grande maioria das criaturas acaba falindo em pontos que parecem tão inocentes. Porém o risco encontra-se exatamente quando a confiança se sobrepõe ao respeito e cuidados consigo próprio. Daí então a queda iminente começa a ressoar no íntimo de cada um, alertando-o sobre as danosas consequências de seus atos.

Logo após um breve silêncio, Cláudio indagou-se:

— Meu Deus! Então estou morto?

24 – Dúvidas e incertezas

Levanta-te, e vai; a tua fé te salvou.[13]

Todo aquele que crê e confia não somente em Deus, mas também em si próprio, é capaz de operar verdadeiros milagres. Basta que o homem possua plena confiança de que se tiver fé, o Senhor enviar-lhe-á seus anjos para o amparar, e então não haverá obstáculo que por ele não seja superado.

Enquanto nos ocupamos muitas vezes em somente dar atenção às particularidades físicas que nos rodeiam, esquecemo-nos de trabalhar aquilo que deveria também ser essencial, que é trabalharmos a nossa fé.

Pode o homem seguir pelos corredores da morte, e mesmo assim, se tiver fé, sairá muito mais confiante do que quando entrou.

São as provações da vida o verdadeiro combustível que impulsiona o homem a seguir adiante. São elas que, atuando diretamente sobre os pontos ainda pouco consolidados, alicerçam suas bases. E assim garantem que sua estrutura esteja preparada para superar possíveis enfrentamentos, sem a probabilidade de eventuais quedas.

Por isso o homem é chamado a passar por determinada experimentação. Mas isso não se encontra somente nas mãos daqueles que devotadamente nos assistem, e sim colocado intimamente em

[13] Novo Testamento, Lucas 17:19.

cada um de nós. São esses fatos o clamor do próprio espírito imortal que almeja seguir adiante. Ele deseja e busca, por assim dizer, ser posto à prova, para que assim como um aluno que espera avançar sendo testado por um exame, o homem possa também submeter a si próprio ao teste.

Contudo, eis no processo de evolução duas vertentes que influenciam diretamente os resultados. São o esforço íntimo, com a compreensão dos reais recursos para transposição de determinado óbice, e a fé necessária e tão sustentadora da certeza do sucesso. Ou seja, sem esforço íntimo e fé, o homem é como um barco sem leme. As probabilidades de sucesso estarão completamente comprometidas.

Então, quando te encontrares à deriva e os recursos apresentarem-se escassos, lembra-te que tu és também uma das inúmeras centelhas de Deus. E que enquanto acreditares e tiveres fé inabalável e desejo sincero, não haverá um único obstáculo que não serás capaz de superar.

Já havia anoitecido sem que meu pai Cláudio retornasse para casa, e enquanto a preocupação começava a tomar conta de minha mãe Elisa, em meu quarto eu buscava o auxílio do amigo Balthazar.

— Senhor, eu e minha mãe estamos muito preocupados com meu pai. Já faz algumas horas que ele deveria ter retornado e ainda não tivemos notícias suas. Conversando com minha mãe hoje, percebi que havia nela uma preocupação. Disse que logo cedo meu pai parecia muito distante e preocupado com assuntos do trabalho. Haveria algo que o senhor poderia fazer para auxiliar-nos?

— Bem, meu amigo, como bem sabe, cada um de nós é senhor de si. Deus, nosso amado Pai, presenteou-nos com o livre arbítrio justamente para que cada qual pudesse, através de seu esforço, progredir e ir em busca daquilo que julga mormente necessário. Lembra-se quando comentamos a respeito dos íntimos desejos que cada criatura traz consigo e cuja aquisição ocorrerá somente no tempo devido? E ainda dissemos que o homem nada pode enquanto não ultrapassar as barreiras físicas e adentrar verdadeiramente no sublime mundo interior que possui? – considerou Balthazar.

— Sim, senhor, me lembro.

— Pois bem. Nossa função enquanto espíritos encarnados é justamente seguirmos em busca do nosso próprio eu. E não digo dos desejos e anseios referentes a aquisições materiais e superficiais, que nada acrescentam de verdadeiro ao espírito, mas sim daqueles que conhecemos, mas ainda não compreendemos, meu amigo. E isto somente vai ocorrendo à medida em que o homem avança moral e intelectualmente, pois começa a considerar aquilo que realmente possui valor e irá auxiliá-lo a subir mais um degrau em sua jornada. Contudo a vida com que Deus nos presenteia é tão perfeita, que ela nos promove uma verdadeira ascensão mútua. As buscas e necessidades de um adentram e somam-se às de seu irmão. Logo cada qual intimamente lança sobre o próximo uma parcela de si, e consequentemente também recebe sua equivalência.

— Desculpe, mas não entendi, senhor.

— Veja bem, Matheus, imaginemos dois homens. Um que se encontrava diante de um edifício e esperançoso em poder subi-lo, e outro que já nele residia em um andar intermediário, porém ansiava conhecer o topo. O primeiro, por mais que rodeasse o edifício, não conseguia encontrar escada que o auxiliasse, uma vez que entre ele e o edifício havia uma espessa vegetação, dificultando-lhe encontrá-la. Enquanto que o segundo podia ver a escada, mas necessitava de alguém para apoiá-la no edifício. Então o que estes dois homens decidiram fazer foi um tentar auxiliar ao outro. O segundo indicava ao primeiro onde estava a escada, uma vez que do andar em que se encontrava podia facilmente vê-la, e o primeiro a apoiaria próximo do segundo para que este também pudesse utilizá-la. Porém, quando ambos já se encontravam juntos na escada e avançando em direção à cobertura, ocorreu que ambos perceberam que possuíam medo de altura e cogitaram desistir. Os dois finalmente estavam tendo a aguardada oportunidade, mas lhes faltava algo.

— O que era? – indaguei, curioso.

— Faltava-lhes fé. Duvidavam que fossem capazes de conseguir chegar ao topo. Então, quando se lhes instaurou o receio da subida, eis que ambos logo procuraram elevar o pensamento a Deus para que os sustentasse. E imediatamente começaram a conversar e perceber o longo caminho que já haviam percorrido para terem diante de si aquela oportunidade. E que para vencerem aquele desafio, bastava apenas que confiassem em Deus, que jamais desampara seus filhos, e em si próprios, ou seja, na força interior que possuíam.

— Então eles conseguiram chegar ao topo, senhor Balthazar?

Perfeitamente. Um auxiliou o outro e ambos confiaram plenamente na fé que possuíam. Da mesma forma ocorre com as criaturas no transpor de seus obstáculos. Conseguem obter recursos para superar seus desafios e saldar seus débitos, e também têm a oportunidade de no decorrer de suas escaladas auxiliar o próximo, que indiretamente também estará auxiliando-os.

— Agradeço-lhe novamente pelos esclarecimentos, mas se me permite saber e o senhor souber dizer, meu pai está bem? Ele está com algum amigo? – acrescentei.

— Sim, Matheus, seu pai Cláudio encontra-se bem e devo dizer-lhe que também se encontra junto a um querido amigo seu, de longa data. Contudo caberá exclusivamente a ele reunir recursos para que equilibre sua situação.

E antes que pudesse despedir-me do sempre amigo Balthazar, assustei-me com as fortes e rápidas batidas na porta de casa. Eu e minha mãe logo corremos para ver se era meu pai, porém nos deparamos com uma notícia que não esperávamos. Era o jovem amigo de trabalho de meu pai, chamado Almir. Ele estava ofegante e possuía os olhos úmidos.

— Boa noite, senhora Elisa. A senhora me desculpe vir aqui a uma hora destas, mas creio que o assunto seja bastante sério.

— Então diga, moço, o que houve? Onde está Cláudio? – questionou-lhe, juntando as mãos.

Engolindo seco e procurando as melhores palavras, o jovem que tinha ido correndo à casa de Elisa fora um dos que presenciara o ocorrido.

— Senhora, estou vindo lá do hospital por causa do senhor Cláudio. Nós estávamos trabalhando e, em meio à correria das colheitas de hoje, creio que ele se excedeu e acabou não aguentando.

— Mas como ele está, moço?

— Creio que seja melhor a senhora me acompanhar e lá eles lhe explicam direito o que houve.

O hospital não ficava muito distante e poderíamos ir caminhando. Então rapidamente Elisa pegou-me e logo nos dirigimos ao local. No caminho Almir explicou-lhe sobre a falta de um dos empregados e a decisão de Cláudio em trabalhar no seu lugar para tentarem atingir as metas.

Ainda assustado com toda aquela situação, eu não conseguia

assimilar bem tudo aquilo, porém minha mãe foi o caminho todo, que por estarmos apreensivos e com pressa parecia interminável, orando a Deus para que cuidasse de meu pai.

Ao estacarmos no hospital, Almir, sem demora, levou-nos até um dos enfermeiros a fim de obtermos as informações necessárias.

O enfermeiro Sebastião explicou-nos que o quadro de meu pai e os relatos indicavam que ele tivera um infarto enquanto trabalhava. Contou-nos que assim que chegou, seus sinais vitais encontravam-se muito alterados e que naquele momento já se encontrava na mesa de cirurgia.

Minha mãe desabou. Não fossem Almir e Sebastião para ampará-la, teria encontrado o chão. Meu pai ainda estava vivo, mas em situação bastante delicada.

Imediatamente comecei a tentar entender as palavras de Balthazar, que me havia dito que meu pai estava bem e com um amigo. Para mim aquilo não estava fazendo sentido, pois o que via ali era uma situação que parecia completamente oposta. Confuso e com lágrimas nos olhos, indaguei-me então se o amigo Balthazar havia se enganado. Pois pensava que bem era aquele e quem poderia ser o amigo a que ele referiu-se.

Contudo o benfeitor espiritual não se havia enganado. Ocorria que a visão limitada sobre aquilo que é realmente bom para nós e a concepção ainda não tão bem espiritualizada, as quais me impediam de verificar o verdadeiro sentido das situações da vida como um todo, estavam dificultando a verdadeira compreensão. Todo efeito possui uma procedência enraizada em distinta causa. E verificar uma enfermidade somente com os olhos físicos é o mesmo que andar de olhos fechados e esperar encontrar a saída.

Quando analisamos os fatos que diariamente ocorrem não somente conosco, mas também com todos a nossa volta, sem mensurar o real propósito que aquilo realmente possui, é inevitável o julgamento de estarmos sendo injustiçados. Mas isso implicaria crermos então que Deus não sabe o que faz e que seguimos todos simplesmente desamparados.

Ora, tudo tem um propósito, como já dissemos. E uma dificuldade nada mais é que uma abençoada oportunidade. No relógio da vida tudo ocorre a seu tempo, sobretudo sempre nos encontramos amparados por amigos de bem.

Por isto, quando Balthazar disse que meu pai Cláudio encontrava-se bem, era porque não há nada melhor para uma criatura que poder ver-se diante de uma oportunidade que a fará experimentar-se verdadeiramente, a fim de promover-lhe condições de pôr-se à prova, fato este que inconscientemente proporciona verdadeira alegria ao espírito. E quando acrescentou que ele estava com um bom amigo, referia-se à companhia do querido benfeitor Cássius, cuja dedicação, no transcorrer de todo o período que perdurasse a existência física de meu pai, seguiria humildemente ao seu lado, sustentando-o no bem e transmitindo-lhe todo seu carinho e amor.

Enquanto na sala de cirurgia os médicos prosseguiam fazendo todo o possível para salvar meu pai, que se encontrava sedado e com os sinais vitais bastante comprometidos, o espírito dele, que se houvera distanciado do corpo no instante do infarto, encontrava-se em local seguro e agradável. O espírito de Cláudio havia-se afastado do corpo devido ao choque que sofrera no instante do ocorrido, porém ainda se mantinha interligado ao mesmo por sutilíssimo cordão luminoso. Cláudio instintivamente se afastou sem perceber.

Como o amigo Cássius seguia acompanhando-o no instante do infarto, ele bondosamente o acolheu e encaminhou a um posto de socorro situado bem próximo à cidade, antes que espíritos inferiores tentassem algo.

Enquanto no plano físico Cláudio era atendido pelos doutores do hospital, no espiritual ele era auxiliado pelos médicos do espaço, humildes servidores de Deus que cuidavam para que seu invólucro espiritual conseguisse suportar as cargas recebidas. E paternalmente segurando suas mãos estava o bondoso amigo Cássius, que o amparava naquele delicado momento. Este, que o tinha como um verdadeiro irmão, seguia junto dos médicos, fazendo todo o possível para sua recuperação, transmitindo aos envolvidos vibrações de paz.

Já no plano físico, tanto eu quanto minha mãe, que aguardávamos do lado de fora da sala, suplicávamos a Deus pelo bem estar de meu pai. Com lágrimas escorrendo pelos olhos, minha querida mãe rogava ao Pai para que não nos desamparasse naquele momento, enviando-nos seus anjos na companhia de nosso amado Senhor Jesus Cristo. Assim como minha mãe Elisa e eu nos entregávamos em oração, o amigo Balthazar junto de nós também orava ao Pai.

Logo uma grande corrente havia-se formado entre todos aqueles irmãos, unidos no amor de Deus.

O que eu e minha mãe não sabíamos era que fora o meu próprio pai quem escolhera passar por aquilo. Enquanto ele estivera no plano espiritual e antes desta encarnação, meu pai solicitara tal enfrentamento. Fazia parte de uma pendência que este possuía e ansiava pela oportunidade de resolver, para assim também me auxiliar, visto que uma parcela desta necessidade de meu pai também residia em mim.

Podemos dizer que na elucidação dada a mim pelo amigo Balthazar, eu era o primeiro homem, à procura da escada, e meu pai o segundo, que se encontrava no pavimento intermediário. São específicas, porém fundamentais, particularidades residentes em cada um de nós dois, que somente ao transpor é que conseguiríamos compreender, de maneira a suprirmos nossos íntimos anseios.

Contudo, um fato esperado pode carregar consigo ramificações que tendem a englobar outras questões que podem coexistir e interagir de maneira a ampliar os resultados. Neste caso, possibilitar a própria afirmação da fé.

Deitado em um leito hospitalar, meu pai Cláudio seguia sendo assistido pelo amigo Cássius, que lhe explicara sua situação. De maneira educada e cuidadosa, Cássius tentava elucidar ao amigo a situação, para que este se mantivesse tranquilo, na medida do possível, e consciente do seu estado.

Encontrando-se meu pai em uma espécie de sono profundo, Cássius contou-lhe que sair daquela situação dependia somente dele. Que o momento deveria ser de fé e serenidade para que tudo pudesse transcorrer de maneira harmoniosa.

Enquanto os médicos dos dois planos agiam sobre ele, as orações minha e de minha mãe começavam a alcançá-lo, fazendo-o chorar, pois apesar de seu estado um pouco turvo e com os pensamentos flutuando de maneira mais intensa, graças ao esforço do amigo Cássius, que o sustentava, Cláudio podia discernir o que ocorria.

Seria como alguém que se aventurasse no mar sem possuir os devidos equipamentos. Conseguiria lá permanecer, porém como não é seu ambiente natural, tudo agiria sobre ele causando desconforto. Contudo, com os instrumentos necessários, conseguiria superar os obstáculos e seguir de maneira mais tranquila.

Então, mesmo distante de seu corpo físico, Cláudio mantinha-se consciente graças ao amparo de Cássius, que, como um humilde instrumento, sustentava-o.

Cássius sabia o quanto aquela oportunidade era valiosa para o amigo, e empregava todas as suas forças para que ele pudesse absorver o melhor.

Na mente de Cláudio atravessavam inúmeros fragmentos de memórias referentes à fatos daquela encarnação passada. São como inquietações que nos surgem em dados momentos, bagagens que trazemos, cujos quinhões encontram-se pouco consolidados e incitam-nos à provação.

Como alguém que passivamente se deixa conduzir por especialista no campo das existências passadas, induzindo-o ao regresso, a fim de buscar o auxílio e compreensão das resoluções presentes, Cláudio era orientado por Cássius, que, como um magnetizador, ampliava os campos sensoriais do amigo para que suas percepções atingissem o estado desejável.

Antes de reencarnar naquela existência como meu pai, Cláudio trazia consigo uma necessidade que remontava ao período em que éramos irmãos, filhos do mesmo pai, período este já descrito por Balthazar quando rememorou a época em que fora escravo e eu, Matheus, um ambicioso comandante filho de Teófilo, ambos residentes na antiga Jordânia.

Cláudio, naquela existência, tinha o nome de Thiago. Criou-se uma diferença entre nós dois, provocada na quase totalidade por minha própria arrogância, porém imersa na fossa de sua indiferença. Apesar de mais jovem, Cláudio, deixando-se levar pela forma como eu era e agia, permitiu-se refletir em si uma parte daquilo em que me tornara.

Neste caso podemos verificar como todos os nossos débitos adquiridos jamais desaparecem enquanto não tivermos condições de saldá-los. Eles permanecem contidos em nosso íntimo, apenas aguardando que o momento oportuno se faça, que em nós as condições possam enfim amadurecer e permitir tal avanço. Por isso o processo de reencarnação demonstra-se extremamente importante. Através dele as criaturas que em dada circunstância acumularam pendências, poderão enfim se ver em condições para juntas ultrapassarem o obstáculo que criaram.

No caso de Cláudio, ele havia em encarnação passada criado

um débito para comigo, por intimamente se considerar parte dos motivos de minha própria infelicidade. O pequeno irmão jamais recebeu de minha parte um sorriso nem tampouco um olhar fraterno, por ser eu alguém que com o tempo havia me condicionado a ser uma pessoa fria e que não poderia demonstrar sentimentos.

Cláudio carregava a dúvida de se poderia de alguma forma ter auxiliado o irmão mais velho, amparando-o e evitando que se tornasse aquele homem sem caráter e revoltado contra tudo e todos. Havia ele talhado em seu íntimo este sentimento de culpa por talvez ter deixado de ser o irmão que eu esperava. Então Cláudio acabou aprisionando em si este sentimento, enquanto aguardava que a vida pudesse um dia proporcionar-nos condições para tal ajuste.

Logo, quando o momento enfim se apresentou diante dele, colocando-me sob a sua tutela como filho, conforme ele tanto almejara, ocorreu que aquele sentimento que Cláudio trazia em seu interior acabou ganhando forças e então eclodiu. A vida havia nos proporcionado importante reencontro, e o antigo irmão que se considerava o culpado por minha queda, agora tinha a sublime oportunidade que tanto aguardava e, desta vez como meu pai, poderia enfim me dar todo o amor e amparo que um dia imaginou ter negado.

Finalmente, pelo carinho paterno, Cláudio poderia abrandar o sentimento de culpa que cultivara durante longo tempo e aliviar aquele peso. Contudo, assim que se viu em reais condições para exercer tal função, o temor que enclausurara e cujas parcelas iriam seguir acomodando-se de maneira gradativa conforme o tempo agisse, acabaram sobrecarregando-o e então eclodiram.

Esse peso foi colocado sobre seus ombros por sua própria incerteza, cuja influência fizera-o a arcar com o receio de mais uma queda.

Restava agora saber se Cláudio conseguiria compreender aquela situação e então ter forças para remover-se daquele delicado estado.

25 – Tomai vossa cruz

> E quem não toma a sua cruz, e não segue após mim, não é digno de mim.[14]

Todo aquele que deseja alcançar o reino dos céus deve primeiro cumprir com seus deveres e só depois então pleitear o caminho

[14] Novo Testamento, Mateus 10:38.

dos justos. De nada adianta aquele que possui o coração maculado buscar conforto em tranquila condição, imaginando que os olhos alheios não veem seu íntimo, se seus atos escorrem-lhe pela alma.

Pode o homem enganar a si mesmo, mas jamais a Deus. Ele nos conhece e vê cada um de nossos passos, uma vez que já sabe nossas fraquezas. Contudo, Pai amoroso que é, jamais nos castiga e sempre nos proporciona condições para o reajuste.

O castigo vem de nós mesmos que, conscientes das faltas que cometemos, lançamo-nos em verdadeira inquisição ao sermos impactados por cada um de nossos pecados. Porém, como o juiz das mazelas que praticamos é o nosso próprio íntimo, que nos absolve ou condena severamente, o peso do gólgota sairá estritamente de nossas mãos.

O homem pode caminhar e agir no caminho do bem, mas enquanto em seu íntimo houver um resquício de barbárie, cuja fonte não for devidamente extirpada, o jugo permanecerá inabalável. Apenas uma consciência tranquila com o próximo e também consigo reunirá totais condições para adentrar a casa de Deus. Por isto Jesus disse-nos para vigiarmos e orarmos. Alertava-nos sobre o quanto nossas atitudes e intenções tornam-se senhoras de nossa própria liberdade.

Então, para que não sejamos surpreendidos pelas faltas que intimamente carregamos, procuremos todos nos despojar do orgulho, do temor e principalmente do receio em virmos a falir. Somente removendo o peso que colocamos sobre nossos ombros é que poderemos levantar a cabeça e enxergar o verdadeiro reino de Deus. E assim carregarmos então a cruz que nos pertence, e sermos dignos de seguir Jesus.

Enquanto Cláudio seguia sendo atendido na sala de operações do hospital, do lado de fora eu e minha mãe Elisa, que já estávamos rezando por horas, começávamos a ser tomados pelo cansaço, quando o doutor Everaldo, um dos médicos que o atenderam, vinha dar-nos notícias.

— A senhora que é parente de Cláudio?

— Sim, sou mulher dele – respondeu Elisa, apreensiva.

— Bem, como a senhora sabe, o Cláudio chegou aqui em estado bastante delicado depois de ter sofrido um infarto. E que se não tivesse ele uma boa saúde, com certeza teria vindo a óbito. Porém nós realizamos uma intervenção, e aparentemente seus sinais vitais apresentaram uma pequena melhora.

— Ai, graças a Deus, doutor.

— Contudo, após uma cirurgia, por mais bem sucedida que seja, a recuperação depende exclusivamente de como o paciente reage. Cláudio, apesar do estado, não apresentou nenhuma complicação durante o procedimento. Mas sua recuperação dependerá de como ele irá reagir nas próximas horas. Neste momento ele está completamente sedado e iremos acompanhar como será sua evolução. Eu lhes aconselho considerarem todas as possibilidades.

Nesse instante minha mãe desabou em choro, pois não podia imaginar-se sem o grande amor de sua vida e companheiro inseparável.

Então, logo os benfeitores que a acompanhavam começaram a vibrar, intuindo-a para que confiasse na providência divina. Dentre eles destacavam-se os amigos espirituais Cássius, Balthazar, Matilda e Júlio. Todos ali, unidos em Deus e amparados pelos ensinamentos de Jesus, formando uma luminosa corrente em torno de minha família.

E enxugando as lágrimas, minha mãe voltou-se ao doutor e agradeceu-lhe por todo o cuidado e dedicação que estavam tendo com meu pai. Elisa, que seguia banhada pelo amor dos amigos, permitira-se remover aquele peso e todo desespero que trazia, para assim conseguir ser envolvida por aquela corrente de paz e então demonstrar a verdadeira fé que possuía. Confiava ela que os anjos não a desamparariam e que Deus seguiria com suas mãos sobre o companheiro.

A cena que vi também me acalmou os pensamentos. Nunca houvera até então presenciado verdadeira demonstração de amor e carinho tão sublime quanto a que os abnegados irmãos estavam proporcionando-nos. Senti como se meus olhos tivessem ampliado seu alcance e logo as paredes desapareceram, permitindo-me avistar não apenas meu amado pai no leito ao lado, mas também inúmeros espíritos de luz que seguiam à nossa volta. Aqueles maravilhosos amigos formavam sobre nós uma poderosa corrente de amor, unindo-nos diretamente com o Altíssimo.

Foi a primeira vez que pude ver com tamanha clareza e nitidez não somente o valiosíssimo trabalho que os espíritos de luz realizam, mas também os matizes que vibravam do íntimo de cada um, para formar aquele maravilhoso berço em que nos envolviam.

Após termos passado praticamente a noite inteira e mais o período da manhã em vigília no hospital, alguns amigos, tanto do trabalho de meu pai quanto alguns vizinhos que souberam do ocorrido, começaram a ir buscar notícias.

— Boa tarde, senhora Elisa. Já teve alguma informação a respeito do estado do senhor Cláudio? – perguntou-lhe Almir.

— Boa tarde. Bem, o doutor informou que tiveram de realizar uma cirurgia emergencial no coração e que neste momento ele está sedado – explicou-lhe, tentando conter a emoção.

— Entendo. Mas olha, senhora, se eu soubesse que o senhor Cláudio ficaria neste estado, eu jamais teria permitido que ele abusasse como fez. É que ele estava tão preocupado em cumprir as metas, e também se dizia bem pra trabalhar, que eu nunca imaginaria que algo assim pudesse lhe ocorrer – lamentou-se.

— Não se preocupe, moço. Ninguém podia imaginar que isto aconteceria.

— Só Deus mesmo, senhora. Nestas horas somente Ele para nos ajudar.

Baixando então a cabeça, minha mãe pôs-se novamente a orar. Não cansava de rogar ao Pai para que estendesse suas mãos sobre Cláudio. Ao seu lado eu permanecia segurando suas mãos, enquanto no invisível os amigos espirituais prosseguiam vibrando ao lado de meu pai.

Sem conseguir ver Cláudio, cujo estado temporário se encontrava em faixa vibratória diferente dos amigos espirituais, e por isso desconhecia que seu espírito não se encontrava junto do corpo, a cena dele amparado por Cássius era-me invisível.

Enquanto os benfeitores prosseguiam sustentando-lhe o corpo físico, meu pai, revestido por seu invólucro semifluídico, era amparado por Cássius naquele momento tão delicado do seu restabelecimento. Unidos através de um cordão sutilíssimo e luminoso, corpo e espírito prosseguiam lutando para manterem-se interligados.

Como espíritos que desencarnaram prosseguem envoltos por seus próprios pensamentos, pois sem a matéria para contê-los são impactados por todos os seus atos, provocando-lhes verdadeira subjugação, meu pai caminhava por entre as vielas de seu passado, tentando absorver ou repelir seus atos. Semiconsciente de seu estado, como se estivesse acordado, mas mergulhado em profundo sono, procurava condenar-se ou absolver-se daquele peso e consequente culpa que trazia da época em que fomos irmãos.

Então, dando-lhe condições para que sua busca não se perdesse sob o véu do esquecimento e assim a provação condizente com aquele aguardado momento pudesse enfim se fazer presente conforme almejado, o amigo Cássius prosseguia vendo o que ele procurava em sua tela mental. Com a destra focada sobre o topo da cabeça de Cláudio, o benfeitor intimamente agradecia ao Pai pela abençoada oportunidade de estar ali junto ao amigo, por quem tinha amor e carinho que não possuíam limites. Desejava humildemente que o querido irmão em expiação no físico pudesse atingir os objetivos que intimamente trazia, e assim poder continuar sua caminhada evolutiva em direção à casa de Deus.

Inúmeras são as criaturas que prosseguem pelos mesmos caminhos e aguardam durante longo período para enfim poderem experimentar o fardo que carregam de maneira sublime e verdadeira. E é igual ou superior o número de benfeitores que se dedicam à tarefa de amor e auxílio ao próximo quando então no físico. Estes irmãos de luz formam um poderoso elo entre os diferentes planos da vida, para que a criatura física não se perca em meio às barreiras e camadas que tal estágio pode vir a proporcionar. E assim a verdadeira luz brilhará muito mais forte quando for capaz de romper esses obstáculos e enfim resplandecer onde quer que esteja.

Como ocorre com aqueles que se veem diante da morte e começam a experimentar inúmeras sensações que lhes ampliam os sentidos, pois que estando o laço que os une ao corpo prestes a romper-se, por breves instantes descortina-se o invisível, Cláudio seguia réu de seu próprio jugo.

Açoitavam-lhe a fortes golpes as imagens do antigo irmão Matheus a cair em profunda desgraça diante daqueles que o cercavam e principalmente de seu indiferente pai, que jamais dera a devida atenção ao filho da maneira como este realmente gostaria. Sua atenção era inteiramente voltada ao trato com alguns poucos amigos, empregados e principalmente para com seu filho mais jovem, Thiago, que era Cláudio nesta antiga existência.

Mas as queixas que eu, Matheus, tivera naquela existência, eclodiram principalmente quando me vi perder toda a herança de meu pai para meu irmão Thiago. Não muitos anos mais velho, porém maduro o suficiente para ter-me tornado o chefe das guardas de meu pai, eu praticamente impunha o temor e respeito diante de todos devido ao meu temperamento.

Sempre austero e arrogante para com meus subordinados e os empregados da casa de meu pai, eu jamais deixava que alguém se pusesse em meu caminho. Procurava sempre ser o mais rígido e eficiente que pudesse. Tudo com o pretexto de estar obedecendo às ordens de meu pai.

Quantas não foram as torturas ou as mortes que cegamente pratiquei, somente para que meu pai tivesse orgulho de mim e um dia me confiasse todo seu legado. Nos banquetes e festejos, eu sempre demonstrava a todos e a meu pai que não me importava em estar presente, afirmando que o meu papel era o de garantir a ordem. Mas no fundo o que eu realmente queria e ansiava era estar sentado à mesa junto de meu pai, ao seu lado, lugar que julgava ser-me de direito.

Porém quem ocupava o almejado lugar era sempre meu irmão mais novo, Thiago. Nas poucas vezes que adentrei o salão para transmitir alguma ordem aos meus subordinados que mantinham o zelo do local, enquanto eu me ocupava da segurança da parte externa, pude ver com profunda revolta a imagem de meu irmão ao lado de meu pai.

Sempre muito sorridente e atencioso, meu irmão praticamente era a alegria de meu pai Teófilo. Vivia agradando-o e tecendo-lhe elogios. Não somente para com meu pai, mas também com as outras pessoas, Thiago fazia questão de ser gentil e solícito. Principalmente para comigo, que sempre o ignorava. Contudo, quando me via, até tentava manter algum diálogo, mas era logo interrompido por minhas palavras curtas e secas.

Rapaz jovem, ele mal sabia que me provocava verdadeira revolta e inveja por estar sempre rodeado de amigos e atenção, enquanto eu acumulava inimigos e desavenças.

Então o que era uma revolta íntima acabou tornando-se pública, quando em mais uma tentativa, meu irmão veio procurar um diálogo comigo, a fim de convidar-me a cear com eles. E eu, em ataque de fúria, descarreguei sobre ele toda minha indignação.

Às portas do salão, totalmente ocupado por amigos distantes de meu pai, comecei a gritar e gesticular, afirmando para meu irmão o quanto eu o odiava e detestava suas tentativas de uma aproximação.

Ensandecido, eu somente parei de ofendê-lo quando meu pai deu um tapa na mesa e, de pé, ordenou-me que saísse. Naquele instante eu pude sentir pela primeira vez um verdadeiro olhar de desprezo de meu pai para comigo. E então, logo considerei que aquilo não era novidade, e que no fundo ele sempre reteve tal sentimento por mim. Sem jamais ter ouvido uma única palavra que comprovasse o sentimento que julgava meu pai ter por mim, por ser eu fruto de sua antiga mulher, que ele expulsara de casa, alimentei em mim aquele sentimento de que era desprezado e desmerecedor de sua atenção.

Daquele dia em diante, acreditava que tudo havia mudado. Os olhares, as conversas em tom de sussurro, o trato comigo, e principalmente a sensação de desprezo daqueles que me cercavam e, como não poderia deixar de ser, de meu pai, irmão e até de minha madrasta.

Contudo, cego e convencido de que todos me desprezavam pela maneira com que tratei a meu irmão, pessoa simples e de grande carisma para com todos, acabei por criar a ideia de que era rejeitado. Em minha mente, confusa e inflexível, supus que todos haviam começado a desprezar-me, quando na realidade somente consegui que minha fama de pessoa enérgica se confirmasse.

Mas ocorria que todos ali já me conheciam bem e tal ato não os fez agir de outra forma. Prosseguiam agindo comigo como sempre o fizeram. O medo que possuíam, os olhares de receio e os sussurros sempre existiram. Havia tempos que eu condicionara as pessoas a agirem daquela forma quando me encontravam.

Mas como sempre fui uma pessoa rude e nunca dei intimidade para que me tratassem como amigo, ocorria que nunca me havia dado conta de como se comportavam ao meu redor. E quando então passei a notar, logo associei ao fato de ter sido arrogante com meu irmão Thiago.

A partir de então algo havia mudado em mim. Seguia mais enérgico e mais reservado do que antes. Pensava que se não queriam minha presença e se era eu motivo de desprezo, então agiria da mesma maneira.

Contudo eu já era enérgico e já desprezava a todos. Somente me importava com o que meu pai pensava a meu respeito. Porém, mesmo para com ele, eu já não agia igualmente. Nos poucos diálogos que mantínhamos, eu não mais o encarava nos olhos ou esperava algum reconhecimento. Era como se por dentro eu estivesse despedaçado.

Logo meu pai e meu irmão perceberam como eu estava me sentindo, e que algo em mim havia mudado. Durante os combates que se sucederam após o ocorrido com meu irmão, meu rendimento e minha autoestima caíram de uma tal forma que por três ocasiões tivemos de fugir do local para não sermos derrotados, mesmo com um número de homens maior que dos nossos adversários. Era somente algo não sair como o esperado para então eu começar a duvidar de minha capacidade de liderar.

Sempre tão ocupado com seus assuntos, para meu pai pouco importava se havíamos fugido, desde que suas terras continuassem preservadas, fato este que somente ocorria graças aos outros chefes das guardas secundárias, que evitavam o avanço das tropas adversárias.

Como uma criança que leva bronca do pai e começa então a imaginar que este a odeia, ou que não é mais amada, eu seguia cada vez mais entrando em profunda depressão. Somando-se a isso os enlaces de inúmeros espíritos inferiores das mais diferentes espécies que me consumiam a fim de colocar-me no nível mais baixo que conseguissem, tudo rapidamente em mim começou a desabar.

Foi então que, percebendo a situação em que me encontrava e cogitando ter sido iniciada pelo incidente no salão, quando o repreendi enérgica e violentamente, meu irmão Thiago logo considerou tentar conversar comigo. Queria dizer-me que sentia muito pelo ocorrido e que a culpa havia sido dele por não ter compreendido e respeitado minha posição. E acrescentar que me amava e jamais quis ofender-me nas vezes em que me chamou para juntar-me a eles à mesa.

Porém, jovem, Thiago, apesar de amar-me e ver meu estado, começou a ter receio de ser novamente recebido com gritaria. Começou a ter pena de ver-me naquela situação e culpava-se. Contudo, mesmo vendo-me definhar em depressão, meu irmão acabou não conseguindo romper aquela barreira criada entre nós e adiou seu pedido de desculpas.

Esse adiamento acabaria por prolongar-se por tempo indeterminado, uma vez que na semana seguinte todos fomos pegos de surpresa com um problema de saúde que consumiu meu pai em apenas cinco dias, levando-o à morte, mas não antes de passar todo o seu legado ao filho. Filho este chamado Thiago.

Numa época onde geralmente o filho mais velho, que era o meu caso, era o principal beneficiado e responsável por dar continuidade ao legado do pai, isso, para minha incalculável tristeza, simplesmente não ocorreu. Meu pai, cujos motivos não ficaram claros, optou pelo filho mais jovem, enquanto ao mais velho nada deixou.

Pouco tempo depois eu fui encontrado enforcado. Havia me suicidado, revoltado por tudo o que me ocorrera e pela sensação de jamais ter tido o meu trabalho reconhecido.

Ao meu irmão Thiago, agora responsável por dar continuidade ao legado de meu pai, o remorso que o acometeu com minha morte caiu-lhes com enorme peso. Julgava ter sido ele o responsável pela trágica atitude que tomei. E até o fim de seus dias culpou-se por não me haver dito tudo o que realmente sentia e o quanto me amava.

Thiago, agora reencarnado com o nome de Cláudio, mesmo após longo tempo ainda retinha intimamente aquele sentimento de culpa adquirido naquela antiga existência. E como não há causa sem efeito, aquela pendência que ele alojara em si prosseguiu em estado latente, somente aguardando pela esperada oportunidade.

Passam-se os tempos, pessoas vêm e vão, evoluem, e independentemente das vestes que utilizam como invólucro do espírito, por dentro constituem o mesmo ser sequioso por elevar a si próprio em direção ao seio de Deus, onde todos um dia hão de chegar.

Mas como um débito, em alguns casos, pode ser saldado em toda sua plenitude, se as criaturas envolvidas já se encontram em situações totalmente diferentes daquelas que então possuíam, e os degraus que encontraram foram vencidos pouco a pouco?

A evolução jamais cessa e tudo é sempre contínuo, por isso a cada nova etapa inúmeros ganhos vão sendo progressivamente obtidos. E mesmo o mais experimentado dos seres sabe e reconhece que a evolução é contínua e que há sempre o que se melhorar. Porém, como tudo ocorre somente no devido tempo, não se pode desejar colher os frutos sem que estes já se encontrem maduros, existe um tempo certo para a almejada colheita.

E este era o caso envolvendo a mim e Cláudio. O tempo da

colheita enfim se fazia presente e ambas as almas buscavam o aguardado reajuste. Mas como Cláudio poderia pedir perdão àquele antigo Matheus, se eu já estava encarnado sob as vestes de seu amado filho?

Só havia um jeito. Eu iria ao encontro dele em desdobramento, e com o auxílio dos benfeitores espirituais, atuaríamos sobre as células psicossomáticas para resgatarmos aquela antiga forma e assim podermos auxiliá-lo.

26 – Perdão das ofensas

> Porque, se perdoardes aos homens as suas ofensas, também vosso Pai celestial vos perdoará a vós.[15]

No turbilhão da vida física, inumeráveis sempre serão as oportunidades em que a criatura ver-se-á diante de verdadeira experimentação do que realmente traz em seu íntimo. Recobertos todos sob o manto da materialidade, o ser deixa de estar livre e deve condicionar-se de tal modo que o seu eu interior, que nada mais é do que aquele que nos sussurra na consciência, ditando-nos como proceder, será submetido a expor tudo aquilo que realmente traz.

Sem valiosa e tão necessária oportunidade, a criatura não conseguiria demonstrar tudo o que acumulou durante suas jornadas, de maneira que possa expressar em si todas as suas particularidades e assim, com o auxílio dos bons espíritos e sua íntima compreensão, poder experimentá-las no devido tempo e então, logo seja possível, superá-las.

O perdão, quando promovido pelo coração, sem que haja sequelas ou pequenos obstáculos que os olhos fingem ter superado, só é verdadeiro quando se compreende e aceita que tudo sempre ocorre como realmente deve. Cada qual, independentemente daquilo que traz, age somente da maneira que lhe é possível em determinado instante. Ou seja, se de alguma forma alguém o feriu ou ofendeu, isso somente ocorreu porque a situação em que se encontrava só lhe permitia agir daquela maneira. Sua condição moral levou-o a cometer tal ofensa apenas porque aquilo era tudo o que ele conseguia ali expressar.

Não penses que és vítima de momentânea infelicidade, e que

[15] Novo Testamento, Mateus 6:14.

recaiu sobre ti verdadeira injúria. Mais uma vez dizemos que tudo ocorre como deve ser. E que se foste tu o ofendido, é para que te sirva de exemplo, uma vez que em teu íntimo aparentemente não trazes nada que justifique tal atitude.

Assim como ao ver uma criança fazendo algo incorreto, indica-se o caminho a seguir, ou quando ela comete uma ofensa, chama-se a atenção sobre como agir, deve-se tratar também desta forma todos os irmãos, compreendendo que isso não se aplica somente aos pequeninos. A vida física é sublime oportunidade para que todos os espíritos encarnados possam, através do peso da matéria, progredir de maneira que não conseguiriam caso não lhes fosse dada essa oportunidade.

Por isso a ascensão das criaturas, quando conscientes do papel que necessitam exercer, consegue ser poderoso instrumento. O homem que enxerga nas palavras de Jesus o reto caminho que nos leva em direção a Deus, nada teme, e sabe que o nosso progresso depende de nós, mas também do próximo. Todos somos um no Pai. E enquanto houver qualquer resquício que impossibilite a ascensão de um, o outro deve sempre ter na consciência que somente lhe estendendo a mão e eliminando qualquer indiferença, é que a vida permitir-lhe-á prosseguir.

No plano físico, enquanto minha humilde mãe prosseguia em oração pelo refazimento de meu pai, eu, sentado ao seu lado, também me mantinha de olhos fechados, procurando elevar o pensamento. Com o espírito consciente do que deveria fazer, junto do amigo Balthazar, que me proporcionava recursos fluídicos a fim de dar-me condições para revolver minhas antigas memórias, seguíamos rogando ao Pai para que nos permitisse obter o aguardado reencontro.

Aquela seria a primeira vez que eu realizaria o desdobramento sem me encontrar imerso no sono. E por isto o amigo Balthazar havia solicitado o amparo de mais dois irmãos vindos de nossa querida Morada Renascer, os quais eu, enquanto espírito liberto, havia conhecido muito bem. Eram eles os instrutores Demósteles e Altamir.

Os humildes tutores, com quem tivera o prazer de conviver enquanto residente naquela abençoada morada, atuariam em conjunto com Balthazar para que não somente obtivéssemos o desdobramento necessário e meu espírito encarnado pudesse deixar momentaneamente meu corpo físico, mas também para que pudesse recobrir-se sob as vestes do antigo Matheus que convivera junto de meu pai quando este era Thiago. Era importante que o véu do esquecimento fosse temporariamente levantado e aquelas antigas lembranças pudessem tornar a envolver-me os pensamentos, para que assim nossas dissensões pudessem enfim ser sanadas em toda sua profundidade.

Há que destacar-se que após minha dedicada entrega na Escola Frei Augusto, foi que pude atingir condições para instaurar tais processos sem haver danos em minha própria caminhada evolutiva. Os dedicados amigos espirituais que me sustentavam sabiam exatamente até que ponto poderiam erguer o véu, sem com isto me acarretar algum risco.

Então, após considerável tempo e esforço, nós enfim havíamos conseguido o desdobramento, e eu encontrava-me sob as vestes e lembranças do antigo Matheus. Os três abnegados espíritos atuavam tanto sobre minhas células psicossomáticas, a fim de garantir-me tal aparência, quanto em minhas próprias lembranças, para que o encontro e resgate de meu pai Cláudio pudessem transcorrer conforme aquela solução ansiosamente aguardada.

Espiritualmente fora de meu corpo físico, que permanecia temporariamente inerte e sentado ao lado de minha mãe no hospital, conectado pelo sutil fio prateado que me possibilitava tal distanciamento, eu era então conduzido pelos amigos até o local onde o espírito de meu pai, nas mesmas condições, aguardava-me.

Não podíamos demorar-nos, pois meu corpo físico, tendo permanecido em repouso no hospital, não poderia sofrer qualquer ação que me obrigasse ao retorno imediato, impossibilitando-nos assim o aguardado reencontro.

Sob as vestes do jovem Thiago, meu carismático e sorridente irmão de outrora, porém trazendo no semblante a expressão triste pelo repúdio que sofrera e o coração marcado com aquele suicídio que enfrentara, avistei Cláudio ajoelhado debaixo da mesma árvore que utilizei para pôr um fim àquela minha antiga existência. Com o olhar fixo no horizonte e as lágrimas escorrendo pelo rosto, ele parecia tentar compreender por que seu irmão havia tomado aquela atitude.

Ele sabia o quanto era importante para o irmão ter a confiança de seu pai e o esforço que havia feito durante anos para que um dia pudesse ser digno de receber seu legado. Sabia o quanto eu havia lutado e me privado para aquilo. Por isto jamais quis envolver-se com os assuntos da família, pois acreditava que quando chegasse o momento, tudo seria passado para mim, que era o primogênito.

Contudo, jamais poderia imaginar que seu pai pensasse de outra forma. Deixar tudo o que era seu para o filho mais novo, que em nenhum momento almejou algo que não fosse apenas o suficiente, alguns bons amigos e uma vida simples e sem grandes obrigações.

Apesar dos "muros" levantados por mim para manter afastados sentimentos e um convívio que eu julgava prejudicial e cabível somente às pessoas fracas, cujo contato acreditava rebaixar-me, no fundo Cláudio apenas queria minha felicidade. E foi o que de seu jeito tentou mostrar-me.

Se soubesse que um dia seu pai deixar-lhe-ia tudo e que isso poderia revoltar-me de tal forma a levar-me a provocar o suicídio, teria escolhido abandonar tudo e fugido de casa. Ter de conviver com o peso que aquelas escolhas haviam tido, e com a morte do irmão indiretamente recaindo sobre suas costas, era algo que um irmão jamais deveria ter que enfrentar.

Cláudio passou o resto de sua existência culpando-se por minha atitude e procurando respostas que pudessem de alguma forma tentar amenizar todo aquele peso que recaíra sobre si.

Enquanto Cláudio sentia toda aquela dor, que durante longo tempo carregava dentro de si, eu aproximei-me dele, e sem conseguir pronunciar uma única palavra que pudesse expressar meus sentimentos, também me ajoelhei. E ao seu lado, como um arrependido irmão, rogando ao Pai para que me auxiliasse a remover aquela dor de seu coração, baixei a cabeça suplicando seu perdão, e com um gesto tímido, coloquei minha mão lentamente sobre a sua.

— Lembro-me de quando éramos bem pequenos e costumávamos aprontar com os empregados da casa. – iniciou Cláudio – A gente vivia correndo pela casa e causando a maior confusão. Não possuíamos obrigações e nossa única preocupação era evitar que o papai descobrisse e nos castigasse – lembrou ele.

— É verdade – respondi, ensaiando um sorriso.

— Apesar de ser um pouco mais velho, você sempre me acompanhava nas travessuras. Desde cedo já conseguia encontrar formas de nos divertirmos e escaparmos sem que nos pegassem. E quando eu me machucava ou sentia medo, parecia sempre possuir uma maneira de consolar-me – prosseguiu Cláudio.

Realmente. Nossa antiga existência nem sempre foi conturbada e tempestuosa. Enquanto crianças e sem que nossos espíritos pudessem ter-se condicionado completamente a nossas novas roupagens físicas, e revestindo-nos assim sob a imagem frágil e simples que é de caráter comum das crianças, éramos apenas bons irmãos. Ali, entregues a uma nova oportunidade, ainda não reuníamos totais condições para que o profundo caráter que trazíamos enfim se apresentasse em toda sua plenitude.

— Éramos felizes – completou ele, baixando a cabeça e retirando sua mão de baixo da minha.

Ele estava certo. Nós nos tratávamos e agíamos como verdadeiros irmãos. Não havia interesses, vaidade ou orgulho. Eu ainda não tinha aderido às vestes de meu caráter frio e egoísta. Não era aquele irmão cujo único objetivo era impressionar o pai, sem se importar de passar por cima dos outros. E tudo para que meu ego inflamado continuamente no decorrer de inúmeras existências lamentáveis, pudesse mais uma vez cobrir-me com o manto da escuridão.

Eu havia mais uma vez sido fraco e egoísta. Pensei somente em mim, e quando me deparava com os instrumentos de Deus para que compreendesse os reais caminhos que cegamente seguia traçando, simplesmente os repelia. Não trazia ali comigo somente o peso de meus atos, mas também e principalmente todo o fardo que estes consequentemente provocaram.

E ali, ao lado de meu humilde pai sob as vestes de meu antigo irmão Thiago, eu podia sentir um pouco de toda a dor e tristeza que tanto eu continuamente lhes suscitava.

Tive ímpeto de chorar e desabar em lamentações, a fim de demonstrar-lhe o quanto eu estava arrependido por tudo aquilo. Lançar-me a seus pés, como uma insignificante criatura cujos atos não eram dignos de receber o perdão.

Mas não era aquilo que eu, através do dedicado esforço dos humildes benfeitores espirituais, havia aprendido. Tampouco o que meu querido pai naquele momento necessitava. Sim, eu realmente estava arrependido e permitira-me compreender um pouco das consequências que meus tristes atos em todos os meus irmãos tinha provocado. Desejava do fundo de meu coração reparar-me. Porém não era agindo de maneira desesperada que conseguiria ali auxiliá-lo.

— Meu irmão, você se recorda das histórias que ouvíamos sobre o filho de Deus? Lembra-se das maravilhas e dos milagres que o povo tanto comentava? – iniciei – Lembro-me quando falavam a respeito do grande amor que ele possuía. Não apenas dentre os seus, mas também e principalmente em relação ao próximo. Era o amor puro e verdadeiro. Um amor sem limites, para o qual não existiam barreiras. Diziam que o filho de Deus era tão bom e possuía tanto amor, que nem para com aqueles que o maltrataram ele permitia-se sentir algo que não fosse o amor. E você acha que todos que o castigaram e fizeram passar por aquilo eram homens ruins e apenas queriam feri-lo? Eram criaturas que somente possuíam ódio no coração e por isto o fizeram sofrer? – ao fazer uma pausa, percebi que conseguira a atenção de Cláudio e continuei.

— Não, meu irmão. Todos aqueles homens apenas estavam completamente perdidos. Agiam da maneira que naquele momento o caráter de cada um lhes permitia. Foram condicionados a ver somente a escuridão. Não estavam preparados para agir de outra forma, uma vez que ser daquele jeito era tudo o que conheciam. Pensemos o seguinte, imagine se uma criança começa a brincar perto de seu pai, que dorme ao seu lado, e por infelicidade encontra um pequeno punhal. Inocente e imatura para discernir os perigos do que possuía em sua mão, ela começa então a manuseá-lo junto ao pai, e de repente o deixa cair sobre ele, ferindo-o. O que o pai deve fazer com seu filho? Acha que ele deve castigá-lo ferrenhamente por algo de que ele nem mesmo conhece a gravidade? Este pai deve açoitar esta criança por tê-lo ferido e então, através da força, obrigá-la a entender algo que sua condição infantil impede-a de compreender? É isto?

Ao perceber que ele ainda se mantinha atento e parecia indagar-se, prossegui.

— O pai, que se supõe já ter atingido maturidade suficiente e lhe cabe o dever de educar, não deve jamais ser o primeiro a levantar a mão e usar a força. Não, meu irmão, o pai deve ser o primeiro a lhe dar o devido amparo. O primeiro a estender-lhe os braços em sinal de compreensão. Deve ser aquele a instruí-lo sobre como agir, orientando-o com todo amor e carinho que possui. Este é o verdadeiro dever de pai. Entender que seu filho depende dele para orientá-lo e indicar-lhe o correto caminho a seguir. E da mesma maneira agia o filho de Deus para com aquelas pessoas, irmão. Ele os via como pequenos irmãos que ainda não haviam aprendido como agir. Era aquilo que naquele momento conheciam como o correto para eles. Suas condições não lhe permitiam ver além daquelas ações que julgavam corretas.

— O filho de Deus – continuei – sabia que eles eram daquela forma e, mesmo assim, jamais os condenou. Muito pelo contrário, dedicou-se a lançar-lhes a pedra fundamental para que com isto pudessem erguer suas bases sobre os sublimes valores da vida, que nada mais é que termos amor uns pelos outros. O amor de pai para filho e do filho para o pai. E é este o amor que sinto por você, meu irmão, meu querido e amado pai, cuja humildade e dedicação são muito maiores do que eu jamais imaginaria receber. Por favor, me perdoe se fui fraco e deixei-me cair em minha própria escuridão. Hoje compreendo o quanto errei e quanto mal eu fiz. E por isto lhe peço, meu pai, não se culpe pelas faltas que este filho imaturo cometeu. Permita-me que em seus braços eu possa mais uma vez ser acolhido. E que destes eu jamais torne a sair... Por favor, meu pai. Eu ainda preciso muito de você, não me deixe – supliquei-lhe, lançando-me às lágrimas.

Partia-me o coração saber que Cláudio havia-se colocado naquela situação por minha causa. Eu buscava forças para fazê-lo compreender o quanto minhas atitudes naquela antiga existência ainda pesavam em meu ser. Eu, com muito esforço, compreendera que todas as dores e sofrimentos causados ao próximo abrem em nós mesmos feridas muito mais profundas. Feridas que seguirão abertas e consumindo-nos enquanto não compreendermos o quanto somos fracos e estamos muito distantes dos verdadeiros valores cristãos. E que somente através do profundo arrependimento conseguiremos abrir os olhos e ver o quanto estávamos perdidos.

E ali, sob as vestes daquele antigo Matheus, agora tão arrependido, esperava do fundo de meu coração apenas que meu pai Cláudio, sob as vestes de meu irmão Thiago, apenas não mais se culpasse. Se alguém deveria ser considerado o culpado, que fosse eu, mas não ele. Do lado de fora da sala, havia uma querida companheira que ainda precisava muito dele. E um pequeno filho que nascera esperançoso por encontrar junto deles a devida redenção.

— Por favor, Deus, traz de volta meu pai para junto de nós, eu lhe suplico. – orava eu – Não permita que meus erros do passado mais uma vez recaiam sobre estas humildes pessoas. Castiga-me, mas não a eles – supliquei.

Sem mais conseguir conter aquele sentimento que me invadia, às lágrimas e de joelhos, levei as mãos ao rosto e, como uma criança, apenas chorava inconsolado. Sentia como se fosse mais uma vez perder um pai.

Porém alguém calmamente tocou em minha cabeça e começou a afagar meus cabelos. E ao abrir os olhos, vi bem diante de mim, sorrindo-me, meu pai. Não era mais Thiago, e sim Cláudio quem estava ali. Aquele rapaz triste e desolado agora dava lugar ao querido senhor que me acolhera como filho.

Pude perceber claramente em seus olhos que aquelas dores do passado enfim puderam ser superadas. Todo aquele peso que meu pai trazia havia se transformado em amor. E segurando firme em minhas mãos, levantou-me e disse:

— Venha, vamos voltar para casa, meu filho.

27 – A sagrada família

> Porque Deus ordenou, dizendo: Honra a teu pai e a tua mãe.[16]

Todo aquele que compreende os reais valores existentes por trás das criaturas que, por misericórdia divina, têm a valiosa oportunidade paterna, não se permite envolver no turbilhão das puerilidades que a grande maioria ainda carrega. Ele já se permitiu interiorizar a essência contida em tamanho ato de amor e desprendimento. Consegue ultrapassar as densas barreiras físicas e visualizar o que este gesto de verdadeira abnegação traz em seu íntimo.

Um desejo ardente de proporcionar importante contato entre almas sequiosas por esta grata oportunidade. Filhos e filhas em Deus que intimamente trazem o desejo do elo capaz de lhes oferecer condições para juntos obterem novas conquistas.

Contudo, há também, e em grande número, aqueles cujas pendências criadas em estâncias pretéritas envolvem-nos de tal maneira que, não fossem essas oportunidades junto aos que um dia estiveram em seu caminho, suas jornadas estender-se-iam indefi-

[16] Novo Testamento, Mateus 15:4.

nidamente. Aquele sentimento que se permitiram manifestar de forma tão destrutiva por seus irmãos em Deus, permaneceria consumindo-os sem que houvesse condições para por si sós alterarem seu estado.

Não há causa sem efeito, ou mérito sem esforço. Quem cultiva o ódio, colhe o ódio, e aquele que semeia o amor, não apenas se beneficia, mas também ao próximo. O amor provém de Deus, fonte eterna e inesgotável, cujas bênçãos alcançam a todos os seus amados filhos. O ódio nada mais é que a ausência da bondade, e a escuridão é apenas a ausência da luz. Não são criações de Deus, mas apenas a falta que cada um de nós permitiu-se momentaneamente manifestar.

Por isto é que nosso amado Pai tão sabiamente nos permitiu a abençoada oportunidade de, em dado momento, experimentarmos a paternidade. É através deste sublime ato de amor que os reajustes são possíveis. Verdadeiro gesto de carinho, capaz de abrir todas as portas que, por conta de pendências ainda tão enraizadas no íntimo de cada um, impediam-nos o progresso.

O ano era 1916 e eu, agora contando meus quinze anos, procurava ser o mais prestativo possível para com meus queridos pais Cláudio e Elisa, com respectivamente 70 e 68 anos de idade.

Ambos sempre foram bastante ativos e dificilmente ficavam amuados, reclamando de algum incômodo. Porém, desde que meu pai tivera um infarto havia cerca de três anos, sua disposição diminuiu bastante. Bastava realizar algo que exigisse um pouco mais de esforço, para que relatasse sentir falta de ar.

Acompanhando-o semestralmente, o doutor Alberto fazia questão de afirmar que a saúde de meu pai encontrava-se relativamente boa, porém, devido ao infarto que sofrera, associado à idade, solicitava sempre que ele não abusasse, e que procurasse ouvir e respeitar os limites de seu corpo.

Já pelo lado espiritual, o amigo Balthazar explicara-me que após aquele evento, onde o espírito de meu pai Cláudio esteve sob as vestes de meu antigo irmão Thiago, ele conseguira, através de seu esforço e compreensão, superar em seu íntimo aqueles entraves que carregava para comigo enquanto seu irmão.

Devo confessar que para mim, ali como filho de Cláudio e Elisa, tudo o que acontecera enquanto eu estivera em desdobramento junto de meu pai, não passava de apenas um apanhado de imagens desconexas, lembrando somente a sensação de ter experimentado um confuso sonho.

É certo que o amigo Balthazar gentilmente me esclarecera a respeito do ocorrido, proporcionando-me alguns esclarecimentos, porém apenas em caráter de benéficas elucidações, e sempre tendo o cuidado para que nada se sobrepusesse de maneira a interferir sensivelmente no âmbito daquela atual encarnação.

Além disso, acompanhando meu pai, sempre permanecia a seu lado o dedicado companheiro Cássius. Abnegado benfeitor espiritual, este amigo seguia fielmente procurando orientá-lo e sustentá-lo no caminho do bem, amparando-o para que encontrasse sua verdadeira luz interior.

Minha querida e gentil mãe Elisa seguia sendo muito amável e atenciosa com todos, principalmente comigo.

Minha mãe jamais me repreendeu ou levantou a voz para mim, até mesmo quando eu imaturamente realizava algo passível de julgamentos. Pelo contrário, sempre carinhosamente se esforçava para transmitir-me todo seu amor.

E assim como meu pai, junto dela seguia sua humilde mãe, dona Matilda. Zelando espiritualmente pela filha, ela acompanhava-a, insuflando-lhe todo o seu carinho e amor através de bondosas vibrações.

Quanto a mim, continuava recebendo o auxílio e as orientações do querido amigo Balthazar. Havia concluído meus estudos de catequizado, e na escola esforçava-me, procurando compreender todas as informações que meus gentis professores transmitiam-nos.

Nunca fui uma criança que andasse sempre rodeada de amigos, mas sabia que os poucos que possuía eram sinceros. Às vezes ocorria de nossos pais permitirem que nos encontrássemos uns nas casas dos outros. Eu possuía três amigos, Luciano, Gustavo e Rafael. Luciano era o mais tímido, Gustavo era o mais extrovertido e Rafael era o que mais se parecia comigo, pois dificilmente não concordávamos com algo e ambos nos interessávamos pelas questões espirituais.

Houve alguns dias em que Solange e Laércio, os pais de Rafael, deixaram-no dormir em minha casa, apenas porque o filho insistiu que gostaria de participar conosco do Evangelho no lar que realizávamos sempre aos domingos, quando o sol já se havia posto.

Influenciado pela mãe, que possuía uma Bíblia em casa, Rafael gostava sempre de folhear o antigo livro e conhecer um pouco mais da maravilhosa história do Filho de Deus. Já seu pai dizia que não possuía tempo para ler histórias, que o que lhe importava mais era ser trabalhador e garantir o pão sobre a mesa. Nunca acreditou que Deus realmente houvesse mandado Seu Filho à humanidade. Por isto, nas poucas vezes em que sua esposa, atendendo aos desejos do filho, contava a história de Jesus Cristo, ele sempre se retirava. Também não tinha o costume de frequentar a igreja, mas não se importava que esposa e filho mantivessem aquele costume.

A mãe de Rafael, a senhora Solange, em seus 33 anos, frequentava a igreja desde moça, acompanhada por suas duas irmãs, Rita e Valéria. Como era a filha mais nova, Solange ouvia bastante os conselhos das irmãs. E inclusive foi uma de suas próprias irmãs, a mais velha, Rita, quem apresentou Laércio para Solange.

Já Valéria nunca teve simpatia por Laércio, uma vez que no passado, antes mesmo de ele conhecer Solange, recebera inúmeras cantadas por parte dele. Foi em uma época em que as irmãs não moravam juntas, pois quando pequenas, Solange foi levada pela mãe para sua casa na cidade vizinha por causa do marido, deixando as outras filhas a viverem com a tia.

Contudo, o casamento da mãe acabou não se mantendo, e alguns anos depois ela acabou retornando para a antiga cidade, levando consigo a filha Solange. Como esta acabara tornando-se moça, chamando assim a atenção dos rapazes da cidade, logo não lhe faltaram pretendentes. E um dos interessados foi justamente aquele que flertava com sua irmã Valéria, Laércio.

Ao ver a bela moça, ele não pensou duas vezes e logo pediu que Rita lhe apresentasse-lhe aquela sua irmã. Pouco tempo depois, após um breve romance, Solange descobriu que estava grávida e logo decidiram casar-se.

No início Laércio relutou, pois que chegara a desconfiar se aquele filho que Solange esperava era realmente seu. Contudo, acabou aceitando aquela situação, e quatro meses depois decidiram morar juntos.

Apesar de possuir alguns anos de idade a mais que Solange, Laércio agia em muitos momentos de maneira imatura. Acostumado a uma vida boêmia, para ele não estava sendo fácil ter de lidar com os compromissos de um lar. Lar este bastante simples e modesto, adquirido temporariamente através de um velho conhecido, uma vez que de sua família restava na cidade apenas um tio, com quem antes dividia um quarto.

Foram inúmeras as vezes em que Laércio voltava tarde para casa, largando os compromissos e a esposa grávida. Ela, porém, sempre procurava ser o mais compreensiva possível e tentava entender o que se passava com o marido. Sabia que tudo havia acontecido muito rápido e por isso não o condenava.

No entanto, as bebedeiras e os insultos do marido que aumentavam gradativamente, somados à desconfiança de que Laércio a estava traindo, fizeram Solange entrar em profunda depressão. Esse fato fizera com que ela o largasse e voltasse para a casa da mãe, a cerca de dois meses do filho nascer.

Durante quase um mês sem a presença da companheira para impor-lhe limites, Laércio acabou afundando-se ainda mais. Começou a gastar todo o pouco que tinha com bebidas e mulheres. E quando não havia com o que pagar, fazia apostas. Apostas estas que na maioria das vezes perdia. E como não tinha com que pagar, começou a acumular pesada dívida.

Enquanto Laércio afundava-se em dívidas, Solange, que estava prestes a ter o filho, decide dar-lhe mais uma oportunidade. Solicita então que sua irmã Valéria vá até a casa de Laércio informar-lhe que o filho nasceria em poucos dias.

Mas ao chegar à casa que era do casal, Valéria espanta-se com o estado em que o lugar se encontrava. Não bastasse isto, viu Laércio jogado ao chão e completamente desorientado.

Assustada, a irmã de Solange bem que pensou em apenas dar-lhe as costas e sair dali, abandonando aquele homem, mas lembrou-se do sentimento que a irmã, mesmo triste, ainda nutria por ele.

Então, respirando fundo, Valéria tratou de esquecer a antipatia que sentia por ele e decidiu tentar auxiliá-lo por amor a sua irmã. Após conseguir mantê-lo sóbrio, Valéria fez questão de colocá-lo contra a parede. Falou-lhe sobre maturidade, amor próprio e enfatizou o quanto sua irmã Solange ainda gostava dele. O quanto ela estava esforçando-se para que aquela união desse certo. Foram horas de conversa tentando fazê-lo compreender o quanto ele estava se prejudicando.

Valéria também o lembrou do quanto no passado ele tanto lhe implorara para que ela lhe apresentasse Solange. E o quanto ele dizia ter ficado apaixonado por ela.

Enfim os dois estavam juntos, construindo uma vida, e ainda seriam abençoados com a chegada de um filho. Ele possuía em suas mãos a chance de ser feliz, e simplesmente estava jogando tudo no lixo. E era isto que Valéria esperava que ele compreendesse antes de deixá-lo entregue a seus pensamentos.

Pouco menos de uma semana depois, enfim era chegado o dia do nascimento do filho. E na casa de saúde, em trabalho de parto, Solange esforçava-se para dar à luz, acompanhada da mãe e das irmãs. Parecia que realmente Laércio não compareceria ao nascimento do filho.

Então, quando Solange já estava com as esperanças perdidas, para sua surpresa entrou silenciosamente no quarto aquele que ela tanto desejava que estivesse ali, seu marido Laércio.

Logo seus olhos encheram-se de lágrimas, para em seguida todo o quarto enfim ser tomado pelo choro da criança que acabava de nascer. Um menino forte e saudável, que o casal chamaria de Rafael.

Com o filho nos braços, Laércio prometeu para si que iria esforçar-se para se tornar uma pessoa melhor. Empenhar-se-ia ao máximo para corrigir todos os erros que cometera e tentaria retribuir não apenas o amor que sua esposa estava lhe transmitindo, mas também toda a confiança que havia depositado nele.

Os anos passaram-se e, entre esforços e recaídas, Laércio parecia ter enfim conseguido superar seus vícios e levar uma vida digna. Trabalhou e empenhou-se para que pudesse ter condições de saldar as dívidas que contraíra. Em casa procurava ser solícito e amoroso com a esposa e o filho Rafael. Aquele homem imaturo e que vivia sempre mergulhado na bebida havia se transformado em um pai dedicado e atencioso.

Sua companheira Solange seguia a cada dia agradecendo cada vez mais a Deus pela vida com Laércio. Eles conseguiram, através do dinheiro que Laércio ganhava, finalmente comprar uma casa maior e em condições de permitir que Rafael pudesse ter sua própria cama, e não mais ter de dividir uma com seus pais.

E agora, aos 15 anos de idade, Rafael só pensava em estudar

e trabalhar, para que um dia pudesse ter condições não apenas de retribuir aos pais o esforço que dedicaram a ele, mas também poder realizar algo pelo próximo, como sua mãe sempre lhe dizia. Bastante devota de Jesus Cristo, Solange sempre fora bastante assídua aos cultos da igreja e procurava ensinar ao filho os ensinamentos contidos no Evangelho.

Quem, mesmo com os inúmeros convites, não se permitia assistir aos cultos, era Laércio. O tempo passou e em nenhum momento de sua vida ele teve algum interesse em conhecer aquelas lições tão sublimes deixadas pelo Filho de Deus. Para Laércio a única coisa que importava era o dinheiro no bolso. E isso era algo que causava bastante estranheza em sua esposa Solange, pois ela não compreendia como alguém que trabalhava como entregador de mercadorias simplesmente aparecia em casa com uma quantia de dinheiro bem acima do que a maioria dos entregadores recebia.

Bem que, por várias vezes, Solange procurou saber do marido o porquê de ele receber uma quantia acima da média. Mas sempre que sua mulher o pressionava, Laércio afirmava que seu patrão é que era um homem generoso. Então mesmo estranhando, Solange, que acreditava nas mudanças de atitude do marido, decidia crer que o companheiro estava sendo sincero.

Mas infelizmente ela logo descobriria que Laércio não havia mudado tanto de conduta como imaginava. E após mais de quinze anos, o preço daquelas omissões enfim eclodiria, cobrando-lhe todo o tempo investido.

Era um domingo e, como de costume, meus pais e eu seguimos à missa. Adorávamos aquele momento de esclarecimento, confraternização, renovação de nossas energias e principalmente de encontro com Deus. Não que somente naquele ambiente pudéssemos obter aquele íntimo contato com o Pai, uma vez que Ele está dentro de nós. Mas era lá onde encontrávamos nossos irmãos em Deus, todos unidos e vibrando pelo mesmo propósito, que era elevar o pensamento àquele que veio ao mundo para salvar-nos, o amado Filho de Deus, Jesus Cristo.

E era aquele encontro com nossos irmãos ali encarnados, ainda tão sequiosos de luz como nós, porém com os corações repletos de amor, que nos cativava e impulsionava. Éramos pequenas centelhas de Deus, unidas em espírito ao nosso querido Senhor, todas vibrando em sintonia e formando uma grande corrente de paz e amor.

Então aproveitávamos aquele sublime momento de encontro para harmonizarmo-nos uns com os outros, através da nossa eterna e inesgotável fonte, que é Deus.

Encontrávamos ali amigos, parentes, e também apenas conhecidos. Rostos familiares e às vezes aqueles que compareciam pela primeira vez. E uns dos rostos cuja presença nos alegrava eram de Solange e seu filho Rafael.

Já fazia alguns anos que ambos frequentavam a igreja, principalmente Solange. Mas como não nos encontrávamos nos mesmos círculos de amizade, no início apenas nos cumprimentávamos por respeito. Apenas no ano em que eu e Rafael integramos a mesma turma na escola, é que realmente surgiu uma amizade. Procurávamos sempre sentar próximos e gostávamos de comentar as lições que o bondoso padre Cícero nos ministrava.

Porém naquele dia isto não seria possível. Os amigos Solange e Rafael infelizmente não haviam comparecido à missa.

28 – Escolhas e consequências

> Pois não se colhe figos dos espinheiros, nem se vindima uvas dos abrolhos.[17]

Cada criatura colhe exatamente aquilo que planta. Se age de maneira desleal, semeando apenas falsidade em sua vida, não poderá esperar receber algum tipo de bonificação, pois em cada uma das inúmeras oportunidades que teve de seguir pelo caminho reto, não fez outra coisa senão renegar o auxílio de seu anjo guardião e trilhar seu caminho pensando apenas no benefício próprio.

Sendo justo e bondoso, nosso amado Pai, conhecendo cada uma de nossas fraquezas, permite-nos obter o devido reajuste de todas as maneiras possíveis. Seja através do novo dia, que nos brinda com as infinitas possibilidades de amadurecimento, compreensão e arrependimento, ou mesmo com a sublime oportunidade de uma nova encarnação, permitida por Ele, em seu imenso amor, para que cada um de seus filhos que jazem martirizando-se há longo tempo, tornando-se condenados por seu próprio julgamento, possa também ter a abençoada oportunidade de atenuar suas faltas e reparar seus erros.

[17] Novo Testamento, Lucas 6:44.

Aquele homem, porém, que se desviou do caminho e pecou repetidas vezes, mesmo tendo em seu auxílio tanto irmãos encarnados como desencarnados, saiba que seus erros não recairão apenas sobre o próximo, mas também, e violentamente, sobre ele mesmo, à medida que deixa continuamente escorrer por entre suas mãos o bálsamo reparador e cego, persiste em prosseguir pelos caminhos do orgulho, da vaidade, da inveja e da revolta.

Poderá ter inúmeros dias e inúmeras encarnações, mas enquanto não lançar fora, e de uma vez por todas, tudo aquilo que o puxa para baixo e lhe sufoca a razão, a ele não restará outra coisa senão um longo percurso repleto de dor e sofrimento, tanto físico quanto moral.

Por isto, não se permita continuar nos caminhos da falsa saciação, cujo objetivo nada mais é que o manter num círculo vicioso. Solte de uma vez por todas essas amarras e permita-se livremente conhecer todas as maravilhosas oportunidades de elevação moral e espiritual que a vida nos proporciona.

Somente assim deixará de prejudicar-se, evitando mágoas que o assolariam profundamente e também a todos aqueles que porventura encontrarem-se à sua volta.

Seguindo com meus pais Cláudio e Elisa no culto religioso, ouvíamos atentamente os ensinamentos do padre Cícero. Falava-nos da atração que todos temos de escolher prosseguir pelo caminho mais fácil, independentemente de se no percurso teremos atitudes pouco cristãs, e convidava-nos todos a meditar.

E infelizmente o que não nos faltam são exemplos de como acabamos por diversas vezes optando pelo caminho aparentemente mais fácil. Esquecemo-nos que o caminhar por entre as pedras que nos surgem nem sempre é sinônimo de dificuldade, e sim uma abençoada oportunidade, para que possamos fazer dessas pedras uma valiosa escada que nos levará tão mais alto do que se optássemos pelo outro caminho.

Cabe inteiramente ao homem a decisão sobre a meta que irá seguir. Deus permite-nos receber o auxílio dos abnegados benfeitores espirituais e de nossos anjos guardiões, assim como o de queridos companheiros encarnados, prontos a orientar-nos à meta e iluminar-nos mais diretamente com seus exemplos de humildade. E todos sempre abençoados por aquele que veio ao mundo para salvar-nos e jamais nos abandonar, nosso querido e amoroso senhor

Jesus Cristo.

Após as belas lições que em mais um abençoado domingo havíamos tido a oportunidade de conhecer, pelas palavras do gentil padre Cícero, infelizmente daquela vez não poderíamos comentá-las com os amigos Solange e Rafael.

Isso me causava estranheza, uma vez que Rafael estivera no dia anterior em nossa casa e nada comentara. Pelo contrário, até mencionamos a curiosidade sobre qual seria o tema abordado pelo padre.

— Mãe, por acaso ontem o Rafael comentou algo com a senhora, que hoje não poderia vir à missa? – indaguei, preocupado.

— Não. Para mim não disse nada, meu filho.

— Puxa, que estranho. Será que eu poderia ir até a casa deles ver o que aconteceu?

— Claro, Matheus – respondeu-me meu pai.

— Será que é uma boa ideia, Cláudio? Eles podem não ter vindo porque estavam ocupados com algo. E uma visita de Matheus talvez possa atrapalhá-los – considerou minha mãe.

— Não creio, Elisa. Além do mais, a família de Rafael já está acostumada com as visitas de nosso filho. E se estiverem ocupados, ele simplesmente volta para casa.

Ainda pensativa, minha mãe cogitava se uma visita sem prévio aviso realmente não poderia ser inconveniente, pois ela sempre prezou o respeito e privacidade do próximo.

— Está bem então, pode ir. Mas se por acaso eles estiverem ocupados, ou não for um bom momento para visitas, você volta para casa, combinado?

— Pode deixar, mãe – respondi, dirigindo-me à casa deles.

Enquanto à frente da igreja minha mãe seguia com o olhar fixo em mim conforme eu me distanciava, havia algo que ela não sabia explicar, mas que a incomodava no íntimo. Como se uma visita naquele momento realmente não fosse conveniente.

E esse algo, quem lhe sussurrava aos ouvidos era justamente sua querida mãe, a senhora Matilda. Ela realmente considerava que aquele não era o momento oportuno para ir à residência de Rafael. E como o amigo Balthazar, fazia algumas semanas, encontrava-se ausente, junto de Cássius, estes haviam humildemente solicitado que a querida benfeitora de Elisa também estendesse o seu manto de amparo e carinho sobre mim e meu pai Cláudio.

Mas como a sempre cuidadosa senhora Matilda conseguia ver além das aparentes necessidades físicas e dessa forma perceber as mais profundas intempéries enraizadas no invólucro espiritual, ela apenas sugestionou Elisa para que fosse cautelosa, sem com isso lhe ditar como exatamente deveria proceder, uma vez que cabe inteiramente ao homem o mérito ou demérito por suas escolhas e seus atos.

Porém Matilda, aprofundando-se em meu íntimo, pôde divisar que a situação pela qual eu estava por passar era o que meu espírito realmente desejava como forma de aprimoramento e resgate espiritual e moral. E que tal escolha em nada me perturbaria ou prejudicaria meus abrangentes objetivos.

Então, após dizer para si mesma que aquele aperto que sentia no coração, agoniando-a, não era nada, minha mãe e meu pai retornaram para casa, enquanto eu me dirigia à residência de Rafael.

Nos últimos anos nossa cidade havia crescido bastante e as antes extensas áreas desocupadas e tomadas por vegetação, agora davam lugar a novas ruas com diversas residências. E uma destas, situando-se a leste da praça da igreja, era a casa de meu amigo. Sem muros e com um pequeno jardim na frente contendo duas árvores, a residência de Rafael era bastante destacada. Enquanto as de seus vizinhos eram em sua maioria casas simples e humildes, a dele era relativamente maior e mais bem cuidada. Logo se notava que seus moradores eram pessoas que pareciam estar em boas condições financeiras. Contudo, apesar de minha curiosidade, Rafael pouco falava sobre o trabalho de seus pais.

Chegando ao local, deparei-me com a janela da sala fechada, fazendo-me questionar se eles haviam saído. Porém chamou-me a atenção ver parada ao lado da casa uma pequena charrete, que pelo estilo imaginei logo não ser de alguém de nossa pequena cidade.

Resolvi aproximar-me para ver se conseguia ouvir alguma conversa na sala, mas nada pude ouvir, e por isso decidi bater à porta. Foi então que, com a segunda batida, a porta abriu-se.

Puxa, que estranho. – pensei – *Por que será que deixaram a porta aberta? Acho melhor encostá-la e voltar para casa. Não seria correto entrar assim na casa dos outros, mesmo em se tratando de um amigo meu.*

Eu estava preocupado por não os encontrar e ver a porta da

casa deles aberta. Mas isto não me dava o direito de entrar na casa de alguém sem ser convidado. E logo quando eu estava encostando a porta e retornando para casa, ouvi barulhos vindos do interior.

— Rafael?! – gritei, preocupado.

Como não obtive resposta e ainda conseguia ouvir ao fundo o som de alguém na casa, acabei decidindo entrar. Porém, ao dar o primeiro passo dentro da sala e antes que eu pudesse ver algo, recebi uma forte pancada nas costas, levando-me desacordado ao chão.

Passado pouco tempo e ainda aturdido com o golpe, ao levantar a cabeça surpreendi-me com a cena que vi. Estavam Rafael e seus pais todos amarrados em um dos cômodos da casa, assim como eu.

E à nossa frente estavam dois sujeitos. Um já era senhor de bastante idade e estava sentado em uma cadeira, fitando-nos. O outro, de porte truculento e em pé, tinha a fisionomia de poucos amigos. Amarrados e trancados nos fundos da casa, à penumbra, quis indagar-lhes o que estava havendo, mas logo o sujeito em pé ordenou-me ficar calado e ameaçou bater-me. Contudo a mãe de Rafael implorou-lhe para que não me fizesse nada.

— Não, por favor, deixe-o em paz – gritou a senhora Solange, aos prantos.

O homem então sorriu maliciosamente e deu-me um tapa no rosto, ordenando que só falássemos quando eles mandassem.

Caído ao lado de Rafael, eu tentava entender porque faziam aquilo conosco.

Serão ladrões? – pensei.

Foi então que ao olhar para o rosto do pai de Rafael, o senhor Laércio, percebi o quanto este estava machucado, como se estivesse por eles sendo espancado.

Tornei a ficar de joelhos e vi que o sujeito truculento cochichava junto ao senhor que permanecia sentado. Parecia indagar-lhe quais eram suas ordens.

Alguns minutos depois o sujeito voltou-se para nós e em seguida o senhor que se encontrava sentado levantou-se e aproximou-se de Laércio.

— Você sabe muito bem o que acontece com aqueles que não me pagam. – disse ele, calmamente – Nós podemos ficar aqui o tempo que for preciso. E se por acaso não me disser exatamente o que eu quero ouvir, podemos então perguntar para sua família.

— Não, deixe-os em paz! – gritou Laércio.

Voltando-se para a esposa dele, o sujeito, que se apoiava em uma bengala, sorriu e em seguida beijou a testa de Solange enquanto esta, de cabeça baixa, chorava.

Com todos aflitos enquanto aquele homem, que já devia ter mais de 80 anos, acariciava o rosto de Solange, não me contive e ordenei que se afastasse.

— Por favor, senhor. Não sei o que houve entre vocês, mas tenho certeza de que podemos resolver pacificamente – pedi.

— Pacificamente? – esbravejou ele, para logo em seguida começar a rir.

— Escute-me, senhor. Eu lhe peço que nos solte e então juntos poderemos encontrar uma solução – solicitei-lhe.

Mas voltando os olhos para seu capanga, ele fez um gesto, ordenando-lhe calar-me. E mais uma vez o sujeito deu-me um tapa, porém com muito mais força.

— Mandei calar a boca. Não entendeu que só fala quando a gente mandar?! – gritou ele.

— Escuta aqui, garoto, este homem aqui me deve uma fortuna. – disse o senhor, apontando para Laércio – Faz cinco anos que este miserável vem sendo sustentado por mim. Ou você acha que um maldito entregador conseguiria ter dinheiro para comprar uma casa como esta? Tudo aqui é fruto do contrabando que ele desvia para mim.

Nesse instante, incrédula com o que ouvia, Solange, olhando para Laércio, não consegue acreditar que aquilo fosse realmente verdade, pois sabia que Laércio havia mudado. Prometera para ela, quando seu filho nasceu, que nunca mais iria fazer apostas e agiria dali em diante sempre de maneira correta.

Sua dedicação, porém, acabou durando pouco tempo, pois mesmo com a companheira dando-lhe todo o carinho e atenção em casa, longe dali ele continuava a entregar-se à bebida. E logo este seu vício levou-o a gastar sempre mais do que possuía, até que algum tempo depois veio a conhecer aquele senhor, cujo nome era Marco. Este possuía negócios de contrabando tanto ali dentro da cidade quanto na cidade vizinha. Laércio era intermediário entre as mercadorias que chegavam escondidas em caixas através da ferrovia e os depósitos para onde eram encaminhadas.

E para fazer esse serviço, Laércio recebia muito bem do senhor Marcos, uma vez que por já trabalhar havia um bem tempo como entregador das mercadorias que chegavam à cidade através da ferrovia para os armazéns locais, Laércio era bastante conhecido do pessoal responsável. Estes mal podiam imaginar que aquele homem, que aparentava tão dedicado e trabalhador, estivesse cuidando para que as autoridades locais não desconfiassem da entrada de contrabando na cidade.

Ocorria que nos últimos meses as autoridades começaram a aumentar o rigor nas vistorias dos produtos, por causa de alguns boatos sobre a possível entrada de contrabando na cidade. E com isto houve algumas vezes em que Laércio não conseguiu levar as mercadorias até os depósitos, tendo de escondê-las nas proximidades da ferrovia até que fosse seguro, mercadorias estas que acumuladas valiam uma verdadeira fortuna.

Contudo, com o receio de ser pego e preso, Laércio acabou afastando-se daquele trabalho, mas não chegou a comunicar ao senhor Marcos de sua decisão, tampouco do local para onde havia levado a mercadoria. Então, quando o próximo carregamento de mercadorias contrabandeadas chegou à cidade, sem Laércio para retirá-las antes das autoridades, estas acabaram encontrando-as, gerando então uma enorme perda para os negócios ilícitos que o senhor Marcos vinha mantendo.

Esse fato acarretou uma grande revolta por parte de seus compradores, pois tiveram de ver todo o carregamento que esperavam receber indo parar nas mãos das autoridades, deixando então todo o prejuízo inteiramente sob a responsabilidade do senhor Marcos.

Como não gostava de ser passado para trás ou arcar com prejuízos, não tardou para que ele decidisse sair de seu abrigo e ir à procura de Laércio, a fim de vingar-se por sua perda e também descobrir qual era o local onde ele havia escondido as suas mercadorias.

Quando o senhor Marcos chegou à residência de Laércio, não esperava que tal situação fosse estender-se além do que ele previa, tampouco que tivessem de fazer-me também prisioneiro. Eles não imaginavam que a porta da casa havia ficado aberta, muito menos que justamente naquele dia e naquele momento alguém fosse querer procurá-los.

Mas aquele encontro ou reencontro já era previsto havia longa data. Fato é que eu mal poderia imaginar que bem ali, diante de mim, não estava apenas um senhor contrabandista vingando-se de seu empregado, mas sim um antigo companheiro meu, remanescente de minha própria encarnação passada.

O senhor Marcos, que agora beirava a casa dos 80 anos de idade, tratava-se da mesma pessoa que no passado, enquanto eu estava sob as vestes do antigo Matheus a desejar possuir a jovem Elisa, acolhera-me quando tive de fugir da cidade após ter ceifado a vida do jovem Alexandre e logo em seguida ter abusado de Elisa na igreja.

Não poderia ser de outra maneira. Um espírito arrependido por toda a dor e sofrimento que ao próximo causara no passado, desejava profundamente redimir-se. E Marcos, sem saber, era exatamente uma destas pessoas com quem eu queria redimir-me.

29 – Ajuste de contas

Arrependei-vos, porque é chegado o reino dos céus.[18]

Por estas sábias palavras, nosso amado Senhor Jesus Cristo indicava-nos a necessidade de lançar fora de nós, e o mais breve possível, os sentimentos tão materiais que ainda tanto nos prendem e impedem-nos o verdadeiro progresso.

Não poderemos alcançar o sublime reino dos céus enquanto carregarmos dentro de nós qualquer sentimento negativo que repouse angustiosamente sobre o nosso íntimo. Para cada um dos atos que imaturamente nos permitimos praticar, vamos pouco a pouco nos envolvendo com pesadas correntes, que de maneira progressiva apenas tendem a fazer-nos curvar cada vez mais, nos impedindo de compreender que enquanto permanecemos com os olhos voltados para baixo, jamais veremos que fomos nós mesmos os causadores de nosso aprisionamento.

Quando nos permitimos viver somente a vida física, somos como as lagartas. Condicionamo-nos a ser e estar apenas daquela maneira que cegamente acreditávamos que fosse a única. Não nos entregamos àquele íntimo sentimento que todos trazemos, de que somos muito mais do que erroneamente acreditamos.

Enquanto não compreendermos e aceitarmos de coração que a vida física nada mais é que uma bela e importante oportunidade

[18] Novo Testamento, Mateus 3:2.

para progredir da melhor forma que pudermos e conforme os ensinamentos de Nosso Senhor, para que amemos ao próximo, permaneceremos apenas existindo, e não realmente vivendo como deve ser.

Por isso, se deseja ser como uma bela borboleta, capaz de ultrapassar aquele pequeno mundo em que como uma lagarta estava condicionado a estar, não se permita prender pelos sentimentos negativos. Seja simples, humilde e não se deixe tomar pela vaidade, tampouco pelo orgulho. Estes sentimentos que nada mais são que a ausência do amor, apenas nos influenciam a falsamente acreditar que só existe um único caminho – esse que já nos causou consequências através da dor.

São esses mesmos sentimentos, criados por mentes perturbadas e ainda pouco conscientes da verdadeira força interior que carregam, os únicos responsáveis por colocar-nos a seguir por entre os espinheiros. Se nos despojarmos de todo peso e aceitarmos que é somente através do arrependimento puro e verdadeiro que poderemos ascender em direção ao reino dos céus, seremos criaturas muito mais felizes e principalmente mais amorosas. Não apenas para conosco, mas em relação aos nossos semelhantes.

Amarrados nos fundos da casa, Laércio, Solange, Rafael e eu, seguíamos sem ter o que fazer enquanto o senhor Marcos e seu capanga agiam como queriam. Comecei a compreender que aquele sentimento de ódio e revolta que tomava aquele senhor não seria amenizado mesmo que Laércio lhe contasse o local para onde havia levado sua mercadoria, pois pude divisar claramente que, rodeando-o e povoando seus pensamentos, estavam a influenciá-lo algumas criaturas desencarnadas, repletas de intenções obscuras, em uma verdadeira comutação[19] de energias e desejos.

Ainda pouco habituado com a percepção daqueles tipos de entidades, eu pouco sabia como agir para procurar abrandar aquele prejudicial convívio. Apenas sabia que por mais que tentássemos dialogar com alguém naquelas condições, como era o caso do senhor Marcos, pouco conseguiríamos obter.

[19] Nesta obra, a expressão "comutação" ou "comutar" será sempre empregada no sentido de trocar ou transferir energias. Onde dois espíritos que se encontram em planos diferentes, estando um encarnado e o outro desencarnado, possuem em seu íntimo desejos e necessidades que se assemelham em determinadas particularidades. Então, quando seus campos vibratórios aproximam-se, ocorre uma atração destas energias, provocando assim uma interação passiva entre ambos, onde a influência de um interliga-se com a necessidade que o outro intimamente traz. Dessa maneira, realizam uma troca mútua, capaz de criar um novo campo vibratório entre eles, que os interliga.

E também reconhecia que enquanto o senhor Marcos se mantivesse fixo naqueles pensamentos e intenções de caráter vibratório tão baixos, principalmente em relação a Laércio, não poderíamos ajudá-lo a permitir que uma pequena luz de razão se manifestasse. Para isso era necessário que algo tentasse realmente tocar o íntimo do senhor Marcos, pois tanto ele quanto aqueles seres desencarnados haviam se condicionado a enxergar a vida, não com os olhos da alma, mas sim com os recursos a que mais se apegaram.

Diante de mim havia um homem inteiramente disposto a lançar fel e fogo sobre o próximo, apenas para satisfazer seus interesses. O senhor Marcos, desde os tempos passados, quando eu em minha antiga existência também mantinha esses pensamentos de baixo caráter, foi pouco a pouco se permitindo entrar em um verdadeiro poço de obscuridade.

Ele cegou-se para qualquer coisa que procurasse colocá-lo no caminho reto e cultivou apenas intenções condizentes com sua falsa realidade.

Sem que naquele instante eu soubesse, meu espírito, em seu íntimo, devido à nossa convivência em minha encarnação anterior, sentia-se um dos aguilhões que o envolveram e incentivaram a seguir por aquele caminho de dor e revolta, com um desejo de sempre obter mais. Condicionado a pensar apenas naquela vida física que conhecia, Marcos foi ao longo de sua vida passando por cima de todos que se encontrassem em seu caminho naquela falsa busca. E durante diversas vezes eu também infelizmente me permiti reter apenas aqueles pensamentos que se não eram iguais aos dele, eram ainda piores. Realizamos inúmeras atrocidades apenas por capricho, sem nos importar com aqueles que surgiam à nossa frente. Tratávamos todos como algo completamente descartável e sem valor.

Logo, sem saber, meu espírito, sentindo-se culpado e completamente disposto àquela oportunidade de um possível reajuste, rogava a Deus forças para realizarmos aquela valiosa tarefa. E intimamente arrependido por ter, junto de Marcos, permitido que caíssemos tão fundo em nossas obscuridades, esperava ali, de alguma maneira, humildemente tentar abrandar aquela triste situação.

Não esperava que com apenas algumas palavras fosse conseguir alterar-lhe os pensamentos, tampouco o fazer simplesmente se arrepender. Buscaria apenas, através dos instrumentos que conhecia, tentar auxiliá-lo para que pelo menos um pequeno feixe de razão pudesse manifestar-se e assim, talvez, naquele momento evitar que algo ainda pior ocorresse.

Aprendera com meus pais Cláudio e Elisa o verdadeiro valor contido em uma simples oração. E graças ao bondoso amigo Balthazar, compreendera todas as importantes e valiosas manifestações que este pequeno ato, porém grandioso em benefícios, pode a todos proporcionar.

Constituindo-se de energias capazes de alterar-nos, modificando intimamente o estado vibratório do campo magnético que nos envolve, de maneira a energizar e contribuir sensivelmente para que o princípio reinante em nós possa manifestar-se, a oração é um dos verdadeiros instrumentos de puro amor, com que Deus, nosso amado Pai, presenteou-nos.

Então, enquanto ao meu redor tudo era choro e desespero, procurei intimamente me voltar para aquele maravilhoso universo que existe dentro de cada um de nós. Procurava ali estabelecer uma pequena corrente fluídica, através da sincera e dedicada doação dos valiosos recursos reinantes no todo universal, capazes de envolver e até suavizar os corações mais duros, mesmo que não demonsstre ao primeiro momento.

Verificando o elo existente entre o senhor Marcos e seus obsessores, eu entendia que a influência que exerciam uns sobre os outros dificultaria qualquer ação contrária àqueles objetivos que traziam. Por isto, humildemente procurei elevar o pensamento, rogando ao Pai que permitisse recebermos o auxílio e amparo de nossos irmãos de luz e queridos espíritos benfeitores.

São estes queridos irmãos, almas puras e voltadas inteiramente ao próximo, os emissários capazes de realizar da forma mais sublime esta poderosa corrente quando a influência da matéria ainda representa obstáculo entre as diferentes criaturas.

Concentrado e recolhido em meus pensamentos, procurando da maneira possível não me deixar levar pelos gritos do senhor Marcos endereçados a Laércio, não tardou para que eu logo começasse a sentir a presença dos amigos espirituais, cuja visualização não me era possível como ocorria em relação ao amigo Balthazar. Apesar de saber e sentir a presença da humilde senhora Matilda, que havia gentilmente vindo com o meu chamado, minha visão, ainda incapaz de verificar com clareza os bondosos amigos, não me permitia tal observação.

Estes queridos irmãos que velam por nós, transmitindo-nos suas vibrações de paz e conforto para que jamais nos sintamos desamparados conforme prosseguimos em busca de nosso próprio amadurecimento moral e consequentemente espiritual, atendem-nos o chamado sempre que humildemente assim o pedimos.

Contudo, se em dado momento crerdes ou julgardes estar sós e à mercê da própria sorte, sabei que não foram os espíritos bons que vos abandonaram, mas sim fostes vós quem destes vos distanciastes. Um irmão mais velho jamais deixa de estar auxiliando e orientando um irmão mais novo. Apenas permite que este siga em busca de seus íntimos anseios, mesmo que conheça o quão tortuosos serão seus caminhos. Sua tarefa está em, nos momentos de queda e dúvida, transmitir-lhe o conforto e a segurança necessários para que possa levantar-se, confiante de que jamais estará sozinho.

E assim que comecei a sentir a presença daqueles bons espíritos, logo pude divisar que junto de nós, acompanhando aquela família de Laércio, havia alguns companheiros que lhes eram muito familiares. Através do pensamento, a gentil senhora Matilda indicou-me que se encontravam presentes quatro espíritos familiares. Disse-me tratar-se dos bisavós de Solange e um tio de Laércio, todos residentes no plano espiritual já havia algum tempo. E assim como ocorria em relação a mim e ao amigo Balthazar, seguiam auxiliando e orientando seus parentes conforme lhes fosse permitido.

Já em relação a Marcos, a senhora Matilda acrescentou que havia longos anos que este se tinha distanciado por completo daqueles que o assistiam, negando qualquer influência que fosse contrária aos seus anseios. Marcos foi pouco a pouco se afastando dos bons espíritos e aproximando-se dos espíritos perdidos e revoltados. Criou em torno de si barreiras tão espessas e afundou-se em verdadeiras trevas de tal forma que, enquanto em seu íntimo não houver o real desejo de mudança, arrependimento e humildade, a luz do amor e da bondade emanada por estes irmãos não conseguirá alcançá-lo.

— E então, seu miserável, onde você escondeu as minhas mercadorias? – esbravejou Marcos.

— Eu já lhe disse, só irei lhe contar quando você soltar a minha família – retrucou Laércio.

— Ora, seu... e desde quando acha que está em posição de negociar?! – gritou-lhe o capanga de Marcos.

— Eu não direi uma única palavra enquanto vocês não os libertarem – insistiu Laércio.

Porém, já bastante nervoso com aquela situação, o capanga do senhor Marcos logo se aproximou de Laércio e desferiu-lhe outro golpe.

Conhecido como Bira, o capanga de Marcos havia tempos trazia uma pequena desavença com Laércio. Nunca gostou da forma como ele cuidava da chegada das mercadorias à cidade, e por diversas vezes quis que seu chefe o substituísse por um primo seu, que também trabalhava junto de Laércio

Contudo, como seu primo era jovem e possuía pouca experiência para lidar com o pessoal responsável e que gerenciava tudo o que desembarcava através da ferrovia na cidade, o senhor Marcos preferia não se arriscar.

Então, para Bira, aquela oportunidade de pressionar Laércio, castigando-o a mando do senhor Marcos, era tudo o que ele queria, por isto procurava aproveitar.

Assim como o senhor Marcos, Bira também se encontrava totalmente enlaçado por dezenas de espíritos inferiores. Ambos intimamente se haviam comutado a eles de tal maneira que um observador encontraria dificuldades para divisar a quem pertenciam determinados pensamentos.

Mas, apesar de eos espíritos inferiores excederem em número os espíritos benfeitores que ali se encontravam, isso em nada interferia no trabalho que aqueles emissários de Deus procuravam realizar. Caso eles verificassem haver necessidade de uma abordagem mais ampla, bastaria um instante para que equipes viessem em auxílio.

Logo, enquanto os parentes desencarnados da família de Laércio e Solange atuavam junto destes a fim de reunir recursos fluídicos capazes de garantir-lhes atravessar aquele enfrentamento, a senhora Matilda, juntamente com mais dois auxiliares, encarregava-se do senhor Marcos e Bira.

Todos aqueles espíritos de luz procuravam ali, humildemente, auxiliar aqueles irmãos encarnados e desencarnados, a fim de fazê-los sentir a verdadeira luz interior. A compreensão do mais puro e sincero amor, capaz de aquecer os corações distantes e perdidos.

Então, doando-se e vibrando muita paz, não tardou para que estes emissários conseguissem que alguns dos espíritos que obsidiavam aqueles homens começassem a permitir-se receber o benefício do auxílio. É certo que em muitos casos é necessário um dedicado período de intenso trabalho junto aos obsessores para que alguma evolução possa ser obtida. Mas há também aqueles que necessitam apenas de uma pequena luz que lhes indique o caminho a seguir, e quando percebem e compreendem a triste situação em que vinham seguindo, arrependem-se, dando então a oportunidade do resgate.

Através dos esforços daqueles emissários do bem, cerca de um terço dos espíritos inferiores que acompanhavam o senhor Marcos e Bira arrependeram-se e puderam ser resgatados daquele prejudicial convívio que mantinham. Outro terço fugiu, com receio daquela sensação que começaram a ter junto de seus obsidados, graças à intervenção dos benfeitores, indo para o mais longe que conseguissem, evitando naquele momento serem auxiliados.

Já a terça parte restante dos espíritos, tratava-se de criaturas revoltadas e com intensa propensão ao mal. Tinham sido em suas últimas encarnações homens e mulheres inteiramente maldosos e capazes dos mais tristes atos de crueldade contra o próximo. Seguindo em verdadeiro abraço com aqueles homens, insuflavam-lhes todos os seus desgostos e desejos violentos.

Ali, junto de Marcos, seguiam espíritos que o obsidiavam desde a época em que estive encarnado em minha existência anterior. Criaturas que, graças à minha parcela de culpa, haviam-se enlaçado em Marcos. E naquele caso, o dedicado auxílio dos benfeitores espirituais junto àqueles irmãos necessitava que houvesse também uma abordagem física, pois somente assim aqueles homens poderiam permitir que as portas de suas consciências fossem abertas e os abnegados amparadores enfim alcançassem o íntimo de cada um.

Compreendendo então o que eu deveria fazer, procurei esquecer a situação em que nos encontrávamos e focar-me apenas no amor, no perdão e na bondade. Elevar o pensamento a Deus e seu amado filho Jesus Cristo, rogando-lhes que em todos nós derramassem suas bênçãos. Em seguida, humildemente pedi para que amansassem os corações daqueles homens, fazendo-os compreender o que infelizmente estavam fazendo e pedi que os bons espíritos me auxiliassem, conduzindo minhas palavras.

Com o pai de Rafael já bastante machucado e entendendo que ele manter-se-ia irredutível em relação a dizer o local onde se encontravam as mercadorias do senhor Marcos enquanto este não libertasse sua família, comecei a questionar-me o porquê de ele ainda não o ter feito.

Eu comecei a pensar que se o que eles procuravam era saber o local das mercadorias, e àquela altura parecia que pouco importava se eles iriam soltar a família de Laércio ou não, por que ele não lhes contava onde elas estavam?

Não tardou para que eu logo imaginasse seus motivos. Talvez ele não pudesse dizer-lhes onde escondera porque simplesmente não as tinha mais. Bastava dar uma olhada à nossa volta. Por mais que o valor que o senhor Marcos pagasse a Laércio fosse um bom dinheiro, imaginava eu que somente com a venda daquelas mercadorias ele poderia permitir-se aquele luxo.

Após receber as mercadorias e com receio de que alguém as descobrisse, Laércio, por conta própria, procurou alguns compradores e vendeu parte delas. Imaginava que o senhor Marcos iria pensar que, com o aumento das fiscalizações na cidade, aquela remessa que ele recebeu jamais teria vindo.

Então, já bastante revoltado com a recusa de Laércio em contar-lhe o local onde escondera suas mercadorias, o senhor Marcos, influenciado pelos espíritos inferiores que o enlaçavam, decidiu mudar de estratégia.

— Está bem. Se acha que estou brincando, vamos ver se vai continuar se recusando a me dizer onde as escondeu. Bira, comece então a bater no filho dele.

30 – Provações do passado

> No mundo tereis aflições, mas tende bom ânimo, eu venci o mundo.[20]

Em muitos momentos da vida somos direcionados a passar por diferentes provas, cuja finalidade é proporcionar-nos condições para expor nossas reais capacidades adquiridas, e também a possibilida-

[20] Novo Testamento, João 16:33.

de de enfrentarmos nossas íntimas querelas, que nos dificultam a ascensão.

Essas provas nada mais são que valiosas oportunidades com que diariamente a vida nos presenteia; sem elas a criatura não poderia experimentar-se, tampouco ter recursos para que sua escalada fosse possível.

Contudo, pequena é a parcela de criaturas que as reconhece e humildemente as aceita como instrumentos importantes na construção e consequente lapidação dos valores morais, necessários à consolidação de um caráter justo e digno.

Por isso, àquele que crê e confia, os obstáculos do caminho nada mais são que um conjunto de degraus, essenciais a sua própria evolução. Ele reconhece suas faltas e aceita com resignação enfrentá-las, confiante de que sairá mais vitorioso, quanto maior for o seu íntimo desejo de reajuste e sua confiança em si mesmo e no amparo dos bons espíritos.

A nossa situação estava se dificultando cada vez mais, enquanto permanecíamos presos e à mercê dos desvarios de Marcos. As equipes de benfeitores seguiam vibrando não apenas em nosso auxílio, mas dos próprios Marcos e Bira, além dos espíritos inferiores que tanto os influenciavam com seus desejos de revolta.

Assim que o senhor Marcos ordenou que seu capanga começasse a torturar Rafael, imediatamente Laércio gritou, implorando que deixasse seu filho em paz.

— Não, por favor, meu filho não! A mim vocês podem fazer o que quiserem, mas eu lhes imploro que o deixem em paz. Ele é apenas um garoto – gritou Laércio, aos prantos.

Sua esposa, a senhora Solange, seguia incrédula com aquela triste situação. Sem conter as lágrimas, nada conseguia dizer. Sentia como se tudo não passasse de um grande pesadelo.

Rafael também não conseguia articular uma única palavra. Apenas chorava com o estado de seu pai e a falta de humanidade daqueles dois homens.

Quanto a mim, tentava a todo custo dialogar com o senhor Marcos, para que percebesse os lamentáveis atos que estavam praticando. Supliquei-lhes que tivessem misericórdia e poupassem-nos de continuar com aquele sofrimento. Implorei-lhe que se lembrasse que somos todos irmãos e filhos do mesmo Pai, que é Deus.

Este, no entanto, irritado com minha insistência em prosseguir falando mesmo com suas ordens para que me calasse, aproximou-se de mim e desferiu-me bofetadas no rosto, tentando intimidar-me. Mas, como mesmo encontrando-me machucado eu prosseguia, o senhor Marcos, cansado e disposto a pôr um ponto final nisto, fez um gesto para Bira, que imediatamente me deu um violento soco no estômago, fazendo-me cair ao chão.

— Seu covarde! Como tem coragem de bater em um garoto?! – espantou-se Laércio.

— Ists é culpa sua, miserável. Minha paciência já se esgotou. Bira, começa logo a bater no filho deste maldito – ordenou Marcos.

Antes, porém, que o capanga pudesse tocar no garoto, com bastante dificuldade para falar, mencionei um nome que fez o senhor Marcos ordenar-lhe que aguardasse.

— Selena ficaria muito triste se o visse agindo assim – murmurei.

Na realidade foi a senhora Matilda quem me sussurrou tal nome aos ouvidos. Selena era o nome da falecida e única companheira de Marcos, cuja morte ocorrera havia pouco mais de cinco anos. Cerca de quarenta anos mais nova que o senhor Marcos, Selena convivera com ele por mais de dez anos.

Ela foi o grande amor de sua vida. Quando estava junto dela, Marcos era outra pessoa. E apesar de possuir um temperamento forte e dos atritos que surgiam, Selena conseguia contornar a situação e quase sempre o amansar. Sabia dos trabalhos que ele realizava e ouvia boatos do quanto ele era um homem impiedoso para com aqueles que lhe cruzassem o caminho. Porém, por mais que não concordasse, ela procurava não se intrometer, pois ao seu lado ela sentia-se feliz.

Foi o senhor Marcos quem a encontrou e tirou-a da rua quando ela ainda era moça e estava próximo dos vinte e cinco anos de idade. Assim que ele a viu, com o aspecto de maltratada, sem lar e com fome, imediatamente quis levá-la para sua casa.

Não tardou para que logo iniciassem um ardente romance. E como um casal apaixonado, Marcos e Selena vivenciaram juntos inúmeras aventuras enquanto estiveram em núpcias. Visitaram dezenas de cidades litorâneas, tecendo fortes juras de amor, que prosseguiram dia a dia unindo-os cada vez mais. E apesar da grande diferença de idade que os separava, havia uma grande sintonia entre eles, como se já fossem conhecidos de longa data.

Após anos sentindo-se desprezado e abandonado pelo mundo, Marcos, que só conhecia a inveja e a revolta, enfim se sentia acolhido e feliz. Aquele homem que não media esforços para alcançar seus objetivos e era capaz de fazer o próximo sofrer ou até mesmo de ceifar-lhe a vida, começou a sentir-se diferente. Estar junto de Selena tornou-se mais importante do que qualquer outro assunto.

E assim eles prosseguiram, com Marcos diminuindo consideravelmente seus assuntos relacionados àquele trabalho de venda de mercadoria fruto do contrabando. Mas, apesar de sua companheira dizer-lhe que eles já possuíam o bastante para viverem felizes, Marcos não conseguia pensar assim. Mesmo diminuindo o ritmo dos negócios, para ele sempre que houvesse a oportunidade de ganhar um bom dinheiro, dificilmente o negaria.

Então, mesmo com Selena não concordando com seus negócios, eles prosseguiram juntos. Ela decidiu fechar os olhos para a procedência do dinheiro que os sustentava, uma vez que seu amor por Marcos era muito mais forte.

Passados alguns anos de união, Marcos e Selena decidiram que queriam ser pais. Com a idade já lhe pesando sobre as costas, Marcos gostaria muito de tentar ter um filho com sua amada, antes que já não houvesse mais chance alguma.

Contudo, o tempo foi passando e, com ele, as esperanças de Marcos tornar-se pai. Já havia ele passado da casa dos setenta anos, e pouco a pouco suas expectativas foram diminuindo. E aquele desejo que jamais tivera em toda a sua vida, mas que ao lado de sua amada tornara-se tão profundo, parecia que não se realizaria.

Suas expectativas foram desaparecendo e, com elas, aquele sentimento de alegria que a união com Selena lhe proporcionava. Apesar de amar, e muito, sua companheira, o desejo alimentado por ele nos últimos tempos, de ter um filho para quem pudesse deixar seu legado, era muito forte. Então, após irem procurar alguns médicos e ouvirem a opinião de especialistas, descobriram que ambos possuíam aparelhos reprodutores com algumas disfunções que lhes dificultavam a concepção.

Nos meses que se seguiram, Marcos afastou-se de Selena, julgando ser ela a grande culpada por eles não conseguirem ter filhos. Não consentia que ele também pudesse ter sua parcela de culpa e fosse incapaz de gerar uma criança. Marcos chegou ao ponto de cogitar expulsar Selena de sua casa. Mas preferiu apenas obriga-la a sair da residência principal e ir para o antigo casebre que fora de um caseiro e ficava um pouco afastado, porém ainda dentro de sua propriedade.

Contudo, conforme os dias foram passando e Selena, obediente, permanecia no casebre, na residência principal Marcos foi percebendo o quanto era triste voltar àquela antiga vida. Não ter mais a companheira ao seu lado para proporcionar-lhe aquele carinho e conforto que experimentara nos últimos anos, fora-lhe muito difícil e doloroso.

Após ter passado quase a vida inteira sem saber como era possuir ao seu lado alguém para dar-lhe amor e apoiá-lo em todas as suas decisões, Marcos começou a perceber o quanto havia perdido seu tempo. Jamais cogitou ter alguém ao seu lado durante todos os dias, muito menos construir uma família, pois achava que aquela vida que tinha não lhe dava tempo para isto.

Observando suas mãos e em seguida tocando em seu rosto, Marcos assustou-se com o quão depressa o tempo havia passado. As rugas não escondiam a passagem do tempo e ele sabia que logo sua vida também passaria.

Foi então que compreendeu e decidiu não mais prosseguir sozinho. A vida havia- lhe dado uma companheira amorosa e fiel, cujo carinho e dedicação para com ele não possuíam tamanho. Marcos enfim percebeu o quanto Selena significava para ele e como aqueles dias em que esteve sem ela haviam sido tristes. Com Selena de volta a sua residência, Marcos transformara-se em outra pessoa. Sentia que realmente estava feliz e não mais importava se eles não conseguiriam ter filhos. Para ele já bastava a presença e o carinho de sua querida companheira.

Os dias foram passando e a união de Marcos e Selena fortalecendo-se a cada dia. Ele sempre querendo agradá-la com uma joia ou algum presente, enquanto ela fazia todo o possível para que ele se sentisse amado e feliz.

Porém, alguns meses depois, eles tiveram uma grande e inesperada surpresa: Selena estava grávida. A alegria não poderia ser maior; eles finalmente se tornariam pais, e o grande desejo de Marcos de ter um herdeiro enfim se realizaria.

Nas semanas que se seguiram, Marcos fez questão de organizar uma grande festa. Queria mostrar a todos que a vida dar-lhe-ia um sucessor. Alguém que prosseguiria com seu legado e deveria ser tão respeitado e temido quanto ele.

Marcos convidou a todos com quem tinha negócios, e aqueles que poderiam tornar-se possíveis sócios e compradores. Ali, perante todos, ele desfilava com sua companheira já aparentando uma barriga em início de gestação. Seguia em direção a cada um dos seus convidados, apresentando-a como se lhe fosse um troféu.

Quando Selena completou quatro meses de gestação, variados incômodos começaram a surgir-lhe. No início bastavam algumas medicações para que se restabelecesse. Contudo, conforme os dias seguiam e a gestação avançava, os incômodos tornaram-se mais constantes e cada vez mais intensos.

Então, sem demora, Marcos tratou logo de levá-la a especialistas para que verificassem o que realmente estava ocorrendo. Foram quase dois longos meses de consultas, exames dos mais variados e inúmeras suposições. E ninguém conseguiu afirmar com certeza o que Selena tinha.

Outro fator que preocupava a todos eram as condições de saúde da criança. Uma vez que seus sinais vitais não correspondiam a uma criança com a quantidade de meses que possuía. Os médicos cogitavam haver algum tipo de formação patológica que a estivesse levando àquele estado. É certo que tanto mãe quanto filho requeriam cuidados redobrados para que o estado de ambos não piorasse.

Desesperado com a situação, Marcos não compreendia todo aquele sofrimento. Ele considerava-se injustiçado por estar passando por algo relacionado à paternidade. E por mais que buscasse uma resposta, acabava sempre jogando a culpa em Deus pelo martírio que estava enfrentando.

E a pouca fé que possuía desapareceu quando ouviu de um dos médicos que as chances da criança sobreviver sem com isto colocar a vida da própria mãe em risco era extremamente reduzida, visto que não estava descartada a possibilidade de que Selena viesse a ter uma hemorragia.

Mas o desejo de Marcos de tornar-se pai logo o fizera cogitar se não haveriam eles de enfrentar aquele risco, uma vez que faltavam apenas três meses para que a criança enfim pudesse nascer. Porém as dores de Selena eram muito fortes e ela já não mais conseguia levantar-se da cama.

Marcos amava muito sua companheira e não queria que nada lhe ocorresse, mas também queria muito aquele filho. Sem saber o que fazer, no quarto de Selena e aos prantos, ele falava com Deus, a quem jamais tinha procurado em toda a sua vida. Queria de alguma maneira ouvir que escolha deveria fazer. E foi então que ouviu de sua gentil companheira a afirmação de que eles deveriam ter aquele filho. Disse-lhe que não apenas para ele, mas também para ela a vontade de ter um filho com ele era maior que as dores ou qualquer risco. Reiterou ela que o amava e faria qualquer coisa para vê-lo feliz. Inclusive, se fosse preciso, era capaz de entregar-lhe sua própria vida.

Então, mesmo com os riscos envolvidos, e desobedecendo o conselho dos médicos para que interrompessem aquela gestação, Marcos e Selena decidiram seguir adiante e ir até o fim com a gravidez.

— Como ousa falar de Selena, garoto? – esbravejou o senhor Marcos, agarrando-me pelo braço – De onde você a conhece? Anda, fala logo! – ordenou, sacudindo-me.

Sem saber o que dizer, permaneci em silêncio enquanto o senhor Marcos encarava-me, aguardando uma resposta. Como a senhora Matilda nada acrescentou, apenas prossegui calado.

Foi então que vi uma pequena lágrima escorrer no rosto do senhor Marcos. E como se de repente todas as lembranças do passado o invadissem, ele fechou os olhos e em seguida jogou-me no chão.

Vendo-o dar-nos as costas enquanto olhava para baixo, pude sentir ali que as lembranças daquela mulher ainda assolavam sua mente. O grande amor de sua vida, e eterna companheira. Saudades de um período que lhe fora de imensa alegria e felicidade seguiam perturbando-o. E ao ouvir-me dizer o nome de Selena, sua imagem e recordações logo eclodiram em seu pensamento, fazendo-o retornar ao passado.

Após se recordar dos momentos felizes em que seguiam como um casal apaixonado, Marcos foi então invadido por um forte sentimento de ódio contra Deus e contra o mundo. Lembrou-se da difícil e dolorosa gravidez de Selena, e a decisão que tomaram de prossegui-la mesmo com o alerta dos médicos sobre os riscos que mãe e filho corriam.

Marcos viu-se à beira da cama de Selena, desconsolado por

saber que deveriam sacrificar o bebê para preservar a saúde de sua companheira. Ele não desejava jamais correr o risco de perdê-la, mas também não queria abrir mão daquele filho. E quando ouviu de Selena o quanto aquela criança também lhe era importante, foi como se houvessem lhe tirado um grande fardo dos ombros, pois o peso da escolha de seguirem adiante, mesmo com todos os riscos envolvidos, seria aparentemente dividido com ela.

Fato era que a vontade de Selena de abortar aquela gestação, pelo grande sofrimento que vinha enfrentando, era anulada pelo irracional desejo de Marcos de ter aquela criança. E como uma mãe que abre mão de si própria, apenas por amor e ver a felicidade do filho, Selena seria capaz de abrir mão de tudo, inclusive de sua vida, caso fosse a única maneira de seu amado Marcos realizar aquela vontade de tornar-se pai.

E tomado por um cego desejo, capaz de fazê-lo agir e pensar irracionalmente, ele acabou esquecendo-se de tudo o que já possuía ao lado de sua companheira e deixou-se levar, influenciando-a a aceitar e escolher um caminho que ambos jamais poderiam imaginar.

Foi então que envolvendo-o com aquelas lembranças, os benfeitores espirituais que seguiam ali conosco na casa de Laércio enfim conseguiram ultrapassar aquela espessa barreira que o senhor Marcos havia criado sobre si, criando condições para que pudessem intimamente auxiliá-lo. E após alguns instantes a prosseguir em absoluto silêncio, mesmo com seu capanga Bira a indagar-lhe o que lhe havia ocorrido, o senhor Marcos apenas passou a mão nos olhos bastante úmidos e, para a surpresa de todos, ordenou-lhe que partissem e deixassem aquela família.

Perplexo, bem que Bira tentou questioná-lo, avisando que ainda não haviam descoberto onde Laércio tinha escondido suas mercadorias. Mas como se nada mais tivesse importância, ele, em tom mais grave, apenas reiterou sua ordem e em seguida saiu, dando a seu capanga, contrariando sua vontade e ainda sem compreender o que havia acontecido, apenas a opção de obedecer e segui-lo.

Quanto a nós, ainda amarrados, não tardou para que logo fôssemos encontrados pela irmã de Solange, Valéria, que fora orientada pelos dedicados espíritos benfeitores, através da intuição, para que fosse visitar a irmã. Após sermos encontrados e seguirmos para a casa de saúde, a fim de receber os devidos cuidados, Laércio seguiu para as autoridades, contando-lhes tudo o que havia ocorrido e indicando-lhes o local onde escondera as mercadorias do senhor Marcos que ainda não havia vendido.

Arrependido por tudo o que havia feito enquanto trabalhava a serviço de Marcos, e disposto a redimir-se com sua família por ter omitido o que fazia e ainda tê-los feito passar por todo aquele sofrimento, Laércio decidiu entregar-se às autoridades para que pagasse, durante uns dois anos, por tudo o que fizera, e de alguma forma pudesse aliviar sua consciência pelos anos em que mentira e escondera de sua esposa Solange o que realmente fazia.

Quanto ao senhor Marcos, apesar das buscas pelas autoridades, jamais foi encontrado, uma vez que abandonou aquela vida de crimes e aquela cidade, indo sem rumo para o mais distante possível daquele local, tentando assim fugir daquela dolorosa lembrança de um passado que ele tanto quisera esquecer. Lembrança onde sua amada companheira Selena ainda estava com vida, antes de vir a falecer juntamente com seu aguardado filho, durante um longo e difícil trabalho de parto.

31 – As sombras da vida

> Eu sou a luz do mundo; quem me segue não andará em trevas, mas terá a luz da vida.[21]

Jesus Cristo foi o maior exemplo enviado por Deus para demonstrar-nos o quanto nosso amado Pai é justo e bondoso. Ele veio no momento prescrito, como anunciavam os profetas, para ensinar ao mundo qual era o verdadeiro caminho que deveríamos seguir. Foi luz divina para a humanidade, capaz de fazer brilhar nos corações mais indóceis os sublimes valores da vida.

Ele fez-se homem para que pudéssemos compreender o quanto nos encontrávamos distantes do caminho que conduz a Deus. Jesus Cristo, a personificação da bondade, ensinou-nos através das palavras o que todos os filhos do Pai são capazes de alcançar. E demonstrou-nos através de suas atitudes a importância que cada um possui, independente de seus atos, pois perante Deus nada mais somos que irmãos e irmãs, cada qual em busca de sua verdadeira felicidade.

---

[21] Novo Testamento, João 8:12.

Ele não nos julgou ou condenou, pois nos conhecia e sabia que naquele instante cada um seguia realizando aquilo que considerava o certo para si. Por isto, fez-se luz nas trevas em que a humanidade havia caído. Era necessário através de seu exemplo abrir os olhos dos homens, ensinando-lhes a importância do amor e da caridade para com o próximo.

Por isto, procuremos sempre ter em mente que a felicidade de nosso irmão é também a nossa própria felicidade. Lançar-lhe ódio ou negar-lhe um auxílio é fazê-lo para conosco mesmos. Devemos ter sempre em mente que Deus enviou-nos Jesus não apenas como exemplo, mas também como luz divina, capaz de orientar-nos no correto caminho a seguir, mesmo que nos encontremos em verdadeiras trevas. Basta apenas que confiemos em sua eterna bondade e a ele entreguemo-nos com fé e humildade.

O ano era 1918, e em poucos meses logo completaria eu dezoito anos de idade. E a cada ano que se passava, sentia-me como se pouco a pouco uma valiosa porta se abrisse dentro de mim. Ainda não conseguia explicar, mas sentia que algo começava gradualmente a envolver-me.

Possuía um forte sentimento de carinho para com todos, fossem familiares, conhecidos, ou até mesmo estranhos. Sentia um desejo de estar com eles, abraçando-os, confortando-os e ouvindo-os. Via-os como queridos irmãos, cuja dor era minha dor, e vê-los felizes era tudo o que gostaria de fazer. Olhava-os com ternura e um indescritível carinho, capaz de fazer-me esquecer de mim mesmo para pensar unicamente neles.

Essa sensação que me invadia desaparecia da mesma maneira que surgia. Podia eu estar conversando, em silêncio realizando algo, ou apenas observando, não importava. Quando ela tomava conta de mim, uma paz envolvia-me e era como se eu fosse apenas uma pequenina parte que estaria completa somente me juntando ao próximo. E este sentimento não costumava durar mais que alguns poucos minutos, e ocorria sempre esporadicamente e em dias variados.

Cheguei a questionar o amigo Balthazar, e este me explicou tratar-se de uma junção minha com a presença de espíritos de luz. Minha porque, quando trazemos conosco a cada nova existência um elaborado plano de trabalho, traçado cuidadosamente por nossos espíritos superiores, cuja meta necessita de um determinado período para manifestar-se, esta segue latente em nosso íntimo até que as condições sejam enfim favoráveis para isso, e então começa pouco a pouco a envolver-nos, trazendo consigo aquele solicitado objetivo.

Daí então se segue que sua assimilação, ou rejeição, será apenas o resultado de como cada indivíduo irá prosseguir. Pode essa meta manifestar-se com toda a sua essência ou apenas parcialmente, caso seu solicitante verifique ainda não possuir total preparo para buscar alcançá-la.

Como exemplo disso poderíamos citar o caso de um espírito que antes de reencarnar tenha elaborado junto aos espíritos superiores, e construtores de sua nova existência, um plano para que viesse a tornar-se um agricultor. Esperava ele que, através de seus próprios esforços e amparo de seus benfeitores, ao retornar à vida física fosse atraído ao ofício de agricultor, conforme esse desejo latente enfim se manifestasse.

Contudo, a enxada só poderá ser utilizada quando o lavrador assim desejar e para isso se encontrar preparado. De nada lhe servirá qualquer ferramenta se não souber utilizá-la, mesmo que manifeste tal desejo quando ainda jovem. Se quando adulto não conseguiu seguir aquele objetivo e reter condições para tal, desviando-se e rumando para outro caminho que não o de lavrador, não significa que falhou, mas sim que tal desejo transformou-se, encaminhando-o assim para novos objetivos que ali se aglutinaram e fizeram-no optar por determinada escolha, sem que com isto seu desejo venha a ser prejudicado.

Em relação à proximidade com um espírito de luz, quando isso se verifica, sua faixa vibracional entra em contato com todos os que se encontram dentro da área de sua atuação. Geralmente ocorre uma pequena captação do campo mental daqueles de quem o espírito de luz se aproxima, alterando e sutilizando sua vibração para que seus tutelados possam compreender as instruções passadas por ele com maior facilidade.

Então, quando estes espíritos de luz surgem, e dentro de sua área encontra-se algum indivíduo em condições favoráveis para experimentar sua sublime presença, ele pode facilmente e por pequenos instantes sentir em seu espírito encarnado uma parcela diminuta, porém valiosíssima, de quanto amor um verdadeiro servo de Deus possui, e de quão pura é sua energia.

— Realmente é uma sensação indescritível. Senti uma leveza e muita paz. Nunca imaginei que pudessem existir seres assim, como verdadeiros anjos – comentei.

— Mas por acaso você acha que os anjos não existem? – indagou-me Balthazar.

— Bem, eu sempre pensei que fossem obra do imaginário. Aqueles seres com asas e rostos angelicais. Então é verdade que eles existem? – quis saber, curioso.

— Sim, são eles os emissários de Deus. Irmãos que evoluíram através dos tempos e hoje se encontram atuando diretamente sob as ordens do Pai.

— Puxa, mas o senhor já os viu?

— Apenas em sonho, meu querido Matheus. Poderíamos dizer que eles estão para nós assim como nós estamos para vocês. A diferença é que esses espíritos de luz, ou anjos, como queira, atuam sobre todas as criaturas. O estágio evolutivo que alcançaram lhes permite cobrir inumeráveis criaturas, estejam estas encarnadas ou não.

— Realmente é algo surpreendente – considerei, espantado.

— Mas não pense que estes espíritos de luz são os únicos capazes de proporcionar os sentimentos que você experimentou, Matheus. Conheço dezenas de companheiros que atuam junto às equipes a serviço de nossa querida Morada Renascer e de outras abençoadas moradas, cuja simples presença já consegue iluminar tudo e todos a sua volta.

— Verdade. A presença da própria senhora Matilda sempre me traz bastante paz – lembrei.

— Ela é uma verdadeira serva de Deus. Devemos agradecer muito ao Pai pela maravilhosa oportunidade de tê-la, trazendo-nos sua abençoada presença e envolvendo-nos com seu amor e seu carinho, Matheus.

— E não apenas ela, mas o senhor também, Balthazar. Sou muito grato a Deus por esta oportunidade de ter orientando-me um espírito tão bom e tão evoluído como o senhor ao meu lado.

— Ora, o que é isso, meu caro Matheus? Estou muito distante de ser digno de receber qualquer elogio. Nada mais sou que um humilde aprendiz nas estradas da vida. Ainda existe pela frente um longo e valioso caminho a percorrer.

Na manhã seguinte, logo cedo, enquanto me preparava para ir ao trabalho, aproveitava para conversar com minha mãe durante o café.

Já fazia quase dois meses que eu começara a trabalhar na fazenda de meu pai. Após ele ensinar-me o importante ofício que ele exerceu durante anos, decidi que já era a hora de trabalhar e auxiliar minha família com o sustento. É certo que as nossas atuais condições financeiras permitiam-nos viver com uma certa tranquilidade. Mas eu possuía bastante vontade de trabalhar e queria muito realizar algo. Foi então que meu pai Cláudio convidou-me a atuar nas plantações e eu logo aceitei. Enquanto ele, por orientação médica, ia para o trabalho apenas duas a três vezes no mês, eu ia todos os dias. Exceto aos domingos.

— Bom dia, mãe! – desejei, beijando-lhe a testa.

— Bom dia, meu filho – retribuiu-me.

— Mãe, a senhora sabe se meu pai irá ao trabalho hoje?

— Não sei lhe dizer, Matheus. Você viu se seu pai já se levantou?

— Quando passei pelo seu quarto, a porta estava fechada e eu não quis abrir, com receio de acordá-lo. E como é difícil vê-la fechada, imaginei que ele ainda estivesse dormindo.

— É porque estas últimas noites tem feito bastante frio, e como seu pai não anda muito bem da garganta, preferimos não abusar.

— Verdade, melhor evitar pegar friagem.

— Mas por que perguntou se hoje ele vai para o trabalho, filho? Está precisando de algo?

— Na realidade gostaria de lhe mostrar uma área onde estão as plantações de tomate. Tenho percebido uma pequena alteração nas quantidades de frutos e não sei se isto é considerado normal por causa da estação do ano.

— Bem, apesar de conhecer um pouco e algumas vezes ter auxiliado seu pai com o cultivo, é melhor que ele veja o que está acontecendo. Sua mãe nunca teve muito jeito com isto – considerou Elisa, sorrindo.

— Que é isso, minha mãe? A senhora sempre teve bastante jeito com as mãos – comentei, abraçando-a.

— Se for algo relacionado à costura, poderia até ser. Mas, agora, com as plantações, deixo com seu pai. Basta apenas um olhar para ele saber o estado da horta.

Enquanto ríamos à mesa, meu pai logo entrou na cozinha.

— E falando nele, veja quem acordou. Bom dia, meu amor, como você está se sentindo hoje? A garganta melhorou?

— Bom dia – respondeu meu pai, dando um beijo em minha mãe e outro em minha testa.

— Bom dia, pai – retribuí.

— Eu acho que ainda não. Sinto que minha garganta ainda incomoda um pouco. Pensei que hoje fosse estar melhor, mas pelo visto ainda não.

— Puxa, que pena. Mais alguns dias e você já vai estar melhor, meu amor – desejou minha mãe, servindo-lhe um café.

— Bem, então o senhor não irá ao trabalho hoje, não é? – perguntei.

— Eu até que gostaria e precisava verificar algumas coisas, mas infelizmente isto vai ter que esperar. Por que, Matheus?

— Acho que não é nada muito importante. É sobre alguns tomateiros situados em uma pequena área, que me parecem estar diferentes do restante. Como se a quantidade de frutos estivesse um pouco menor e os caules estivessem mais escuros.

— Bom, você me contando, parece que realmente está acontecendo alguma coisa. Você chegou a mostrar para o Almir?

— Ainda não. Eu queria primeiro falar com o senhor – respondi.

— Então, eu teria de ver. Só assim poderia lhe dizer com maior certeza. Mas pode mostrar ao Almir. Tenho certeza de que ele saberá o que está acontecendo.

Na realidade eu havia inicialmente pensado em contar a Almir, uma vez que ele já trabalhava havia mais de dez anos junto de meu pai e era de sua total confiança. Porém preferi evitar, com receio de que este repreendesse seu primo Geremias. Era Geremias quem nas últimas semanas estava especificamente cuidando do cultivo dos tomates naquela área. Rapaz jovem e trabalhando lá na fazenda havia pouco mais de oito semanas, ele, assim como eu, ainda tinha bastante que aprender.

Seu primo Almir fora quem solicitara a meu pai para que lhe desse uma chance. O pai de Geremias casara-se com outra mulher e abandonara os quatro filhos e a esposa à própria sorte. Como Geremias tinha dezenove anos e era o mais velho, era ele quem cuidava do sustento do lar junto com sua mãe.

Contudo, trabalhar era algo que Geremias realizava com bastante má vontade. De temperamento difícil e muito avesso a receber ordens, ele preferia estar junto de seus amigos, bebendo e farreando, do que com uma enxada nas mãos.

Para seu primo Almir, o rapaz nada mais era que alguém um pouco indócil e que ainda necessitava aprender muito com a vida. Mas para os amigos de Geremias, ele era uma espécie de líder do grupo, pois quase sempre partiam dele as ideias e escolhas sobre qual seria o divertimento que iriam ter.

Geralmente, quando saía para beber ou flertar com as garotas, acompanhavam Geremias três amigos. Eram eles Otávio e seu irmão gêmeo Bernardo, de dezenove anos, e Afonso, o mais jovem do grupo, com dezesseis. Todos possuíam uma forte atração pela bebida, pois pelo menos uma vez na semana encontravam-se às escondidas de seus pais para entornar algumas garrafas de cachaça, adquiridas através de um conhecido de Geremias, que as conseguia em um dos armazéns de bebidas da cidade.

Então, quando chegava o sábado após o trabalho, o grupo logo se reunia e começava a beber, às vezes até o amanhecer. Como a mãe de Geremias nunca fora um exemplo de genitora, e para ela a única preocupação, depois que o marido a abandonou-a, era que o filho trouxesse dinheiro para casa, pouco lhe importava o que este fazia depois do trabalho.

Em relação aos pais de Otávio e Bernardo, estes viviam havia alguns anos uma situação conturbada no relacionamento, e por isto se preocupavam mais com eles próprios do que com qualquer assunto ligado aos filhos, que trabalhavam em uma mercearia, mais para terem dinheiro para eles do que para os pais.

Já Afonso era o único que ainda não trabalhava. Vivia com seu avô desde que os pais faleceram em um naufrágio havia cerca de cinco anos. Seu avô, que perdera sua companheira havia quinze anos devido a uma doença, procurava dar ao neto um pouco de carinho e dedicação. Porém, conforme o tempo foi passando após o acidente dos pais, Afonso começou a fechar-se para o mundo. Transformou-se em um garoto recluso e inconformado com aquela difícil perda. Apenas quando estava junto aos amigos, e geralmente sob os efeitos da bebida, era que ele sentia-se um pouco melhor.

Seu avô, no início, bem que percebeu o cheiro e a situação do garoto quando retornava tarde e quase sempre alcoolizado. Contudo, após algumas tentativas de diálogo, procurando fazê-lo compreender a triste situação em que estava se envolvendo, e o garoto agredi-lo, ordenando que o deixasse em paz, o avô, mesmo sofrendo, não viu alternativas senão atendê-lo.

Mas o que o grupo de Geremias mal podia imaginar era que eles não se encontravam a sós. Acompanhando-os invisivelmente a seus olhos, porém suficientemente visíveis e perceptíveis aos seus íntimos desejos, seguia um grupo de espíritos desencarnados.

Espíritos que em suas últimas existências físicas foram homens e mulheres completamente viciados e voltados ao consumo de bebidas alcoólicas. Viveram e morreram pensando unicamente nos prazeres que tal consumo lhes proporcionava.

Então, enlaçadas a cada um dos integrantes daquele grupo de Geremias, seguiam aquelas criaturas dominadas pelo vício e completamente perdidas de seu real estado. Influenciavam-nos e deleitavam-se a cada gole e cada sensação que enquanto bebiam os garotos experimentavam. Eram capazes de qualquer ato apenas para que conseguissem prosseguir com aquele vício que os consumia.

Mas esses espíritos viciados não os acompanhavam apenas quando estavam bebendo, e sim praticamente durante quase todo o tempo que podiam. Sem consciência da real situação em que se encontravam após a morte e ainda presos àquele vício, em suas mentes continuar tendo aquela sensação era tudo o que importava.

Logo, em cada local e a cada passo do grupo de Geremias, lá estavam aqueles espíritos a perturbá-los e influenciá-los para largar tudo e só pensar na bebida. Parasitas escondidos sob as chagas que carregam, cuja condição ainda os impede de prosseguir. Espíritos sequiosos e necessitados de ajuda. Irmãos e irmãs invisíveis à maioria dos homens, porém não a mim.

32 – Os elos da vida

> Em verdade vos digo que tudo o que ligardes na terra será ligado no céu, e tudo o que desligardes na terra será desligado no céu.[22]

Por estas palavras Jesus quis que compreendêssemos o quanto é valiosa a oportunidade que Deus nos concede através da vida física. Importante escola, capaz de proporcionar-nos condições para

[22] Novo Testamento, Mateus 18:18.

auxiliar o próximo, e para que obtenhamos verdadeiros valores em nossa contínua evolução, que são os responsáveis por engrandecer-nos e até mesmo reparar aquilo que em nós ainda se encontra deturpado ou pouco consolidado.

Como somos todos filhos de Deus, a meta jamais poderá seguir outra direção que não para Ele. Pode ela levar-nos por diferentes caminhos conforme assim nos permitamos prosseguir, contudo o real destino de nossa jornada tenderá sempre a Deus.

Logo, cabe a cada um de nós encontrar, através dos inumeráveis caminhos da vida, aquele que enfim nos permitirá alcançá-lo. E estes caminhos nada mais são que as aquisições e débitos que fomos obtendo conforme avançamos.

Porém, enquanto uma aquisição permite-nos avançar num caminho mais linear e consequentemente mais curto, os débitos fazem-nos percorrer caminhos sinuosos e em um período de tempo muito mais longo. Mas não penseis que aqueles que avançam mais lentamente, ao final serão menos dignos que os primeiros. Não, uma vez que terão também o mérito por terem chegado a Deus. Com a única diferença de o terem realizado em um espaço de tempo mais longo, apenas isso.

Devemos ter sempre em mente que os caminhos que nos surgirão amanhã nada mais são que o resultado das escolhas que realizamos hoje.

Se plantar coisas boas, a vida retornar-lhe-á coisas boas. Agora, se cultivar somente o ódio, a vingança e a revolta, não receberá nada mais que apenas isso. Tanto na vida física, quanto na vida espiritual.

Somos exatamente aquilo que desejamos e manifestamos, seja através de nossos atos, ou apenas por pensamento. Tudo reside e forma-se gradativamente em nosso espírito, enquanto estamos encarnados ou desencarnados, permitindo-nos avançar mais ou menos em nossa jornada evolutiva.

Por isso, antes de realizarmos qualquer ação que possa de alguma forma dificultar-nos a caminhada rumo a Deus, lembremo-nos sempre que Ele enviou-nos para ser nosso sublime guia e modelo, aquele que jamais nos desampara ou abandona. Seu amado filho, Jesus Cristo.

Com o meu pai Cláudio não se sentindo bem disposto para ir ao trabalho, segui então sozinho para a fazenda. O encarregado de cuidar das plantações na ausência de meu pai, era Almir. Ele fora promovido por meu pai a esse cargo havia pouco mais de oito meses, devido ao afastamento do senhor Alfredo, por motivo de doença.

Por isso Almir esperava muito mostrar serviço a meu pai. Não queria desapontá-lo, com a confiança que lhe foi depositada. Seguia gerindo as plantações com bastante cuidado e dedicação, para que nada fugisse ao controle. Contudo tamanho zelo por parte de Almir acabava incomodando o restante dos funcionários, que se sentiam pressionados e de certa forma bastante cobrados. Alguns compreendiam aquela excessiva preocupação de Almir e até toleravam sua dedicação com o trabalho e o cargo que ocupava. Porém havia outros que se sentiam pressionados e às vezes desvalorizados. Era como se todo esforço que faziam fosse pouco perante a perfeição que Almir esperava.

E um dos que mais era cobrado por ele era justamente seu primo Geremias. Durante o pouco tempo em que começara a trabalhar na fazenda, fora de alguma maneira repreendido por Almir quase todos os dias. E na maioria das vezes, na frente dos outros funcionários, levando inclusive alguns a questionar se Almir não estava sendo duro demais com o rapaz.

Havia ficado nítido como aquele novo cargo estava influenciando Almir. Ele sempre fora um funcionário responsável e dedicado, mas jamais tivera o costume de ser inconveniente com os colegas. Agia e tratava todos de maneira respeitosa.

No entanto aquele novo Almir era-lhes totalmente desconhecido. Alguém que se preocupava mais com os resultados do trabalho do que com as limitações que existiam em cada um.

Para ele, qualidade e quantidade eram lucro. Parecia pouco se preocupar ou empenhar-se para melhorar a capacidade dos funcionários. Cobrava-lhes resultados que estavam além do que a fazenda estava acostumada a produzir.

Como nos últimos anos a saúde de meu pai não lhe permitia estar tão presente e inteirado sobre como andavam os negócios de maneira mais detalhada e aprofundada, ele desconhecia o que realmente estava ocorrendo. Antes meu pai era informado por Alfredo e neste confiava a ponto de deixar-lhe a fazenda quase que sob total controle; sabia apenas o que ele lhe passava.

Agora, estando a fazenda aos cuidados de seu novo gerente, Almir, mal sabia meu pai que algumas coisas haviam mudado, e que as informações a ele transmitidas por Almir não retratavam em detalhes o que realmente estava acontecendo.

Como eu também estava havia apenas pouco tempo no trabalho, desconhecia que Almir era outra pessoa antes de exercer aquele cargo. Então para mim aquele seu jeito de trabalhar era o normal.

Fato era que talvez, por ser eu filho do dono da fazenda, Almir evitava efetuar qualquer tipo de cobrança relacionada a mim, talvez com receio de que eu relatasse a meu pai, e este o repreendesse. Por isto, na minha presença ele moderava-se e agia de maneira firme, porém dentro dos limites, procurando ser um gerente responsável, mas consciente das capacidades e limitações de cada um.

Logo eu não possuía a consciência de que Almir havia se tornado uma outra pessoa e estava se permitindo influenciar por aquele novo cargo e sendo demasiadamente autoritário para com o restante dos funcionários, mas principalmente para com seu primo, Geremias.

Então, conforme o tempo passou e Almir prosseguiu tratando o primo daquela maneira, o relacionamento que possuíam enquanto parentes foi gradualmente se deteriorando. E um sentimento de revolta logo surgiu por parte de Geremias em relação a seu primo, fazendo com que alguns dos espíritos que já o acompanhavam começassem a acompanhar também Almir.

Espíritos revoltados, atraídos por Geremias devido a sua dependência da bebida, enquanto ele e seu grupo realizavam atos ilícitos conforme seguiam mantendo aquele vício. Criaturas inconscientes dos caminhos que conduzem à luz, e completamente voltadas ao ódio pela vida. Acreditavam terem sido por esta abandonados e condenados a seguir em eterno sofrimento, restando-lhes apenas lançar ao mundo, e consequentemente sobre o próximo, todo aquele ódio e revolta que tão profundamente carregavam.

Sem meu pai para acompanhar-me, como geralmente ocorria em todo início de mês, cheguei ao trabalho e tratei logo de ir verificar como estavam os tomateiros que encontrei com alguns frutos escurecidos. Queria ter a certeza de que não me havia enganado.

Porém, ao chegar ao local, notei que o estado dos frutos demonstrava que realmente estavam se deteriorando, como se justamente aquela área específica não tivesse sido devidamente irrigada, área esta que se encontrava aos cuidados de Geremias.

Pensei em ir conversar com Almir e explicar-lhe a situação, mas preferi primeiro conversar com Geremias para tentar compreender com ele se tinha feito algo de diferente e se poderíamos contornar aquilo sem a necessidade de levarmos o assunto até Almir.

Como ainda era bem cedo e geralmente eu era um dos primeiros a chegar, nem Geremias, tão pouco Almir, encontravam-se pela fazenda. Resolvi então ir adiantando o meu trabalho, até que pudesse enfim conversar com Geremias.

Não tardou para que logo Almir chegasse à fazenda. Deixou a carroça junto ao galpão onde ficavam as sementes e dirigiu-se até a sede. Ele possuía uma saleta ao lado da sala em que meu pai ficava quando se dirigia para lá. Costumava nestes primeiros dias do mês levantar toda a produção e demanda, além das necessidades de produtos e materiais de um modo geral. Dificilmente ele saía para verificar diretamente o estado das plantações antes de fazer primeiro esse levantamento e assim ter um balanço do que se encontrava mais urgente.

Por isso eu estava um pouco mais tranquilo em saber que não corríamos o risco de Almir ver o estado daqueles tomateiros e fazer alguma retaliação a Geremias antes de descobrirmos o que realmente houvera, uma vez que ele sabia exatamente o que e onde cada um dos funcionários estava trabalhando.

Logo o período inteiro da manhã passou, e também o período da tarde, e então percebi que Geremias não viria. Algo havia ocorrido e ele simplesmente não apareceu para trabalhar. E talvez para a sorte dele, por ter ficado praticamente o dia inteiro trancado em sua sala, Almir acabou não vendo que o primo faltara.

Enquanto eu me dirigia para casa ao fim daquele dia de trabalho, pensando que Geremias tinha faltado porque pudesse estar doente, nem imaginava que na verdade o motivo que o levara a faltar tinha sido outro: a bebida.

Após passar a noite inteira bebendo com Afonso, Geremias não teve forças suficientes para ir a sua casa e acabou dormindo na rua. Completamente alcoolizado e fora de si, ele passou o dia jogado às proximidades de uma pequena casa abandonada, a cerca de cinco quadras de minha casa.

Enquanto eu voltava do trabalho, tive a intuição de fazer um outro caminho, passando assim próximo à pequena casa abandonada, local onde Geremias e seu grupo costumavam ir para poderem beber em paz. Já havia anoitecido, e se eu não estivesse com o pensamento e atenção voltados para o que poderia ter ocorrido com Geremias, dificilmente conseguiria encontrá-lo caído por trás de um arbusto, ao lado da casa abandonada, atenção esta que tive graças à influência que recebi de um falecido tio de Geremias.

Ele, enquanto encarnado, era muito apegado ao sobrinho, e partia-lhe o coração ver o rapaz naquela triste situação. Era chamado pela família de Maneco, mas Geremias costumava chamá-lo de Tio Neco.

Tio Neco era um dos espíritos de familiares já desencarnados que velavam pelo bem estar dos integrantes do grupo de Geremias. Humildes irmãos em evolução, cujo zelo e carinho por seus entes queridos e ainda encarnados geravam pesar em seu íntimo conforme os garotos prosseguiam caindo pouco a pouco.

Eram familiares que através de seus esforços conseguiram ascender mais um degrau na progressiva escalada evolutiva, e que agora trabalhavam e dedicavam-se ao amparo não somente dos seus, mas também de todos aqueles irmãos desencarnados que obsediavam o grupo de Geremias.

Dos espíritos desencarnados, o único que eu conseguia ver e ouvir claramente era o senhor Balthazar. Já quanto aos outros trabalhadores de luz e que seguiam auxiliando todas as criaturas, fossem elas encarnadas ou desencarnadas, podia apenas sentir sua presença e às vezes receber alguma influência, quando estes assim desejavam. Contudo, em relação aos espíritos perdidos e revoltados, podia divisar sua presença sempre que intensificavam algum desejo que traziam sobre algo ou alguém.

Então, com a permissão do amigo e mentor Balthazar, Tio Neco pôde aproximar-se de mim e então indicar-me, através da influência, que eu alterasse meu caminho e pudesse passar exatamente por onde Geremias estava caído.

Ao ver Geremias, espantei-me. Eu já havia constatado no trabalho o quanto ele era atormentado e acompanhado por inúmeras entidades que seguiam nutrindo-se de seus fluidos espirituais, porém não imaginava que tal processo estivesse tão enraizado. Ele próprio e aqueles espíritos inferiores que o vampirizavam pareciam pertencer todos a um único invólucro físico, tamanho era o enlace que o envolvia.

Geremias estava caído e desacordado, enquanto seus acompanhantes do invisível agiam feito parasitas. Ao aproximar-me do rapaz, a densa nuvem que o recobria reagiu e imediatamente pude sentir em meu íntimo o quanto aqueles espíritos sentiam-se como se fossem os únicos com direito de posse sobre Geremias.

Rapidamente procurei elevar o pensamento em direção a Deus e solicitei o amparo dos bons espíritos. Sabia que na atual condição em que Geremias se encontrava, qualquer contato mais íntimo provocaria a ira de seus obsessores. E tal fato poderia provocar-me os efeitos que experimentara no passado, alguns anos antes, quando, em uma de minhas aulas de catecismo, tentei auxiliar irmãos nestas condições, mas não pude suportar suas emanações, e Balthazar precisou fazer-me desfalecer para que eu pudesse restabelecer-me e para que os benfeitores de luz pudessem auxiliá-los.

No entanto, desta vez eu já me encontrava um pouco mais preparado e contava com o auxílio do preocupado tio Neco. Este espírito, familiar de Geremias, tratou logo de emanar sobre o rapaz, e consequentemente sobre seus acompanhantes, harmoniosos eflúvios, procurando acalmá-los.

E eu, por minha vez, prossegui em sincera oração, procurando auxiliar a apascentar os corações revoltados daqueles espíritos inferiores que a Geremias haviam-se enlaçado. Alguns por afinidade, outros apenas por necessidades momentâneas. Todos, porém, completamente perdidos e incapazes de compreender aquela triste situação em que se encontravam.

Sem divisar quantos eram, senti sobre mim o quanto me queriam longe dali. E enquanto eu prosseguia em oração, eles, cheios de ódio, bradavam em meus ouvidos, ameaçando-me para que os deixasse em paz.

Espíritos suicidas, alcoólatras e assassinos eram alguns dos que acompanhavam o rapaz. Todos dispostos a lançarem sobre ele o peso que carregavam, adquirido através de existências inferiores em que nada de produtivo realizaram para si próprios, e alicerçaram-se em verdadeiras trevas.

Dentre aqueles espíritos inferiores havia um que, em passado não tão distante, fora-me objeto de perturbação quando, em minha passagem pelas trevas, atuara sobre ele enquanto era encarnado, levando-o a cair em verdadeira escuridão.

Em meados de 1870, e enquanto eu procurava mostrar trabalho ao chamado Senhor da Escuridão, conheci um homem encarnado, de nome Thomás. Este, assim como eu enquanto encarnado em minha existência anterior, encontrava-se totalmente revoltado com a vida física que tinha, e lançava seu ódio sobre aqueles que considerava os responsáveis por seu martírio.

Conheci-o enquanto circulava entre os encarnados, procurando nutrir-me com as baixas vibrações emitidas por homens portadores de intenções obscuras e semelhantes às que eu trazia, e cuja queda eu não encontraria dificuldades em obter.

Sujeito arrogante e completamente revoltado com a vida que levava, Thomás, que já era acompanhado por outras criaturas, permitiu-me o enlace sem exercer nenhum tipo de restrição. Instiguei-o a realizar inúmeros atos contra seus oponentes e contra si mesmo, exercendo sobre ele uma profunda obsessão. E não tardou para que sua vida logo se transformasse ainda mais em verdadeiras trevas. Durante o período em que passei enlaçado a ele, fi-lo destruir não apenas sua vida, mas também a das poucas pessoas que se aproximavam dele procurando de alguma forma auxiliá-lo.

E uma destas pessoas era sua avó, Dona Matilde, única pessoa que sempre acreditou nele e em seu potencial. Mesmo com os inúmeros conflitos, sempre ficava ao seu lado e procurava ampará-lo. Senhora já de bastante idade, ela jamais o tratou mal, mesmo quando ele a agredia verbalmente. Para ela, ele era apenas um menino à procura de amor. E mesmo com todo o esforço dela para ter o neto ao seu lado, eu havia influenciado Thomás de uma tal maneira que até mesmo este único elo familiar eu consegui quebrar, pois, completamente transtornado, Thomás saiu de casa e nunca mais a viu novamente.

Após me sentir satisfeito, exerci sobre Thomás a incontrolável influência para que este constatasse o quanto sua vida era-lhe um peso e o quanto seria mais fácil se ele optasse por ceifá-la, fato este que não tardou a ocorrer. E pouco tempo depois, Thomás viu-se entregue a vagar inteiramente desorientado e ainda mais revoltado do que antes. O sofrimento que ele acreditava desaparecer com a morte não o abandonou e intensificou-se, provocando-lhe incalculáveis aflições e pesadelos.

Quanto a mim, segui em busca de nova vítima para saciar os desejos inferiores que eu alojara no íntimo, imaginando que aquele homem que tanto perturbara e fizera sofrer seria nada mais que um joguete de minhas necessidades. Porém mal sabia eu que não há ações sem consequência.

A atração que em Thomás eu exercera, recebendo seus fluidos e doando parte daquela ira pela vida e por tudo, que existia em mim e ardia em brasa, alojara-se em seu inconsciente. E o elo que criei sobre ele e acreditava eu ter-se rompido com sua morte, acompanhava-o intensamente, no entanto, agora eu como encarnado e Thomás como um espírito desencarnado.

33 – Encontros e reencontros

Deus entrega aos homens valiosos e dedicados irmãos, cujo amor, carinho e as melhores intenções são o incentivo que os move. Companheiros que já estagiaram nas inúmeras estradas em que todos somos impelidos a seguir. São verdadeiros servos do Pai.

E como cada criatura é extensão tão importante e fundamental do Pai, até mesmo o mais pequenino, seja um espírito encarnado ou não, todos somos perante Ele suas pequenas sementes.

Por isso devemos crer e ter sempre em mente que jamais nos encontramos desamparados e à mercê da própria sorte. O olhar do Pai sempre nos acompanha e nos presenteia com queridos irmãos, para que nos auxiliem a alcançar o que em nosso íntimo faz-se necessário à nossa evolução.

Tudo ocorre exatamente como deve ser. Seja para proporcionar um resgate, um novo e importante aprendizado, ou até mesmo servir de instrumento aos momentaneamente menos afortunados.

Como Deus é bondade e justiça, não há sequer uma única causa que porventura venha a afligir um homem, que ocorra simplesmente por castigo. O castigo existe somente aos olhos dos homens. Quem confia e dedica-se não apenas a si próprio através do esforço moral, mas principalmente ao próximo, sabe que caminha sob as mãos de Deus, e que inúmeros irmãos e companheiros do invisível prosseguem auxiliando e amparando-o, e a cada obstáculo que enfrente, jamais o abandonam, pois a felicidade do próximo nada mais é que a felicidade de cada um deles.

Então, quando lhe surgir uma dificuldade, não esmoreça. Agradeça ao Pai a oportunidade que lhe surge, peça confiante o auxílio dos bons espíritos e entregue-se, procurando empenhar sempre o seu melhor.

Enquanto eu procurava, através da oração, auxiliar Geremias para que os espíritos inferiores que o acompanhavam pudessem libertá-lo de seu cárcere e compreendessem o quanto o estavam prejudicando, rapidamente o espírito Thomás, aproveitando-se de minha presença ali, avançou sobre mim como um animal sobre sua presa. Ele mal conseguia acreditar que aquele mesmo espírito que um dia tanto o prejudicara, e por quem ele cultivava tanto ódio, estava bem ali diante dele.

Vale ressaltar que a escalada evolutiva dos espíritos não dá saltos, mas sim prossegue gradativamente. Então, por mais que fosse eu ali um ser completamente arrependido do que fora e com o coração disposto a redimir-me naquela nova oportunidade física, aquele elo que eu havia criado com Thomás não desaparecera, apenas ficara guardado, aguardando o devido reajuste. E como não há ato sem consequência, minhas atitudes para com ele e tantos outros logo começaria a cobrar seu preço.

Ao perceber a ligação que nos envolvia, o amigo Balthazar logo achou por bem não intervir de maneira efetiva, apenas procurou garantir que o espírito, revoltado e disposto a acertar as contas, não me envolvesse de maneira a prejudicar o trabalho que realizávamos ali, permitindo então sua aproximação, porém sem que com isto, naquele momento, eu sofresse com sua possível influência.

Tendo Geremias ainda desacordado e eu, em oração, sentado a seu lado, continuávamos nos esforçando para que aqueles irmãos abrandassem aquele peso e ódio que lançavam sobre ele. Tio Neco, às lágrimas pelo estado do sobrinho, seguia firme, doando-se e citando-lhes algumas passagens do evangelho de Jesus.

Sentindo-se acuados e inconformados por terem de ouvir aquelas mensagens, logo, bradando e gesticulando como animais ao redor de Geremias, aos poucos, um a um, começaram a afastar-se do rapaz. E algum tempo depois, este finalmente podia então começar a pensar por si só.

O devido reajuste entre Geremias e seus obsessores não havia sido extirpado, mas apenas suavizado, de maneira que ele pudesse, mais adiante, seguir procurando resolvê-lo de forma mais amena, e não ser açoitado e entorpecido como vinha ocorrendo.

Assim que Geremias voltou a si e, mesmo com grande dificuldade, procurou ficar de pé, eu o amparei e, como sabia onde ele morava, logo o levei para casa, sob o olhar atento de seu dedicado Tio Neco.

Quanto a mim, enquanto seguia para casa, fui tomado por uma acentuada dor de cabeça. Tratava-se das influências emitidas por Thomás, que agora, com os trabalhos de assistência para com Geremias momentaneamente encerrados, começavam a lançar-se a mim.

Acompanhando-me paternalmente, o amigo Balthazar, consciente do que o espírito revoltado de Thomás pretendia, seguiria apenas nos observando. Cada qual é inteiramente responsável por seus atos e caberia a mim encontrar recursos para resolver meus débitos. O amigo apenas me transmitiria eflúvios de paz, conforto e confiança de que, quando procuramos empenhar-nos no bem, fazendo todo o possível para auxiliar ao próximo, jamais nos encontramos desamparados. Velando por nós, sempre haverá queridos irmãos em Deus, torcendo pelo nosso progresso.

Já em minha casa, após ter explicado a meus pais o motivo de meu atraso e estes me parabenizarem pelo auxílio ao rapaz, eu enfim me preparava para dormir. Tendo devidamente feito minhas orações, agradecendo ao Pai pela grata oportunidade da vida e aos queridos benfeitores que tanto nos auxiliam, já deitado, indaguei em pensamento ao amigo Balthazar se fora ele quem me influenciara a alterar meu caminho para casa, encontrando assim Geremias.

— Senhor Balthazar, foi influência sua eu ter alterado o meu caminho para casa?

Não tardou para que logo me respondesse.

— Um companheiro nosso e que tem atuado junto ao rapaz, solicitou-nos permitir sua aproximação junto a você. Devido ao estado em que o rapaz se encontrava, havia a necessidade de maiores cuidados. E por isso, este amigo pediu-nos que lhe permitíssemos orientá-lo a seguir por aquele caminho, para poder encontrar o rapaz.

— E o senhor já teve alguma informação sobre como ele está?

— Graças ao seu auxílio, o pequeno ferimento que ele possuía na cabeça devido à queda não lhe trouxe maiores complicações, e dentro em breve ele já estará fisicamente recuperado.

— Que bom, graças a Deus! Fico muito feliz em ter podido ajudá-lo de alguma forma. Mas e em relação àquela quantidade de espíritos inferiores que o acompanhavam e tanto o obsidiavam? Pude sentir o quanto suas emanações tão nocivas enlaçavam aquele rapaz.

— Tratava-se de irmãos sofredores. Alguns aproximaram-se do rapaz apenas por afinidade vibratória, enquanto outros possuíam com ele grandes débitos de vidas passadas. Através da oração firme e os passes magnéticos que lhes aplicamos, obtivemos pequeno avanço, se considerarmos o alto grau de comutação em que se encontravam. Sem conseguirem divisar-nos a presença, alguns, levemente incomodados pela estranha sensação que os invadia, simplesmente se afastaram, receosos. Outros humildemente compreenderam o mal que estavam realizando e o quanto estavam se prejudicando ao seguir naquele estado vampírico. Logo, através de seus próprios esforços, poderão verificar o quanto suas ações os prejudicavam, muito mais do que àqueles os quais obsidiavam.

— Quando estamos com raiva, não percebemos quanto mal fazemos a nós mesmos. É um pequeno grão de areia que tende a aumentar cada vez mais – considerei.

— Realmente, Matheus. Devemos sempre nos lembrar de que nossa essência, que provém de Deus, nada mais é que amor. Amor pela vida, pelo próximo e por nós mesmos. Se estamos nutrindo um sentimento de raiva por alguém e permitimos que isso se torne tão grande ao ponto de ser esse sentimento que nos move, simplesmente fechamos os olhos ao que intimamente somos, que é amor, e nos prejudicamos cada vez mais. Por isto devemos sempre, quando a oportunidade se faz presente, procurar resolver toda e qualquer pendência que tenhamos para com o próximo. Somente assim poderemos nos libertar das algemas de raiva que tanto nos prendem e impedem o nosso progresso, e também dificultam o do próximo.

— Verdade. Mas e em relação a Geremias, não havia ninguém acompanhando-o, nessas condições? – indaguei.

— Sem dúvida que sim. Devo informar-lhe que diminuta é a parcela da humanidade que tem o privilégio de não trazer consigo elos cármicos adquiridos em algum momento de sua caminhada evolutiva. E não nos cabe, de forma alguma, dificultar-lhes a possibilidade de reajuste em relação a tais elos, uma vez que a criatura jamais se encontra imune a eles, que vão surgindo conforme prossegue. – explicou Balthazar.

— Mas esses elos de ódio, quando criados em existências passadas, não seria talvez injusto que se manifestem no transcorrer de uma nova existência, onde a criatura em nova roupagem física já tenha se arrependido e segue pelos caminhos do bem?

— De maneira alguma, Matheus. Podemos dizer que o fim não justifica o começo. Ou que para salvar-se uma vida seja necessário o sacrifício de outra. Cada atitude, seja ela positiva ou não, no momento oportuno sempre apresentará seus resultados. E então trará consigo os benefícios ou as cobranças. Que justiça haveria em se cobrar de uma criatura a atual situação em que se encontra, se os pesos que lhe caem sobre os ombros foram adquiridos devido a um momento de fraqueza de outrem? Sabia que para se desenvolverem as vacinas é necessário utilizar-se uma parcela do próprio vírus? Ou seja, a vacina, para que seja obtida, depende também da participação daquilo que infecta. Pois é a partir daí onde se operam os verdadeiros milagres – concluiu Balthazar.

Parecia que a minha dúvida tratava-se de meu íntimo prevendo o que viria do encontro que eu acabara de ter. O elo de ódio que eu criara com Thomás enfim me cobraria pelas faltas que no passado cometera. E por mais que o querido mentor Balthazar, como um pai zeloso, não desejasse ver-me sob a provação que me surgia, respeitava e compreendia a verdadeira importância que isso possuía em relação à minha própria evolução. Seguiria ele ao meu lado como um humilde e dedicado instrutor, inspirando-me e orientando-me a prosseguir no caminho do bem. Porém agora, com o enlace que Thomás procurava exercer sobre mim, reivindicando os débitos do passado, caberia somente a mim escolher em qual caminho iria seguir. Se iria esforçar-me para obter a devida cura, ou deixar-me-ia envolver e então cair submisso e infectado.

No dia seguinte, após uma desconfortável noite de sono, meu pai Cláudio tocou-me, procurando acordar-me. Já era aquela a terceira vez que me chamava, tentando despertar-me. Eu havia passado praticamente a noite inteira revirando-me na cama, procurando acalmar os pensamentos e então poder descansar o corpo.

Ocorria que já começava eu a permitir que a influência de Thomás pudessem alcançar-me. Ele passara a noite inteira balbuciando em meus ouvidos tudo o que pretendia causar a mim. E mesmo sem conseguir ouvi-lo, sua influência chegava-me diretamente à pineal, causando-me enorme desconforto.

A situação só não se demonstrou mais nociva graças ao dedicado esforço do amigo Balthazar, que me velara ao leito. Contudo, mesmo reconhecendo a carga que tal espírito trazia contra mim, surpreendeu-se com a considerável rapidez com que me permiti ser por ele aturdido.

Tratava-se ali realmente de uma importante expiação a que em meu íntimo eu desejava submeter-me. O tempo para mim demonstrara-se um grande remédio, proporcionando-me um verdadeiro bálsamo reparador. E valiosos eram aqueles reencontros para que pudéssemos despir-nos das vaidades e enfim tentar corrigir cada ponto em que de alguma forma erramos.

Com a cabeça pesada e os olhos vermelhos, eu enfim consegui levantar-me, após considerável esforço.

— Bom dia, Matheus. Nossa, mas que cara é essa, meu filho? Por acaso se sente mal? – queria saber minha mãe.

Ainda sonolento e procurando pôr em ordem os pensamentos, minha única reação foi negar com a cabeça. Na realidade sabia que não estava doente, mas sem conseguir explicar, apenas sentia que algo havia. Era como se tivesse enfrentado uma difícil batalha durante a noite. O que na realidade não deixava de ser.

Meu íntimo reconhecia o quanto no passado prejudicara Thomás, ansiando um devido reajuste. Porém a atual razão procurava resguardar-me e evitar que me cegasse e submetesse de maneira passiva, ocasionando então uma possível queda.

Contudo, toda a raiva que Thomás trazia de mim não se apresentara por completo, aquele era apenas o início. E começava ali um profundo processo de verdadeira comutação.

Com uma leve dor de cabeça e uma estranha sensação de desconforto por todo o corpo, logo reconheci que ir trabalhar naquele dia não seria tarefa fácil. Cheguei a indagar-me se não seria mais prudente explicar a meus pais que não me sentia bem e que talvez fosse melhor repousar. Contudo, ao verificar a expressão de meu pai, ansioso e bem disposto para ir trabalhar, apenas aguardando-me para acompanhá-lo, decidi que, apesar de meu estado, aquele esforço valeria a pena.

— E então, meu filho, você me acompanha ao trabalho hoje? – questionou meu pai.

— Claro, com o maior prazer.

— Tem certeza, filho? Você me parece um pouco abatido. Se

não estiver se sentindo bem, seu pai vai sozinho, não tem problema.

— Imagina, mãe. É apenas uma leve dor de cabeça, nada sério. Me dê apenas cinco minutos, que já acompanho o senhor, meu pai.

No caminho do trabalho, meu pai indagava-me sobre o que estava achando do trabalho.

— Fico muito feliz que você esteja trabalhando lá na fazenda, meu filho. Você está gostando?

— Sim, bastante. Confesso que está sendo uma experiência muito boa. Tenho aprendido muito com o senhor Almir e o pessoal.

— O Almir é uma ótima pessoa, Matheus. Confio muito em seu trabalho. Tudo o que você precisar, pode contar com ele.

Realmente, o senhor Almir era uma ótima pessoa. Mas o que meu pai não sabia era que sua nova função parecia estar influenciando-o. E havia dias em que eu acabava optando por sanar minhas dúvidas com algum outro funcionário, ao invés de perguntar a ele, pois via como ele tratava de maneira ríspida outros funcionários, e preferia evitar qualquer aborrecimento.

Logo, assim que chegamos ao trabalho, enquanto meu pai dirigia-se a sua sala, tratei de seguir ao local dos tomateiros e ver se Geremias havia ido trabalhar. Eu estava bastante preocupado com seu estado, após encontrá-lo caído e embriagado.

Contudo, para minha surpresa, ele, mais uma vez, não havia aparecido. E ali, parado em seu lugar, observando os pés de tomate, estava seu primo Almir, que levava as mãos a cabeça, parecendo incrédulo com o que via. Quase todos os pés de tomate que eram de responsabilidade de Geremias pareciam estragados.

E inconformado com a aparente falta de comprometimento de seu primo, Almir só pensava em uma única coisa: "Ele tem de ser demitido".

34 – Não resistais ao mal

> Eu, porém, vos digo que não resistais ao mal; mas, se qualquer te bater na face direita, oferece-lhe também a outra.[23]

Não se pode pagar o mal com o mal, pois nos caminhos de cada homem, caem-lhe à frente apenas as folhas que merecia que lhe

[23] Novo Testamento, Mateus 5:39.

cruzassem o caminho. Por acaso acreditais que velando por vós não há nada? Que um Pai todo bondade e justiça permitiria serdes vós postos à prova, se não conhecesse o remédio que vos iria curar as feridas que trazeis em vosso íntimo?

Não. Ouvi e compreendei bem. Nos desígnios de Deus não há erros ou injustiças. Cada um de seus pequenos e amados filhos prossegue ininterruptamente diante da tutela de seus olhos. E para cada um concede valiosos irmãos dedicados a proporcionar-lhe aquilo que intimamente busca em seu coração. Ocorre que fostes educado a cegamente renegar esse clamor. Acorrentado de maneira quase que insuperável a uma visão materialista, fostes aos poucos fechando as portas daquilo que intimamente trazíeis, que é a verdadeira centelha divina.

Se parardes por um instante e vos abstiverdes de tudo a que fostes condicionados a vivenciar, ouvireis que dentro de vós esta pequena centelha prossegue brilhando. Contudo, à medida em que fostes trilhando vosso caminho naquela que, para a grande maioria, ainda consiste na sublime escola da vida, que nada mais é que a existência física, acumulastes todo o excesso de que jamais vos preocupastes em vos desvencilhar.

Conforme a criatura avança, leva sempre consigo, envoltas em seu próprio coração, estas correntes que, devido aos abusos que cometeu, a envolvem, acarretando gradativa imersão de sua pequena centelha em verdadeira escuridão. Todavia, como essa centelha jamais se apagará, sendo Deus a sua fonte, à medida em que se encontra sobrecarregada, clamará por uma eventual purgação.

Seguindo assim, como a criatura já se encontrava em um estágio cuja materialidade era para ela a única certeza, não seria capaz de compreender o quanto necessitava livrar-se daquelas amarras, cujo sentido, porém, inconscientemente reconhecia.

Logo, se for você, ou alguém que é nesta existência caro a você, confrontado com algum ato que julga injusto, lembre-se sempre que tal ato somente ocorreu para que você, ou este alguém, fosse liberto das correntes que tão intimamente já possuía.

Na fazenda, já se haviam passado dois dias desde que o senhor Almir intercedera junto a meu pai, solicitando o desligamento de seu primo Geremias. Todos os funcionários ficaram surpresos com a atitude de Almir em querer demitir o próprio primo. Fato este que, após os devidos esclarecimentos a meu pai, explicando-lhe os motivos por que aquela dispensa fazia-se necessária, enfim se havia consumado. Mesmo sem nunca ter demitido um único funcionário, meu pai, como confiava plenamente em Almir, acabou acatando seu desejo.

O amigo Balthazar, porém, contara-me um pouco da situação em que o jovem Geremias vivia, e logo reconheci o quanto aquela perda iria prejudica-lo ainda mais.

Acabei sabendo, por intermédio de outros funcionários, que Geremias já vinha dando sinais claros de que não se sentia contente no trabalho. E que no dia em que faltara, ocasionando a decisão de Almir de dispensá-lo, havia mais uma vez mergulhado nas bebidas. No dia anterior eu acabara de encontrá-lo completamente alcoolizado e jogado na rua, e mesmo assim ele nem esperou a ressaca passar e foi logo embebedando-se novamente.

Realmente, era triste ver a situação em que Geremias se encontrava. Confesso que eu queria muito poder ajudá-lo de alguma maneira, mas sem conseguir explicar, sentia-me de mãos atadas. Havia momentos em que simplesmente não me importava, e julgava-o, como se algo dentro de mim dissesse que ele teve o que mereceu. E então, o desejo de interceder por ele junto ao senhor Almir desaparecia.

Essas sensações e pensamentos eu jamais tivera por alguém, graças ao esforço de meus amados pais, que me ensinaram a enxergar a todos como irmãos. Contudo havia ali algo de que eu ainda não me tinha dado conta. Em uma espécie de torpor, trazia enlaçado a mim o revoltado espírito de Thomás. Era este quem me açoitava com seus pensamentos destrutivos, cujas influências eu começava a absorver.

Isso preocupava o amigo Balthazar, visto como a cada novo dia eu seguia pouco a pouco me entregando. Porém o amigo e tutor conhecia bem todas as barbáries que eu tanto praticara e reconhecia o quanto isso me cobraria seu preço. Já habitava em mim, de maneira inconsciente, o ardente desejo de reparação. E era esta a fonte que me permitia seguir adiante: a consciência e compreensão do quanto os reajustes com todos aqueles que de alguma forma prejudiquei faziam-se necessários.

Somente assim, enfrentando cada um daqueles a quem causei mal, é que poderia livrar-me das pesadas correntes que tanto acumulara no transcorrer de cada uma das estradas que percorrera.

Por isto o amigo Balthazar não intercedera de maneira a afastar o espírito de Thomás, pois intimamente meu próprio espírito ansiava por aquilo, e eu aprendera que a escalada evolutiva de cada um depende exclusivamente de seu próprio comprometimento em procurar, através do verdadeiro esforço, superar seus íntimos obstáculos. Assim, Balthazar apenas velaria por mim, transmitindo-me suas melhores intenções, e oraria firme para que eu alcançasse a tão almejada redenção.

Após uma semana eu enfim avistei Geremias. Ele passava pela rua, com aspecto de quem havia tempos não saía de casa. Tinha as roupas em verdadeiros farrapos e os cabelos desgrenhados. De cabeça baixa, nem me viu quando, do outro lado da rua, acenei-lhe. Pensei em gritar, porém mais uma vez algo parecia impedir-me. E logo, antes que eu esboçasse qualquer atitude, simplesmente perdi Geremias de vista.

Também era certo que eu sabia onde ele morava, mas meus conflitos internos impediam-me de considerar visitá-lo.

Como era domingo e meus pais e eu tínhamos o costume de frequentar a missa, tratei logo de retornar para casa. Eu havia ido comprar algumas coisas para o almoço e não podia demorar-me.

Já em casa, enquanto nos preparávamos para sair, cheguei a indagar a meu pai se ele ouvira do senhor Almir algo em relação ao seu primo Geremias.

— Pai, o senhor chegou a conversar com o senhor Almir após a demissão do Geremias?

— Conversamos sim, meu filho, por quê?

— Gostaria muito de saber se ele comentou algo sobre como anda o Geremias.

— Bem, a única coisa que me disse, foi que pensava se realmente tomou a decisão certa em demitir o rapaz. Disse que pelo menos enquanto ele trabalhava lá, podia vigiá-lo e garantir que não bebesse. Ele reconhecia o quanto seu primo havia se viciado e se deixado levar pela bebida.

— Sinto pena desse rapaz – comentei.

— Realmente, a vida desse rapaz é bastante conturbada. Sem o pai, e tendo de preocupar-se com o sustento dos irmãos e da mãe, posso imaginar o que deve estar passando. Almir disse-me que depositava sua confiança nele, mas os constantes problemas que vinha causando e a falta de comprometimento acabaram forçando-o a tomar aquela atitude.

— Mas e agora, sem trabalho, viciado na bebida, o senhor não acha que é capaz de ele piorar?

— Existe esta grande possibilidade, meu filho. Mas o Almir disse-me que já vinha avisando constantemente o rapaz para que procurasse se esforçar. Porém fica difícil você querer obrigar alguém a fazer algo que não tenha vontade. As chances de algo sair errado são enormes. Devemos orar a Deus para que ilumine os passos deste rapaz e ele possa então conseguir abrir os olhos antes que seja tarde demais.

Após minha mãe Elisa terminar de aprontar-se, dirigimo-nos à igreja. No caminho eu não parava de pensar em Geremias e se havia algo que eu poderia fazer. Em meu íntimo queria poder ajudá-lo, mas enlaçado a mim feito um parasita, o espírito de Thomás irritava-se toda vez que eu manifestava esse desejo.

Como Thomás permanecera durante um período influenciando o próprio Geremias e acabara não conseguindo exercer sobre este toda a suas vontade, seu ódio pelo rapaz ainda era bem grande. Tendo-o acompanhado apenas por momentânea afinidade, o espírito de Thomás vampirizou-o enquanto lhe convinha. Quando percebeu que não conseguiria mais utilizá-lo como esperava, começou então a revoltar-se. Possuía planos para fazê-lo sofrer, mas como seu ódio por mim era muito maior, ao encontrar-me acabou sentindo-se mais atraído pela vingança contra mim, e deixou-o. Porém em seu íntimo ainda trazia um forte desejo de prejudicá-lo. Por isto, toda vez que eu esboçava o desejo de auxiliá-lo, Thomás logo exercia sobre mim um desejo contrário.

Contudo, logo aquilo iria alterar-se. Enquanto acompanhava-me os pensamentos, Thomás acabou tendo uma ideia, algo que o surpreendeu por não ter pensado antes. Havia a seu ver uma ótima maneira de prejudicar ambos, tanto a mim quanto Geremias. Mas para isso seu pensamento em relação a tentar manter-me afastado de Geremias deveria mudar.

Enquanto matutava e planejava como colocaria seus planos em prática, Thomás foi subitamente arrebatado de perto de mim. Eu e meus pais havíamos chegado à igreja, e assim que adentramos o recinto, como se houvesse neste uma poderosa força que seus olhos não podiam enxergar, o espírito perturbado de Thomás, sem compreender, viu-se obrigado a permanecer do lado de fora.

Assustado por não conseguir acompanhar-me igreja adentro, ensandecidamente Thomás começou a blasfemar. Afinal, em sua mente, como podiam impedi-lo de seguir enlaçado a mim? Logo começou a rodear toda a construção, procurando encontrar algum ponto por onde pudesse adentrar. E quanto mais ele circundava o local e constatava que seria inútil, mais temeroso e revoltado ficava.

Ocorria que não era o local que o impedia de seguir enlaçado junto a mim, mas sim sua própria consciência que agia mantendo-o afastado. Como ali era um local de orações, pensamentos edificantes e no qual as pessoas de bem endereçavam suas vibrações Àquele que veio ao mundo para ensinar-nos o verdadeiro significado da vida em comunhão, o espírito de Thomás simplesmente não conseguia acompanhar-me lá dentro.

É certo que ali era local onde muitos espíritos sofredores seguiam em busca de auxílio, mas apenas quando nestes já se manifestasse este sentimento, quando trouxessem em seu íntimo esta procura por redenção. E esse não era o caso de Thomás. Ele trazia enraizado em seu coração um forte desejo de vingança e revolta. Algo totalmente oposto às emanações que eram geradas ali e às inúmeras criaturas que ali adentravam. Fossem encarnadas ou desencarnadas, o desejo coletivo era em busca de alívio, auxílio, esclarecimento e paz.

Por isso aqueles que vibravam em outra sintonia sentiam-se repelidos, porque ainda não haviam acendido em si a verdadeira luz do Cristo, portanto iriamprosseguir assim por um determinado tempo até que enfim reconhecessem seus próprios pecados. Aí então poderiam adentrar esses recintos para receber auxílio, mesmo sendo espíritos revoltados e perturbadores, bastando para isso que neles haja a predisposição para tal.

Dentro da igreja e enquanto seguia ouvindo as palavras do padre Luiz, comecei a sentir-me diferente. Como se algo parecesse estar faltando ou fora do lugar. Não conseguia divisar que estranha sensação era aquela, apenas que me sentia levemente incomodado, fato este provocado pelo momentâneo afastamento de Thomás. Como já se completavam alguns dias que tal enlace se iniciara, meu íntimo então começou a agitar-se.

Acompanhando-me no invisível, o querido amigo Balthazar, que prosseguia ao meu lado dedicando-se a transmitir-me emanações de paz, com sua destra sobre minha cabeça procurava auxiliar-me enquanto o enlace entre eu e Thomás não se estreitava.

O benfeitor esperava que tal processo de obsessão não me envolvesse ao ponto de fazer-me desviar da meta. Reconhecia o quanto meu processo regenerativo envolvia inúmeras peculiaridades e o quanto cada etapa continha valiosas bênçãos. Por isso se empenharia, esforçando-se para que eu pudesse atingir meus íntimos objetivos, uma vez que já era visível para ele o quanto a influência de Thomás sobre mim visava a envolver-me a ponto de distanciar-me e remover-me de quaisquer intenções contrárias às suas.

Então, como um poderoso farol procurando guiar-me na escuridão em que começara a envolver-me, o benfeitor procurava ali doar-me recursos capazes de neutralizar um pouco aqueles efeitos nocivos lançados sobre mim pelo espírito de Thomás, e então permitir-me, mesmo com este novamente enlaçado a mim, conseguir divisar os caminhos que estava escolhendo.

Em suma, Balthazar procurava ali oferecer-me recursos para o percurso que iria enfrentar, seguindo eu como um viajante em busca da terra prometida, que se vê diante de um desconhecido e extenso oceano que intimamente deseja enfrentar, pois sabe que sua fé no objetivo será recompensada. Sabe que todo esforço valerá a pena, porém reconhece que poderá no caminho encontrar uma tempestade, a ponto de fazê-lo duvidar de si e abandonar seu objetivo. Mas se permanecer confiante e não se permitir envolver, lembrando que por trás das densas nuvens o sol sempre permanece brilhando, então não haverá dificuldade ou tormenta que o fará desistir.

Logo, envolvendo-me com eflúvios de serenidade e confiança na bondade divina, o benfeitor para mim seria como um farol, transmitindo-me a luz do Cristo. Não importavam ali quais as dificuldades que eu iria enfrentar, nem mesmo o quanto me desviasse da meta rumo à minha própria redenção. Mesmo por trás da escuridão, a luz capaz de guiar-me sempre permaneceria ali, apenas aguardando que rumo à sua direção eu enfim desejasse prosseguir.

Ao fim do culto, foi apenas eu sair da igreja para o espírito de Thomás querer avançar sobre mim. Não fosse toda aquela revolta que trazia, poder-se-ia até dizer que ele ficara feliz ao ver-me. Porém sua excitação ali era por poder prosseguir com sua ardilosa obsessão.

Mesmo carregando em mim um profundo desejo por reparação com todos aqueles que um dia eu tanto prejudicara, eu havia saído diferente da igreja. Apesar das ligações que me envolviam com Thomás, e ainda retendo particularidades capazes de favorecer-nos a estabelecer um processo de comutação, minha faixa vibratória havia sido suavizada. Era como se a porta que se estava abrindo tornasse a encostar-se, permitindo, porém, que mesmo dessa maneira um diminuto ruído continuasse a chegar até meus ouvidos.

Esses ruídos nada mais eram que as investidas que o espírito de Thomás tentava fazer sobre mim. Procurava ele a todo custo retomar aquele enlace que antes do culto havia conseguido estabelecer. Sem compreender por que seu controle sobre mim parecia simplesmente ter diminuído, Thomás, com os olhos cheios de ódio e a fisionomia de uma besta, bradava em meus ouvidos para que o obedecesse.

Assistindo Thomás, sem que este pudesse vê-lo, estava o amigo Balthazar. Sentia-se feliz por sua influência negativa sobre mim ter regredido, mas triste pela situação em que ele se encontrava. Observar um querido irmão e filho do mesmo Pai naquele estágio, entregue a sentimentos tão destrutivos e renegando o auxílio dos bons espíritos, entristecia-o.

Prosseguiria o benfeitor transmitindo-nos suas vibrações de amor até que conseguíssemos superar nossos íntimos obstáculos e então caminhar rumo à aguardada redenção e consequente felicidade.

Quanto ao espírito revoltado de Thomás, mesmo não tendo forças suficientes para retomar de forma mais efetiva sua influência sobre mim, também prosseguiria acompanhando-me. Apenas esperaria que eu tornasse a reabrir aquela obscura porta.

35 – Dolorosa reparação

> Ora, se teu irmão pecar contra ti, vai e repreende-o entre ti e ele só; se te ouvir, ganhaste a teu irmão.[24]

No turbilhão das existências, grandes são as chances de surgirem, em meio aos percursos dos homens, incongruências capazes de provocar-lhes desarmonias. São diminutas parcelas, que pouco a

[24] Novo Testamento, Mateus 18:15.

pouco se solidificam e impulsionam o todo, de maneira a transformar em realmente destrutivo um estado que já tendia à destruição. Ou seja, deturpar aqueles que já trazem em si um aglomerado de instáveis partículas carregadas com cargas negativas, bastando-lhes um único sopro para que se permitam entrar em estado destrutivo.

Podemos dizer então que a criatura humana é emissora e receptora de tudo aquilo que coexiste a sua volta e em si mesma. Quando em seu campo vibratório houver essas diferentes partículas, que são emitidas pelo próximo e por ela mesma, criando um elo capaz de vinculá-la àquele que ela cegamente cogitou ser o responsável por sua situação, então o princípio destrutivo nesta já se terá instaurado.

É assim que se formam as desavenças, o sentimento de injustiça, a interiorização da revolta e a manifestação da vingança. Um pequeno ato transforma-se em um verdadeiro caos, em que as partes envolvidas serão violentamente impactadas, fazendo com que aquele que se encontra, no instante de tal manifestação, mais propenso ao embate, não suporte a carga gerada e então a externe.

Na maior parte dos casos, quando se é ferido, ofendido, ou tem em si provocado algum tipo de injúria, poucos são aqueles que conseguem dispersar a mágoa de maneira a evitar que entre os envolvidos se manifestem sentimentos inferiores. Isso exige que a criatura tenha em si plena confiança e compreensão do verdadeiro propósito da própria vida. Que aja buscando alcançar aquilo que sintetiza os ensinamentos do Cristo, que nada mais são que o amor.

Faz-se importante que a criatura realmente siga este preceito: amar ao próximo, sem esperar absolutamente nada em troca. Amar por simplesmente amar.

Nosso Senhor Jesus indicou-nos o caminho a seguir. Agora cabe a cada um de nós aceitá-lo e vivenciá-lo. Somente assim não haverá mais um desafeto ou um oponente diante de cada homem, mas sim um querido e abençoado irmão, que possui imperfeições, mas que, assim como nós, caminha em busca de sua própria compreensão. Que espera ser auxiliado, e não confrontado. Apenas dessa maneira os homens poderão chamar-se de irmãos e então caminhar rumo à verdadeira felicidade.

Haviam-se passado cerca de seis meses desde que encontrara Geremias caído e desacordado na rua, fruto de seu vício em bebida alcoólica, e também que eu reencontrara o espírito Thomás. Durante este período, ocorreram significativas mudanças em minha vida.

O processo de obsessão iniciado por Thomás, cujo enlace no início eu, através do dedicado esforço do amigo Balthazar, conseguira evitar que atingisse maiores complicações, acabou avançando e transformando-se em verdadeira comutação.

Meu próprio espírito almejava experimentar-se, enfrentando todas as inumeráveis expiações a que meu sombrio passado poderia submeter-me. Lamentáveis aquisições que em meu íntimo se alojaram conforme eu prosseguia e permitia-me ir mergulhando pouco a pouco em autênticas trevas.

Logo me vi diante de meus enfrentamentos, reconhecendo sua real necessidade, porém ainda muito distante de totais condições de superá-los. Tendo caminhado em minhas existências somente envolto em quase total escuridão, não poderia esperar que o processo rumo à almejada regeneração se fizesse sem grandes esforços.

Ao aceitar passivamente a influência de Thomás sobre mim, acabei absorvendo dele incontáveis fragmentos carregados com todos os sentimentos destrutivos que ele trazia consigo. E conforme eu permitia que a porta de meu passado se abrisse diante de mim, aceitando assim revolver o que durante longo tempo eu acumulara, lentamente me afastava daqueles que estavam ao meu lado, o querido amigo e benfeitor Balthazar e meus amados e dedicados pais.

Sem que fisicamente compreendesse o que intimamente desejava enfrentar, não percebia os caminhos que havia escolhido. Rapaz jovem, eu apenas sentia como se estivesse reagindo ao que a vida começava a descortinar-me. E trazendo Thomás enlaçado a mim, acabei permitindo que pequenas dissensões logo começassem a manifestar-se entre mim e aqueles que estavam à minha volta.

Durante aqueles seis meses que precederam minha aceitação de tudo o que meu algoz me lançava, consequentemente me afastando dos que por mim tanto se dedicavam, fiz e pronunciei coisas que apenas me prejudicavam. Comecei a ser menos paciente, tolerante, compreensivo, e em pouco tempo vi-me sem emprego e abandonando meu próprio lar.

Aquele Matheus, filho amoroso e dedicado, permitiu-se influenciar, acreditando serem somente suas cada uma das atitudes e escolhas que tomara. E suas consequências acabaram levando-me a retornar para minha própria escuridão.

Caberia agora somente a mim buscar em meu íntimo tudo o que dedicadamente aprendera enquanto estivera a estagiar nas regiões de purgação, e fazer manifestar-se a poderosa centelha divina do amor que todos, como filhos de Deus, sempre trazemos.

Durante os últimos meses, enquanto segui permitindo-me ser influenciado por Thomás, acabei aproximando-me de Geremias. Meu revoltado obsessor arquitetara nosso encontro e consequentemente conseguiu que iniciássemos uma amizade.

Queria ele, com aquilo, destruir tanto a mim quanto Geremias, influenciando-nos a aceitar e agir apenas como ele quisesse. E acabei juntando-me também ao grupo de Geremias, que logo começou a induzir-me a cair cada vez mais baixo.

Com eles, acabei pela primeira vez experimentando a bebida, algo que jamais tive qualquer curiosidade de provar. Acabei deixando-me levar e tal fato prosseguiu em mais ocasiões.

No período que antecedeu minha escolha de sair de casa, já me encontrava relativamente diferente do que costumava ser. Não que eu estivesse mergulhado no doloroso caminho do vício, mas acabava permitindo que tal sensação me conduzisse. E aos poucos comecei a chegar cada vez mais atrasado ao trabalho, após passar seguidamente algumas noites a farrear com o grupo de Geremias.

Para todos foi uma grande surpresa aquela mudança e aquele Matheus. No trabalho e com os amigos da igreja, todos custavam a acreditar que o bom moço estivesse agindo daquela maneira. Não que eu houvesse me tornado uma pessoa violenta, mas comecei a afastar de meu convívio um por um, conforme me permitia ser facilmente manipulado por Thomás.

A impaciência e a intolerância estavam estampadas em meu rosto. E a cada palavra ou olhar que me dirigiam, se não fossem como eu cegamente imaginava que deviam ser, eu logo me fechava, julgando as pessoas. Acreditava que não respeitavam minha opinião e pensavam sempre ser eu quem estava errado. Como se o mundo estivesse contra mim e eu estivesse sendo injustiçado.

Por isto, após as discussões sem razão que eu promovia em casa, cujos motivos eram sempre insignificantes, meus pais Cláudio e Elisa faziam todo o possível para que aquilo não se tornasse algo maior. Eles, que seguiam sob a luz da razão e não eram também alvo das influências desenfreadas de espíritos inferiores, procuravam a todo instante não se deixar levar. Tentavam humildemente afirmar que me respeitavam e que jamais procuraram dizer as palavras que eu colocava em suas bocas.

Infelizmente meu estado tempestuoso sempre acabava excedendo-se e logo os via, principalmente minha gentil mãe, entregues às lágrimas. E antes que me desse conta, tal fato começara a ocorrer dia após dia. Até que, sem alternativas e como se em meu íntimo a longínqua voz da razão procurasse poupar-nos, acabei decidindo então sair de casa.

O lar que tanto amara, e cujas pessoas não mediam esforços em meu benefício, parecia agora estar expulsando-me. E trazendo enlaçado a mim o espírito Thomás, este logo considerou que se quisesse prejudicar-me como planejava, precisaria conseguir que além do emprego eu também abandonasse minha casa, fato este que acabou não tardando a acontecer. Mesmo meus pais não desejando que eu saísse de casa, sabiam que não conseguiriam prender-me ali e que deveriam respeitar minha decisão.

Assim como eu, Geremias também acabara decidindo sair de casa. Ele não aguentava mais sentir-se obrigado a cuidar da família. Queria ser livre e seguir seu caminho, sem ter de preocupar-se com a mãe ou os irmãos para sustentar. Então, assim como eu, juntou uma pequena muda de roupas e saiu.

Éramos dois jovens com os pensamentos repletos de desejos e incertezas, dispostos a libertar aquela sensação que nos havia invadido, sem que nos déssemos conta de que por trás de toda aquela transformação estava o astuto espírito Thomás.

Ele nos induziu a acreditar que aquilo que procurávamos estava além dos limites da nossa cidade. Então, permitindo-nos ser manipulados como Thomás bem queria, tomamos a estrada e partimos em busca de algo que nem imaginávamos de que se tratava. Deixando para trás nossas casas e famílias que conosco tanto contavam, pois meu pai Cláudio esperava e acreditava que um dia eu pudesse assumir os negócios da família; enquanto a mãe de Geremias não queria ver-se obrigada a voltar ao trabalho, uma vez que para ela trabalhar era algo que repudiava. Ambos, a seu jeito, choravam pela partida um tanto inesperada dos filhos.

Porém não nos encontrávamos a sós e à completa mercê do espírito Thomás, pois que nos acompanhando seguiam os amigos do invisível, Balthazar e tio Neco. Estes jamais deixaram de transmitir-nos o amor e a luz, tão necessários aos filhos desgarrados do Pai. Ocorria que fomos nós que deixamos de ouvi-los. Fomos nós que escolhemos aqueles tortuosos caminhos. E fomos nós que renegamos as generosas mãos de auxílio e amparo daqueles amigos. Eles seguiriam ao nosso lado, apenas aguardando pacientemente por nosso esclarecimento e consequente desejo por libertação.

Quem também não ficou contente com a escolha de largar tudo e sair da cidade foram os amigos de Geremias. Eles não queriam acabar com o grupo e com as farras e bebedeiras que promoviam. Contudo, por Geremias ser o líder do grupo, os outros três integrantes, respeitando e até temendo-o, acabaram discutindo e chegando ao ponto de quase brigarem, para logo em seguida separarem-se. Apesar de gostarem das algazarras que praticavam, tanto Otávio como seu irmão Bernardo, tampouco Afonso, não optariam por saírem de casa. Simplesmente largar tudo e perder a comodidade de possuírem um teto não estava em seus planos.

Na nova cidade, iríamos ficar por um tempo na casa de um antigo conhecido de Geremias, chamado Laurindo. Este permitiu que ficássemos apenas alguns dias, depois disto, ou arrumávamos outro lugar ou então voltávamos para casa. Parecia-nos tempo suficiente para encontrarmos o que realmente havíamos ido procurar, saciar aquela sede de liberdade.

Vale destacar que eu não me havia tornado outra pessoa e que tudo o que aprendera, tanto com meus pais quanto junto ao amigo Balthazar, ainda continuava presente em mim. Também não me transformara em um filho ou discípulo rebelado, para quem as lições e cuidados sempre endereçados perderam o valor. Tampouco me tornara um simples fantoche, transformado em joguete pelo espírito Thomás. Não. Tudo o que eu, através do próprio esforço, aprendera, continuava em meu íntimo. Ocorria que, mesmo temporariamente coberto pelo manto das sombras, meu espírito imortal seguia agindo em busca da tão vívida e necessária reparação do que a mim, e àqueles que cruzaram meu caminho, eu cegamente praticara.

Mesmo consciente de estar agindo, para aqueles que me amavam, de maneira totalmente oposta ao que me tornara nesta encarnação, meu espírito reconhecia o quanto tal procedimento em breve mostrar-se-ia consideravelmente valioso. Comparemos, de maneira grosseira, tal fato ao remédio de gosto amargo, porém tão necessário à recuperação do doente. A criatura debilitada poderá bradar e lançar repúdio aos que se encontram a sua volta zelando por ela, induzindo-os a considerar serem merecedores de tal afronta, por entenderem nada terem feito para evitar que a situação chegasse até àquele ponto. Logo se instaura sobre suas mentes uma nuvem de incertezas em relação à sua real responsabilidade sobre a situação.

Quanto ao doente, este pouco consegue discernir e compreender que seu estado é resultado de sua própria condição sequiosa pela inevitável reparação. Cabe assim àquele que conhece seus débitos e suas necessidades de reparação, intervir e aplicar o devido remédio restabelecedor. Neste caso, seu espírito consciente age sobre si próprio na da região doente.

A caminho da casa de Laurindo, acompanhado por Geremias, e encoberto pelas influências de Thomás, iniciava eu naquele momento uma jornada de provações, através da qual eu teria a abençoada oportunidade de firmar-me nos caminhos do amor e enfim seguir em direção à tão almejada redenção.

Parte 2

36 – O jogo das ilusões

Não necessitam de médico os sãos, mas sim os doentes.[25]

No transcorrer da grande caminhada evolutiva dos homens, há os excessos e acúmulos provocados pelas gradativas faltas que promovem a construção de seu caráter, e relativamente grande é a parcela daqueles que se escoram sobre o lodo tão convidativo dos caminhos escuros, onde as mentes mais fracas padecem.

Os que pouco se esforçam para superar suas próprias limitações, fazendo do próximo grande responsável e culpado por sua ínfima condição moral, incapazes de libertar-se de seu estado tão deficiente e inconscientemente sequioso pela luz reparadora, estes lentamente se distanciam dos sublimes ideais proporcionados aos homens e transformam-se em verdadeiros pilares de barbárie e iniquidade.

E conforme o tempo prossegue, à medida que nada fazem em próprio benefício, para expurgar os acúmulos negativos que os impulsionam a agir de maneira nociva para com o próximo, cada vez mais fundo são obrigados a descer para que possam um dia enfim compreender o quanto prejudicaram o próximo, prejudicando a si mesmos.

No charco das amargas batalhas, o grande vencedor não é aquele que se coloca adiante, levando seus companheiros à esperada vitória, mas sim o que, reconhecendo suas limitações, esforça-se em benefício de quem, no transcorrer de suas lutas, não suportou a carga que lhe surgiu e veio a cair.

É aquele que não abandona o próximo a enfrentar e padecer os horrores que o envolve.

Eis o verdadeiro vitorioso. Faz-se de poderoso instrumento. São os grandes médicos das almas, pois, esquecendo os obstáculos envolvidos, dedicam-se humildemente ao auxílio daqueles que já abraçam suas próprias lápides, crendo que nada mais lhes resta.

[25] Novo Testamento, Mateus 9:12.

Nosso Senhor Jesus ensinou-nos como obter e empregar o valioso remédio capaz de aliviar todos que em nosso percurso porventura encontrarmos, e também aqueles que sobre nós lançarem o desespero que os corroi.

Todos somos irmãos e não menos merecedores das mais puras e sublimes emanações que, como filhos queridos de Deus, podemos manifestar. Se este ou aquele ainda não atingiu a luz reparadora em seu coração, cabe a nós empregar nosso esforço em humildemente auxiliá-lo, e não o julgar ou condenar. Alguém que não se encontra nas mesmas condições que seus irmãos doentes e carentes de sincero amparo, não necessariamente estará resguardado de cair, ou acima deles, mas talvez em mesmo nível ou até abaixo.

Por isso, se alguém levantar a mão procurando lançar-lhe uma pedra, compreenda que somente a este e a Deus cabe o julgamento de seus atos. A ti cabe a possibilidade de servir-lhe de poderoso instrumento de reparação, estendendo-lhe as mãos para que a verdadeira luz do amor possa ultrapassar as barreiras que o cercam, e então as pesadas nuvens que o envolvem possam enfim começar a dissipar-se, permitindo que o valioso remédio, chamado caridade, se manifeste.

O ano era 1919 e já contando eu com dezoito anos, minha vida havia simplesmente se transformado nos últimos meses. Todos aqueles que me conheceram espantar-se-iam com aquilo em que me havia transfigurado e aonde eu tinha chegado.

Era um rapaz sempre tão simples e obediente, cujo carinho e zelo pelos pais transpareciam em suas ações. Alguém que era capaz de privar-se de recursos em benefício do próximo e daqueles que amava. Porém, ali, junto de Geremias, sob a influência de Thomás, eu havia me permitido mudar, eu me transformara em outra coisa.

No passado, em meu processo de depuração após minha existência anterior, romperam-se as correntes que durante longos anos prenderam-me os pés naquela perturbante escuridão em que eu estivera mergulhado, a qual obrigava meu íntimo, consciente dos caminhos que havia escolhido, a assistir a toda a dor, angústia e sofrimento que eu tanto provocara no próximo. E assim, todo o mal que eu cegamente praticara, indiferente das consequências impostas aos que cruzassem meu caminho, não mais conduziria minha vida, minha existência.

Apesar disso, o contato íntimo com o espírito Thomás despertara em mim toda aquela escuridão. E mesmo sequioso de reparação, não conseguia reunir forças para evitar que tal processo de obsessão se instaurasse, levando-nos ambos a seguir em queda. Mas intimamente eu reconhecia o quanto necessitava daquilo. E como numa espécie de autoflagelação, cerrei-me ao caminho correto e justo, e então caí.

No estado em que meu espírito prosseguia, a caminho da aguardada redenção, era preciso mais uma vez sentir sobre mim o peso dos golpes que ao próximo eu inúmeras vezes dirigira. Necessitava pisar na lama e sentir o gosto amargo da perda, chegando assim ao ponto de cair, para que enfim pudesse reunir condições de conseguir levantar-me. Somente dessa maneira poderia de alguma forma suavizar os anseios de meu espírito.

Então, trazendo o espírito Thomás comutado a mim, servir-lhe-ia como envoltório às nefastas influências. A começar pelos incentivos a Geremias para que não fosse temeroso e apostasse logo tudo o que tínhamos.

Saíramos de nossas casas com algumas economias minhas e com alguns colares de pedras e um relógio que Geremias havia roubado da casa de uma senhora pouco antes de abandonarmos nossa antiga cidade.

Já na casa de Laurindo, eu e Geremias, envoltos pelas influências de Thomás, ríamos da situação.

— Agora que já estamos aqui, as coisas serão diferentes. Conheço um ótimo lugar em que podemos nos divertir – sugeriu Geremias.

— Por mim, tudo bem – concordei.

Tendo já visitado a cidade em algumas ocasiões, Geremias sabia bem aonde ir para encontrar divertimento. Havia alguns estabelecimentos especialmente criados com este propósito. Não possuíamos muito dinheiro, mas contaríamos com a sorte de Geremias para conseguirmos algum dinheiro no jogo.

Um outro vício de Geremias eram as apostas em mesas de cartas. Geralmente fechadas para desconhecidos, mas abertas a exceções quando existia alguma indicação. Neste caso, como Laurindo já frequentava o local, interveio e convenceu a mesa a aceitar a participação de Geremias.

Dos participantes ali presentes naquela noite, havia um em especial que frequentava o lugar quase que semanalmente, conhecido como Lúcius. Um senhor de quase meia idade, cabelos grisalhos e dono de uma boate situada na parte baixa da cidade. Apresentando-se sempre bem vestido, era um dos maiores apostadores do lugar. Profundo conhecedor daquele jogo, pouquíssimas foram as vezes em que teve prejuízo. Por isso mesmo, poucos eram aqueles que se arriscavam com valores relativamente altos quando ele estava à mesa.

Como Geremias desconhecia tal fato e seu amigo Laurindo também não o avisou, o rapaz logo se sentou à mesa. Pois o que mais queria, ao invés de ganhar dinheiro, era um pouco de diversão. Contudo, nós logo perceberíamos que isso talvez não transcorresse como imaginávamos.

Com um copo de bebida à mão e uma garrafa quase vazia a sua frente, Geremias e eu ríamos muito, enquanto o senhor Lúcius apenas nos observava, aguardando pelo lance. Ele parecia indiferente sobre como agíamos, demonstrava importar-se apenas com o jogo que iniciaríamos. Para Lúcius o jogo era algo bastante sério, que requeria sua total atenção, pois, acostumado a sempre ganhar, fazia daquilo seu segundo trabalho. E enquanto para mim e Geremias tudo aquilo parecia tratar-se de uma grande diversão, para ele jogar e vencer era uma questão de honra.

Logo, ouvindo-me gritar para que apostasse tudo, Geremias não pensou duas vezes e jogou na mesa a sacola com tudo o que possuíamos. Um mediador a abriu, conferiu a autenticidade e então anunciou o valor que estávamos apostando. Não era o maior dos valores já apostados na casa, mas era um valor considerável, o que fez o senhor Lúcius colocar a mão na testa, como se estivesse analisando a aposta, para em seguida acenar que a aceitaria.

Com o anúncio do valor, os outros dois jogadores que estavam à mesa informaram que a aposta era superior ao que eles podiam cobrir, e logo o único que ficou à mesa foi o senhor Lúcius. Os olhos deste brilhavam com aquela oportunidade surgida diante dele. Fazia longo tempo que ninguém arriscava uma quantia como aquelas. E apesar de ver ali diante dele somente um jovem embriagado e sem qualquer condição racional de mensurar o que estava fazendo, para Lúcius tal fato pouco importava. Participar daquela disputa e vencer era apenas o que lhe importava.

Tendo em jogo um valor acima do que a casa vira nos últimos meses, rapidamente os ali presentes começaram a aglomerar-se à nossa volta, curiosos com aquela disputa e audácia daquele rapaz.

A maioria divertia-se com a cena e comentava entre si que aquele jovem bêbado não possuía a menor chance de vencer Lúcius, pois além de encontrar-se embriagado, aparentava não possuir tantos conhecimentos como seu oponente.

Alguns nos incentivavam, outros advertiam para que reconsiderássemos o absurdo que estávamos fazendo. Perderíamos tudo de uma única vez e não teríamos condições de arcar nem com as bebidas que ele estava consumindo.

Mas como um poderoso ímã, eu e Geremias logo fomos envolvidos por uma leva de espíritos inferiores que habitavam o ambiente. E já tendo Thomás a influenciar-nos e ditar-nos como agir, tal processo ganhou mais força quando todos eles cercaram-nos e começaram a bradar em nossas mentes, incentivando-nos a prosseguir com aquilo.

Então, sem demora, o mediador distribuiu as cartas a Geremias e Lúcius, que, sentados um à frente do outro, começaram a analisar quais seriam suas jogadas. Assim que recebeu suas cartas, um leve sorriso surgiu no rosto de Lúcius, indicando que a sorte parecia estar ao seu lado. Já quanto a Geremias, este prosseguia rindo, parecendo estar completamente distante do que realmente estava em jogo ali.

Quem começou, baixando primeiro a sua sequência de cartas, foi o senhor Lúcius. Este havia conseguido uma ótima combinação, que dificilmente seria superada por Geremias. Tudo indicava que o rapaz realmente sairia dali sem um único tostão. E enquanto os presentes ali já davam como certa a vitória de Lúcius, eis que o inesperado ocorreu. Ao virar a sua sequência de cartas, o rapaz surpreendeu a todos com uma melhor combinação que a apresentada pelo senhor Lúcius.

Espantados, todos indagavam como um rapaz naquele estado poderia ter tido a sorte de obter aquela combinação. Feito altamente difícil de obter-se para a maioria das pessoas que lá se encontravam.

Pasmo com a jogada do rapaz, o senhor Lúcius não acreditava que aquilo pudesse estar ocorrendo. E engolindo em seco, viu o rapaz abocanhar-lhe uma bela quantia.

Então, cochichando no ouvido de um dos ali presentes, logo indicou seu descontentamento, fazendo com que levantassem a hipótese de que Geremias de alguma forma houvesse trapaceado. Aos poucos, a maioria dos que ali estavam também começaram a duvidar da sorte do rapaz e exigiram uma nova partida.

Como desde o início a intenção de Geremias era apenas se divertir, logo aceitou uma nova partida. Porém o senhor Lúcius não pretendia apenas reaver o valor que havia perdido, mas sim todo o valor que estava em jogo na partida anterior.

Sem receio algum de perder a soma que havia obtido, Geremias, após ser novamente incentivado por mim, logo despejou sobre a mesa todo o conteúdo que possuía na sacola, valor este coberto por Lúcius, que retirou considerável montante de seus bolsos.

Ali sobre a mesa concentrava-se quantia suficiente para manter a casa em funcionamento por mais de seis meses, fato que instigava em todos a curiosidade e ansiedade sobre o que realmente iria acontecer. Todos queriam saber se o senhor Lúcius, um dos melhores jogadores, iria vencer, ou se aquele rapaz bêbado teria tanta sorte assim para vencê-lo novamente e provar que não havia trapaceado.

Após exigirem que Geremias ficasse de pé e removesse tudo o que possuía nos bolsos, um outro senhor fez questão de revistá-lo para garantir que não haveria trapaças.

Contudo tal procedimento logo irritou Geremias. Este procurava ali apenas um pouco de diversão, no entanto começavam a tratá-lo como um grande trapaceiro. E em poucos instantes, a feição debochada e indiferente de Geremias começou a alterar-se. Sentiu-se como se retornasse ao antigo ambiente de casa e do trabalho, onde recebia apenas desconfiança e cobrança.

Aquilo então rapidamente o envolveu com um sentimento de revolta e raiva, que foi prontamente ampliado pelas influências dos espíritos inferiores que lá se encontravam.

Todos logo perceberam que algo havia mudado. O rapaz antes indiferente e aos risos, como se nada o perturbasse, agora parecia consciente e irritado com tudo aquilo.

No entanto, para Lúcius, tal fato pouco importava. Apenas queria recuperar o que havia perdido e com isto voltar a ver nos olhos das pessoas ali presentes o respeito e receio que ele provocava sempre que se encontrava à mesa.

Queria mostrar-lhes que ninguém podia superá-lo em ambiente que ele conhecia tão bem. E com isto esperava dar uma lição naquele rapaz.

Após embaralhar cuidadosamente as cartas e entregá-las para que os jogadores fizessem o mesmo, o mediador logo as distribuiu para cada um.

Ambos analisaram-nas, de maneira que também não desviassem os olhos um do outro. Pareciam querer incitar temor entre eles.

Logo, após analisarem as cartas que possuíam em mãos, ambos pediram a troca de duas ao mediador. Observando-os, poucos dos ali presentes arriscavam algum palpite, e acompanhavam atentamente as jogadas. Com um valor fixo desde o início, sem aumentar as apostas como era de costume, enfim havia chegado o momento de apresentarem suas sequências.

Novamente o senhor Lúcius fez questão de ser o primeiro. Desta vez estava confiante de que havia vencido e que seria quase impossível Geremias ter formado uma "mão" melhor que a dele.

Assim que apresentou suas cartas, a maioria começou a gritar o nome de Lúcius, lembrando que este era o melhor e que o rapaz voltaria de mãos vazias para o buraco de onde havia saído.

E enquanto ele abria um largo sorriso e levava suas mãos ao prêmio, aconteceu algo que ninguém esperava. O rapaz surpreendentemente havia conseguido uma "mão" perfeita. Bem ali diante de todos e sem qualquer possibilidade de trapaças, estava a melhor sequência que alguém poderia obter, afastando de vez a hipótese de que Geremias apenas tivera muita sorte na jogada anterior. Em pouco menos de uma hora, o rapaz havia chegado e simplesmente levado todo o dinheiro que Lúcius trouxera.

No semblante de Lúcius estava estampado o ar da derrota. Ele, que se acostumara a sempre vencer, foi obrigado a ver um simples rapaz levar naquela noite todo o seu dinheiro e ainda, com isto, a crença de que era imbatível.

Geremias não tivera apenas sorte, nem de alguma forma simplesmente conseguira trapacear, mas sim, apesar de sua pouca idade e do aparente estado de embriaguez, conhecia muito bem as regras daquele jogo. Já fazia muitos anos que o praticava e jogava entre os antigos amigos.

Fato era que, no momento em que se sentiu novamente pressionado e acusado, como era pelas pessoas em sua antiga cidade, Geremias deixou de levar tudo aquilo como uma grande diversão e encarou-a como uma obrigação. Vencer aquele senhor e provar seu valor a todas as pessoas que o acusavam de trapaceiro tornou-se questão de honra. E depositando então toda a sua ira naquela jogada, procurava ali enfim se libertar do peso que tanto carregava nos ombros.

Mas tentando libertar sua ira, Geremias acabou provocando a revolta de outra pessoa. O senhor Lúcius não baixaria a cabeça e aceitaria pacificamente aquela derrota.

37 – Sombrias intenções

> Eu não vim chamar os justos, mas sim os pecadores, ao arrependimento.[26]

Muitos são os homens que diariamente fraquejam, iludindo-se com a falsa crença de que os justos são sempre aqueles que inevitavelmente precisam percorrer os caminhos mais longos, crendo que somente ao final de uma longa jornada conseguiram possuir as qualidades de que são portadores.

A criatura não necessita enfrentar grandes obstáculos, tampouco abrir mão de suas íntimas necessidades, para que alcance um caráter digno e justo. Não são os percursos que transformam e modelam o caráter do indivíduo, mas sim as suas escolhas.

Também é incorreto crer que o estágio moral dos justos é fruto de uma ação direta de outrem, que o ampara e sustenta. Não são as influências que transformam e modelam o caráter do indivíduo, mas sim o que este realmente almeja tornar-se.

Todo caminho é composto daquilo que intimamente acrescentamos nele. Não é porque existe em seu percurso um precipício, que sua escolha por este caminho tenha sido infeliz. Todo obstáculo é fonte de aprendizado e superação. Somente quando nos empenhamos é que somos capazes de operar verdadeiros milagres.

Também não é porque escolheu o caminho mais íngreme, que este lhe trará maiores dificuldades. Escutai bem. Nada, absolutamente nada, é tão ruim que não possua algo de bom. Tudo, por mais

[26] Novo Testamento, Lucas 5:32.

obscuro que pareça, sempre terá seu valor.

Tornar esta transposição suave ou difícil cabe somente a cada um de nós. Lembrai-vos de que tudo aquilo que chamais de dificuldade nada mais é que uma bela oportunidade. Ultrapassá-la confiante e aproveitando cada momento, ou lamentando-se e maldizendo sua sorte, será escolha apenas sua.

Nos casos em que essa escolha tenha abordagem negativa, é comum, ao deparar-se com um irmão que parece estar em condições mais favoráveis, condená-lo, lançando-lhe vibrações de revolta ou inveja, por entender que seu caminho tenha sido mais fácil. Porém somente a ele cabe a consciência dos reais obstáculos envolvidos em sua própria caminhada. E um olhar leigo e sem conhecimento do que para ele foi motivo de dificuldade e superação, é incapaz de mensurar todas as contrariedades que o envolveram.

E para cada sentimento negativo que nos permitimos manifestar em relação ao próximo, mais nos desviamos dos reais objetivos da vida, transformando então o pecado em verdadeiro modelo de conduta. Esquecemo-nos assim de nossa própria condição íntima, capaz de superar qualquer obstáculo, e transformando-a apenas em malefício ao próximo.

Contudo, toda e qualquer manifestação pesará somente sobre seu emissor, caso o receptor prossiga em sintonia diferente da sua. Com isto, tal ação provocará uma reação diretamente na fonte, sem atingir seu alvo.

Tal processo, com o tempo, recairá somente sobre a criatura que se permitiu envolver e desviou-se dos recursos que possuía para enfrentar seus próprios obstáculos.

Entretanto, somos todos pequenas centelhas de Deus, e por mais que escolhamos caminhar imersos em verdadeira escuridão, a luz, o amor e o amparo sempre estarão ao alcance dos que, de coração humilde, se despojarem dos sentimentos negativos que trazem.

Após Geremias ter conseguido considerável soma no jogo, nosso tempo de permanência ali na cidade parecia que realmente não seria tão curto. Com o dinheiro obtido, podíamos pagar tranquilamente os custos de nossa hospedagem a Laurindo.

Enquanto comemorávamos a conquista de Geremias sentados a uma mesa com a companhia de algumas mulheres, aproximou-se de nós o senhor Lúcius, oferecendo-nos uma bebida. Parecia não estar chateado ou com raiva por causa de seu prejuízo. Muito pelo contrário, aquele senhor de aspecto sisudo de antes, agora ria e gesticulava com a garrafa na mão, dizendo ter ficado feliz com o jogo inesperado.

— É Geremias o seu nome, não é, rapaz? – indagou, sorridente.

— Isso mesmo. E este é Matheus – apontou-me Geremias.

— Escuta, vocês não são daqui? Por acaso estão só de passagem?

— Somos da cidade vizinha. E hospedados temporariamente na casa de um amigo – respondi.

— Imaginei, pois não me recordo de tê-los visto por aqui. E se me permitem perguntar, o que dois rapazes fazem longe de casa? Estão à procura de trabalho?

— Trabalho? – gargalhou Geremias – Por acaso a gente parece querer trabalhar?

— Bem, sinceramente devo dizer que não. Creio que estejam apenas procurando diversão.

Observando que eu e Geremias entreolhamo-nos, o senhor Lúcius logo entendeu que éramos dois rapazes sem compromissos, cujo objetivo era somente ter um pouco de diversão.

— Na idade de vocês eu também pensava assim. Não tem coisa melhor na vida do que nos sentirmos livres. Poder fazer o que quiser, na hora em que der vontade. E o principal, sem precisar ficar dando explicações a ninguém.

— Nós somos livres e fazemos o que bem entendemos – afirmou Geremias.

— Concordo. Gostei de vocês, rapazes. Não sei se sabem, mas também sou dono de uma boate que fica não muito distante daqui, na chamada parte baixa da cidade. E, sem modéstia, devo dizer que segundo nossos frequentadores é uma das melhores casas da cidade. Ficaria feliz se aparecessem por lá qualquer hora. Serão meus convidados, o que acham?

Realmente a grande maioria falava muito bem da casa do senhor Lúcius. Diferentemente das outras, lá não havia somente jogos e bebidas, as garotas da casa faziam serviços de acompanhantes. E por um pequeno valor, podia-se ter o que chamavam de diversão garantida.

Normalmente os homens que frequentavam o local eram os casados. Vivendo em situação de infelicidade em seus lares, com suas esposas e filhos, eles desfrutavam do local para tentar esquecer dos problemas que possuíam. Composta por homens de todas as classes sociais, o local já funcionava na cidade havia mais de vinte anos. Não passava por seus melhores momentos financeiros, porém mantinha um seleto grupo de frequentadores que garantia a subsistência do local.

— Tá, pode ser – respondeu Geremias.

— Ótimo, ficarei feliz em recebê-los – completou Lúcius.

Sem que imaginássemos, a intenção de Lúcius ao convidar-nos não tinha somente o propósito que ele dissera. Com os negócios em sua boate não rendendo os lucros que ele gostaria, aproveitava-se dos dias em que participava nas mesas de jogos para obter um caixa extra. E desta maneira conseguia dinheiro para atender a alguns de seus credores.

Perder considerável soma em dinheiro para Geremias era algo que não estava em seus planos. Jamais imaginou que um rapaz embriagado fosse lhe tomar tanto dinheiro em uma única noite. Lúcius sabia que precisava fazer algo a respeito. Caso não quitasse algumas dívidas que possuía, poderia começar a perder investimentos que fizera para tentar melhorar a situação de sua boate.

Por isso, rapidamente nos convidou para ir a seu estabelecimento. Lúcius possuía alguns planos em mente para tentar recuperar tudo o que havia perdido.

Aquela noite havia sido bastante cansativa. Vendo-me reclinado com a cabeça na mesa e Geremias indo para o mesmo caminho, porém sem largar sua sacola com o dinheiro que segurava em uma mão e a garrafa de bebida que segurava na outra, o amigo de Geremias, Laurindo, com o corpo e a mente bastante cansados com toda aquela farra que tivéranos, logo nos alertou para irmos embora. Seguimos os três até a casa de Laurindo praticamente nos arrastando.

Eu nunca fora de beber, tampouco de aventurar-me em mesas de jogos; tudo aquilo fazia parte de um mundo que desconhecia. E em minha mente confusa e perturbada pela ação do espírito Thomás, havia um misto de tristeza e saciação. Quando começava a questionar-me sobre tudo aquilo que estava fazendo, logo era impulsionado por Thomás a pensar apenas na sensação de liberdade, de maneira a desviar o foco de minhas dúvidas, para assim ele prosseguir sustentando seu relativo controle.

E enquanto seguia eu entregue ao profundo cansaço naquela nova cidade, em meu antigo lar minha mãe, entregue em oração, elevava o pensamento a Deus, rogando-lhe que amparasse o filho amado.

Minha mãe Elisa, no fundo, sentia que aquilo tudo que havia acontecido não seria definitivo. E que era algo pelo qual nós necessitávamos passar. Entristecia-lhe o coração de mãe ter visto o filho sair de casa da maneira como foi, porém me conhecia muito bem e sabia que se tratava apenas de uma fase.

Ela sabia o quanto eu me preocupava com o bem- estar do próximo e que me esforçaria ao máximo para ajudar aos irmãos infelizes. Também sabia o quanto eu acreditava na vida após a morte, na contínua e progressiva reencarnação dos espíritos, bem como na lei de causa e efeito e que toda criatura, por mais que no passado tenha realizado atos deploráveis contra si ou contra o próximo, é sempre presenteada por Deus com uma nova oportunidade. Oportunidade de aceitar seus próprios erros e compreender que não se pode seguir adiante enquanto não se livrar de tudo aquilo que ainda lhe pesa sobre os ombros.

Por isso, em seu coração, ela sabia que o amado filho, mesmo sob a máscara que temporariamente o envolvia, seguia esforçando-se em benefício de uma razão muito maior e mais profunda do que os olhos físicos poderiam realmente enxergar.

Já quanto a meu pai Cláudio, por mais que buscasse uma resposta, não encontrava. Ele esperava que o filho amado pudesse algum dia vir a ocupar o cargo que lhe pertencia e então dar prosseguimento ao trabalho.

Encheu-se de alegria quando comecei a frequentar o trabalho nas plantações. E por mais que reconhecesse que eu não possuía obrigação alguma para com aquele legado, e que a escolha sobre o que desejaria para meu futuro caberia exclusivamente a mim, mesmo assim lhe partia o coração ver-me sair de casa.

Meu pai culpava-se em silêncio e martirizava-se por não ter conseguido evitar que a situação chegasse até esse ponto. Questionava-se se não fora um bom pai, ou se não me houvera dado a devida atenção. Ele julgava-se grande responsável por eu ter saído de casa, pois imaginava que havia indiretamente colocado sobre os meus ombros o peso de ter que o substituir no trabalho.

Assim como eu era com minha mãe, eu e meu pai também

éramos muito unidos e sinceros. Quando havia algo em que nós discordássemos, procurávamos sentar e logo conversar. Sempre nos tratamos com muito respeito e principalmente bastante carinho.

Ter permitido que nos últimos meses diálogos mais exaltados sobre assuntos tão irrelevantes começassem a surgir um após o outro, de maneira cada vez mais intensa, perturbava-o. Sentindo como se estivesse mergulhado em uma pequena tempestade, que o impedia de discernir com a tranquilidade necessária, culpava-se por não ter sido forte o suficiente para contorná-la. Sabia que a razão havia lhe faltado, e dezenas de palavras que não expressavam o que ele realmente sentia por mim acabaram sendo despejadas, palavras que julgava terem sido as causadoras de minha escolha de sair de casa.

Desde que decidira sair de casa, meus pais buscavam uma explicação. Tudo aconteceu de maneira tão rápida, que se sentiam ainda atordoados, como se houvessem encontrado no caminho uma tempestade que os pegara de surpresa.

Já em relação ao amigo Balthazar, este, logo no início, quando comecei a demonstrar os primeiros sinais de que algo estava acontecendo, procurou orientação junto a seus superiores, a fim de obter recursos que nos auxiliassem durante o iniciado processo. O amigo logo compreendeu as singularidades envolvidas naquela provação e expiação que abraçava cada um de nós. E novamente presenciou o quanto nossos atos são os totais responsáveis por colocar-nos a caminhar nas distintas e necessárias estradas da vida. Cada qual carregando seu próprio fardo e fazendo-se de poderoso instrumento em auxílio do próximo e principalmente de si mesmo.

No dia seguinte, após acordarmos envolvidos em uma verdadeira ressaca e termos dormido por boa parte do dia, conversávamos a respeito dos acontecimentos da noite anterior.

— Pessoal, acho que eu nunca bebi tanto como ontem à noite – comentou Laurindo.

— Minha cabeça parece estar girando – disse eu, apoiando-me em uma cadeira.

— Isso foi apenas o começo. A partir de hoje, preparem-se, pois enquanto estiverem comigo, a vida será sempre assim. Muita bebida, mulheres, dinheiro e diversão – vangloriou-se Geremias.

Enquanto o rapaz gabava-se pela sorte que tivera no jogo e pelo dinheiro que ganhara, possibilitando-nos usufruir das diversões da casa noturna, ao seu lado seguia o espírito Thomás. Este não se continha de tanta satisfação por ver-nos seguindo suas influências e deixando-nos levar por aqueles prazeres tão materiais. A cada ato, cada sensação e cada pensamento que permitíamos naquele ambiente manifestar-se, envolvendo-nos com os conteúdos de cada um dos seres encarnados e desencarnados que lá frequentavam, era para Thomás valioso néctar para suas nefastas ambições.

O astuto e vingativo espírito não almejava ver-nos experimentar aquelas sensações de prazer e liberdade que nos invadiam, mas sim esperava que nossos atos nos levassem a cair tão profundo quanto ele próprio. Seu ódio e desejo de vingança sobre Geremias, e mais intensamente sobre mim, ferviam em seu íntimo. Ele aguardava somente a oportunidade de uma única fagulha para incendiar e provocar o caos que tanto ansiava. E tal fato já se havia iniciado, pois na noite anterior, enquanto seguíamos usufruindo dos benefícios obtidos por Geremias na mesa de jogos, ardilosamente Thomás já arquitetava sobre a mente do senhor Lúcius.

Thomás despejava sobre Lúcius seu desejo de revolta. E sagazmente se aproveitava também de alguns espíritos inferiores que já acompanhavam o senhor, para incitá-los ao que ele esperava obter, que era criar o caos e a discórdia.

Então, em seu reduto, Lúcius, permitindo-se ser influenciado pelos espíritos que já o acompanhavam, logo começou a desejar fervorosamente vingança contra o rapaz que o havia feito perder grande soma em dinheiro. Thomás soube utilizar-se muito bem da tendência de Lúcius de não aceitar sofrer derrota, ampliando-a de maneira vingativa sobre Geremias.

E como era eu o companheiro dele naquela busca por diversão, e também me vali dos lucros de Geremias na mesa de jogos, a indignação de Lúcius recaía igualmente sobre mim.

Em sua sala, o senhor Lúcius, acompanhado por seus interlocutores, já sabia bem o que fazer conosco, caso não conseguisse reaver tudo o que havia perdido.

No transcorrer da semana, prosseguimos com a farra e a diversão, visitando outras casas noturnas da cidade. E toda vez que havia uma mesa de jogos, lá estava Geremias disposto a saciar seu vício e obter mais dinheiro ilícito, para sustentar-nos.

Após uma semana, enfim nos reencontramos com o senhor

Lúcius na mesa da boate onde ele perdera seu dinheiro. Ele cobrava-nos por não havermos ainda visitado seu estabelecimento. Disse que ansiava por uma nova oportunidade de jogar com Geremias, alegando que fazia tempo que não encontrava um adversário com seu potencial.

Geremias, no entanto, logo explicou que nos havíamos concentrado em conhecer as diferentes boates ali da região central. E que por hora nos dávamos como satisfeitos em permanecer por ali, uma vez que a boate de Lúcius, por encontrar-se na parte baixa da cidade, requeria um tempo maior de deslocamento.

Apresentando então um sorriso amarelo, o senhor, visivelmente perturbado fez questão de afirmar que não iríamos arrepender-nos. Que apesar da distância, sua boate oferecia muito mais diversão do que poderíamos imaginar. E após "alugar" nossos ouvidos por mais de meia hora, ele enfim ouviu de Geremias que em três dias apareceríamos no tão falado local.

38 – Escravos de si mesmos

Não há realização sem vontade, conquista sem perseverança, superação sem empenho. Todos os dias somos convidados à maravilhosa oportunidade de experimentar-nos diante das provações, tão fundamentais ao nosso progresso. Provações alicerçadas em nosso próprio íntimo, e cujo único objetivo é proporcionar-nos condições para que a cada ato, cada desejo e cada instante, possamos avançar mais um degrau na nossa evolução moral.

Assim segue e assim sempre seguirá. O retrocesso não pertence aos desígnios de Deus. Pode o homem atrasar-se em sua caminhada, contudo jamais regredir.

Quando nos permitimos desviar dos caminhos do amor, da humildade e da felicidade, acabamos acumulando inumeráveis tormentos, que gradativamente nos transformam no oposto do que deveríamos ser e buscar. E com o tempo, cegamo-nos de tal forma que começamos a crer somente naquilo em que nos permitimos estar, que é a condição de uma criatura sem amor, sem esperanças e com os pensamentos totalmente envoltos em sentimentos negativos.

Nesse estado cada vez mais tempestuoso, a luz da razão começa a desaparecer entre as pesadas nuvens, que nos confundem e até manipulam. Sentimos como se um enorme vazio se abrisse debaixo de nossos pés, e ao nosso redor não houvesse sequer uma única mão amiga a auxiliar-nos.

Logo, acabamos tornando-nos escravos de nossas próprias faltas, cujo peso não hesitará em lançar-nos, a duros golpes, a verdadeira consequência do que permitimos manifestar-se sobre o próximo e sobre nós mesmos.

Com isso, criamos então laços que se estendem por gerações, tornando-nos assim escravos de suas influências, enquanto a devida resolução não se manifeste. Porém, como dissemos, nada regride, portanto incidirão indiretamente naquele que faliu seus próprios atos malfazejos a açoitarem-no, cobrando o devido reajuste, até que tal processo possa enfim deixá-lo e a luz da razão finalmente predominar.

Nesse instante, o remorso por seus atos recairá sobre ele, convidando-o a iniciar um valioso processo regenerativo, levando-o a verificar o quanto se afastou dos caminhos do bem e a compreender que ao prejudicar o próximo, fê-lo também a si. E ao abrir os olhos da razão, implorará humildemente um abençoado reajuste. Reajuste que sempre esteve ao seu alcance, pois, atuando silenciosamente em seu íntimo, como um verdadeiro guardião que jamais o abandonou ou deixou de transmitir-lhe amor, aquele que poderia conduzi-lo esteve sempre presente ao seu lado, apenas aguardando e ansiando humildemente por seu íntimo desejo de compreendê-lo. Um guardião chamado Jesus.

A semana estava chegando ao fim e, com ela, o prazo de três dias que havíamos dado ao senhor Lúcius. Após saltarmos de uma boate para outra, apenas à procura de divertimento e tudo o que o dinheiro pudesse comprar, nos sentíamos completamente exaustos. Já havia alguns dias que não sabíamos o que era descanso. Procurávamos aproveitar ao máximo aqueles momentos para fazer tudo o que nos desse vontade.

Laurindo, mesmo não sendo tão jovem, procurava acompanhar-nos como podia. Muito apreciador da bebida e da companhia de belas moças, de nós três ele era o mais cansado. Fazia um bom tempo que não se permitia entregar àqueles prazeres. Por isso não mediu esforços para poder acompanhar-nos.

Já Geremias, mesmo após aquela maratona regada a muita bebida, mulheres e jogos, parecia ainda ter forças para muito mais.

Mesmo com os olhos cansados e com os movimentos mais lentos, ele indagava-nos aonde iríamos naquela noite.

— Se não estou enganado, era hoje que havíamos combinado de ir à boate do Lúcius – disse eu, bocejando.

— Perfeito. Eu estava mesmo querendo conhecer esse lugar – lembrou Geremias.

— Será que não é melhor irmos um outro dia? Você ouviu como aquela boate fica um pouco longe – questionei-o.

— E desde quando distância é problema? Que ela ficasse na cidade vizinha, não me importo.

— Bem, é que vendo o estado de Laurindo, para o levarmos, só se for nas costas. Além do mais, sabe que já estamos no limite e não sei se conseguiríamos dar conta de mais uma noitada de bebida e jogos. Por que não deixamos para ir lá um outro dia?

— Ora, para com isso, Matheus. Desde quando vai perder uma oportunidade dessas? E sabe que se eu quiser, posso encher nosso caixa rapidinho – disse Geremias, estalando os dedos.

No fim da tarde, colocamo-nos então a seguir rumo à boate de Lúcius; porém iríamos somente eu e Geremias, Laurindo havia passado mal com toda a bebida que consumira e os abusos da semana.

Durante o trajeto, foram inúmeras as vezes em que tive uma estranha sensação a envolver-me. Sentia como se algo estivesse errado, ou algo de ruim fosse acontecer. Mas como estava até certo ponto bastante curioso para conhecer o lugar, acabei relevando.

E logo, carregando conosco o espírito Thomás sempre a influenciar-nos, perturbando-nos os pensamentos, toda intenção que fosse oposta à dele, viesse esta de espíritos familiares ou benfeitores, era rapidamente repelida, por conta de nosso laço estreitado com ele, que impossibilitava tal percepção.

Então, após um longo tempo e um desgastante percurso, nós finalmente havíamos chegado ao local indicado. Composta por dois conjuntos de edificações, a boate de Lúcius destacava-se da paisagem. Situado ao fim da rua, o local era bastante movimentado. E apesar de encontrar-se distante do centro da cidade, a quantidade de homens que aguardavam para entrar formava uma considerável fila. Sendo ela composta em sua maior parte por homens de meia idade, eu e Geremias logo nos destacamos nela.

Alguns nos olhavam, medindo-nos dos pés à cabeça, outros

riam, enquanto outros pareciam esconder-se, tentando evitar que fossem reconhecidos por alguém, pois lhes estampava no rosto sua condição de homens casados, cujas esposas talvez nem imaginassem o que andavam fazendo.

Na porta, dois homens truculentos garantiam a ordem de entrada. Enquanto aqueles que se encontravam bem vestidos, indicando assim uma elevada posição social, entravam rapidamente, os que, assim como eu e Geremias, usavam praticamente retalhos, eram obrigados a testar a paciência.

Após mais alguns minutos, enfim conseguimos adentrar o local. Depois de percorrermos alguns corredores, deparamo-nos com um grande salão repleto de mesas de jogo, rodeadas por belas mulheres servindo bebidas. Ao fundo, um senhor tocava um piano enquanto os mais desinibidos arriscavam dançar com suas parceiras. Senhores de diversas classes sociais gargalhavam e bebiam rodeados por mulheres.

Diferentemente dos outros locais que conhecemos, a boate de Lúcius era muito mais estruturada e possuía um número bem maior de frequentadores. A maior quantidade de mesas de jogo e de belas mulheres talvez fosse a responsável.

Não tardou para que nós dois logo também entrássemos no clima. Assim que nos encostamos no bar, algumas moças já se aproximaram, tocando em nossos ombros, e iniciaram uma pequena conversa. Sendo elas de fala agradável, aos poucos fomos nos envolvendo naquilo que parecia ser previamente elaborado. Todo o clima do lugar, as mesas de jogos e o atrativo das belas moças pareciam conduzir-nos a gastar. E não demorou para que Geremias começasse a acumular uma garrafa de bebida atrás da outra.

Às vezes alguém que já havia passado da conta e bebido demais começava a arrumar alguma confusão, mas rapidamente era retirado do local pelos seguranças.

Naquela boate também havia no andar superior uma série de quartos, destinados especificamente aos clientes que se interessavam por alguma mulher. Às vezes alguns subiam ao quarto com duas ou mais mulheres. Tudo dependia de quanto o cliente podia pagar.

Geremias bem que se animou em levar sua acompanhante, mas seu preço estava além do que ele conseguiria pagar. Após passarmos a semana inteira indo de uma boate para outra, vimos todo o dinheiro que Geremias havia ganhado simplesmente desaparecer, de tal forma que quase não seria possível pagar nem as despesas de nossa estadia para Laurindo.

Logo Geremias cogitou que seria a hora de tentar ganhar mais dinheiro nas mesas de jogo. E sem demora, foi o que fez. Procurou a primeira mesa e sentou-se. Porém ali os valores disputados eram muito abaixo do que ele esperava, e mesmo vencendo em quatro partidas, conseguiu ganhar apenas o suficiente para pagar algumas poucas rodadas de bebida. Foi quando acabou sendo convidado por um dos empregados da boate a juntar-se com alguns jogadores no andar superior. Apenas um diminuto grupo era agraciado com aquele tipo de convite.

Então, enquanto permaneci no bar apreciando a boa música, Geremias seguiu escoltado até uma luxuosa sala, distante de olhos curiosos. O local, muito bem decorado, era o reduto onde grandes quantias eram postas em jogo. Havia cerca de cinco homens sentados em luxuosas poltronas, aguardando apenas a chegada de seu anfitrião.

Após ser convidado por um dos seguranças da sala a sentar-se, Geremias começou a esmiuçar as características daqueles homens. Com idades entre quarenta e sessenta anos, a maioria aparentava estar muito bem financeiramente, pois quase todos trajavam roupas elegantes e pareciam já bastante acostumados com toda aquela ostentação existente ao seu redor.

A presença de Geremias naquele ambiente causou-lhes certa estranheza. Não era costume da casa convidar jovens maltrapilhos para participar daquele seleto grupo de jogadores. Ocorria que a participação do rapaz fora escolhida a dedo pelo próprio dono da boate, o senhor Lúcius, que acabava de adentrar a sala.

E como um superior que acabasse de chegar, todos os homens da sala logo ficaram de pé. Geremias, no entanto, permaneceu sentado e indiferente. Para ele aquilo nada mais era que um grupo de jogo como qualquer outro. O que ele não sabia era que ali, diante dele, estavam alguns dos homens mais ricos da cidade. E era costume reunirem-se na boate de Lúcius para uma noite de jogos.

Com valores muito superiores aos apostados nas mesas de jogos do andar térreo, ali naquela sala houve dias em que se chegou a perder tudo o que se tinha em uma única noite, alguns apostadores simplesmente perderam toda a sua fortuna naquela mesa de jogo.

E apesar de um aparente clima de respeito e cordialidade, por trás das cortinas a situação era completamente diferente. Chantagem, ameaça, abuso, tortura e até morte poderiam fazer parte da vida daqueles que perdiam tudo ou contraíam dívidas. Ocorria que apesar daquele aspecto de cavalheirismo, todos ali eram capazes de qualquer coisa quando o assunto envolvia dinheiro.

Por isso, sem saber, Geremias havia sido convidado a participar para que Lúcius pudesse ter a chance de recuperar tudo o que havia perdido para ele. Como não era de seu costume perder, ainda mais em se tratando de grandes quantias em dinheiro, Lúcius aguardava ansiosamente por aquela oportunidade. Desde o dia em que perdera enorme soma para Geremias, ele não fazia outra coisa senão acompanhar seus passos na cidade. Sem que soubéssemos, ele mandara um de seus homens acompanhar-nos para que não ocorresse de Geremias desaparecer da cidade sem que ele pudesse recuperar seu dinheiro.

Contudo, o que Lúcius mal podia imaginar era que praticamente todo o seu dinheiro poderia simplesmente desaparecer em nossas mãos. Com tudo gasto nas boates que frequentamos, não havia sobrado quase nada para Lúcius poder tomar de volta.

Após cumprimentar calorosamente um a um, quando foi a vez de Geremias, Lúcius fez questão de garantir-lhe que estava muito feliz com sua presença e que aguardava ansiosamente por aquela oportunidade.

Logo foram distribuídas para cada um algumas fichas que representavam a quantidade de dinheiro que se iria apostar. Havia fichas com valores equivalentes a um terço do que Geremias havia ganhado de Lúcius, até a quantia de quase o dobro.

Geralmente não se levava à boate uma grande quantia em dinheiro, porque tudo era prontamente saldado no dia seguinte ou, no máximo, em até três dias. E como todos ali conheciam bem a rigidez e seriedade que envolviam aquelas apostas, ninguém queria arriscar-se a entrar para a lista de devedores, pois não havia sobrado nenhum com vida para poder contar a história. Todos, de uma maneira ou de outra, acabaram sentindo a duras penas o que ocorria com aqueles que não saldavam suas dívidas.

E como possuía plena confiança em si e acreditava que conseguiria vencer facilmente todos aqueles homens, Geremias nem mencionou a Lúcius que não possuía mais o dinheiro que havia ganhado dele, uma vez que sabia claramente que tal notícia iria desagradar muito o dono da boate.

Ao constatar que se encontrava entre pessoas de viés duvidoso, cujas ações não correspondiam apenas a um grupo de apostadores, Geremias logo decidiu também entrar naquele clima. E apesar de começar a ficar assustado e temeroso com o ambiente em que se tinha envolvido, agiria como se ainda possuísse todo o dinheiro de Lúcius.

Enquanto Geremias começava a jogar, no piso de baixo e entregue àquele lugar, eu comecei a ter algumas estranhas sensações. Com minhas atenções voltadas para uma parede ao lado do bar, assustei-me quando meus olhos viram algo surgir por trás do balcão e rapidamente cruzar a parede a poucos metros de mim.

Levantei-me confuso e sem compreender o que realmente fora aquilo, esfreguei os olhos imaginando estar apenas cansado. E após dar um leve sorriso, tratei de voltar a sentar-me. Porém, quando fui olhar para a cadeira, percebi que algo correu por trás de mim, provocando-me verdadeiro assombro. Com o susto e desequilibrado, acabei então indo ao chão.

— Vocês viram aquilo? – gritei, assustado.

A maioria apenas ria de mim, pois imaginavam que eu apenas estivesse embriagado.

Assustado e sem compreender o que realmente estava ocorrendo, corri em direção a um dos banheiros e lavei o rosto diversas vezes, procurando afastar qualquer sintoma de cansaço. Muito diferente do que já me ocorrera no passado, quando vi vultos próximos a um garoto, aquelas sombras que pareciam correr de um lado para outro da boate, eram mais visíveis. Não eram apenas vultos de algo que se movia pela escuridão, mas sim alguma coisa que chegava a parecer palpável.

Contudo eu acreditava que refrescando o rosto e procurando colocar os pensamentos no lugar, tudo voltaria ao normal. Mas assim que fechei os olhos e respirei fundo, ouvi um atemorizador gemido vindo por trás de mim. Sentindo um suor frio escorrer pelo meu rosto, e a sensação de que algo se aproximava, abri então rapidamente os olhos e virei-me com o punho cerrado, procurando abatê-lo. Mas a única coisa que consegui acertar foi o ar atrás de mim. Não havia ali absolutamente nada.

Confuso e levando as mãos à cabeça, sentia que precisava tomar um ar. Talvez todo aquele barulho e a agitação me tivessem feito mal. Para minha sorte, o movimento dos frequentadores já havia diminuído bastante e eu conseguiria sair e retornar sem grandes dificuldades.

Enquanto eu seguia recompondo-me do lado de fora da boate, na sala privativa do andar superior Geremias prosseguia empenhado na mesa de jogo. Três jogadores já haviam abandonado a disputa e somente quatro permaneciam firmes. Dentre eles, Geremias e o senhor Lúcius. Este torcia para que o rapaz conseguisse chegar até o fim, podendo ele assim ter a aguardada oportunidade de realizar sua revanche.

39 – Íntimas cobranças

> Ninguém deita remendo de pano novo em vestido velho, porque semelhante remendo rompe o vestido, e faz-se maior a rotura.[27]

A existência constitui valiosa benção que nosso amado Pai nos entrega, confiante na capacidade de evolução presente em cada um de nós, suas queridas centelhas. No transcorrer desse sublime caminho de que somos convidados a participar, prosseguimos gradualmente agregando, em nossa própria formulação e construção moral, aquisições de diferentes níveis.

O grau de cada uma dessas pequenas particularidades refletirá exatamente o que intimamente cada um procura em relação a si próprio. Ou seja, enquanto uns buscam o pão, outros buscam a enxada. Enquanto uns buscam vingança, outros buscam o perdão.

Como o homem é senhor de si, também é o único responsável por seus atos. São estes as bagagens que ele carregará durante toda a sua jornada, podendo atrasá-lo ou impulsioná-lo, conforme o peso que houver depositado em si.

Mais uma vez afirmamos que não é Deus quem nos castiga ou obriga-nos a caminhar pelo vale das sombras. Somos nós mesmos que nos colocamos a prosseguir pelo caminho escuso, em decorrência de nossa íntima incompreensão das reais consequências de

[27] Novo Testamento, Mateus 9:16.

cada falta.

E então, no momento em que a luz da razão ultrapassa as barreiras do orgulho, permitindo que se compreenda e interiorize o verdadeiro estado em que tal criatura permitiu-se estar, esta, compungida pelo remorso, solicita humildemente uma oportunidade de reparação.

Contudo, de nada vale ajoelhar-se e prosseguir em ato de penitência, se não houver realmente em seu íntimo um profundo desejo de remissão. Não se pode falar palavras doces, crendo-se cegamente caminhar no caminho reto, se na essência a intenção é exatamente oposta. Em outras palavras, podemos dizer que a criatura crê avançar um passo a cada gesto, quando na realidade prossegue somente retardando e dificultando sua própria evolução. Ou seja, não se pode dar com uma mão e retirar com a outra. É preciso que o objetivo seja exatamente aquilo que se prega.

E por isso mesmo, todo aquele que compreendeu as palavras de Jesus, reconhece que para prosseguir no caminho do bem, é necessário modificar-se primeiro o íntimo de cada indivíduo, acendendo assim a valiosa centelha de Deus que carregamos, chamada de amor, para aí então reunirmos reais condições de manifestá-lo e consequentemente transmiti-lo.

— É Geremias seu nome, não é, rapaz? – quis saber um dos jogadores à mesa, de nome Moisés.

— Isso mesmo – respondeu secamente o rapaz, enquanto o encarava.

Geremias estava confiante e acreditava plenamente que se mantivesse o foco e não demonstrasse dúvidas ou receio por estar ali enfrentando aqueles senhores, poderia vencê-los sem muita dificuldade. Então, mesmo sentindo-se pressionado por estar entre homens cujas atitudes poderiam ser das mais cruéis quando o assunto era dinheiro ou principalmente ao cobrar uma dívida, Geremias seguia tentando manter-se calmo e tranquilo.

— Vejo que você sabe muito bem o que está fazendo. Admiro isso. Poucos são aqueles que conseguem vir até aqui, sentar-se bem aí onde você está, e mesmo assim não fraquejar – falou Moisés.

— É verdade – concordou Américo.

Moisés e Américo eram dois senhores com pouco mais de meia idade e ambos possuíam diversos negócios pela cidade, incluindo alguns de caráter bastante duvidoso. Eram o tipo de gente que as autoridades não intervinham em seus assuntos. Dizia-se que conheciam muito bem as atividades ilícitas que comandavam, cujas ramificações envolviam desde tráfico de pessoas até contrabando de dinheiro.

Porém, devido à grande influência que possuíam e ao fato de existirem pessoas subordinadas ou até mesmo "compradas" por eles, trabalhando em diversas áreas, ninguém ousava desafiá-los.

Até mesmo entre as próprias autoridades havia aqueles que se sujeitavam ao dinheiro ilícito que a dupla movimentava.

— Ora, mas o que é isto, meus caros? Não vamos afugentar nosso jovem amigo – intercedeu Vicente, esboçando um sorriso.

De todos que estavam ali, talvez Vicente fosse o mais perigoso. Aqueles que viam ali, naquele semblante, um homem maduro e aparentemente calmo, não imaginavam o que ele escondia. Capaz de atos de extrema maldade, aquele senhor possuía em suas mãos o sangue de inúmeras pessoas. Homens, mulheres e até mesmo crianças.

Se havia algo que irritava Vicente, era não lhe pagarem o que deviam. Ele era um dos maiores contrabandistas de bebida da região e um dos homens mais ricos da cidade. Porém seu dinheiro era todo fruto do contrabando.

Logo, Geremias mal podia imaginar o tipo de negócios e as barbáries de que aqueles homens sentados ali com ele eram capazes. Todos altamente influenciados e acompanhados por um grande número de espíritos inferiores dos mais diversos níveis. Desde sofredores, perturbadores, até aqueles mais astutos, que se utilizavam das atitudes praticadas por eles para se "beneficiarem" de alguma maneira.

A boate do senhor Lúcius era um local de grande concentração desses espíritos inferiores. Trazidos por seus acompanhantes encarnados, muitos acabavam sentindo-se atraídos por aquele ambiente, e logo ficavam. Faziam de cada canto e cada objeto sua morada. Logo, quando chegava ao recinto alguém cujas emanações os atraíam, momentaneamente eles acompanhavam esses frequentadores, sem com isto abandonarem o que os prendia à boate.

Espíritos estes que, sem saber, eu acabara atiçando. E como eu conseguia sentir sua presença e até mesmo divisá-los naquele local, eles, como parasitas, logo começaram a circundar-me. Rindo e transpassando de um lado para outro, estes espíritos tentavam afligir-me com suas lamúrias. Criaturas de níveis inferiores, cuja condição impedia-os de seguir de outra maneira.

Como eu havia-me distanciado do alento dos amigos benfeitores, e encontrava-me momentaneamente cego para a razão e os conhecimentos que possuía, não conseguia evitar que suas influências e zombarias me alcançassem. E feito de joguete por estas criaturas decaídas, enquanto o astuto espírito de Thomás apenas se divertia com minha situação, só consegui realmente reunir forças para acalmar-me quando enfim consegui sair da boate.

Ao chegar ao lado de fora e respirar fundo, imediatamente me invadiu uma forte ânsia de vômito, para em seguida colocar para fora tudo o que havia consumido na boate. Eu estava pálido e suava frio com toda aquela perturbação.

Os céticos, ao verem meu estado, diriam que eu mais parecia ter visto um fantasma, tamanha era minha aflição quando saí apressado da boate, trazendo no semblante a imagem de quem acabara de ver alguma assombração.

Porém, como já era de madrugada e poucas pessoas encontravam-se a conversar do lado de fora da boate, pouco se importaram ao verem-me naquele estado. Imaginavam que era apenas mais um dos inúmeros frequentadores da boate que saíam embriagados.

Mal imaginavam que eu realmente havia visto os chamados “fantasmas”. Os espíritos daqueles que já haviam desencarnado tentavam amedrontar-me. E sentindo que eu emanava emanar todo aquele confuso desejo que ali, junto de Geremias, eu manifestava, estes espíritos aproveitavam-se da situação.

Alguns, mais protetores, tentavam resguardar determinado canto que consideravam pertencer-lhes. Outros, mais revoltados, queriam-me distante, pois consideravam que pudesse interferir de alguma maneira na forma como gostavam que tudo permanecesse. Enquanto outros, mais brincalhões, procuravam apenas se divertir, provocando-me com sons ou pancadas.

Com as mãos nos joelhos e a cabeça baixa, sentia-me como se tudo estivesse a rodar. E por mais que me esforçasse, não conseguia acalmar os pensamentos. Logo senti minha visão se turvar e em seguida desabei, caindo desacordado ao chão.

Sem que alguém se desse conta de minha situação, uma vez

que imaginavam que apenas estivesse embriagado, permaneci por longo tempo ali, caído a poucos metros da entrada da boate.

Acordei somente no dia seguinte sem saber onde me encontrava ou o que havia acontecido. Com bastante dificuldade para abrir os olhos, pois minha cabeça doía muito, levei um certo tempo até realmente conseguir recobrar a razão. Sentindo o corpo todo dolorido e a garganta seca, enfim percebi que em minha testa havia um grande ferimento, que não me lembrava como acontecera.

Confuso e atordoado, tratei logo a pôr-me em pé. O local onde me encontrava estava em quase total escuridão, e não fosse uma pequena iluminação que passava por baixo da porta, dificilmente conseguiria ver algo à minha volta. Parecia tratar-se de algum cubículo ou depósito.

— Mas que lugar é este? – indaguei-me, confuso.

Então, sem demora, tratei de dirigir-me à porta para sair o mais rápido possível daquele estranho lugar. Não me lembrava de como havia ido parar ali, tampouco se ainda me encontrava na boate. A única lembrança que possuía da noite anterior era que tinha saído da boate para tomar um ar. Após isto, não me recordava de absolutamente nada.

E logo, levando minha mão à porta, eu perceberia que por trás daquela incompreensível situação em que me encontrava, havia muito mais do que eu poderia imaginar. Ao forçar a porta para tentar sair, descobri que ela simplesmente estava trancada. E então me dei conta de que havia sido aprisionado naquele lugar.

Enquanto naquela nova cidade eu procurava reunir forças para compreender o que havia acontecido na noite anterior e consequentemente quais eram os motivos que me levaram a estar preso naquele lugar, na cidade de meus pais, estes conversavam sobre o filho amado, que tinha saído de casa havia meses.

— O que houve, Elisa? Hoje você acordou calada e parece estar tão distante – preocupou-se Cláudio.

— Me desculpe. É que me pergunto como ele estará. Se está bem, ou se está passando fome. Sinto como se tudo tivesse acontecido ontem – lamenta-se Elisa.

— Se quer saber, não há um único dia sequer em que eu também não pense nele. E então, tento buscar respostas que aliviem tudo o que sinto. Penso que se eu tivesse agido de outra forma, talvez hoje nosso filho Matheus estivesse aqui conosco.

— Cláudio, nós fomos bons pais? – pergunta Elisa, indo às lágrimas.

— Ora, mas claro que sim, meu amor – conforta-a Cláudio, abraçando-a.

— É que tudo parece tão confuso. Sinto como se aquela confiança que possuía no início, quando ele dizia querer sair de casa para encontrar sua desejada liberdade, estivesse desaparecendo. Desculpe se estou sendo fraca, é que só de pensar que nosso filho está por aí, sem um lar ou a família para ampará-lo, dói-me o coração.

— Não fique assim, Elisa. Esqueceu-se de que é você quem nunca deixou de confiar no amparo e na proteção dos anjos? Você é quem sempre me dizia que Deus jamais abandona seus pequenos e amados filhos. Pois então, nosso filho não está só, Deus está com suas mãos sobre ele e os anjos o acompanham. – disse Cláudio, dando um beijo na testa de Elisa – Se nós deixarmos de acreditar que Deus cuida de cada um de seus filhos e que tudo sempre ocorre porque é exatamente como deve ser, que é para podermos aprender como levantar e então caminhar com nossas próprias pernas, a vida acabará perdendo suas cores. E não é este o propósito. Não é isto que nosso Pai quer de cada um de nós. Foi você quem me ensinou isso.

— Desculpe, você tem razão.

— Não há por que se desculpar, Elisa. Sinto que levei anos para começar a entender isso. Se nós ficarmos nos cobrando, ou imaginando como as coisas seriam se tivéssemos agido de outra maneira, acabamos não vivendo, nos fechamos para a vida e desperdiçamos valiosas oportunidades. Oportunidades para consolidarmos nossa fé. Oportunidades para crescermos como filhos de Deus. E é justamente nisto em que devemos nos agarrar, na fé em que tudo somente ocorre para o melhor. Nós é que nos acostumamos a ver sempre o lado ruim e negativo das coisas.

— Verdade...

— Não estou dizendo que estou feliz e que nosso filho realmente deveria sair de casa. Não é isto. Só estou dizendo que se nós confiamos em Deus, nos anjos e em nosso filho, no filho em que depositamos todo o nosso amor, então devemos acreditar e confiar que por trás de toda a tempestade, o sol jamais deixará de brilhar. Que às vezes nós caímos para aprendermos a levantar sozinhos. E que por mais difíceis que possam parecer, as quedas não servem para nos machucar, mas sim nos fortalecer. Por isto, confiemos em Deus, pois assim como amamos nosso Matheus, Ele também ama e cuida de cada um de nós. E onde quer que nosso filho esteja, podemos ter certeza de que nem ele ou qualquer um de nós jamais estará sozinho.

Sem saber que eram bondosamente amparados pelo amigo Cássius, Cláudio e Elisa procuravam manter firme a confiança na providência divina. E foi graças ao conforto espiritual do amigo, sustentando-os durante esta difícil etapa, que ambos conseguiram aliviar um pouco do peso provocado por minha partida, que inevitavelmente lhes recaía sobre os ombros, provocando verdadeira dor.

O gentil benfeitor espiritual sabia o quanto ambos buscavam todas as suas forças para superarem aquele momento e não se deixarem abater. Dedicava-se dia e noite ao conforto espiritual daquela pequena família, pois reconhecia o quanto ambos estavam sendo fortes, mas sabia que muitos espíritos inferiores apenas se aproveitariam da oportunidade para tentar fazê-los sofrer e duvidar de sua própria fé. E como um querido irmão mais velho, Cássius esforçava-se para que continuassem firmes e confiantes durante o transcorrer de mais aquela etapa, que todos nós necessitávamos enfrentar.

Preso em um pequeno quarto, eu jamais poderia imaginar que minha situação era fruto da imprudência de Geremias. Ocorrera que ele havia apostado alto e perdido. Após um longo tempo de jogo, enfim haviam restado na mesa somente Lúcius e Geremias. E vendo a sagacidade e sorte que acompanhavam o rapaz, Lúcius decidira que não importava o que tivesse que fazer, mas venceria aquele jogo.

Logo, aproveitando-se de uma pequena pausa para ambos se refrescarem, Lúcius astutamente colocou uma considerável quantidade de um tipo de alucinógeno na bebida do rapaz. Ele usava daquele artifício por causa do dinheiro que perdera, e principalmente para manter sua honra e vingar o orgulho ferido. Os outros jogadores que haviam saído da disputa, respeitavam muito as habilidades de Lúcius e eles vendo-o perder para o mesmo rapaz que já lhe havia tirado considerável soma, seria para Lúcius motivo de extrema vergonha.

Então, para garantir que conseguiria ganhar sem dificuldades daquele insolente rapaz, Lúcius dopou-o sem que os outros ali presentes desconfiassem.

Não tardou para que os efeitos começassem a aparecer e em poucos instantes Geremias mal conseguisse concentrar-se. E após ambos terem inicialmente reafirmado o valor que ali estava em jogo, Lúcius enfim pôde ter sua aguardada revanche e consequente vitória. Não mais correria o risco de perder sua reputação e todos continuariam a respeitá-lo.

Contudo, após ser praticamente humilhado por Lúcius, Geremias não aguentou a pressão e enfim confessou que não poderia pagar-lhe. Explicou que eu e ele havíamos gastado todo o dinheiro no decorrer da semana, indo de uma boate para outra.

Revoltado com a situação e com o rapaz, por ter mentido, além de ter entrado na mesa de jogo sem garantia nenhuma de que poderia arcar com os valores ali disputados, Lúcius decide então prendê-lo em sua boate até que encontrasse alguma solução. Porém, desesperado, Geremias disse que não fora ele quem tinha gasto o dinheiro, mas sim eu. Acusou-me de ter sido o grande responsável por termos gastado tudo. E logo lhes indicou que eu também estava ali na boate. E se quisessem cobrar alguém, que fossem atrás de mim.

Não tardaram a encontrar-me, pois os seguranças de Lúcius avistaram-me caído e inconsciente do lado de fora, e logo me jogariam em um pequeno depósito enquanto Lúcius decidiria o que fazer conosco.

Contudo, sem importar-se com o que me poderia acontecer e apenas preocupado com sua própria situação, Geremias aproveitou-se de um momento de distração dos seguranças para fugir por uma pequena janela existente no banheiro, deixando-me assim inconsciente e nas mãos de homens capazes de qualquer coisa quando o assunto era dinheiro.

40 – Prisioneiros do passado

> Porque aquele que quiser salvar a sua vida, perdê-la-á, e quem perder a sua vida por amor de mim achá-la-á.[28]

O caminho que nos conduz em direção a Deus é apenas um. Porém, durante nosso percurso, podemos desviar-nos em uma

[28] Novo Testamento, Mateus 16:25.

busca íntima, e muitas vezes inconsciente, de algo que precisamos experimentar antes de conseguir reunir condições para retomar o caminho reto. E durante essa busca, podemos agir de forma a afetar aqueles que cruzam nosso caminho, gerando com estes pendências que deverão ser futuramente dirimidas em nova oportunidade, num reencontro.

Portanto, vale lembrar que nada acontece ao acaso, os encontros e as interações de uma existência geralmente possuem raízes em outra, pretérita, constituindo então oportunidades de redenção.

Redenção que passamos a almejar quando compreendemos o quanto fomos nós verdadeiros carrascos e causadores de tormento para nossos irmãos; e quando lançamos fora o orgulho e a vaidade capazes de dificultar que enxerguemos as pesadas algemas que a cada um impusemos, fazendo então recair profundo pesar sobre nós.

Assim, intimamente conscientes das faltas que praticamos, e com os corações encharcados pelas lágrimas que derramamos, compreendemos o quanto uma oportunidade junto aos irmãos por nós prejudicados, a fim de procurarmos aliviar e suavizar os golpes que lhes provocamos, faz-se importante e necessária.

Banhados pelo sublime amor daquele que tanto ensinou e ensina a cada um de nós, e pela luz da verdade, que tanto custamos a enxergar, humildemente solicitamos ao Pai da vida que nos permita rever estes queridos irmãos, para então auxiliá-los, removendo de seus ombros o pesado aguilhão que em dado momento de infeliz incompreensão, tão acintosamente nos permitimos impor-lhes.

No decorrer de minhas existências, fui infeliz causador de muitos tormentos e dores a meus queridos irmãos. Assim sendo, à luz do arrependimento e em flamejante desejo de reparação, ávido por reencontrar estes irmãos e humildemente prostrar-me em incansável intento de auxiliá-los e atenuar os percalços de seu caminho para os quais tivesse eu contribuído, obtive oportunidade para tal.

Logo, os fatos que serão narrados a seguir trata-se justamente disto. A valiosa oportunidade de redenção exercendo-se. Aqueles que cruzaram meu caminho, e cujos caminhos eu cruzei, e as vivências que tivemos, devem-se a pendências do passado.

E apesar de haver muitos caminhos para a redenção, cabe àquele que a deseja solicitar a forma como pretende buscá-la. Embora se possa realizá-la através da caridade e do amor, o sofrimento é em grande parte uma das formas solicitadas. Este, porém, não é imprescindível, e muito menos uma imposição, mas muitas vezes é a única forma de conseguirmos libertar-nos do doloroso fardo que carregamos ao tomar consciência do tormento causado ao próximo.

O padecimento é solicitado quando se sente a necessidade de passar pelo mesmo sofrimento provocado em outros. Quando se sente que somente a prática da caridade, dedicando-se inteiramente aos irmãos outrora prejudicados, não é suficiente para amenizar a dor de tê-los afetado. Neste caso, sendo o sofrimento o bálsamo que liberta o espírito, respeita-se sua necessidade de por ele passar, admitindo-o assim na existência física.

Posto isto, que o caro leitor possa enxergar as vivências pelas quais passei, que serão a seguir narradas, não como infortúnios, mas sim como a odisseia que conduz à libertadora conquista. Não como o aguilhão flagelador, mas sim como a espada consoladora que rompeu finalmente as amarras que ainda me prendiam à escuridão que restava em mim. Que se possa compreender que foi somente desta forma que pude verdadeiramente libertar-me, para prosseguir definitivamente no caminho da luz.

Portanto, apesar de os fatos a seguir aparentemente representarem tormentas, na verdade foram um presente concedido pela misericórdia divina, para que eu pudesse finalmente me desprender do passado para seguir livremente em direção a novos horizontes na senda evolutiva.

Após seus capangas vasculharem os arredores da boate e não encontrarem nenhum sinal de Geremias, Lúcius volta então todas as atenções para mim. Muito irritado por ter sido enganado por Geremias, que teve a ousadia de ir à sua boate mesmo após ter gastado todo o "seu" dinheiro – pois na visão de Lúcius o dinheiro ainda era seu, e tomá-lo-ia de volta – ele decide então que era hora de ir fazer-me uma visita.

Preso em um cubículo por várias horas, sem água ou comida, e sem entender porque me encontrava naquela situação, eu gritava e batia à porta, ordenando que me libertassem. Estava com a garganta seca e logo começaria a ficar faminto.

Porém, por mais que eu gritasse ou tentasse abrir aquela porta, ninguém me respondia, aumentando ainda mais a minha aflição. Por diversas vezes chamara desesperado por Geremias, mas nada ouvia. Eu não apenas procurava receber sua ajuda, mas também saber onde ele estava.

Como havíamos ido juntos à boate, imaginava que se eu me encontrava naquela situação, talvez com ele também houvesse ocorrido a mesma coisa. Eu mal podia imaginar que na verdade meu cárcere era fruto da total aleivosia e abandono dele, que considerava como um confiável amigo.

Então Lúcius, junto a três de seus capangas, disposto a encontrá-lo e conseguir reaver seu dinheiro, enfim quebra o silêncio do local onde me encontrava, a fim de obter respostas.

Após abrirem uma pesada porta que dava acesso ao porão da boate e prosseguirem por um extenso corredor, logo estacam diante do pequeno depósito onde me encontrava. Assustado e sem saber as intenções de quem estava ali, confesso que no início pensava apenas em aproveitar que abriram aquela porta para fugir. Mas o medo por não saber quem eram e o que queriam comigo, fez-me recuar e ficar o mais encolhido que podia junto a um dos cantos daquele lugar.

Com o coração acelerado e o corpo tremendo, eu finalmente pude conhecer quem me colocara naquela situação. E conforme a porta abria-se e a luminosidade invadia o pequeno local, meus olhos, ainda sensíveis após tantas horas imersos em quase total escuridão, tentavam divisar quem era aquele sujeito diante de mim. Mas não tardou para que eu logo pudesse visualizar a silhueta de alguém que já havia visto antes e conhecia muito bem.

— Lúcius? – questionei, confuso.

— Olá, Matheus. Está confortável? – respondeu-me friamente o anfitrião.

— Mas eu não entendo, o que significa isto? Por que eu estou preso aqui?

— Vamos deixar uma coisa bem clara, rapaz, sou em quem faço as perguntas aqui. Se você responder o que eu quero saber, quem sabe eu não peça para os meus amigos aqui serem bonzinhos com você – disse-me, apontando para os truculentos capangas dispostos atrás dele.

— E o que você quer? Onde está o Geremias? – indaguei, para logo em seguida receber um violento chute na costela, de um dos capangas.

— Eu já disse. Sou eu quem faço as perguntas. Acho que talvez agora você tenha compreendido o tipo de situação em que se meteu – alertou-me, enquanto eu, contorcendo-me de dor, procurava conter as lágrimas.

— Entenda uma coisa, Matheus, os meus amigos aqui não são tão tolerantes quanto eu, e se não gostarmos da sua resposta, eles podem fazer isto o dia inteiro. É você quem sabe. E então, você vai colaborar?

Encolhido na parede e respirando o mais lentamente possível, devido à dor que sentia, voltei os olhos úmidos para Lúcius e em seguida acenei com a cabeça, indicando que colaboraria.

— Eu quero que você me diga onde nós podemos encontrar seu amigo Geremias. Se me lembro bem, vocês comentaram que estavam ficando na casa de um amigo aqui em nossa cidade. Eu quero que você me diga qual o endereço deste lugar.

Então, sem entender o que havia acontecido e os motivos para eles estarem atrás de Geremias, apenas lhes disse o endereço da casa de Laurindo, esperando que com isto fossem libertar-me. Porém, assim que lhes indiquei o local, para minha surpresa e desespero, Lúcius e seus capangas deram-me as costas e em seguida tornaram a fechar-me naquele lugar.

Confuso e assustado, pensei em gritar, mas as dores e o medo do que fariam comigo fizeram-me baixar a cabeça e ter forças apenas para chorar. E como uma criança amedrontada, permaneci entregue às lágrimas naquele pequeno cárcere, questionando o porquê de estarem fazendo tudo aquilo comigo. E o que nem podia imaginar era que bem próximo de mim, e gargalhando em meus ouvidos, estava o espírito Thomás. Ele insultava-me e gesticulava enquanto dizia que aquilo era o que eu merecia por tudo o que havia feito contra ele. Queria mais era que eu apodrecesse naquele lugar e sofresse todos os horrores possíveis.

E após quase um dia inteiro de espera, completamente exausto e com a garganta irritada de tanto chorar, enfim ouvi que novamente se aproximavam do depósito onde eu estava. Imaginava que finalmente iriam libertar-me. Mas logo perceberia que meu martírio estava apenas começando.

Assim que abriram a porta, dois capangas de Lúcius entraram no lugar e, sem dizerem absolutamente nada, começaram a espancar-me. Foi quase meia hora de tortura e sofrimento, sem que eu soubesse por que estavam fazendo aquilo.

E após sentirem que me haviam castigado o suficiente, os dois saíram, deixando-me totalmente machucado e quase inconsciente, para em seguida receber a visita de Lúcius.

— Eu espero que tenha gostado de seu novo quarto, pois pelo jeito você ficará aqui por um longo tempo – falou-me Lúcius antes de trancafiar-me naquele quarto escuro e deixar-me jogado, todo ferido, faminto e assustado.

Ocorria que os capangas haviam ido ao endereço que eu tinha informado, mas quando chegaram ao local, encontraram praticamente tudo abandonado. Geremias e Laurindo haviam pegado tudo de valor que existia na casa e simplesmente partido. Assim que conseguira fugir da boate, Geremias rapidamente correu para a casa de Laurindo e, após colocarem o que conseguiram em uma carroça, fugiram. Sabiam que não demoraria para os capangas de Lúcius irem atrás deles e cobrarem de Geremias o dinheiro.

Então, quando os capangas de Lúcius retornaram à boate e informaram-lhe que o lugar indicado por mim estava vazio e não conseguiram encontrar Geremias, Lúcius encheu-se de ira e revolta. Ele primeiro ordenou que seus capangas me castigassem por toda a perda de tempo que tiveram e por toda a humilhação que Geremias o fizera passar. Em seguida, disposto a reaver seu dinheiro de uma forma ou de outra, Lúcius decidiu que manter-me-ia preso até que descobrisse um meio de conseguir encontrar Geremias ou então de utilizar-me de alguma forma em seu próprio benefício.

De qualquer maneira, eu ficaria preso e sob o domínio de Lúcius até que ele descobrisse o que realmente poderia fazer para diminuir seu prejuízo.

Sem que eu pudesse compreender naquele momento, toda aquela situação em que me encontrava não era apenas uma cobrança de dívida ou uma aparente traição de um amigo que me abandonara entregue ao sofrimento nas mãos daquele homem, mas sim uma íntima necessidade de resgate, que ali eu poderia enfim suprir.

Como não há ação sem reação, encontrava-me mais uma vez diante de alguém a quem no passado eu tanto mal provocara. Intimamente consciente do que em existências passadas eu praticara, quando me encontrava distante da luz da razão e do amor, humildemente solicitara junto aos queridos benfeitores espirituais a oportunidade de, em uma nova roupagem física, poder ter o abençoado reajuste com os queridos irmãozinhos que cegamente prejudiquei no passado.

Em uma de minhas encarnações, mais precisamente aquela em que eu fora um arrogante chefe das guardas de meu pai na Jordânia, cruzara o caminho de um jovem rapaz, de nome César, e de sua família. Ele era o mais novo dos quatro filhos de que seu pai cuidava após o falecimento de sua esposa, que ocorrera pouco mais de um ano antes.

Eu encontrara-os quando fora, junto de dez homens sob o meu comando, cobrar-lhes uma dívida, adquirida por seu pai devido aos atrasos no pagamento das taxas pelo uso das terras de meu pai. Os três irmãos de César e seu pai trabalhavam nas plantações, em terras pertencentes ao meu pai. E periodicamente eu reunia um agrupamento para dirigirmo-nos às famílias que residiam e plantavam nas terras, para cobrar-lhes o devido pagamento.

Aqueles meses não haviam sido muito favoráveis nas plantações, pois devido à falta de chuvas que castigava a região havia algum tempo, as colheitas encontravam-se afetadas e bastante atrasadas.

Mas para mim aquilo pouco importava. Não me interessava se estávamos passando por uma seca e aquilo afetava os trabalhadores, para mim o único interesse ali era que pagassem as taxas.

Disse-lhes em alto e bom tom que já que não possuíam dinheiro, levaríamos um deles como forma de pagamento. Desesperado, o pai de César suplicou-me que tivesse piedade. Mas como me mantive irredutível, ele implorou-me então para que o levasse, ao invés de algum de seus amados filhos.

Porém, senhor de mim e disposto a mostrar a todos o que ocorria com os devedores, virei-lhe o rosto e logo em seguida pousei os olhos sobre aquele que iríamos levar, o pequeno César.

Como ele ainda era jovem e não trabalhava, sua falta não interferiria no quanto aquela família poderia produzir, além de ser uma forma de mostrar a todos o quanto deveriam obedecer e temer-me.

Após amarrarmos o pequeno e levá-lo como um verdadeiro escravo, que teria de trabalhar a vida toda para saldar a dívida de seu pai, fomos embora deixando para trás uma família destruída e um pai totalmente revoltado e disposto a fazer qualquer coisa para um dia poder vingar-se daquele que lhe tomara o filho querido. Esse pai que enfim estava novamente diante daquele que no passado tanto mal lhe provocara-lhe. Agora reencarnado, esse pai chamava-se Lúcius.

Logo se passaram os dias e, percebendo que dificilmente conseguiria encontrar Geremias, Lúcius decide que algo necessitava ser feito. Sabia que apenas me manter aprisionado nas dependências dele não traria seu dinheiro de volta, pois além de ser obrigado a manter alguém me vigiando, ainda gastava tendo de garantir-me ao menos uma refeição por dia. Uma vez que, por hora, eliminar-me estava completamente fora de questão.

Foi então que, quando na cozinha um de seus capangas foi pegar a comida para alimentar-me, Lúcius pensou que ao invés de manter-me trancafiado, eu poderia trabalhar na cozinha, talvez lavando os pratos.

O cozinheiro da boate não gostou muito da ideia, uma vez que não lhe agradava ter um fedelho solto em sua cozinha. Mas como a última palavra era a de Lúcius e este estava cansado com minha situação, acabei sendo obrigado a trabalhar na cozinha. Porém, antes que eu fosse liberto e começasse a saldar a dívida que, ao olhar de Lúcius, eu e Geremias adquirimos, acompanhado de seus capangas, os mesmos que constantemente me visitavam para espancar-me apenas por divertimento, ele deu-me um ultimato. Eu tinha duas escolhas: continuar preso no depósito e servindo de distração para seus capangas, ou começar a trabalhar na cozinha, lavando pratos e, com isto, talvez um dia, quando a dívida fosse liquidada, eu poderia ser solto. Contudo eu não poderia tentar fugir, conversar com alguém que não fosse o cozinheiro e muito menos atrapalhá-lo. Se alguma destas regras fosse quebrada, na primeira vez eu voltaria a ficar somente preso no depósito, e na segunda, eu encontraria a morte.

E logo comecei a trabalhar lavando os pratos, sob o olhar atento do cozinheiro, enquanto a boate estava aberta, e para dormir continuava recluso no depósito.

Nas entradas e saídas da boate, os capangas de Lúcius se revezavam para garantir que ninguém entrasse no estabelecimento sem ser convidado, e também para evitar que eu esquecesse-me da minha situação e tentasse fugir. De qualquer forma, eu ainda seguiria preso naquele lugar e sem qualquer esperança de sair de lá tão cedo.

41 – Luz na escuridão

> Portanto, se a tua mão ou o teu pé te escandalizar, corta-o, e atira-o para longe de ti.[29]

A cada novo dia e em cada ato, somos convidados a expor tudo aquilo que intimamente carregamos, seja algo bom ou mau. Constantemente temos a oportunidade de manifestar o que em nós efetivamente prevalece, encaminhando-nos a determinada direção.

Sendo todo o percurso afetado por nossos atos, somos os únicos e verdadeiros responsáveis por aquilo em que gradativamente nos tornamos. E também pela formação do ambiente à nossa volta, pois não há como surgir a luz quando no íntimo o único objetivo é prosseguir na escuridão.

Contudo, independentemente do estado em que a criatura se encontre, a luz existente na essência de cada um jamais deixa de existir. Não é porque um filho praticou um ato indevido, que seu pai irá odiá-lo por todo o sempre, condenando-o eternamente ao fogo do inferno. Que diferenciaria este pai em relação ao seu próprio filho? Agindo assim, ele não estaria sentenciando aquele a quem, quando esteve presente em seus braços, tanto ofereceu seu amor e carinho? Que amor era esse que simplesmente desapareceu durante um momento de dificuldade? Não seria exatamente agora, diante dos tormentos, que esse amor mais se deveria fazer presente?

Pois bem, é assim que age Deus. Não é porque erramos ou falhamos com alguém ou conosco, que Ele irá deixar de amar-nos. Não. Ele é quem nos fez. Ele é quem nos criou. E sabe exatamente que Sua essência e Sua luz estão presentes em cada um de nós. Por isto jamais nos irá abandonar, e sempre nos fornecerá recursos para que possamos superar qualquer dificuldade.

Mas cabe primeiramente a nós mesmos conscientizarmo-nos e compreendermos que para a luz prevalecer, é necessário que nos despojemos de tudo o que evita nossa ascensão. Enquanto não nos examinarmos, e modificarmos tudo que nos atrasa o progresso, alterando

[29] Novo Testamento, Mateus 18:8.

assim a direção, não conseguiremos transformar nosso percurso.

Portanto, quando nos encontrarmos imersos em profunda escuridão e o peso de nossos golpes impedir-nos de encontrar o caminho rumo à almejada felicidade, lembremo-nos que a fonte capaz de transformar-nos, iluminando e amparando nossos passos, reside no íntimo de cada um de nós. Luz tão abençoada e enviada por Deus, chamada Jesus.

Já fazia alguns longos meses que eu me encontrava preso na boate de Lúcius e era obrigado a sujeitar-me, lavando os pratos da cozinha, os banheiros e tudo o que ele julgasse conveniente, sem saber por quanto tempo permaneceria naquela situação. Estava mais magro, exausto e constantemente era humilhado pelo cozinheiro e surrado pelos capangas de Lúcius. Virava as noites em claro, entregue às dores físicas e mentais. E quando imaginava que havia momentaneamente cessado meu sofrimento, algum capanga invadia o depósito, pronto a castigar-me pelos choros e gemidos.

Poucas foram as noites em que conseguira dormir, pois quando fechava meus olhos, dezenas de imagens e vultos tomavam-me os pensamentos. E o que havia começado apenas de maneira esparsa, logo se tornou constante.

Ouvia sussurros em meus ouvidos e tinha a sensação de que me vigiavam. Meu corpo inteiro doía e uma grande pressão na cabeça impedia-me de ajustar os pensamentos. Logo meu estado começou a piorar e aquelas visões que tinha somente à noite, quando estava preso, também começaram a ocorrer durante o dia, sem que eu nem precisasse fechar os olhos.

Parecendo cada vez mais reais e de aparências assustadoras, com o tempo essas imagens começaram a rodear-me, bradando em meus ouvidos que eu iria sofrer e, às vezes, que eu iria morrer. Outras vezes gritavam coisas sem nexo, parecendo apenas estarem furiosas.

Quando surgiam, saídas do chão ou das paredes, atravessando meu caminho, fatalmente me provocavam verdadeiro assombro. E com isto, quando eu não derrubava algo que estivesse carregando, eu gritava ou escondia-me. Tal situação começou a provocar a ira do cozinheiro e o questionamento de alguns frequentadores da boate, dizendo que haviam ouvido gritos e o barulho de pratos quebrando. Transtornado com minhas atitudes, o cozinheiro logo ordenava aos capangas que me castigassem. E com isto, os golpes que recebia começaram a ser mais fortes, tudo para que eu parasse de fazer aquilo, pois achavam que eu estivesse ficando maluco.

Por diversas vezes tentei explicar-lhes que o que via era real, e não fruto de minha mente. Contudo logo me chamavam de lunático e em seguida agrediam-me.

Cogitava se realmente não estava enlouquecendo. E imerso naquela alienação, esquecia-me de qualquer ensinamento que recebera no passado. Estava tão entregue a tudo aquilo e começando a acreditar que talvez estivesse louco, que nem ao menos cogitei o que haveria por trás de tudo. Um ato, um fardo a carregar. Um objetivo, uma íntima necessidade de reparação. Uma esperança, uma aguardada oportunidade de redenção.

Completamente entregue àquela situação de desespero e totalmente perturbado, eu simplesmente me havia permitido envolver de uma tal forma que dificilmente aqueles que me conheceram no passado conseguiriam reconhecer-me.

E à medida que os dias passavam, minhas condições deterioravam-se pouco a pouco. Todo aquele desejo, aquela busca por uma libertação, algo que tão conturbadamente e ainda incompreensivelmente me tomara o controle e motivara-me a cegamente abandonar tudo, havia-se transformado em pesadelo. E ali, preso naquele cárcere, sofrendo todos os abusos possíveis nas mãos de Lúcius, a única coisa que vinha à minha mente era: por quê? Indagava-me: "por que comigo?".

Não compreendia que aquela era uma oportunidade de redimir-me do que no passado realizara, fazendo com que outros derrubassem muitas lágrimas, destruindo muitos corações e acabando com os sonhos daqueles que cruzaram meu caminho. Sobre meus ombros carregava todas as faltas que contra o próximo praticara.

Então, consciente do verdadeiro e sublime caminho que almejava percorrer, meu espírito imortal rogou humildemente ao Pai da vida, para que me concedesse a abençoada oportunidade de transpor aquelas íntimas e tão necessárias provações.

Envolto na matéria e pelas tribulações daquela vida, eu permiti-me envolver com toda aquela névoa que nos rodeava, e cegamente afastei-me daqueles que tanto se dedicavam a auxiliar-me. Contudo, por mais que não os visse, aquelas ternas almas jamais deixaram de enviar-me o sincero amor que possuíam. Ocorria que eu, distante e envolto por aquele torpor, é que não me permitia receber tal auxílio.

— Anda logo. Entra aí e fica quieto – ordenou a alguém um dos capangas de Lúcius, no corredor em frente ao depósito onde me encontrava – Já mandei calar essa boca. Ninguém vai poder ajudá-lo! – completou ele aos berros, após parecer ter batido na pessoa e em seguida trancar a porta da sala que ficava ao lado de onde eu estava.

Sem compreender o que fora toda aquela gritaria, encostei o ouvido na porta, procurando ouvir algo. Eu estava assustado, pois logo cogitei se eu também não seria o próximo a apanhar. Contudo, engatinhando até a porta a fim de tentar ouvir algo, percebi que os passos do capanga de Lúcius estavam se afastando. Parecia que por aquela noite eu estaria livre dos abusos.

Mas enquanto respirava mais aliviado, notei que ouvia choros vindo da sala ao lado. E sussurrando, para que os capangas de Lúcius não me ouvissem, tentei dialogar com quem havia sido preso ali.

— Ei, pode me ouvir?

Porém, imediatamente percebi que os choros cessaram. Quem quer que fosse, parecia ter se assustado. Então decidi insistir.

— Você pode me ouvir? Geremias?

Mas logo gritou um dos capangas de Lúcius, ordenando-me que calasse a boca se não quisesse apanhar. Rapidamente me calei e corri para o canto do depósito, com medo de que a qualquer momento alguém entrasse para castigar-me.

Desde que eu começara a ter as visões de vultos a rodearem-me, e com isto começara a quebrar pratos da cozinha, estava sendo mantido trancafiado por mais tempo. Por isto haviam diminuído as vezes que eu podia sair daquele cubículo, e aumentado os dias em que eu era castigado. Mas se haviam prendido mais alguém ali, eu precisava saber quem era. Seria Geremias? De qualquer forma, considerei que só conseguiria saber de quem se tratava quando eles permitissem-me sair para ajudar na cozinha. Para isto, era necessário que eu conseguisse controlar-me, reorganizando os pensamentos e superando aquela difícil alienação a que me sujeitara.

Durante três dias eu praticamente não tivera aquelas visões de vultos, tampouco a presença dos capangas de Lúcius para me incomodarem. Estes apenas vinham trazer-me comida e, vez ou outra, verificar minha situação. Eu estava até começando a ficar assustado, imaginando o que poderia estar ocorrendo. Pois percebi também que toda a agitação comum da boate e as constantes falações haviam diminuído significativamente.

Que estranho, o que estará havendo? – pensei, confuso.

O certo era que tinha reparado que aquela estranha calmaria havia iniciado desde que trouxeram a pessoa que estava presa na sala ao lado.

Quem será que está ali? – continuei indagando-me.

Pensei em mais uma vez tentar falar com ele, aproveitando assim que tudo parecia ter ficado mais calmo. Mas logo desisti, com medo de que minha atitude quebrasse aquele clima e os capangas de Lúcius me castigassem.

Tudo estava tão silencioso, que parecia poder ouvir até meus próprios pensamentos. Porém percebi que começara a ouvir sussurros vindos de uma pequena rachadura na parede que me separava do ambiente ao lado, onde se encontrava a pessoa que havia sido presa.

Então, curioso, arrastei-me até a pequena abertura, procurando ouvir melhor o que era aquilo. E logo, como um violento choque que me invadisse todo o corpo, percebi claramente o que eram aqueles sussurros. Era algo que me fez imediatamente ir às lágrimas. A voz vinda do ambiente ao lado não chorava ou lamuriava em desespero, como eu fizera durante todo o período em que estivera em meu cárcere. Ela simplesmente orava.

Não me contive com aquela atitude, de completa resignação e fé, vinda de alguém que, assim como eu, estava ali preso; e que com os duros golpes sofridos na vida, teria tudo para entregar-se ao desespero. Alguém que poderia lançar-se às dores e condenar Deus por encontrar-se naquela situação, mostrava-me como um filho que confia em seu Pai, realmente deveria agir. E como uma chama que me invadisse acendendo-me o coração, desabei quando revolvi tudo o que havia feito e o quanto havia sido fraco.

Todas as palavras proferidas contra aqueles que tanto me amavam e que, mesmo recebendo a incontrolável cólera que lhes despejava, jamais se voltaram contra mim. E como se me levantassem o pesado capuz do orgulho, pude, com lágrimas nos olhos, lembrar-me das tantas noites em que meus amados pais entregaram-se à verdadeira oração. Lançavam-se humildemente aos pés do Altíssimo, rogando-lhe pelo querido filho tão amado. Enquanto eu, coberto pelo charco da vaidade, simplesmente os ignorava.

Então, como se voltasse de uma distante viagem, em que não permitira que a razão me acompanhasse, baixei a cabeça envergonhado. E sustentado por aquelas singelas palavras vindas do ambiente ao lado através daquela pequenina rachadura e professadas por um querido irmão, despi-me de tudo o que me atava e, prostrado, entreguei-me enfim em sincera oração.

Roguei ao Altíssimo para que me perdoasse por ter sido fraco e ter permitido que as dúvidas batessem-me à porta. Intimamente e inconscientemente ansiava pelo aguardado reajuste, que graças à misericórdia divina tivera a oportunidade de experimentar. Contudo não conseguira suportar com a resignação necessária e logo me desesperara, dificultando-me ainda mais o almejado sucesso. Mas felizmente o amor e a bondade de Deus abraçam-nos onde quer que estejamos. E Ele auxilia-nos de diferentes maneiras, cuidando de cada detalhe, para que possamos receber sempre o melhor, ou seja, aquilo que intimamente necessitamos para nossa própria estruturação.

E assim como envia-nos seus amados filhos que já se encontram fora da matéria para amparar-nos, Deus também permite que aqueles cujos laços de amor nos envolvem possam auxiliar-nos inclusive estando eles também encarnados. Estes são os seus anjos enviados em sublime resgate aos queridos irmãos cujas tribulações da existência física caem-lhes sobre a alma com toda a sua força. Verdadeiros sustentáculos da fé e poderosos alicerces na remissão dos obstáculos pertinentes a cada um.

A chegada daquele parceiro de cárcere me havia transformado, dando forças para enfim remover toda a terra que por meses se acumulara, fazendo-me finalmente compreender o estado em que me permitira chegar. E nos três dias que se seguiram, eu não fiz outra coisa senão orar ao Pai. Sem os capangas de Lúcius para me agredirem-me e tendo de sustentação as orações provindas do rapaz na sala ao lado, eu já me sentia um novo homem.

O medo e o desespero haviam praticamente desaparecido. E as constantes perturbações provocadas pelos vultos diminuíram consideravelmente. Nas poucas vezes em que estes surgiam, eu não mais me acuava, tampouco implorava para que me deixassem em paz. Seguia com o pensamento firme na providência divina, rogando-lhe forças para que pudesse auxiliar aqueles irmãos. E com o coração envolto em sentimentos de amor, respeito e humildade, procurava lançar-lhes um bálsamo reparador, a fim de que compreendessem a triste situação em que se permitiam estar.

Vendo que eu havia mudado minha postura, muitos daqueles irmãos revoltaram-se. Alguns não aceitavam que o medo que outrora provocavam, colocando-me em verdadeira situação de desespero, simplesmente não mais surtisse efeito. Outros se assustavam e, com receio de que aquilo pudesse fazer-lhes algum mal, acabaram desistindo de perturbar-me e então fugiram. Somente dois dos espíritos perturbados que me obsediavam arrependeram-se e concordaram em receber o necessário auxílio. O certo era que toda aquela pesada nuvem que me rodeava, finalmente começara a dissipar-se. Tudo isto graças às orações vindas daquele que se encontrava encarcerado no quarto ao lado. Não fosse aquele poderoso auxílio e verdadeira prova de fé, eu dificilmente teria encontrado sozinho forças para sair daquela situação.

Mas quem será que está preso no quarto ao lado? – questionava-me.

O certo era que quem quer que fosse, talvez estivesse nas mesmas condições que eu. Logo considerei não se tratar de Geremias, pois nas outras duas vezes que tentei conversar pela fresta da parede, procurando obter alguma resposta, ele nada respondera.

Porém algumas horas depois minha curiosidade enfim seria saciada. Como o tempo em que eu permanecera preso servira para castigar-me pelos ataques de pânico que vinha tendo, e, segundo os próprios capangas de Lúcius, tais manifestações haviam diminuído, este ordenou-lhes que me dessem mais uma chance, pois para ele eu ainda valia mais vivo do que morto.

Então, mesmo com a reprovação do cozinheiro, eu fui mais uma vez posto para auxiliá-lo durante o dia, tendo de retornar ao cubículo durante a noite para dormir.

Com isto retornei a ter um pouco mais de liberdade para caminhar pelos corredores do setor onde eu estava, o que incluía a região de meu cárcere e da sala que ficava ao lado. Aproveitando que os capangas de Lúcius pararam de acompanhar-me os passos todo o tempo, fui então rapidamente até a porta do quarto ao lado do meu, e através da pequena janela por onde entregavam a comida, consegui finalmente ver quem era o companheiro de cárcere. Enfim conseguiria descobrir quem era aquele que passava quase o dia inteiro entregue em oração, e o grande responsável por fazer-me abrir os olhos e compreender o quanto eu estava sendo fraco e egoísta, entregando-me ao desespero.

Tentando ser o mais rápido possível, para não ser flagrado, abri o acesso da pequena janela e logo pude finalmente ver quem era o homem que estava preso. Mas, para minha surpresa, não havia ali um homem, mas sim um garoto. Havia somente um pequeno e frágil garoto.

42 – Laços de redenção

E, tudo o que pedirdes na oração, crendo, o recebereis.[30]

A oração é o sublime elo que nos permite entrar em contato com o Altíssimo. É através da oração que podemos suportar os tormentos e as mazelas que a vida física nos apresenta.

Somos, enquanto no físico, cotidianamente compelidos a transpassar verdadeiras intempéries, resultantes de todas as cargas de que fomos os reais causadores e solicitantes. Ou seja, recebemos do mundo exatamente aquilo que a ele damos. Se somos os causadores de uma falta contra alguém, esta inevitavelmente reverberará sobre nós, impondo assim sua própria resultante. Logo, aquele que porventura fizer algo e derrubar o próximo, este ato trará consigo íntima consequência a quem o praticou e cobrar-lhe-á o devido reajuste.

Mas nem sempre recebemos de volta a equivalência exata daquilo que praticamos. Tudo ocorre a seu tempo e cada um precisa de um determinado período para amadurecer e encontrar-se pronto a enfrentar as intempéries consequentes de seus atos. A experiência mostra que a humanidade ainda caminha a passos curtos em relação ao ensinamento do "dar e receber". A grande maioria de nós não se permite ultrapassar as pesadas barreiras do físico e alcançar o íntimo do ser humano. Seja no próximo ou em nós mesmos, enxergamos apenas aquilo que nos acostumamos a visualizar.

Porém, como nada retrocede, por mais lento que seja o avanço, com o passar dos anos e das gerações, a pequena centelha de Deus que todos carregamos enfim conseguirá romper a densa, mas ainda

[30] Novo Testamento, Mateus 21:22.

tão necessária, casca que o espírito imortal precisa para depurar-se no físico. Assim, os irmãos não mais se tratarão como oponentes, e o ensinamento de Nosso Senhor Jesus Cristo, quando disse: "Ao que te ferir numa face, oferece-lhe também a outra",[31] não mais será incomum, mas algo natural. Não haverá mais adversários ou desafetos, mas sim irmãos que se amam e anseiam apenas pelo melhor ao próximo. E se um irmão errar e cometer alguma falta, não será julgado, mas sim auxiliado e amparado.

Contudo, para que possamos permitir que esta pequena centelha de Deus que todos carregamos possa germinar, e então o amor superar os obstáculos para que enxerguemos nosso irmão como ele realmente deve ser visto, Deus entregou-nos uma poderosa ferramenta, chamada oração.

É através da oração que entramos em contato com nossa própria luz interior. É através da oração que nos comunicamos com nossos anjos guardiões. E é através dela que recebemos a força necessária para superar qualquer obstáculo. Quando oramos com fé na ação dos emissários de Deus, rompemos as barreiras que cegamente permitimos levantarem-se diante de nós, e começamos a perceber que não estamos jamais desamparados. Em nós vibra a luz de Deus, e ao nosso redor inumeráveis irmãos, sejam encarnados ou não, sempre estarão presentes ao nosso auxílio.

Para isso, basta primeiro que nos despojemos de quaisquer sentimentos negativos que visam somente a puxar-nos para baixo, e permitamos que o verdadeiro e sublime amor de Deus possa guiar nossas vidas. E o caminho que cria este valioso e poderoso elo, nada mais é do que aquele que Nosso Senhor Jesus Cristo tanto nos ensinou, a oração.

Por alguns segundos, fiquei estacado e perplexo diante da porta do quarto ao lado. Estava surpreso por ver que o prisioneiro era apenas um garoto, que não deveria ter mais do que treze anos de idade. De aspecto frágil, ele, encolhido no canto, timidamente me olhava com seus olhos grandes e assustados. Por instantes pensei que o conhecesse. Havia em seus olhos algo de muito familiar. Logo percebi que ele estava ferido, havia um grande hematoma em seu rosto, talvez provocado por um dos capangas de Lúcius.

Ao vê-lo, confesso que senti um misto de ódio e pena. Eu já

---

[31] Novo Testamento, Lucas 6:29.

conhecia bem o que Lúcius era capaz de fazer, mas jamais imaginava que seria capaz de machucar alguém tão pequeno. Porém, mesmo ainda sendo jovem, aquele garoto mostrara possuir muito mais maturidade do que eu. Ele não gritava ou se martirizava por estar naquela situação. Não. Ele, diferentemente de como eu vinha reagindo ao meu cárcere, mantinha-se confiante na providência divina. Passou todos os dias entregue à oração. Seguia firme e confiante de que Deus o amparava. Sabia que Seus missionários o sustentavam, dando-lhe forças para transpor aquela difícil provação.

Estava ali diante de mim um verdadeiro filho, confiante no amor de seu Pai. Alguém que, mesmo tão jovem, sabia exatamente como um bom filho deveria reagir. Alguém que me havia auxiliado a sair do lamurioso estado em que estava, mostrando-me o valioso poder contido em uma simples oração.

Senti então que precisava auxiliá-lo de alguma forma. Não deixaria que aquele pequeno garoto passasse por tudo o que eu havia passado nas mãos de Lúcius. Então, sussurrando para que os capangas de Lúcius não me ouvissem, disse-lhe que ficaria tudo bem, e que eu encontraria um jeito de tirá-lo dali.

Eu já sabia exatamente como conseguir isso. Pelo menos uma vez na semana, a boate de Lúcius recebia mercadorias para abastecerem a despensa. E quando isso ocorria, geralmente os entregadores deixavam as caixas cheias e levavam outras vazias, que possuíam tamanho suficiente para caber alguém tão pequeno como aquele garoto. Como eu tinha acesso à cozinha e ao depósito onde deixavam as caixas, bastava apenas conseguir colocar o garoto em uma delas sem que ninguém suspeitasse. E assim que o carregador viesse para pegá-las, levaria então aquela em que estava o garoto.

Contudo, havia ainda três grandes problemas para solucionar. O primeiro era conseguir sair do cubículo onde me trancavam toda vez que vinham fazer as entregas, pois não queriam que soubessem que Lúcius mantinha-me preso na boate como seu escravo. O segundo era conseguir abrir a porta do quarto onde mantinham o garoto. E o terceiro era conseguir colocá-lo na caixa sem que ninguém nos visse. E eu tinha apenas três dias para fazer isso, uma vez que era terça-feira e as entregas eram realizadas aos sábados.

À noite , como era de costume, trancafiaram-me no cubículo, e aproveitei para tentar conversar com o garoto e contar-lhe meu plano para tirá-lo dali. Imaginava que, por ele já ter ouvido minha voz e visto que eu queria ajudá-lo, enfim conseguir manter algum diálogo com ele não seria tão difícil. Porém, ainda muito assustado, por mais que eu sussurrasse, explicando que fora eu quem ele vira mais cedo e que eu possuía um plano para tirá-lo daquele lugar, o garoto sequer me respondia.

Sabia que me ouvia sussurrando pela fresta na parede, porque interrompia suas orações e mantinha-se em silêncio. Mas não sabia se estava acreditando em mim o suficiente para confiar que minha intenção era auxiliá-lo.

Por mais que eu tentasse algum contato, ele simplesmente se mantinha em silêncio. Sentia que ele estava assustado e que dificilmente confiaria em mim. Logo entendi que, se quisesse obter sua confiança, precisava falar-lhe com o coração. Mostrar-lhe que eu havia enfim compreendido que, se desejava superar aquela situação com fé e confiante na providência divina, só existia um caminho: a oração.

Então, de coração aberto, aproximei-me da fresta na parede e, prostrado, iniciei uma sincera oração. Procurando falar em um tom baixo, mas de tal forma que o garoto pudesse ouvir, rogaria ao Alto as bênçãos de Deus. Eu, até então, desde que começara a orar em meu cárcere graças às constantes orações que o garoto realizava, seguia apenas acompanhando-o em pensamento. Desta vez tomaria eu a iniciativa; procurando abster-me de todos os tormentos e confiante na luz do amor, acenderia em mim a poderosa chama da fé.

— Querido Pai, – iniciei – venho humildemente diante de vós pedir perdão, pois sei que pequei. Tenho pecado e, com o coração ferido, rogo-vos não por mim, mas por todos aqueles que cegamente feri. Peço que estendais Vossos braços paternais sobre todos os meus queridos e amados irmãozinhos, acalentando seus corações e envolvendo-os em seu sublime amor. Derramai sobre suas vidas a água fecunda da esperança, aliviando as feridas que minhas lamentáveis ações neles provocaram. Que possa eu, humildemente, reparar minhas faltas, pois que meu coração, banhado pelas lágrimas do Cristo, anseia servir-vos de valioso sustentáculo. Que possa eu transformar-me em instrumento de reparação. E, sobre cada um dos corações de meus irmãos, permiti que eu deposite a verdadeira semente do amor, unindo-nos em corpo e espírito, em um só. E que esta radiante luz que permitistes me tirasse da escuridão, abrindo-me os olhos para o real caminho que todos devemos seguir, possa alcançar a todos os nossos queridos e amados irmãos, confortando seus corações e embalando-os na ternura de Nosso Senhor Jesus Cristo. Fazei de mim um humilde servo a serviço do próximo. E que meu espírito, feliz e radiante pela graça da abençoada oportunidade da vida, possa amparar e confortar a todos estes pequenos irmãozinhos. Em Vossa graça, que seja feito o Vosso desejo hoje e sempre. Assim seja.

Terminada a oração, notei que o garoto ainda continuava em silêncio. Não sabia se ele havia compreendido minhas intenções, tampouco se confiaria em mim para ajudá-lo. Logo, decidi contar-lhe um pouco sobre minha vida e os lamentáveis motivos que me haviam feito ir parar ali. Contei-lhe sobre os desejos que possuía e a profunda dor que me consumia o coração por ter sido tão duro e imaturo com meus pais. Meus queridos e tão dedicados pais, cujo amor e carinho jamais me foram negados, valiosas centelhas de Deus que sempre me entregaram o seu melhor. E no entanto, ceguei-me pelo orgulho e pela vaidade, renegando suas abençoadas mãos, que sempre estiveram estendidas para mim, desejando que, mesmo em meio à escuridão em que eu mergulhara, soubesse que bastava um único suspiro para que viessem em meu auxílio.

— Ah, meus amados pais, me perdoem. Se soubessem o quanto sinto vergonha por todas as infelizes palavras que disse! Se soubessem o quanto me arrependo pelas tristes escolhas que fiz! Se soubessem o quanto sinto falta de vocês – murmurei, sem conseguir conter as lágrimas.

Visualizar a imagem de meus pais e saber o quanto fui fraco e os feri, era um pesado golpe. Um golpe muito mais forte e doloroso do que toda a dor física que recebera ali nas mãos de Lúcius, a qual, se dependesse de mim, não permitiria que se repetisse com aquele garoto. Mas eu não poderia tirá-lo dali se ele não concordasse. Não queria deixá-lo mais assustado do que já estava. Então, sem saber o que fazer ou o que dizer para que ele acreditasse em mim, silenciei. E enquanto me curvava em lamentação, eis que inesperadamente enfim ouvi suas primeiras palavras.

— Você está mesmo com saudade do seus pais? – indagou-me timidamente.

Ainda sem acreditar que ele finalmente havia dito algo e que parecia ter compreendido que eu só queria ajudá-lo, rapidamente respondi que sim. E que poder vê-los e pedir-lhes perdão era tudo o que eu mais desejava.

Logo o garoto contou-me como havia ido parar ali. Disse que estava faminto e que os capangas de Lúcius pegaram-no remexendo o lixo da boate pela terceira vez. Imaginava ele que os avisos e ameaças que sofrera nas outras vezes em que fora repreendido não seriam levados adiante. Contudo, faminto, ele contou que, mesmo com medo, arriscava-se e então procurava algo para comer no lixo da boate. Disse jamais pensar que sua atitude pudesse levá-lo a ficar preso ali.

— Mas e seus pais? – quis saber.

Logo ele ficou em silêncio, dando-me a entender que talvez estivesse só. E antes que eu mudasse de assunto, para não trazer-lhe talvez dolorosas lembranças, ele, em tom mais triste, disse-me que eles haviam desencarnado havia alguns anos.

Imediatamente emudeci. Saber que um garoto de menos de treze anos havia perdido os pais e era obrigado a remexer o lixo para encontrar o que comer, fez-me desejar ainda mais fazer algo para tirá-lo daquela situação.

Eu e o garoto então permanecemos conversando por algum tempo, antes que aparecesse um dos capangas de Lúcius. E então expliquei-lhe minhas intenções para conseguir salvá-lo daquela situação. No início o garoto ficou com medo e preocupado com o que nos poderia acontecer caso alguém descobrisse. Mas logo o desejo de liberdade falou mais alto e ele enfim concordou com meu plano.

Também fiz questão de garantir-lhe que não deixaria nada de ruim acontecer-lhe. Dei-lhe a minha palavra que o protegeria e tiraria dali. Não sabia exatamente como explicar, mas havia algo naquele garoto que me fazia desejar ajudá-lo com todas as minhas forças. Sentia que precisava muito fazer aquilo, como talvez alguma íntima forma de redenção.

Contudo, quando chegou o dia seguinte e imaginava eu que me deixariam sair para ajudar o cozinheiro, como vinha fazendo, isto estranhamente não ocorreu. Normalmente o capanga de Lúcius vinha logo cedo trazer-me algo para comer, em seguida me permitia utilizar o banheiro e enfim me levava até a cozinha para iniciar as tarefas. Mas, para minha preocupação, assim que ele me trouxe do banheiro, abriu novamente meu cárcere e ordenou que eu entrasse, sem me dar qualquer explicação. Em seguida ouvi que ele abrira a porta do quarto do garoto e, ao invés de levá-lo para a direita, local onde ficava o banheiro, ele simplesmente foi para a esquerda, passando então em frente à porta de meu cárcere, para em seguida dirigir-se à última porta do corredor.

Fiquei imediatamente assustado, pois enquanto estivera ajudando na cozinha e podia circular por aquela região, a última porta do corredor era a única que eu não sabia o que havia dentro, apenas ouvira vagamente os capangas cochicharem que não viam a hora de Lúcius levar-me para aquela sala. Senti então meu coração disparar e eu começara a suar frio, pois não conseguia entender por que eles haviam me mantido preso e simplesmente levado o garoto para lá. Eu só pensava se teria sido culpa minha, o que eles pretendiam fazer com o garoto, e afinal o que havia naquela sala.

Com receio de que pudessem machucá-lo, uma vez que lhe havia prometido que o protegeria, rapidamente procurei bater na porta de meu cárcere, a fim de chamar-lhes a atenção. Sem saber o que dizer, logo gritei que precisava ir urgentemente ao banheiro. Então, estapeando a porta, gritava enquanto tentava ouvir algum som vindo por aquela porta aonde o tinham levado.

Porém, para meu desespero, nada ouvia e tampouco alguém surgia. Os minutos foram passando, e quanto mais eu batia, mais preocupado ficava, pois não vinha ninguém, nem mesmo para ordenar-me ficar em silêncio.

— Onde estarão? O que será que está ocorrendo? – perguntava-me.

Sem me importar com possíveis represálias, fiquei gritando e batendo na porta por mais de uma hora. Minha única preocupação era saber como estava o garoto. Se houvesse acontecido algo com ele por minha causa, eu jamais me perdoaria.

Era certo que ali na região onde eu estava as paredes eram bem espessas e as portas que davam acesso às outras regiões da boate eram bastante pesadas, dificultando a propagação do som. Mas nem mesmo o capanga que geralmente cuidava daquela região e era sempre o primeiro a aparecer para ordenar-me ficar em silêncio, surgia.

Questionava-me o que haveria acontecido.

43 – Verdadeira Liberdade

> Ninguém tem maior amor do que este: de dar alguém a sua vida pelos seus amigos.[32]

A vida física nada mais é do que uma pequena e rápida etapa no ciclo da existência do espírito. Etapa de grande importância para assimilar elementos que permitam a depuração e estruturação moral em cada um de nós. As existências são importantes etapas que temos a abençoada oportunidade de transpassar; são as responsáveis por fornecer à formulação do espírito os recursos necessários ao seu próprio desenvolvimento.

São estas etapas, que todos percorremos na veste carnal, as responsáveis por aquilo que nos tornamos. Se, a cada queda, compreendermos, aceitarmos e interiorizarmos o verdadeiro significado que ela nos traz, deixaremos de tê-la como fardo e começaremos a tê-la como alicerce. Estas quedas formarão as nossas bases, se assim permitirmos, transformando-nos então em poderosos instrumentos capazes de alcançar o verdadeiro sentido da vida.

Entretanto, quando confrontado no transcorrer das jornadas por intempéries provocadas pelo próximo, é inevitável que o homem, em seu atual estágio evolutivo, deturpe-se de maneira que em si fique impregnado o gérmen da vingança.

Logo, tal acúmulo, se não dissolvido de maneira a eliminar possíveis resquícios, irremissivelmente o levará a um penoso caminho, onde a imagem do irmão em Deus desaparecerá, dando assim lugar apenas a alguém que se deseja retaliar. O charco da revolta impedirá que o necessário reajuste se faça, e cair-se-á então em trevas.

Mas, como a vibrante centelha divina que todos carregamos jamais se cala, inevitável será o momento em que ela se fará ouvir, levando assim a criatura ofensora a um verdadeiro sofrimento por seus atos. Nela então brilhará a sublime luz do mais puro amor, fazendo-a enfim compreender tudo o que cegamente praticou contra seu próprio irmão em Deus.

As barreiras da indiferença são derrubadas e os sentimentos opostos deixam de existir. Os olhos não mais veem um inimigo ou um adversário, mas somente um querido e valioso irmão, merecedor de nossas melhores intenções. Tão digno quanto seriam aqueles do

[32] Novo Testamento, João 15:13.

nosso próprio sangue, pelos quais nosso zelo e amparo não encontram barreiras, e aos quais seríamos capazes de entregar nossa vida, apenas por amor. Nossos pequenos complementos, nossos tão amados irmãos em Deus.

Já se haviam passado várias horas desde que tinham levado o garoto e, mesmo com toda minha insistência, batendo na porta e chamando os capangas de Lúcius, ninguém aparecia. O desespero por sua segurança começava a invadir-me, fazendo-me novamente adentrar naquele estado de dúvidas e incertezas que tanto me consumiram.

Logo minhas pernas fraquejaram e, sentindo meu coração acelerado, tive ímpeto de gritar. Contudo sabia que não poderia permitir que tal processo tornasse a consumir-me. A pequena centelha que, graças às orações do garoto, havia se acendido em meu peito, reivindicava uma nova postura. O medo e o desespero apenas me poriam novamente mergulhado na enclausurante cela do descrente. Colocar-me-iam mais uma vez atado e incapacitado de sorver a sublime verdade: que o mal não existe e que a injustiça pertence somente ao mundo dos homens, cabendo a cada um empenhar sempre o seu melhor diante dos obstáculos, trazendo em seu íntimo a certeza de que jamais nos encontramos desamparados, e que nós todos, como filhos de um Pai bondoso e misericordioso, não devemos jamais nos permitir crer no contrário, mas orar e ter fé em que tudo ocorre como deve ser.

Então, respirando fundo e afastando do pensamento todo e qualquer sentimento negativo, comecei a orar ao Pai, solicitando que nos desse forças naquele momento de dificuldades. Que permitisse que Seus anjos nos guiassem e amparassem, para que não nos desviássemos do caminho reto e justo. E que se fosse de Sua vontade, que pudesse eu auxiliar aquele querido irmãozinho, fazendo-me de instrumento de reparação através do sincero e humilde desejo de remissão. Desejava do fundo de meu coração ajudá-lo e protegê-lo, nem que para tal fosse necessário entregar minha própria vida. Libertando-o de seu cárcere, libertar-me-ia assim de meu próprio passado.

Apenas à noite um dos capangas de Lúcius enfim apareceu para trazer-me a comida. Logo indaguei se algo havia acontecido para eu ter sido mantido preso e não ter podido sair para ajudar o cozinheiro. Ele então me disse que o cozinheiro estava ocupado, pois a boate receberia uma visita e o senhor Lúcius havia lhe ordenado que preparasse um cardápio especial. Acrescentou que talvez no dia seguinte ou apenas na sexta-feira eu seria libertado para auxiliá-lo.

Curioso, logo perguntei se ele sabia de quem se tratava aquela visita. Ele, com muita má vontade, jogou meu prato de comida no chão e em seguida ordenou-me comer e calar a boca, contudo não antes de dizer-me que o visitante tratava-se de ninguém menos que o ilustre barão do café, senhor Otílio.

Rapidamente recordei-me de uma conversa entre os capangas de Lúcius, quando ouvira comentarem sobre o grande desejo de Lúcius em relação a esse tal senhor Otílio. Sendo ele dono de uma enorme fazenda e um dos principais produtores de café, Lúcius havia tempos queria uma aproximação com ele, a fim de tentar conseguir uma parceria. Sabia que tê-lo associado à sua boate iria trazer-lhe ótimos rendimentos.

Contudo, dizia-se que o Barão era um homem muito difícil de lidar e que não costumava associar-se com qualquer um. Homem de meia idade e bastante reservado, era muito cauteloso em seus negócios. Por isso, geralmente poucos eram aqueles que conseguiam algum tipo de parceria com ele. Era necessário que tal associação lhe interessasse muito, caso contrário, ele nem perderia seu tempo.

Mas Lúcius soubera que havia uma exceção. Descobrira algo por que o Barão do café era viciado, a tal ponto que se ouvira que ele já havia fechado acordos volumosos somente por causa de seu vício. O senhor Otílio era fascinado por jovens garotos. Pedófilo assumido, era capaz de qualquer coisa quando se interessava por algum. Dezenas foram aqueles que sofreram violência e abuso em suas mãos.

E a ideia de Lúcius era justamente oferecer-lhe o garoto que vinha mantendo encarcerado em sua boate. O mesmo que eu conhecera e tentava ali ajudar a escapar.

Preocupado com o que ouvira, eu praticamente passei a noite inteira acordado, procurando uma maneira de evitar que o pobre garoto fosse parar nas mãos de Otílio. Não deixaria que ele acabasse entregue nas mãos de um homem como aquele. Mas, preso e sem saber para onde haviam levado o garoto, eu infelizmente nada poderia fazer a não ser orar e torcer para que me soltassem e permitissem que eu fosse ajudar na cozinha. Desta forma, talvez descobrisse para onde o haviam levado.

E enquanto eu orava, aguardando pela comida que o capanga de Lúcius sempre trazia pela manhã, tornei a ver vultos a desfilarem em meu cárcere. Mas, diferentemente das primeiras vezes em que os observara, quando pareciam ensandecidos, percebi que se encontravam mais contidos e aparentemente menos agressivos. Não compreendia se tal estado era devido à minha entrega à oração, ou à alteração de meus pensamentos, procurando afastar as ideias e sentimentos impuros. De qualquer maneira, eu sabia que meu foco não deveria ser outro senão tentar ajudar o garoto. Intimamente meu desejo também era o de fazer algo para procurar auxiliar aqueles espíritos inferiores, mas sentia que o momento ainda não era propício. Meu coração clamava pela segurança do garoto.

Alguns minutos depois, enfim chegou um dos capangas com minha comida. E antes que eu pudesse dizer algo, ele alertou-me para comer depressa, pois o cozinheiro precisaria de minha ajuda.

Finalmente! – pensei – *Enfim poderei sair daqui e sondar o que aconteceu com o garoto.*

Procurando comer rapidamente, não tardou para que eu logo fosse levado à cozinha. Ao chegar, notei que havia bastante agitação no local. O cozinheiro informou-me que a boate em breve receberia uma visita, e o senhor Lúcius queria que essa pessoa tivesse uma ótima impressão do local. Por isso obrigou-me a organizar várias caixas e em seguida lavar tanto o salão principal quanto a cozinha. Foram somente alguns poucos minutos em que eu permaneci a sós, e nem pude circular para ver se descobria algo sobre o paradeiro do garoto.

Contudo, muito agitados com todo aquele cuidado que o senhor Lúcius queria em relação à sua boate para impressionar sua visita, os capangas logo conversaram entre si, reclamando. Ocorria que com toda aquela limpeza desejada, nem mesmo eles escapariam de colaborar.

Então, logo ouvi dizerem que não entendiam o porquê de tudo aquilo, uma vez que achavam que bastava apenas entregar o garoto nas mãos do Barão do café, que este se contentaria.

Com isso, minhas suspeitas realmente se confirmaram. A intenção de Lúcius era realmente entregar o garoto para Otílio. E prosseguindo a ouvir atentamente a conversa, descobri que ele havia sido levado para um dos quartos de hóspedes da boate, situado no andar superior. Após banhá-lo e trocar-lhe as roupas, Lúcius o queria bem apresentável a seu futuro dono.

Eu sabia que agora as chances de conseguir ajudá-lo haviam ficado muito menores, pois além do andar superior possuir um número maior de capangas, ficava muito mais distante da despensa da cozinha. Isso dificultaria e muito conseguir libertar o garoto e colocá-lo em uma caixa para ser levado pelo entregador, como eu planejava. Mas eu não desistiria, tentaria encontrar um meio de ajudá-lo.

Logo o dia chegou ao fim e, com isso, minha chance de libertá-lo resumir-se-ia apenas ao dia seguinte. Como já seria sexta-feira, e seria no sábado que Otílio chegaria à boate para encontrá-lo, o que eu fosse fazer teria de ser feito depressa.

Trancado em meu cárcere, eu matutava uma maneira de conseguir ajudar o garoto. Não deixaria que ele fosse parar nas mãos de alguém como Otílio. E mesmo não possuindo até então nenhum vínculo com o garoto, ou nenhuma ligação consanguínea que justificasse meus sentimentos por alguém que acabara de conhecer, intimamente eu sentia que devia aquilo a ele. Sentia que precisava ajudá-lo, ajudando assim a mim mesmo.

No dia seguinte, eu segui com meu plano. Sabia que precisava remover do caminho pelo menos dois capangas. Um que cuidava da porta que dava acesso ao corredor de meu cárcere, e outro que costumava ficar próximo à escada que dava acesso ao andar superior, e que às vezes também vigiava o andar em que o garoto estava.

Nos dias em que eu ajudara na cozinha, notara que o cozinheiro possuía um vaso com uma planta conhecida como comigo-ninguém-pode. Quando eu era mais jovem, minha mãe me contara sobre um incidente ocorrido com um dos filhos pequenos de uma vizinha. Ela me dissera que enquanto a criança brincava perto de um vaso com essa mesma planta, a criança desequilibrou-se e caiu justamente sobre a planta. Logo, um de seus caules quebrou-se e deste começou a sair o látex, muito comum nas plantas. E, muito curiosa, a criança começou então a sugar aquele líquido esbranquiçado, pois para ela parecia tratar-se de leite. Minha mãe contara-me que tal fato fizera com que o filho da vizinha ficasse por dias com sérios problemas digestivos, causados pela intoxicação da planta. E entre os sintomas, um forte distúrbio gastrointestinal.

Meu intuito ali, com aquela planta, era coletar uma quantidade do látex e fazer o capanga de Lúcius que cuidava do local onde eu estava, tomá-lo. Não pretendia ministrar uma dose que o machucasse, pois o meu desejo era apenas lhe causar desconforto o suficiente para fazê-lo ir ao banheiro. Desta forma, eu pretendia conseguir sair à noite de meu cárcere sem que ele me visse. Em relação ao segundo capanga, para tirá-lo de meu caminho, tudo de que eu precisaria era uma caixa de fósforos.

Após ter elaborado tudo o que eu pretendia fazer, fechei então os olhos por alguns minutos, procurando descansar um pouco, mas logo um capanga surgiu, trazendo-me a comida da manhã, para em seguida dizer que eu ajudaria na cozinha.

A sexta-feira enfim havia chegado e por enquanto tudo parecia transcorrer como eu esperava. O capanga de Lúcius soltou-me e logo me levou para a cozinha, a fim de que eu ajudasse o cozinheiro.

Após algum tempo no local, eu finalmente pude coletar um pouco do látex da planta sem que ninguém desconfiasse. Bastava apenas conseguir fazer com que o capanga que me vigiava o ingerisse. Para isso, eu sabia exatamente como fazer. Ele costumava ordenar-me que lhe desse algum pedaço de pão. E assim que ele o fez, aproveitei também para levar-lhe um copo de leite, já com o látex misturado. Ele olhou-me desconfiado quando me viu oferecer-lhe um copo de leite com o pão. Confesso que acreditava que ele descobriria que eu havia tramado algo e logo me castigaria. Contudo, para minha alegria, ele tomou o copo de minha mão e, com um sorriso amarelado, enfiou o pão na boca e em seguida ingeriu o líquido. Tomou tudo sem dizer uma única palavra. Bastaria apenas aguardar que o látex fizesse efeito no momento certo.

E foi justamente o que ocorreu. Quando chegou o fim da tarde, o capanga, já sentindo os efeitos da mistura, não se conteve e logo precisou ir ao banheiro.

Foi o tempo suficiente para eu correr à sala de reunião, local onde, pelo que escutara, mantinham cópias das chaves dos quartos, inclusive de meu cárcere, e pegar a chave.

Perfeito, eu estava com a chave na mão e ninguém suspeitava que poderia abrir a porta de meu cárcere.

Logo, quando chegou a noite, aproveitei que o capanga que vigiava a porta do local onde eu estava ausentou-se, graças à mistura que tinha ingerido, e segui para as escadas a fim de resgatar o garoto. Ainda precisava distrair o capanga que cuidava do local. E para isso eu chamaria sua atenção para uma sala que ficava bem próxima. Nela eles costumavam guardar papéis, e minha ideia era colocar uma certa quantidade dentro de uma lata de lixo e atear fogo, apenas o suficiente para gerar fumaça no local e, com isto, levá-lo até lá.

Eu precisava ser rápido; então, assim que coloquei fogo nos papéis e o capanga, desesperado, correu para o local, segui atrás dele e em seguida tranquei a porta, já que estava com as chaves. Queria evitar que ele saísse antes que eu concluísse meu plano.

Quando cheguei ao andar superior, não tardou para que encontrasse o garoto. Ele estava em um dos quartos de visitas, deitado e bem vestido, apenas aguardando ser entregue ao barão do café. Assustou-se ao ver-me e, por instantes, encolheu-se na cama. Mas, assim que lhe garanti que estava ali para ajudá-lo e que não deixaria que ele caísse nas mãos de um pedófilo sem escrúpulos, peguei-o e rapidamente corremos para a despensa. Em seu lugar, na cama, deixei sob os lençóis alguns travesseiros para dificultar que descobrissem que ele havia sumido.

Então, após abrir uma das caixas, coloquei-o rapidamente, para em seguida baixar a tampa e torcer para que aquela pouco mais de uma hora que ele ficaria ali dentro passasse o mais breve e ninguém o descobrisse.

44 – Valiosa amizade

> E todo aquele que tiver deixado casas, ou irmãos, ou irmãs, ou pai, ou mãe, ou mulher, ou filhos, ou terras, por amor de meu nome, receberá cem vezes tanto, e herdará a vida eterna.[33]

Quando deixamos de apegar-nos a tudo que cremos ser a única e irrefutável verdade, a que contribui para mantermos o que nos acostumamos cegamente a ser, removemos então importante obstáculo que nos dificulta a almejada ascensão. Ou seja, presos às vicissitudes e crendo apenas que esta presente existência, da forma como se nos apresenta, é a verdadeira vida, sem nos permi-

[33] Novo Testamento, Mateus 19:29.

tir levantar o véu e constatar o quão grandiosa é a caminhada do espírito rumo a Deus, agimos como o homem orgulhoso que, mesmo tendo em seu caminho uma estrada mais reta, prefere seguir pela mais sinuosa, apenas porque intimamente se condicionou a tal. Está tão mergulhado no que considera como único e indispensável caminho, que desconsidera e abole qualquer outro que não seja o que o mundo fê-lo crer como correto.

Dificilmente os homens, encarnados ou não, cujo estado materialista e egoísta faz com que o desejo de possessão seja o que os move, conseguem romper estes laços. No atual estágio evolutivo, o lado espiritual sobrepor-se ao lado material dos homens é algo ainda muito pouco compreendido e aceito.

A grande parcela da humanidade se interessa apenas pelo que tange ao seu próprio conforto material. Abandonam toda e qualquer intenção que os distancie do que desde o berço foram acostumados a ver, crer e ser. Consideram tudo e todos que estão dentro do seu diminuto círculo de ação como os únicos bens de que realmente necessitam.

Todavia, dentro de todos nós habita poderosa fonte que irradia sobre todas as direções, chamada espírito. Este não se encontra encerrado, pois sendo valiosa centelha de Deus, sua ação independe da matéria. Continuamente transmite de si e recebe do próximo e do todo à sua volta.

Ocorre que ainda não nos permitimos reconhecer nossas reais capacidades como filhos e filhas de Deus e empregar os sublimes valores, cuja essência não reside na circunscrita visão do mundo que conhecemos, mas sim naquela descrita por Jesus. Ele apresentou-nos o caminho e entregou-nos as chaves, para que através de nosso próprio esforço moral, conseguíssemos alcançar o verdadeiro seio de Deus. Cabe então a nós, somente a nós, despojarmo-nos dessas pesadas correntes, e permitir que a verdadeira luz do amor, chamada Jesus Cristo, possa não apenas nos guiar no caminho, mas também ser a abençoada porta que nos conduzirá à sublime morada do espírito e o almejado reino dos céus.

Após deixar o garoto na caixa, torcendo para que ninguém o encontrasse, e confiante de que tudo transcorreria bem e o entregador não tardaria a chegar, corri o mais rápido que pude para meu cárcere. Apesar de estar com as chaves, fiz questão de trancar a porta para que o capanga não suspeitasse de nada.

Porém eu me havia esquecido de algo, um dos capangas. Aquele que correu para a sala próxima à escada, a fim de apagar o fogo que eu provocara. Esperava que meu plano desse certo e ele achasse que a porta houvesse se trancado sozinha.

Então, enquanto orava para que nada saísse errado, o capanga a que havia dado a mistura contendo látex logo saiu do banheiro. Não se encontrava nada bem, porém procurava manter seu posto. No entanto, gritos vindo da região próxima à escada chamaram sua atenção, fazendo-o correr para ver do que se tratava. E logo constatou que um de seus companheiros estava preso.

Sem compreender, ele rapidamente usou as chaves que possuía e abriu a porta. Percebeu que ela não estava totalmente trancada, apenas tinha a tranca um pouco fechada, como se, ao bater, houvesse se trancado sozinha.

— Ei, mas o que houve? – indagou, preocupado.

— Não sei. Percebi que vinha fumaça desta sala e então corri aqui para apagar o fogo. Mas assim que consegui apagá-lo e estava saindo daqui, percebi que estava trancado – respondeu ele, confuso.

— Vai ver que no seu desespero, sem perceber você acabou batendo a porta e ela se trancou. Mas o que foi que pegou fogo?

— Foi um punhado de papéis, mas estavam na lata de lixo. Caso contrário o estrago teria sido muito maior. Só não consigo entender como foi que tudo começou. Estranho começar a pegar fogo.

— É realmente bastante estranho. Será que foi intencional?

— Os prisioneiros! – exclamou, assustado.

Então rapidamente correram cada qual em direção ao local onde eu e o garoto estávamos. O capanga que me vigiava logo estacou na porta de meu cárcere e em seguida abriu-a, preocupado.

Disfarçando e torcendo para que ele não suspeitasse de nada, segui encolhido no canto e fingindo que dormia. Ele aproximou-se de mim e chutou-me para ter certeza de que eu realmente dormia. Então, fingindo assustar-me, despertei e, com um pulo, fiz cara de amedrontado para logo em seguida encolher-me junto à parede. Ele mediu-me de cima abaixo e em seguida saiu. Nem suspeitou que eu havia colocado as chaves embrulhadas em um pedaço de trouxa embaixo de mim.

Agora era orar para que o mesmo ocorresse com o garoto. O

capanga que o vigiava correu para a porta de seu quarto e em seguida abriu-a. Porém, diferentemente do que ocorrera comigo, ele não passou da porta. Algo o impediu. Ele ficou pensativo e, enquanto coçava a cabeça, observava os travesseiros sob os lençóis, sem nem imaginar que ali embaixo não estava o garoto. Ele havia recebido ordens expressas de Lúcius para que o garoto pudesse descansar. Não queria apresentá-lo ao barão do café com aspecto de frágil, cansado, provocando seu desinteresse. Então, com medo de represálias do patrão, ele nem ousou aproximar-se da cama e logo saiu.

Tudo parecia seguir como eu esperava. Os capangas de Lúcius nem suspeitaram que o garoto não mais estava no quarto, mas sim em uma das caixas na despensa, apenas aguardando a chegada do carregador, para enfim obter sua liberdade. A próxima etapa agora era orar para que no tempo em que o garoto permaneceria na caixa, isso não o machucasse, e o carregador viesse, como esperado.

E enquanto eu orava, do lado de fora da boate o sol enfim começava a surgir, indicando que a manhã havia chegado e, com ela, o aguardado carregador.

Logo, como de costume, um dos capangas de Lúcius abriu a porta dos fundos e então, após estacionar as charretes, o carregador juntamente com seus auxiliares começaram a descarregar as mercadorias. Eram grandes caixas contendo frutas, legumes e até peixes frescos, tudo para abastecer a cozinha da boate.

Normalmente era o cozinheiro quem chegava cedo à boate e conferia as entregas. Porém já fazia alguns meses que ele não podia vir, e isso acabava ficando por conta do capanga de Lúcius que, com muita má vontade, por sentir que aquilo não era tarefa sua, dava uma rápida passada de olho. No fundo ele também sabia que se algo estivesse errado, seria o carregador quem assumiria as responsabilidades e teria de enfrentar a ira do dono da boate.

Aos poucos eles foram trazendo uma caixa atrás da outra e empilhando-as na despensa. Tudo entregue e conferido, agora era hora de pegar as caixas vazias. Havia cerca de duas dúzias de caixas, e quase todas com o mesmo tamanho. Eles pegavam-nas e levavam de volta. Nem imaginavam que em uma delas estivesse o garoto.

Tendo cerca de quatro capangas vigiando as portas da boate, sendo dois em cada porta, mais dois que ficavam do lado interno e outros dois que sempre acompanhavam Lúcius, sair da boate sem que algum deles visse era extremamente difícil. Porém o meu plano de colocar o garoto em uma das caixas, para minha felicidade, parecia ir dando certo. Os dois ajudantes do carregador logo pegaram a caixa com o garoto e então a arrastaram para fora. Era certo que, assim que começou a arrastá-la, um dos ajudantes do carregador considerou aquilo estranho. Mas então imaginou tratar-se de algumas coisas que logo perderiam a qualidade, como frutas para estragar, e pensou que estavam livrando-se delas, como já haviam feito tempos atrás.

O senhor Lúcius primava pela qualidade do que preparava e servia em sua boate, pois sabia que alguns de seus clientes eram extremamente preocupados com isso. Então, quando sentiu o peso extra, o ajudante cogitou que na caixa houvesse somente alimentos. Logo, eles pegaram a caixa e enfim a colocaram no transporte junto com outras.

Apesar de terem-na sacolejado e do garoto ficar assustado com toda aquela movimentação, ele, seguindo minhas orientações, manteve-se em completo silêncio. Sairia da caixa, cuja tampa não estava completamente lacrada, apenas quando sentisse que já houvesse transcorrido um considerável tempo de trajeto e não tivesse mais perigo.

Quanto a mim, mesmo não suportando mais aquela situação e desejando com todas as minhas forças poder voltar para casa e paa junto de meus pais, eu sentia-me feliz e aliviado pelo garoto. Ter conseguido auxiliá-lo e livrá-lo das mãos do barão do café já me deixava bastante satisfeito.

Restava agora saber qual seria a reação de Lúcius ao descobrir que o garoto havia fugido e como ele iria dar esta notícia ao senhor Otílio.

Cerca de três horas depois, conforme esperado, enfim chegou à boate de Lúcius a comitiva do barão. Ele estava bastante empolgado e ansioso por conhecer o garoto de que Lúcius lhe falara. Mal sabia ele que àquela hora o garoto já se encontrava distante dali, a salvo.

Ajudando o cozinheiro com o banquete que Lúcius pretendia oferecer a Otílio, ouvi quando anunciaram que este havia chegado. E até então, não ouvira nenhum comentário dos capangas dizendo que o garoto havia fugido. Mas eu sabia que meu plano ali sairia como planejado porque eu vira que as caixas vazias que estavam na despensa tinham desaparecido.

Vi quando, de cabelos grisalhos, alta estatura e aparentemente bastante sério, o Barão foi recebido e logo levado até um dos aposentos, a fim de que pudesse descansar da longa viagem, para logo mais, após o almoço, finalmente poder conhecer sua aguardada aquisição, o pequeno garoto.

Passado algum tempo, enquanto eu ajudava o cozinheiro com os últimos retoques do prato que serviríamos ao barão, percebi uma preocupante agitação entre os capangas de Lúcius, indicando que talvez finalmente houvessem descoberto que o garoto havia fugido. Confesso que logo fiquei receoso com o que poderiam fazer a mim, caso descobrissem que fora eu quem o ajudara a fugir.

E, antes que eu pudesse perceber, um dos capangas de Lúcius agarrou-me fortemente pelo braço e levou-me de volta para meu cárcere. Ao chegar lá, ele jogou-me no chão e em seguida começou a ameaçar-me.

— Diga onde está o garoto se você não quiser sofrer! – gritou ele.

— De que garoto você está falando? Eu não sei de nada!

Então, agarrando-me pelo pescoço e levantando-me, ele insistiu.

— É a sua última chance, o que você fez com ele?

— Já disse que não sei de garoto algum.

Revoltado por não ouvir a resposta que queria, ele desferiu-me um violento soco na barriga e então retirou do bolso de sua calça a prova de que eu estava mentindo. Eram as chaves que eu havia pegado para abrir a porta de meu cárcere e do garoto.

— Tem certeza de que não viu garoto algum? E estas chaves que eu encontrei aqui nas suas coisas? – mostrou-me ele, para logo em seguida começar a chutar-me.

Enquanto me golpeava, ele gritava para que eu dissesse para onde havia levado o garoto. Contudo eu estava decidido, e não me importava com o que fizessem comigo, mas o protegeria. Foram mais de dez minutos apanhando e, mesmo sentindo que estava com uma costela fraturada, seguia firme em não dizer absolutamente nada. Os golpes somente pararam quando chegou o senhor Lúcius. Ele estava bastante sério e pude ver em seus olhos que não estava nem um pouco contente.

Aproximando-se de mim e pegando-me pelos cabelos, começou a olhar-me. E enquanto eu respirava com dificuldade devido à dor na costela, ele pisou sobre minha mão e disse-me pausadamente:

— Ah, Matheus. Lembro-me da primeira vez que o vi. Você parecia tão confiante, tão decidido. Logo percebi que aquele ali não era você. Via um garoto inocente e completamente perdido. Que, influenciado pelo amigo, fazia coisas as quais nem mesmo julgava corretas. Eu sei bem o que é isto. Ser jovem, pensar que o mundo nos pertence. Fazermos tudo aquilo que quisermos e achar que não existirão consequências. Ah, Matheus... – divagava Lúcius, para, após uma pausa, prosseguir.

— Nós abandonamos tudo, até mesmo a família, apenas para experimentarmos aquilo que no fundo tanto queremos. Essa sensação de liberdade, de poder. Sentir que não há limites – sorri ele e prossegue.

— Mas então, quando você acha que nada poderá atingi-lo, a vida se encarrega de mostrar a realidade. E logo você percebe que tudo não passou de uma grande mentira. E os amigos que você acreditava possuir não eram verdadeiros. Basta-lhes um único sopro para que eles lhe deem as costas e o abandonem diante da tempestade. São capazes de atirá-lo para fora do barco, se isto lhes salvar a vida. E então você percebe que no fundo essa amizade não significava nada. Que você foi útil apenas quando convinha. Terminado isso, você é logo descartado – fez ele mais uma pausa e prosseguiu.

— Então eu lhe pergunto: valem a pena as amizades? Acha justo se entregar a alguém de tal forma que seria capaz de dar a própria vida? Onde estão os seus amigos agora? Todos o abandonaram. Ninguém quis saber de você. Vai mesmo se sacrificar por alguém que nem conhece? Sua vida vale tão pouco assim?

Com lágrimas a escorrerem por meu rosto bastante machucado, olhei fundo nos olhos de Lúcius e, sorrindo, respondi:

— Eu o conheço, ele é meu irmãozinho. E eu não estou só. Jamais estive sozinho. Ao meu lado sempre estiveram valiosos amigos a velarem por mim. Abençoados irmãos em Deus que nunca deixaram de me amparar e transmitir o seu amor. O verdadeiro amor de irmão. O amor daquele que sempre estará ao nosso lado, nosso valioso e abençoado amigo, Jesus Cristo.

45 – Dou a minha vida

> Assim como o Pai me conhece a mim, também eu conheço o Pai, e dou a minha vida pelas minhas ovelhas.[34]

[34] Novo Testamento, João 10:15

Quando nos despimos da materialidade que a vida física nos apresenta, removendo de nossa fronte o véu da vaidade e do orgulho, vislumbramos as verdadeiras belezas da vida. E nesta enfim percebemos a grandiosidade existente entre os filhos de Deus. Uma essência tão pura e sublime que nos liga uns aos outros, não através dos sentimentos, mas sim do espírito.

Constituindo-se uma grande família universal, as pequenas sementinhas de Deus carregam consigo a essência do amor. Cada uma traz intimamente diferentes particularidades, nas quais residem os recursos para a íntima evolução, entrelaçam-se e comunicam-se umas com as outras. Ou seja, cada filho de Deus possui sua individualidade e retém seus próprios conceitos, aspirações e necessidades. Porém, a cada ato e cada escolha que fazemos, nossas ações e emanações provocam reações sobre o próximo.

Logo, se em dado momento, por exemplo, depararmo-nos com um obstáculo, havendo uma ponte para facilitar-nos a travessia, e eu, após ultrapassá-la, remover essa ponte, privando dela os demais, minha atitude influirá sobre eles, podendo, como neste caso, incidir diretamente ou através de alguma outra forma, indiretamente. As pessoas lançarão sobre mim vibrações, cada qual conforme seu íntimo grau de evolução. Poderão ver nesse ato uma dificuldade ou uma oportunidade. Poderão aproveitar-se do ocorrido para experimentar-se e com isto encontrar novos meios de vencer aquele obstáculo, vendo nisso uma bênção; ou poderão sentar-se e lamentar, maldizendo a vida e o causador de seus tormentos.

Os que conseguem compreender o quanto suas atitudes podem agir sobre o próximo, auxiliando ou dificultando, já possuem intimamente a manifestação da sublime essência que carregam, que é o amor. Não agem mais apenas pensando em si mesmos, mas sim em como suas ações podem contribuir para o próximo., e o que está ao seu alcance fazer para amparar e até mesmo redimir-se com o próximo.

É capaz de entregar-se ao suplício, ou até mesmo entregar a própria vida por amor ao próximo. Vê nesse um amado companheiro, um querido e abençoado irmão.

Desde que eu fora preso e obrigado a trabalhar para Lúcius, a fim de saldar a dívida de Geremias, supostamente também minha, aquela era a primeira vez que eu realmente não sentia medo. Eu estava em paz por ter conseguido auxiliar aquele garoto a livrar-se de uma vida ainda mais sofrida que aquela que já possuía. Sentia-me feliz por ele, e mesmo sabendo que toda a revolta de Lúcius recairia sobre mim, parecia que um enorme peso houvera saído de meus ombros.

E foi com aquele sentimento de tranquilidade que ouvi a sentença de Lúcius:

— Foi você quem escolheu esse caminho, Mateus. Dei-lhe a oportunidade de saldar sua dívida trabalhando para mim. Dei-lhe um lugar para dormir. Dei-lhe comida. E tudo o que eu pedi foi obediência. Porém você jogou fora essa oportunidade e me desobedeceu. Suas atitudes me fizeram perder um alto valor em dinheiro e agora não tenho mais o garoto que prometi entregar ao barão – revoltou-se Lúcius, para em seguida dar-me as costas.

— O que nós devemos fazer com ele, chefe? – indagou um dos capangas.

— Vocês têm até o fim da tarde para fazerem esse miserável contar para onde enviou o garoto. Depois disso, podem matá-lo – sentenciou Lúcius.

Ele não se conformava por eu ter conseguido libertar o garoto, sendo que todas as entradas e saídas da boate eram vigiadas. E também sabia que de nada adiantaria mandar que seus capangas saíssem à procura do garoto, porque este poderia estar em qualquer parte. Era necessário descobrirem como eu fizera para libertá-lo e para onde o havia mandado.

Se até após o almoço os capangas nada descobrissem, Lúcius não teria outra escolha senão tentar explicar a Otílio que o garoto com que ia presenteá-lo não mais estava com ele, e talvez conseguir a compreensão do barão do café.

Por isso Lúcius tratou logo de garantir que o barão tivesse o melhor almoço de todos. Queria que ele se sentisse muito à vontade, caso tivesse que lhe contar o que havia acontecido.

Passaram-se algumas horas e, enquanto o Barão se deliciava com a sobremesa após o almoço, eu seguia nas mãos dos capangas de Lúcius, que não conseguiam arrancar-me uma palavra sequer sobre o paradeiro do garoto.

Sem notícias de seus capangas, Lúcius preparava-se para contar que não mais possuía o garoto. Ele bem que tentou enrolar Otílio o máximo que pôde, fazendo-o esperar por mais uma hora.

Mas vendo a impaciência do barão e sentindo que a situação ficaria cada vez pior, o anfitrião não viu outra alternativa senão contar-lhe o ocorrido. Ele mal sabia como explicar a Otílio como um simples garotinho havia conseguido fugir de sua boate sem que ninguém o visse.

Os próximos minutos foram os mais vergonhosos para Lúcius. Ouviu de Otílio toda a revolta que sentia por ter perdido seu presente. Descobrir que sairia de lá sem seu objeto de desejo era para o barão do café extremamente revoltante, pois se sentia enganado. E por mais que Lúcius tentasse explicar-se, nada acalmava a ira de Otílio. Faltou muito pouco para que tal fato não se transformasse em uma guerra entre eles.

E lançando ódio por ir embora sem o garoto, Otílio fez questão de afirmar que Lúcius jamais teria uma única moeda sequer de sua conta. Que ele poderia esquecê-lo e dar adeus a qualquer tipo de apoio a sua boate. Que o nome dele já estava riscado de suas relações.

Então, sentindo-se humilhado por ter perdido o garoto, Lúcius viu ir embora com Otílio toda e qualquer chance de expandir seus negócios. Muito pelo contrário, o Barão fez questão de afirmar que tal descontentamento seria levado a todos os seus sócios, para que nenhum negócio futuro com Lúcius viesse a ser concretizado, e que ele estava acabado.

Ainda perplexo por ter perdido a grande oportunidade que esperava, Lúcius teve que se escorar em uma cadeira enquanto tentava aglutinar em seu pensamento o baque que havia sofrido. Ele não se conformava com o fato de um evento cuidadosamente organizado e preparado para transformar-se em um ótimo negócio, pudesse ter-se tornado um verdadeiro desastre, e a chance de enfim fazer prosperar seus negócios e expandi-los com o apoio de uma grande personalidade, simplesmente ter virado pó. Além do que o Barão maldiria seu nome entre todos de seu círculo de amizades, prejudicando-o ainda mais.

Com a mão no peito e suando frio, Lúcius rememorava cada palavra proferida por Otílio, tentando encontrar alguma solução. Contudo, nem mesmo o pedido de Lúcius para ter uma nova chance assim que encontrassem o garoto, fora aceito. O Barão fez questão de afirmar que Lúcius havia perdido sua chance. Que era para ele ter-lhe entregue o garoto naquele momento. E que estaria saindo dali para nunca mais voltar.

Imediatamente veio à mente de Lúcius minha imagem. O grande causador de tudo aquilo. E logo, influenciado pelo espírito revoltado de Thomás, que em nenhum instante deixou de incitar naquele ambiente o ódio e a ira que tanto sentia por mim, Lúcius decidiu que ele mesmo iria matar-me.

Tomado pela raiva, ele seguiu a passos firmes em direção ao meu cárcere, e lá encontrou senão uma simples lembrança do que eu fora, pois estava bastante machucado pelos golpes dos seus capangas. Porém, mesmo nesse estado e respirando com bastante dificuldade, mantinha-me lúcido. Apesar de toda a dor que sentia, intimamente eu estava feliz. Feliz por pelo menos ter auxiliado o garoto a fugir daquela vida tão dolorosa que o esperava. E a cada golpe que recebia, meu único pensamento era que este estivesse um passo mais distante daquele lugar. Que ele pudesse encontrar uma família que o amasse e lhe desse o mesmo carinho que eu tanto recebera de meus amados pais. E que ele pudesse tornar-se uma pessoa boa, e não se revoltasse contra o mundo, pois cada golpe que recebemos nada mais é que uma grande e abençoada oportunidade de aprendizado. Oportunidade de amadurecimento. Oportunidade de transformação. Oportunidade de regeneração. Oportunidade de auxílio. Uma verdadeira oportunidade de exercermos a nossa fé.

E logo compreendi e agradeci a Deus por ter ido parar naquele lugar. Não fosse isto, eu não teria aprendido a dar valor ao que tinha. Dar valor para as pessoas. Dar valor para cada momento, fosse este ruim ou bom. Somente vê o lado ruim e negativo das coisas aquele que o procura. Eu havia tido ali a abençoada oportunidade de encontrar aquele pequeno irmãozinho e auxiliá-lo. Quem sabe a pessoa que este se tornaria caso fosse obrigado a seguir por aquela vida? Quem sabe o tipo de pessoa que eu haveria de ter-me tornado caso não o encontrasse? Somente Deus sabe.

Então, compreendendo que nada ocorre por acaso e tudo possui uma razão de ser, cerrei os olhos e, lançando meu coração ao Pai, agradeci-lhe. Enquanto isso, em minha direção caminhava o revoltado Lúcius, com uma faca na mão, disposto a vingar-se e colocar enfim um ponto final naquela situação.

Naqueles instantes derradeiros, não contive as lágrimas e logo vi a imagem de meus pais a invadir-me a mente. Eu sentia como se pudesse tocá-los. Minha querida mãe Elisa e meu amado pai

Cláudio. Tão humildes e caridosos, jamais me negaram seu carinho e todo o seu amor. Empenharam-se e esforçaram-se, oferecendo-me seus próprios corações. Foram capazes de fazer tudo, unicamente para que seu amado filho pudesse sentir-se acolhido e feliz.

E com aquela lembrança, de meus pais felizes e a sorrirem, levei o pensamento a Deus e respirei fundo, apenas aguardando pelo último golpe. Entregava ali minha vida.

Contudo, algo interrompeu o avanço de Lúcius. Um de seus capangas surgiu às pressas, informando-lhe de uma situação inesperada. E, cochichando em seu ouvido, informou-lhe que ele deveria ir urgentemente à recepção da boate, pois que requisitavam sua presença.

Sem entender, vi Lúcius guardar a faca e, acompanhado por seus capangas, dirigir-se rapidamente para fora dali, deixando-me a ser vigiado por apenas um de seus capangas.

Na recepção, aguardando Lúcius, encontrava-se um homem de média estatura e semblante de poucos amigos. Estava acompanhado por cerca de cinco homens, todos armados. Tratava-se de um velho conhecido de Lúcius, e alguém que havia tempos incomodava-se com as atividades exercidas pelo dono da boate. Era um oficial da lei chamado Maurílio. Este sabia dos subornos que Lúcius destinava às autoridades para que não interferissem em seus negócios. E tal fato irritava-o. Tanto, que ele aguardava ansioso por uma oportunidade de ter algo que pudesse utilizar para incriminar e acabar com os negócios sórdidos de Lúcius.

— Ora, ora, a que devo a honra de sua visita em minha humilde boate, meu caro oficial? – indagou-lhe Lúcius.

— É um desprazer tornar a pôr os pés nesta espelunca. Vejo que, pelo jeito, nada mudou – respondeu-lhe secamente.

— Desculpe, mas sabe como é. Hoje em dia as coisas estão tão difíceis. – respondeu-lhe Lúcius sarcasticamente e emendou – Mas creio que não seja apenas analisar a decoração de minha boate que o traz aqui. Estou certo, oficial?

E, encarando-o, ele logo lhe respondeu:

— Recebemos uma denúncia.

— Denúncia? – surpreendeu-se.

E enquanto ria da situação, Lúcius fez questão de lembrar-lhe sua posição:

— Creio que deve haver algum equívoco. Meus caros companheiros da justiça sabem muito bem que meus negócios são lícitos. Tudo o que fazemos aqui segue dentro da lei, oficial. Pode perguntar a seus superiores – provocou-o, referindo-se a todos os que ele havia subornado.

Aproximando-se de Lúcius, o oficial fez questão de mostrar-lhe que não se sujeitava a também ser comprado por seu dinheiro:

— Me escute bem. Você pode achar que consegue manipular as pessoas com seu maldito dinheiro e que com isto pode fazer o que bem entender, mas eu vou acabar com esse seu joguinho. Os seus dias já estão contados e eu só precisava de um único motivo para destruí-lo.

— Palavras fortes para alguém como você, meu caro Maurílio. Volto a reafirmar que minha boate não tem o que esconder.

— Tem certeza? Recebemos uma denúncia de que aqui vocês têm mantido em cárcere vítimas de sequestro e tortura.

Mas como esse maldito sabe disto? – indagou-se Lúcius em pensamento.

O oficial realmente estava certo, mas, sempre tão precavido com os assuntos internos da boate, Lúcius não permitia que ninguém comentasse fora da boate o que ocorria lá dentro.

— Desculpe, oficial, mas acho que houve um equívoco. Nós não mantemos ninguém preso aqui dentro. Quem lhe passou esta falsa afirmação agiu de má fé – esquivou-se Lúcius.

— Bem, se isto for realmente verdade, então não haverá problema algum se meus homens vasculharem a boate.

Lúcius sabia que se começassem a vasculhar o local, poderiam encontrar-me, porém não podia simplesmente negar. Eles logo perceberiam que ele mentia.

— Puxa, meu caro oficial, nós acabamos de passar produtos químicos para eliminar uma invasão de ratos. Sugiro que venham amanhã, que tal? – cogitou Lúcius.

— De forma alguma. Vasculharemos hoje todo este local. Vocês dois vão lá para cima e o restante vasculhe aqui embaixo – ordenou Maurílio.

Nesse instante, Lúcius começou a preocupar-se. Sabia que se vasculhassem sua boate, logo me encontrariam. Algo necessitava ser feito. Com um olhar para o líder de seus capangas, ele indicou-lhe o que eles deveriam fazer caso algo que não deveria ser encontrado fosse descoberto.

Lúcius sabia que se os matasse, dentro em breve muitos outros apareceriam, por isso torcia para que nenhum dos homens do oficial abrisse a escondida porta que dava acesso a onde eu me encontrava. Se me descobrissem-me, eles inevitavelmente iriam agir violentamente.

Logo os oficiais começaram então a vasculhar a boate. Abriram todas as portas e procuraram por todos os cômodos algum vestígio que indicasse a presença de prisioneiros. Contudo, a cada porta, mais constatavam que aparentemente o lugar realmente não mantinha prisioneiros. Eles até chegaram a passar em frente à porta que dava acesso a onde eu estava, mas estando esta devidamente camuflada na parede e em nada lembrando o aspecto de uma porta, os oficiais nada viram.

Intimamente eu sentia que deveria tentar aproveitar aquela chance e fazer algo, pois o mais provável era que assim que Lúcius retornasse, prosseguiria de onde havia parado e acabaria de uma vez com minha vida. Então percebi que o capanga que me vigiava era justamente aquele que tomara a mistura de látex com leite. E seu estado não era dos melhores.

Apesar de estar armado, ele, com enorme desconforto estomacal, mantinha mais as mãos na barriga do que com a arma apontada para mim. Como eu não estava amarrado, mas apenas ajoelhado, bastaria superar as dores físicas para talvez conseguir desarmá-lo e escapar.

Meu corpo inteiro doía, e respirar com a costela fraturada fazia-me querer contrair-me de dor. Contudo, eu estava disposto a tentar fugir. E, aproveitando-me de um momento de distração do capanga, reuni forças e avancei sobre ele. Segurei fortemente seu braço, tentando desarmá-lo, enquanto nos debatíamos na parede.

Sem saber de nada, os oficiais, após vasculharem os cômodos, começavam a preparar-se para ir embora.

Bastante revoltado, Maurílio não se conformava por nada terem encontrado. Tudo indicava que mais uma vez Lúcius iria escapar ileso e nada poderiam fazer contra ele.

Porém nesse momento, enquanto eu e o capanga lutávamos, ouviu-se algo inesperado. Tentava tirar-lhe a arma sem que ele a apontasse para mim, mas como eu estava muito machucado e sem forças para lutar, o capanga acabou conseguindo vencer-me e logo disparou-a contra mim.

46 – Adeus, meus queridos pais

> (...) dou a minha vida para tornar a tomá-la. Ninguém ma tira de mim, mas eu de mim mesmo a dou; tenho poder para a dar, e poder para tornar a tomá-la.[35]

Quando compreendermos e aceitarmos que a nossa vida nada mais é que uma importante e valiosa oportunidade para desempenharmos tudo aquilo que podemos enquanto filhos e filhas de Deus, a morte e o medo dela desaparecerão. Removeremos o véu de vaidade e orgulho, que ainda tanto nos assola e impede a verdadeira ascensão. E o caminho, antes obscuro, clarear-se-á, extinguindo todas as incertezas que a enraizada materialidade nos traz.

E a criatura, completamente independente e dona de seus próprios atos, abre então os olhos e compreende o quanto suas ações ou pensamentos precipitam-se sobre o próximo, gerando uma contínua onda de eventos capazes de alterar a ele mesmo.

Ou seja, prosseguimos como únicos responsáveis por nossos atos, para que assim tenhamos o mérito de nossas escolhas. E sem as barreiras impostas pelo corpo físico, o homem aceita que é apenas uma diminuta, mas importante, parcela do todo que está à sua volta. E verifica o quanto é importante para sua própria evolução o que ele projeta sobre o próximo.

Logo, sua mente expande-se e seu coração alarga-se. Percebe sua grande importância para com seus irmãos em Deus, e a necessidade que possui de empenhar o seu melhor. Seu amor deixa de concentrar-se sobre ele mesmo e então rompe os laços da materialidade. E a vida que antes ele cria ser apenas sua, demonstra-se muito maior e mais importante do que seus olhos erroneamente enxergavam.

E então, quando ele lança fora todos os sentimentos que o impediam de ver em si e no próximo não algo em isolado, mas sim composto, sua própria vida passa a ter uma compreensão muito mais ampla.

O próximo deixa de situar-se fora, para enfim ser situado internamente em nosso próprio ser. E a vida que antes possuía uma função unicamente singular, transforma-se em uma existência verdadeira e plena, na qual a minha vida deixa de ser unicamente

[35] Novo Testamento, João 10:17-18.

minha, para ser uma oportunidade de sincera entrega e comunhão.

E logo, quando compreendemos e aceitamos a vida em comunhão, podemos entregá-la por amor ao próximo. Todo aquele que se doa de coração, pode ter a certeza de que se doando ao seu irmão, estará doando-se a si mesmo, uma vez que sempre recebemos de volta tudo aquilo que damos. Se despejarmos ódio, receberemos ódio. Se doarmos amor, receberemos amor. Se entregarmos a vida, então receberemos a vida.

Assim que os oficiais ouviram o disparo, sacaram imediatamente suas armas e as apontaram contra Lúcius e seus capangas, que rapidamente também fizeram o mesmo. E enquanto se entreolhavam, aguardando qual dos lados tomaria a iniciativa, Maurílio ordenou a Lúcius que mandasse seus capangas baixarem as armas e em seguida lhe contasse a verdade.

— É melhor você abrir o jogo. Confesse que mantém prisioneiros em sua boate e ninguém sairá ferido! – gritou Maurílio.

— Isso era tudo o que você queria, não é mesmo, seu oficialzinho? Vir até aqui e conseguir prender-me. Para depois espalhar aos quatro cantos que conseguiu prender Lúcius – desdenhou ele.

— Não faça nenhuma besteira, Lúcius. É melhor vocês todos se entregarem.

Rindo alto e sarcasticamente, Lúcius levantou os braços e apontou para seus capangas, dizendo que era Maurílio quem deveria baixar as armas.

— Eu acho que você ainda não entendeu a situação aqui. Estão na minha boate, na minha casa, e aqui sou eu que mando. Sou eu que dou as ordens por aqui. E se não quiser ver sangue, é melhor baixarem suas armas e darem o fora daqui – ordenou Lúcius.

A situação estava ficando cada vez mais tensa. Todos se mediam, aguardando pelo mais leve movimento. E sabiam que se alguém disparasse, começariam então a atirar uns nos outros. Sem dizerem mais nada, quase se podiam ouvir as respirações naquele embate. E sobre suas mentes, além do temor de serem alvejados, havia aqueles para os incitarem à ofensiva.

Sobre quase todos ali, inúmeros espíritos inferiores bradavam os ouvidos, ordenando-lhes que dessem o primeiro tiro. Espíritos revoltados com a vida que tiveram e destinados a lançar todo ódio e toda raiva que traziam sobre quem quer que fosse, possuíam o único desejo de ver a dor e o sofrimento no próximo. E como parasitas a vasculharem nas mentes perturbadas daqueles homens, procuravam por lembranças dolorosas, tentando influenciá-los e incitá-los a atirar.

Logo um dos capangas de Lúcius esbarrou em uma bandeja que estava sobre a mesa, derrubando-a. Isto foi então o suficiente para ambos os lados assustarem-se e começarem a disparar. Enquanto uns jogavam-se atrás das mesas e do balcão, outros procuravam esconder-se atrás das paredes. Todos atiravam desesperados, procurando também resguardar a própria vida.

Só no primeiro minuto, de ambos os lados houve homens alvejados. E aos poucos, a boate parecia um verdadeiro cenário de guerra. Objetos quebrados, paredes marcadas e sangue pelo chão. E quando alguns dos capangas viram-se sem munição e começaram a correr, logo foram perseguidos pelos oficiais.

Mas pelo lado dos oficiais, também houve os que ficaram sem munição. E, acuados, não tinham para onde correr. Um destes era Maurílio, que caído atrás de uma mesa, nem viu a aproximação de Lúcius. Este, armado, empolgou-se com a oportunidade de eliminar o oficial.

Com Lúcius a poucos metros de Maurílio, que se assustou quando o viu estacado ao seu lado e pronto para disparar contra ele, ambos nem perceberam quando, sem saber o que estava acontecendo ali, eu surgi na recepção da boate.

Bastante atordoado após o disparo do capanga que me vigiava quase me atingir, e tendo conseguido involuntariamente fazê-lo bater a cabeça na parede e desmaiar, eu, ao surgir ali, mal sabia que duelando contra Lúcius estavam oficiais que haviam vindo libertar-me.

Confesso que apesar do meu estado bastante debilitado, divisava passarem de um lado para outro inúmeros espíritos perturbados, que mais pareciam criaturas das sombras. Parecia encontrar-me em um verdadeiro turbilhão de caos e confusão. Sentia-me frio e meu corpo mal me obedecia.

Contudo, logo vi diante de mim uma cena que me chamou a atenção. Lúcius apontava sua arma em direção a um homem caído atrás de uma mesa. Não sabia de quem se tratava, mas parecia assustado e indefeso. Ele estava completamente entregue nas mãos de Lúcius, que não pensou duas vezes para atirar. Mas algo ocorreu e, para desespero e revolta de Lúcius, sua arma acabou não disparando. E por trás de uma parede, vi então surgir um homem, que na realidade era um dos oficiais vindo em auxílio de Maurílio. Ele rapidamente apontou sua arma em direção a Lúcius e em seguida atirou.

Porém, imediatamente antes do disparo, sem conseguir explicar, ao vê-lo, minha reação foi algo que nem mesmo o próprio Lúcius imaginava. Quando vi que iriam alvejar Lúcius, reuni todas as forças em meu corpo totalmente esgotado e machucado, e sem me importar com o que me aconteceria, saltei em direção a meu próprio algoz. Joguei meu corpo sobre ele, tentando salvá-lo. Procurava ali salvar o mesmo homem que alguns instantes antes estava totalmente disposto a tirar a minha vida.

Confesso que, ali naquele momento, não via Lúcius como alguém por quem possuía raiva ou desejo de vingança. Muito pelo contrário. Ao ver que tentavam matá-lo, minha primeira reação foi a de tentar protegê-lo. Era capaz de entregar-me sem qualquer arrependimento, pois o via como um infeliz irmão, que se encontrava perdido e distante dos ensinamentos de Jesus, mas que merecia meu auxílio como qualquer outro. Aliás, no caso dele, muito mais, considerando-se que fora eu quem, no passado, contribuíra para que ele enveredasse por esse caminho de ódio e dor.

Não era eu quem deveria julgá-lo ou condená-lo. A sua própria vida já se encarregava de lançar-lhe de volta os frutos que ele havia plantado. E quanto mais ele ainda sofreria caso viesse a desencarnar ali? A mim, enquanto filho de Deus e consciente de que todos somos irmãos, cabia apenas lhe estender a mão em auxílio e deixar que tomasse suas próprias conclusões. Talvez o arrependimento chegasse e então o transformasse.

Se havia diante de mim uma oportunidade de salvá-lo, então eu salvá-lo-ia.

Quando me joguei sobre Lúcius, ambos caímos atrás de uma mesa, e com isto consegui evitar que o disparo o atingisse. Perplexo, Lúcius ficou a olhar-me sem entender por que, mesmo depois de tudo o que me havia feito, eu saltei para salvá-lo. Era como se o chão se abrisse-se diante de seus pés, pois dentre todas as pessoas possíveis, ele jamais imaginaria que fosse eu a correr em seu auxílio.

Enquanto Lúcius permanecia imóvel e ainda sem compreender, arrastei-me por trás das mesas caídas pelo chão e logo, para minha surpresa, pude enfim ver a saída da boate. O sol logo se poria, e eu, por meses trancafiado na boate, havia-me esquecido do quanto era bonito aquele espetáculo.

Sem demora, corri para o mais longe que pude daquele local, deixando para trás toda aquela dolorosa lembrança e orando para que aquelas pessoas enfim compreendessem o que haviam feito contra o próximo e contra eles mesmos.

Talvez a mudança já se houvesse iniciado, pois mesmo tendo encontrado uma outra arma no chão, Lúcius preferiu não mais revidar e então se entregou. Começou a pensar em tudo o que me havia feito e em todos aqueles que ele fizera sofrer. Parecia que enfim uma pequena luz de esperança havia conseguido romper aquelas pesadas nuvens de revolta que ele havia criado em torno dele, permitindo assim que os anjos pudessem finalmente auxiliá-lo.

Contudo, ainda existia alguém extremamente revoltado com aquela situação. O espírito Thomás não se conformava por Lúcius não ter tirado minha vida, e mais ainda por eu ter conseguido escapar. Bradando e balbuciando sobre mim, enquanto eu encostava-me próximo ao muro de uma pequena casa para tentar recuperar as forças, Thomás gesticulava e gritava que aquilo não ficaria assim, que eu não escaparia.

Sentindo-me bastante cansado ao ponto de quase desfalecer, e com a mente bastante confusa, devido ao meu estado, logo vi diante de mim uma cena bastante estarrecedora. Dezenas de espíritos revoltados surgiram à minha frente. De aspectos perturbadores, eles pareciam ensandecidos como se, por alguma razão que eu ali desconhecia, quisessem vingar-se.

Contudo, conforme os observava, comecei a sentir algo estranho. Era como se eles fossem de alguma forma familiares. Podia sentir em meu íntimo que realmente havia algo que nos ligava, como se no passado eu já os houvesse prejudicado.

E apesar de não ter total compreensão do que ocorria ali, sentia que em meu coração todos aqueles espíritos haviam ficado marcados. Eu podia ver claramente em seus olhos o quanto me odiavam, sentimento que, apesar do véu do esquecimento, prosseguia intimamente os interligando a mim através dos tempos. Ali diante de mim realmente estavam espíritos a quem no passado eu tanto mal fizera. Foram homens, mães, pais, filhos, amigos, todos marcados por minhas próprias mãos. Irmãos em Deus a quem eu cegamente prejudicara, permitindo que meu orgulho e minha vaidade atravessassem seu caminho e destruíssem suas vidas, acabando com seus sonhos e colocando-os a vagar em verdadeiras trevas.

Não tardou então para que eu compreendesse que à minha frente realmente se apresentavam, em estados totalmente deploráveis, espíritos de meu passado. Esgotado após a surra que eu levara e sem forças suficientes para orar por eles e amenizar-lhes um pouco de toda aquela dor e sofrimento que lhes causara, não contive a comoção que me invadia, e estaquei.

Banhado em lágrimas e incapaz de lançar-lhes um bálsamo reparador, vi a imagem daqueles seres caídos e de aspectos tão sofridos logo avançarem em minha direção. Acuado e sentindo-me culpado por seus tormentos, baixei a cabeça e abri os braços a eles. Estes, como animais sedentos e sequiosos, saltavam sobre mim como se procurassem alívio para suas dolorosas aflições.

E sentindo como se mordessem meu próprio corpo espiritual, pude ali sentir em meu íntimo o quanto eles sofriam.

— Irmãos... me perdoem... eu fui realmente um tolo. Vocês podem morder. Mordam com bastante forçaaa! – gritei.

Sentia como se aquilo, naquele momento, era tudo o que eu poderia dar-lhes. Às criaturas envoltas em verdadeiras trevas, somente o tempo é capaz de auxiliar a compreenderem o abismo em que se enclausuraram. Necessitam de bastante amor e amparo, para que pouco a pouco permitam que a luz possa romper as barreiras que criaram e então chegar até seus corações.

Logo, sentindo como se uma força maior me sustentasse a auxiliá-los, compreendi o que realmente deveria fazer. Elevei o pensamento em direção a Deus e, rogando-lhe forças, prostrei-me em humilde e sincera oração.

— Queridos irmãos, sei o quanto fui fraco. Cego pelo orgulho, permiti envolver-me sob os véus do egoísmo. Hoje compreendo um pouco da dor que lhes causei. Sei que nada do que eu disser conseguirá abrandar os golpes que lhes dei ou removê-los deste estado. Reconhecer o quanto errei e feri a meus próprios irmãos me pesa com toda a força, envolvendo-me em dor e tristeza. Irmãos tão abençoados com que nosso amado Pai presenteou-me para que juntos caminhássemos nas sublimes estradas da vida. Valiosos irmãos e valiosas extensões de minha própria alma, tão perdida e amedrontada, cuja pobreza de caráter fez-me falir diante das abençoadas oportunidades que surgiram em meu caminho. Transformado em verdadeiro verdugo de meus próprios irmãos, permiti-me cair cada vez mais profundo, levando-os comigo. Hoje não me sinto digno de ser chamado de vosso irmão, pois irmão é aquele que ampara, que sustenta e se entrega de coração. Um verdadeiro irmão sempre estende suas mãos em benefício do outro. Ele é o seu sustentáculo, seu refúgio e sua inspiração, o qual sentimos que, não importam as dificuldades, sempre estará ao nosso lado, como um verdadeiro e abençoado anjo guardião. Por isso, hoje humildemente rogo ao Pai para que me conceda mais uma vez ser digno desta abençoada oportunidade. Desejo com todas as minhas forças reparar todos os erros que um dia cometi, para que juntos caminhemos nas sublimes estradas da vida. E que, se vocês me permitirem, eu possa ser mais uma vez digno de ser chamado vosso irmão.

Em seus olhos, tão macerados pela dor e revolta que sentiam, pude ver que também choravam e sofriam. Logo pude sentir em meu coração o quanto estavam cansados em seguir daquela maneira e o quanto ansiavam pela oportunidade de uma mudança.

— Irmãos, me perdoem....

Aos poucos, uma suave luz começou a cobrir-nos e então meus olhos divisaram uma maravilhosa imagem. Dezenas de espíritos envoltos em pura luz rodeavam-nos. Emanavam de seus próprios corações a verdadeira luz do amor. A verdadeira luz do Cristo. Estavam bem ali, junto de cada um daqueles espíritos caídos, a velarem e apascentarem seus corações. Verdadeiros missionários de Deus, aqueles espíritos iluminados não os olhavam como doentes, mas sim com ternura, como queridos irmãozinhos que se haviam desgarrado das paragens da vida, cujos golpes transformaram-nos e colocaram-nos a vagar naquela situação.

Eles eram a luz fazendo-se presente na escuridão em que aqueles espíritos tão revoltados haviam se permitido envolver. Luz que somente através da fagulha do arrependimento ali manifestado, foi capaz de atingir o íntimo de cada um daqueles corações. As portas que aqueles irmãozinhos envoltos em trevas haviam fechado, enfim puderam ser reabertas, permitindo assim que a luz do amor sobre eles logo pudesse tocá-los.

A única exceção foi Thomás, que sem conseguir ver a luz ou entender porque aqueles espíritos antes tão revoltados agora choravam, começou a ficar assustado. E balbuciando todo o seu ódio e a sua revolta, não suportou o que via ali e então decidiu fugir.

Quanto aos outros, estes foram um a um sendo acolhidos e conduzidos gentilmente por aqueles espíritos de luz para um local de descanso e recuperação. Tocando em seus ombros, abraçando-os, segurando em suas mãos ou afagando-lhes os cabelos, aqueles espíritos iluminados jamais deixaram de emanar seu amor sobre aqueles irmãozinhos, e por isto os conheciam profundamente. Para eles, aquela era uma aguardada e abençoada oportunidade, que só pôde ser possível graças ao arrependimento e desejo de auxílio manifestado em cada um daqueles irmãozinhos.

Então, conforme eles iam sendo conduzidos, comecei a emocionar-me, pois havia aqueles que me voltavam seus grandes olhos umedecidos e agradeciam-me. Sentiam-se enfim libertos daquelas pesadas amarras e, em gesto de total humildade, sorriam-me.

Ajoelhado, eu orava a Deus, pedindo-lhe que me perdoasse pelo que eu havia cegamente feito àqueles amados irmãos e suplicava-lhe que me desse forças para tentar abrandar tudo o que eu havia causado. Esperava humildemente ser capaz de corrigir todos os males que havia provocado e, com isto, levar a palavra do amor ao próximo através dos ensinamentos daquele que fora a verdadeira personificação dessa palavra, Nosso tão querido e amado Senhor Jesus Cristo.

Contudo, finda aquela maravilhosa visão e tendo todos aqueles irmãozinhos enfim sido auxiliados, notei que havia algo estranho em mim. Sentia como se minha camisa estivesse molhada. Porém, assim que levei minha mão ao local, descobri que aquilo não era água, mas sangue. Pois, sem me dar conta, eu havia sido alvejado na boate ao lançar-me para salvar Lúcius.

Procurando erguer-me e buscar ajuda, logo percebi que não podia, pois já não possuía em meu corpo forças para tal. Sentindo que começava a perder rapidamente os sentidos, com lágrimas nos olhos voltei-os para o céu e, antes que escurecessem, visualizei a imagem de meus amados pais, Cláudio e Elisa. Almas tão abençoadas e caridosas, cujo amor e carinho jamais deixaram de transmitir-me. Já sem forças para manter-me acordado, roguei a Deus para que os confortasse. E após lhes pedir perdão, meus olhos fecharam-se e então desabei.

47 – Na luz da redenção

> (...) Pois quem não ama a seu irmão, ao qual viu, como pode amar a Deus, a quem não viu?[36]

Muitos creem que a vida, seja enquanto encarnado ou desencarnado, resume-se apenas a si próprio, àquilo que lhe atrai, interessa ou convém. Age pensando apenas naquilo que o beneficia. E no geral são pessoas sempre muito apegadas à matéria. Quando desejam algo, normalmente não medem esforços para obtê-lo, mesmo que com isto tenham de passar por cima dos limites do bom senso entre si e o próximo.

Com grande dificuldade de convivência entre aqueles de seu próprio sangue, coloca-se sempre como o de maior importância em todas as oportunidades, e geralmente se julga superior em quase todos os aspectos. Crê que sua vivência outorgou-lhe a experiência necessária para ditar as regras. Quando deseja algo, sobrepõe-se ao próximo, quase que o obrigando a aceitar seus termos. Com orgulho de sobra e humildade de menos, esquece-se de que, por mais que seus olhos tenham se cegado para a verdadeira vida que pulsa ao seu redor, todos somos valiosas sementes com ramificações em diversas direções.

Quando nos fechamos para o mundo, não estamos evitando que a maré venha e desmanche o nosso castelo de areia. Pelo contrário, isolamo-nos de uma tal forma que ao nosso redor impedimos que exista qualquer outra construção. E com isto, deixamos de ter alguém com quem possamos dividir a carga. Logo, com um terreno ao nosso redor completamente vazio, quando a maré vier, ela atingir-nos-á com toda a sua força, causando, consequentemente, um maior estrago.

Quando Deus nos criou, não nos fez para sermos cada qual um pequeno feixe de luz que irradia apenas a si próprio. Ele deve se expandir em todas as direções. Deve ser o farol a iluminar aqueles

[36] Novo Testamento, Primeira Epístola Universal do Apóstolo João 4:20.

que prosseguem na escuridão.

Contudo, cotidianamente lhes surgem valiosas oportunidades de auxílio e, consequentemente, experimentação de suas íntimas capacidades. Seja através de uma palavra amiga, um olhar de carinho ou um humilde pensamento de conforto. Ninguém é obrigado a agir e ir contra sua própria vontade. Mas sempre haverá em seu caminho uma sublime oportunidade de deixar um pouco de lado o eu e pensar no outro. Para aqueles que se acostumaram a nada fazer pelo próximo, não tardará para que a vida os atinja com duros golpes em dado momento, cobrando-lhes o devido preço.

São criaturas que em seu coração creem erroneamente que estão seguindo pelo caminho certo. Deixam de estender as mãos àqueles que julgam descartáveis ou insignificantes, e com isto se esquecem de que o fazem também para Deus. Cada um dos que deixou de auxiliar quando pôde, é tão importante e valioso quanto ele próprio.

E cada uma destas pequenas sementes que renegou é fruto de Deus, merecedora de todo o amor e carinho. Logo, se não consegue ver no próximo uma centelha de luz, cuja fonte é Deus, não conseguirá ver em si próprio a sua verdadeira luz. E com isto, não alcançará sua íntima essência.

Por isto, se deseja ser um bom filho de Deus e espera ser digno de alcançar a sublime morada dos justos, vá primeiro cuidar de seu querido irmão. Abra seu coração àqueles que realmente necessitam, e então verá a verdadeira beleza da vida. Uma vida em comunhão com o próximo e abençoada por Deus.

— Descanse, meu querido amigo, você ainda não tem condições para se levantar. Acalme-se, pois se encontra entre amigos – solicitou-me alguém.

Sentia meu corpo bastante dolorido, e um simples movimento causava-me desconforto. Meu peito doía, fazendo-me respirar com dificuldades. Minha cabeça latejava, impedindo-me de organizar os pensamentos.

Tentei por algumas vezes abrir os olhos a fim de verificar onde estava, porém me faltavam forças. A única certeza que possuía era que estava deitado e que alguém velava por mim, pois sentia quando me tocava gentilmente no ombro.

Também não conseguia ouvir qualquer diálogo, uma vez que

as raras vezes em que os percebia, eram pronunciadas palavras em tons incompreensíveis.

Tentava buscar explicações que justificassem como eu havia chegado até ali, mas de nada me lembrava. Sentia-me como se estivesse sedado sob efeito de algum medicamento, pois mal conseguia mexer-me ou raciocinar com clareza. Mas sabia que me encontrava em lugar aconchegante e cujo clima era bastante reconfortante. Onde quer que eu estivesse, sentia que estava seguro.

Contudo, havia momentos em que sentia uma forte dor pelo corpo e parecia arder em brasa. Mas logo ouvia alguém me solicitando manter a calma, e em seguida sentia que tocavam em meu ombro, colocando-me em estado calmo.

Sentindo-me como se estivesse em profundo sono, pequenos trechos de algumas imagens e fatos passados junto a meu pai começaram a vir à minha mente. Dentre as lembranças, destacava-se uma onde meu pai levara-me para conhecer uma pequena, mas belíssima cachoeira.

Eu, até então, nunca tinha visto algo tão bonito. Ficamos horas ali, aproveitando aquele momento e ouvindo o agradável som produzido pela água. Tive o desejo de aproximar-me e sentir aquela água que caía, mas tinha medo. E logo meu querido pai, percebendo que meus olhos brilhavam e que o sorriso encabulado dizia o quão grande era o desejo de aproximar-me, ele segurou-me firmemente nos braços para em seguida encorajar-me a confiar nele.

Ficamos por diversas horas ali, em local seguro, mas de onde podíamos aproveitar alguns feixes de água que caíam como chuva. Foram momentos inesquecíveis junto a meu pai, onde brincávamos e sorríamos felizes, aproveitando aquele maravilhoso momento. Com ele a amparar-me, sentia-me seguro e alegre.

Outros trechos de agradáveis lembranças logo povoaram meus pensamentos, sempre de meu pai a zelar por mim. Enquanto assistia àquelas cenas, recordei-me o quanto era feliz. Desde que minha memória permitia-me recordar, eu jamais fora maltratado ou castigado por meu pai, pelo contrário, este sempre me cobrira com todo o seu amor e carinho.

Por inúmeras vezes fizera algumas travessuras em minha mocidade, e em todas as ocasiões meu pai procurava trazer-me uma palavra de orientação e compreensão. Nunca levantou a voz para repreender-me, tampouco precisou usar da força para mostrar-me onde havia errado. Ele sempre me ofertava a mão para que, através de sua ajuda, conseguisse superar minhas falhas. Gostava de demonstrar através de exemplos o verdadeiro caminho que um homem de bem deveria seguir.

E quando eu encontrava dificuldades, ele não me limitava a seguir como seria o mais conveniente, pelo contrário, gostava de estimular-me. Acreditava que eu era capaz de superar qualquer obstáculo, bastava ter confiança em mim mesmo e em minhas capacidades. E queria que eu soubesse que não importava o tamanho dos problemas, pois, sempre atencioso, caso eu viesse a cair, ele logo estaria pronto a amparar-me.

Recordar-me dos abençoados momentos junto a meu querido pai era para mim uma agradável lembrança, e enquanto eu seguia ali deitado, em local que desconhecia, mesmo sem conseguir abrir os olhos, comecei a chorar. Havíamos passado momentos tão valiosos juntos, que em meu coração sentia-me eternamente agradecido por tudo o que recebera ao seu lado.

Enquanto tentava conter as lágrimas, outras lembranças começaram a vir. E como uma criança chorosa, não suportei quando surgiu em minha mente a imagem de minha mãe.

Tão bela e radiante, pude ver claramente seus longos cabelos dourados, já embranquecendo com o tempo. De olhar singelo e sorriso humilde, minha querida mãe matinha o mesmo aspecto meigo e gentil. Sentia como se fosse um abençoado anjo enviado por Deus para ensinar-me o verdadeiro sentido do amor.

Logo me recordei de um agradável passeio que fizemos, quando ela me levara para conhecer um maravilhoso lugar não muito distante de onde morávamos. Um lindo local no campo, repleto de rosas, muito belas e exalando um perfume tão agradável, que cobria todo o ambiente. Fiquei encantado com a cena que via e a sensação que experimentava. Cada uma mais bela que a outra, elas cobriam uma longa região, transformando todo o ambiente.

Junto de minha mãe sentia como se sempre estivesse acolhido em seus braços. Não importavam os problemas ou as quedas, ao seu lado tudo parecia simples. Nunca deixou de ter confiança e jamais se lamentou. Sempre acreditou que tudo ocorria exatamente como deveria, e que velando por nós prosseguiam incontáveis anjos de Deus. Iluminadas centelhas vivas do Pai, cuidando e amparando cada um dos seus filhos.

Foram horas que eu e minha mãe ficamos brincando e sorrindo em meio àquele belo campo de rosas. Nem mesmo um corte que eu fizera em um dos dedos, no espinho de uma rosa, diminuiu minha alegria. Gentilmente, minha querida mãe beijara-me, amparando--me em seus braços e reafirmando que ficaria tudo bem.

Sentia-me ao seu lado como uma eterna criança. Seu amor envolvia-me em sua sublime bondade e abençoada ternura.

Lembranças aquelas de meus amados pais, que me davam forças para seguir em frente. Eram para mim um valioso bálsamo reparador e fonte viva de luz a sustentar-me. Tão queridos e abençoados, eram merecedores de todo o carinho, respeito e amor que um filho eternamente grato poderia dar-lhes.

Enquanto prosseguia ali deitado, percebia que de tempos em tempos vinham examinar-me. Sem saber o que acontecia, pois sentia como se estivesse sob os efeitos de alguma medicação, eu esforçava-me para entender o que diziam. Porém eu nada compreendia, e não sabia se isso era consequência de meu estado. E apesar de sentir que estava sendo bem cuidado, permanecer ali, sem nada poder fazer, perturbava-me. Contudo, parecendo adivinhar minhas preocupações, novamente ouvi a mesma voz solicitando-me que mantivesse a calma.

Não se perturbe, meu querido irmão. Repouse e recupere suas forças, que logo todas as suas dúvidas serão esclarecidas.

Atendendo ao conselho, procurei acalmar os pensamentos e, respirando lentamente, orei a Deus, entregando-lhe então meu refazimento.

Não sabia dizer se me encontrava vivo ou se havia desencarnado. Recordava-me claramente dos eventos que ocorreram na boate, como também da cena dos inúmeros espíritos perturbados que surgiram. Lembrava-me da oração que fizera a Deus, suplicando-lhe que estendesse suas mãos àqueles queridos irmãozinhos, e que pouco depois, quando percebi que havia sido alvejado, senti tudo escurecer e então caí.

No entanto, não me lembrava do que acontecera depois ou como tinha ido parar ali. Tudo o que sabia era que tanto meu corpo quanto minha mente necessitavam descansar. Aqueles longos meses que eu permanecera sob o domínio de Lúcius foram extremamente dolorosos.

Enquanto eu prosseguia tentando compreender onde me encontrava e recuperando-me dos meses de sofrimento, em minha casa meus pais conversavam sobre os pensamentos que andavam tendo sobre o filho querido.

Já deitados e preparando-se para dormir, ambos conversavam sobre a dolorosa saudade que sentiam e os confusos sonhos que haviam tido.

— Não há um único dia em que não pense em nosso amado filho Matheus – lamenta-se Cláudio.

— Confesso que também tenho pensado muito em nosso filho – suspira Elisa.

— Eu deveria tê-lo convencido a ficar. Se tivesse retirado da cabeça dele aquela ideia de seguir em busca da liberdade que intimamente ele sentia que necessitava, hoje nosso filho ainda estaria conosco, Elisa.

— Ora, nós já conversamos inúmeras vezes sobre isso, Cláudio. Por mais que me doa o coração não tê-lo aqui conosco, eu confio em Deus e sei que ele jamais deixou de cuidar de nosso filho. Entregue todo este seu sofrimento nas mãos do Pai. Ele sabe o que é melhor para cada um de seus filhos.

— Eu sei disso, Elisa. Mas não ter nosso filho aqui e não saber se ele está bem, me consome em angústia.

— Não fique assim, meu amor. E se o nosso filho trabalhasse em algo que necessitasse que ele viajasse bastante? Ou então se ele, assim como meu irmão Pedro, tivesse se mudado para longe? Seria algo que você deveria respeitar e aceitar. Você já se esqueceu de que tudo sempre ocorre exatamente como deve ser? Confia em Deus, Cláudio. Dê testemunho de sua fé. Não pense negativo. Quando sentir que estes pensamentos estão tomando sua mente, afaste eles para bem longe. E em seu lugar, pense em nosso filho feliz e contente.

Cláudio, aquiescendo, ouvia-a atentamente, e Elisa prosseguiu:

— Pensa que por mais difícil que possa parecer o caminho que ele escolheu, e por mais que ele caia durante seu percurso, ele não está jamais desamparado. Lembra que Deus, que é só amor, não quer que seus filhos sofram, pelo contrário, ele só quer o nosso bem. Então, se por acaso passamos por alguma provação ou dificuldade, devemos sempre ter fé que aquilo nos foi necessário para que pudéssemos nos tornar mais fortes. Para que reuníssemos os recursos que nos permitirão seguir adiante. Então, não vejamos a dificuldades como tormentos ou castigos. Devemos vê-las sempre como uma valiosa e abençoada oportunidade. Uma oportunidade de melhorarmos para seguir em frente.

Sem que soubessem, eu também seguia pensando muito em meus queridos pais. A lembrança deles era para mim um poderoso remédio à tão necessária recuperação.

Com o tempo a passar e sentindo que minha melhora prosseguia gradativamente, não tardou para que logo todas aquelas dores enfim começassem a desaparecer. Já conseguia respirar quase sem dor alguma, meus braços e pernas também pareciam recuperados, minhas costas ainda estavam bem sensíveis, mas consideravelmente melhores. Sentia meu rosto muito menos inchado, permitindo-me mexer a boca sem dores no queixo, e meu nariz parecia estar bastante recuperado da fratura. Minha cabeça não mais doía e o forte ardor que sentia no local onde fora alvejado não passava de um leve incômodo.

Não sentia medo ou tristeza, pois sabia que não estava desamparado e que abençoados amigos auxiliavam em meu refazimento. Eu sentia como se meus próprios pais estivessem ali a zelar por mim e a confortar meu corpo tão surrado pelos necessários sofrimentos que havia enfrentado.

Encontrava-me feliz, em paz e confiante de que só havia conseguido chegar até ali graças ao amparo e dedicação de valiosos irmãos do invisível, queridos e abençoados companheiros de jornada que sempre permaneceram ao meu lado, sustentando-me e transmitindo-me forças para não me deixar cair, mas sempre seguir em frente. Humildes servos de Deus e tão necessárias fontes de luz a guiar-nos por entre as dolorosas, mas tão necessárias, estradas da regeneração.

E atendendo então ao meu íntimo questionamento e o grande desejo de enfim poder descobrir onde me encontrava, ouvi mais uma vez a voz amiga, e agora bem mais clara, de alguém que me parecia bastante familiar.

— Se deseja realmente tornar a ver e então poder descobrir onde está, por que não tenta abrir os olhos, querido amigo Matheus?

Atendendo-lhe à orientação, respirei fundo, controlando a emoção. E, sem demora, abri meus olhos para aquela nova vida que se iniciava. E imediatamente, para a minha alegria, não mais via tudo escuro, mas sim uma leve e agradável claridade bastante reconfortante. Emocionado, tive ímpeto de chorar, agradecendo por aquela abençoada oportunidade de enfim tornar a ver a luz.

Sentia-me como se houvesse retornado de uma longa e cansativa jornada, cuja travessia fazia-se intimamente necessária, a qual deveria ser enfrentada para minha própria formulação e lapidação moral, para que pudesse reunir em mim subsídios que me dessem estruturação e sustentação para enfim poder continuar. Valiosos recursos capazes de conceder-me a força necessária para superar minhas próprias limitações. Sentia-me abençoadamente agradecido e verdadeiramente realizado.

Não possuía palavras que pudessem descrever o que sentia e a emoção quando, enfim, constatei de quem era a voz amiga que se encontrava carinhosamente ao meu lado.

— Seja muito bem vindo, querido amigo Matheus – cumprimentou-me o amável companheiro e dedicado amigo, espírito Balthazar.

48 – A centelha do amor

> Eu não vim chamar os justos, mas sim os pecadores, ao arrependimento.[37]

Muitas vezes andamos por caminhos escuros, inevitavelmente atraídos por nós mesmos, pois as necessidades que carregamos em nosso próprio íntimo contribuem para tal. Oportunidade essa de verdadeira experimentação, para que o poderoso desejo de reformulação e reconstrução que em nós se exerce, possa enfim realizar-se. Ou seja, quando trazemos em nós uma necessidade de realizar algo, ou apenas sentimos como se intimamente uma força nos atraísse para tal, tudo à nossa volta encaminha-nos para essa realização.

É aí onde ocorrem então as grandes mudanças. É no momento em que realmente temos diante de nós aquilo que buscamos como parte importante de nossa modelação moral, que decidimos o que iremos tornar-nos. Um homem pode caminhar sobre a brasa sem que com isto lance ódio ou comece a maldizer sua situação.

[37] Novo Testamento, Lucas 5:32.

Enquanto outro agradecerá pela oportunidade de simplesmente poder caminhar. Tudo dependerá da maneira como encaramos a própria vida.

No entanto, ainda prossegue como o caminho mais comum aquele onde condenamos o mundo e todos à nossa volta. E com isto, começamos a realizar julgamentos sobre como a vida nos trata em relação àqueles que estão à nossa volta. Não aceitamos que teremos que caminhar pela brasa, enquanto o próximo tem em seu caminho tranquilidade e uma grama suave para caminhar.

E logo começamos a julgar-nos tão merecedores quanto o próximo, e às vezes até mais merecedores. Iniciamos assim a manifestação de diversos e destrutivos sentimentos inferiores, como ódio e revolta contra o irmão que erroneamente julgamos mais privilegiado. Esses sentimentos pouco a pouco se ampliarão, transformando-nos então em verdadeiros escravos de tal processo destrutivo, o qual culminará, se prosseguir, em algo mais danoso e direto, pois quando a oportunidade de prejudicar o próximo se efetivar, pouco poderá ser feito para evitar a consequente queda.

E com o tempo, à medida que tal atitude transformar-se em algo corriqueiro, e o remorso seja inexistente, o caminho será cada vez mais íngreme e sinuoso. Enquanto não se compreender as consequências que os atos que praticamos contra o próximo provocam em nós mesmos, e que prejudicam muito mais a nós mesmos do que ao próximo, prosseguiremos vagando pelos mesmos caminhos que tanto condenamos.

Contudo, as oportunidades de mudanças sempre existem. Bons exemplos não faltam. E valorosos companheiros, a guiar-nos e amparar-nos, prosseguem humildemente ao nosso lado. Eles são os abençoados irmãos e companheiros que Deus envia para auxiliar-nos. Cada qual, assim como nós, é uma valiosa centelha de Deus. A centelha do amor, profunda e eterna fonte da vida. Valiosa fonte que prossegue iluminando e velando por todos nós.

Ver diante de mim a imagem do querido amigo Balthazar encheu-me de emoção, pois fazia um longo tempo desde a última vez que havíamos conversado. Sentia como se o véu que houvera encoberto a razão, colocando-me sob o torpor das cegas ilusões, tivesse enfim sido removido.

Tornar a ver o humilde semblante do abençoado amigo, cujo

carinho e dedicação jamais me faltaram, era para mim um verdadeiro bálsamo a apascentar meu espírito. Haviam-se passado quarenta semanas desde que eu efetivamente saíra de minha casa e abandonara meus queridos pais. Fora um longo tempo de incontáveis e difíceis provações que meu espírito, tão carregado pelas faltas que no passado cometera, necessitava e intimamente ansiava enfrentar. Sentia-me feliz pelas oportunidades que tivera, consciente de que aqueles dias haviam sido essenciais para mim e que tal processo proporcionara-me o valioso reajuste.

— Balthazar, eu estou morto?

— Querido amigo Matheus, a morte como a grande maioria conhece, não existe. O corpo físico se vai, mas o espírito, este permanece e prossegue sua jornada – respondeu-me gentilmente o abnegado companheiro.

— Mas eu não compreendo... Por que somente agora pude tornar a vê-lo? Onde você esteve todo este tempo em que não o vi? – indaguei, confuso.

— Estive no mesmo lugar que estou agora, Matheus. Ao seu lado.

— Ao meu lado? Mas como?

— Como um irmão poderia abandonar o outro? Os laços que nos unem, meu querido amigo, se perdem nas areias do tempo. E Deus, nosso amado Pai, permite que possamos estar juntos, para assim caminharmos e auxiliarmo-nos. Você não me via porque simplesmente havia fechado seus olhos e se distanciado à medida que prosseguia. Mas quando você sofria, eu estava ao seu lado, orando ao Pai para que lhe desse forças. Quando você sentia medo, eu segurava suas mãos, dizendo-lhe que não temesse. Quando você chorava, eu chorava com você, entregando-lhe meu próprio coração – respondeu-me fraternalmente, e prosseguiu.

— A vida não é um caminho escuro no qual devemos sempre caminhar sozinhos. Ela não nos condena a vagar. Tampouco coloca diante de nós e sobre nós aquilo que não estamos preparados para carregar. Cada tropeço e cada queda possuem seu princípio em nosso próprio íntimo. Eles nada mais são que o resultado de nossas imperfeições, o qual nos coloca pelos caminhos que inevitavelmente iremos encontrar.

Ao ouvi-lo, vi-me como uma criança que desobedecera seus pais e, ao distanciar-se, vendo-se sozinha e com medo, começa a chorar, sem compreender que seus pais jamais deixaram de zelar por ela. Então não contive a emoção e caí em lágrimas. Chorava de vergonha.

Eu me sentia envergonhado por permitir que a influência de Geremias me tivesse feito duvidar de mim mesmo e da vida que possuía, levando-me a entrar em estado de total perturbação e logo começar a cultivar em mim os sentimentos inferiores que culminaram em minha saída de casa, abandonando assim meus queridos pais aos sentimentos de dor e tristeza, enquanto eu cegamente era conduzido pelo falso amigo.

O humilde companheiro fez questão de esclarecer que minhas atitudes não haviam passado de escolhas e necessidades que meu próprio espírito tanto ansiava.

— Acalme-se, querido amigo Matheus. Nenhum viajor segue a vagar sem rumo e abandonado. Tampouco enfrentará caminhos escuros ou será surpreendido pela tempestade sem que uma mão amiga lhe proporcione o amparo necessário. Por mais difíceis que possam parecer, as quedas que experimentamos não são consequências do acaso, mas sim a resultante do que intimamente já vínhamos construindo. Contudo não se deve observar uma queda apenas durante o momento sofrido, e sim olhando sempre para adiante.

— Se a cada passo que damos, – prosseguiu – nós colocamos uma pequena carga em nossos ombros, a qual nos parece insignificante e passível de ser suportada, e com isto prosseguimos com esses acúmulos continuamente, chegará então o momento em que a soma dessas cargas se apresentará tão pesada, que nossas únicas opções serão estagnar ou cair. Em uma delas, a compreensão do real estado em que imprudentemente nos envolvemos faz com que voltemos a atenção para aquilo em que vínhamos nos transformando, e o desejo de mudança ocorre naturalmente. Na outra, a razão cega e o orgulho inebriam-nos de tal forma que nada há que se faça para que a luz consiga romper as pesadas barreiras que criamos e com isso possamos ver todo o peso depositado sobre nossos ombros. Caminhamos sob verdadeiro estado de cegueira, a ponto de nem conseguirmos visualizar nossa íntima situação, até que tais acúmulos façam-se tão difíceis de ser carregados, que não nos reste mais nada além da inevitável queda – considerou Balthazar.

O querido amigo procurava ali me fazer compreender que, devido aos incontáveis acúmulos que eu vinha constantemente depositando sobre meus ombros ao longo das encarnações, chegara um momento em que tudo aquilo se fazia extremamente necessário.

— Me desculpe, querido amigo. Você sempre esteve ao meu lado auxiliando-me, e no entanto preferi o caminho mais fácil. Fiz e disse coisas de que me arrependo profundamente. Magoei valiosos corações e, entorpecido pelos funestos desejos, abandonei aqueles que tanto me queriam bem. Não sou digno do ar que respiro – disse-lhe, aos prantos, e prossegui.

— Como eu fui um tolo! Abandonei o lar e segui sem rumo, atrás de algo que nem eu mesmo sabia o que era. Fui fraco e deixei-me cegar. Dei as costas a meus amados pais e, como um desconhecido que se importa apenas consigo mesmo, reneguei seu auxílio quando humildemente tentaram apenas conversar. Tudo o que sempre desejaram era a felicidade do filho. Eram capazes de se privar de tudo apenas por amor a mim, e no entanto, como um egoísta, simplesmente fui embora – respirei fundo, e concluí – Agora, consciente do que fiz, quando fecho os olhos, tudo o que vejo é a lembrança do carinho e amor com que sempre me trataram...

— Não fique assim, meu querido e abençoado amigo Matheus. Você não foi um tolo, tampouco fugiu de seu lar, abandonando seus pais. Tudo o que você fez ocorreu porque deveria ocorrer. Ao longo de nossas existências, acabamos acumulando em nosso próprio espírito tudo aquilo o que intimamente desejamos, buscamos e realizamos. E estes acúmulos dentro em breve devem ser todos abrandados para que possamos prosseguir. Havia situações, envolvendo determinados irmãos, as quais você intimamente ansiava enfrentar. E graças ao seu próprio esforço, você pôde enfrentá-las e reunir em si os recursos necessários a cada etapa – lembrou o companheiro e continuou.

— Mesmo envolto pela névoa a cegar-lhe a razão, você conseguiu ir além e plantar a semente do amor no próximo. Não veja uma atitude apenas com os olhos materiais, mas sim com os olhos do espírito. Toda vez que semeamos o amor, até mesmo nos corações mais obscuros, saiba que a colheita será sempre proveitosa. As pequenas atitudes são portadoras de grande importância, principalmente quando executadas sem se esperar receber nada em troca. A bondade sempre irá gerar bondade, mesmo que esta não se apresente no primeiro momento. Ela prosseguirá fortalecendo-se e solidificando-se pouco a pouco, até que reúna em si forças suficientes para desabrochar. Cabe a nós, como filhos de Deus, sempre procurarmos exercer o nosso melhor conforme as valiosas lições de nosso querido Senhor.

— Obrigado por suas valiosas palavras, meu amigo Balthazar. Mas por mais que eu busque forças e prossiga confiante na providência Divina, agradecendo-lhe pelas abençoadas oportunidades de resgate e redenção junto àqueles que um dia eu feri, meu coração ainda chora por ter abandonado e renegado o amor de meus queridos pais. Se pudesse, teria lhes dado o amor que tanto merecem, e diria do fundo do meu coração o quanto eu os amo.

— Mas você ainda pode, Matheus – sorriu o querido companheiro.

— Como poderia se estou morto? – lamentei, baixando a cabeça.

— É como eu lhe disse, querido amigo. A morte não existe, pois é apenas uma passagem, uma transição. Ela ocorre para que se termine uma etapa e se inicie outra. E é justamente o que você obteve através de seu próprio esforço: uma transição necessária a sua formulação moral. Agora, por que não enxuga as lágrimas, levanta a cabeça e então inicia esta nova etapa? – solicitou-me o amigo.

Recolhendo em mim forças para iniciar aquela nova etapa, esfreguei os olhos e, respirando fundo, ergui a cabeça, atendendo a ele. Foi então que não consegui acreditar no que via. Imaginava estar sonhando. Estava diante de mim o garoto que eu auxiliara. Aquele mesmo garoto que estava preso na boate e eu ajudara a escapar.

Mas como? Porventura ele também está morto assim como eu? – pensei, confuso.

Ocorria que ele estava vivo, mais vivo do que nunca. Assim que o garoto conseguiu fugir da boate, depois de ter se escondido em uma caixa com meu auxílio, ele não pensou duas vezes para também tentar auxiliar-me. Após escapar da caixa, ele rapidamente correu até a delegacia e contou-lhes todo o drama que havia passado, fato que provocou a ida do oficial Maurílio, juntamente com um grupo de homens, até a boate de Lúcius.

Após todo o evento ocorrido na boate, com as trocas de tiros, e eu ter conseguido aproveitar a oportunidade para escapar, o garoto, que havia sido orientado a permanecer do lado de fora, viu quando vários capangas de Lúcius começaram a sair correndo, e, preocupado com minha situação, logo cogitou desobedecer às orientações de Maurílio e entrar no local. Porém, passados alguns instantes, ele ouviu mais trocas de tiros e então teve a sensação de ter me visto sair correndo do local. Mas como não tinha certeza se era mesmo eu, seguiu rapidamente atrás da pessoa, e então se assustou com o que vira, pois havia um rastro de sangue indo para aquela direção. Ele foi encontrar-me a vários metros da boate, caído no chão e inconsciente.

Foi somente graças a ele que eu estava ali naquele local. Foi graças a ele que eu havia voltado a acreditar em Deus. Foi graças a ele que eu havia conseguido escapar. E foi graças a ele que eu podia dizer:

— Eu estou vivo! – gritei de alegria.

Quando me viu caído, o garoto rapidamente pediu ajuda e, graças ao seu esforço, os médicos conseguiram salvar-me. Não fosse sua atitude de seguir-me, dificilmente eu teria conseguido escapar.

Ao ver a imagem do querido amigo Balthazar ao meu lado, após tanto tempo, e com meu corpo e minha mente sob os efeitos do sedativo, logo cogitei que eu havia desencarnado. Pois até então, além de ouvir a voz do companheiro, eu também sentia quando meu ombro era tocado, atribuindo tal gesto a Balthazar. Contudo esse geste não era proveniente do amigo espiritual, mas sim do abençoado garoto, que mesmo após se encontrar livre, retornara para auxiliar-me.

Eu soube, através de Balthazar, que ele permanecera o tempo todo ao meu lado, entregue em profunda oração. E que tocava meu ombro em gesto de carinho, para que eu soubesse que não estava sozinho.

Os médicos disseram-me que eu havia tido muita sorte, pois devido à gravidade do ferimento, a quantidade de sangue que eu perdera fora muito grande, e que se demorasse mais alguns minutos, dificilmente eu teria sobrevivido.

Também soube através do amigo espiritual, que Lúcius havia sobrevivido à troca de tiros. E que ao ver que eu me jogara à sua frente para salvar sua vida, decidiu entregar-se, dizendo-se arrependido por tudo o que tinha feito e disposto a transformar-se em um novo homem.

Passados alguns dias, eu enfim estava prestes a receber alta do pronto socorro, e não poderia sentir-me mais feliz, pois finalmente poderia retornar para minha casa e junto de meus queridos pais. Logo deixaria para trás tudo o que havia enfrentado e que, porém, somente conseguira superar graças ao esforço de um querido amigo, que me mostrara a verdadeira luz. A luz do amor, da oração, da fé em Deus e da amizade. E em retribuição, eu tomaria uma importante atitude. Eu o levaria para a casa dos meus pais para morar conosco. Como ele não tinha mais ninguém, eu queria que pudesse ter um lar de verdade, uma família que o amasse. Alguém para poder chamá-lo de irmão.

E logo pudemos os dois finalmente sair dali. Meu coração vibrava de alegria, pois enfim poderia novamente abraçar meus amados pais e, além disso, graças à providência divina, não retornaria só, mas sim acompanhado por aquele a quem, a partir de então, eu transmitiria todo o meu amor e minha gratidão. Eu retornava para casa levando comigo meu querido e abençoado irmão.

— Puxa, esqueci de me apresentar. Eu me chamo Matheus. E você?

E como na vida tudo é perfeito como deve ser, e o passado e o presente são um só, onde encontros e reencontros são verdadeiras bênçãos de Deus, ele logo me respondeu:

— O meu nome é Alexandre, mas pode me chamar de Alê.

49 – Nos braços do Cristo

> Portanto ide, fazei discípulos de todas as nações, batizando-as em nome do Pai, e do Filho, e do Espírito Santo.[38]

Quando Nosso Senhor Jesus Cristo desceu ao mundo, veio trazer aos homens a verdadeira palavra de Deus, que é o amor. Tudo se resume a esta sublime expressão. Ele veio quando o mundo mais precisava de um caminho a seguir, e como luz na escuridão, sua sublime missão era transmitir aos homens o verdadeiro caminho capaz de conduzir-nos ao reino de Deus, através do amor.

Fez-se carne para que todos pudessem compreendê-lo. E não apenas através de palavras, mas de atos, tocou profundamente todos os corações. Jamais fez distinção entre seus irmãos e a todos tratava com a mesma simplicidade e doçura.

Sabia o quanto o mundo necessitava de exemplos capazes de removê-lo da obscuridade em que se havia envolvido. Mundo que,

[38] Novo Testamento, Mateus 28:19.

devido à íntima incapacidade de compreensão dos seus habitantes acerca dos reais valores capazes de permitir-nos ascender em direção à sublime morada de luz, necessitava profundamente de um guia para conduzi-lo à meta.

Exemplo máximo de pureza e bondade, Jesus Cristo fez-se a personificação do amor de Deus, para que todos pudessem conhecer a verdadeira essência do Pai.

Um simples homem pode amar tanto seu filho, que sua alegria esteja em vê-lo feliz, vê-lo crescer e transformar-se em um homem de bem; e, como um pai zeloso, pode ser capaz de entregar-lhe a própria vida para vê-lo feliz. Se nos homens, criaturas ainda tão sequiosas e distantes da verdadeira essência que carregam, o sentimento de amor que possuem para com um filho é tamanho, imagine-o em Deus, fonte eterna da perfeição.

Por isso ele criou-nos. Nosso querido Pai possui tanto amor, que nos fez à sua imagem e semelhança. Pequeninas fontes de luz, provindas de sua própria centelha divina. Essências inteiramente capazes de alcançar a mais pura perfeição. Aquela que transmite somente o amor. O amor de Deus. O amor de um Pai.

E por isto Deus enviou-nos seu filho querido, para que através de Jesus Cristo compreendêssemos a verdadeira importância dentro de cada um de nós, que é a centelha da própria criação. E para alcançá-la, o único e sublime caminho é o do amor.

E assim como nosso senhor Jesus Cristo veio como o emissário de nosso Pai para ensinar-nos e transmitir-nos seu amor, devemos nós também nos empenhar e humildemente nos transformar nos emissários de nosso Senhor. Devemos transformar-nos em valiosos emissários da verdadeira essência capaz de impulsionar o mundo. A essência sublime do amor.

Após quarenta semanas distante, eu enfim havia retornado para casa. Pude abençoadamente tornar a ver meus queridos pais, Cláudio e Elisa. Meu coração desabou quando os vi com os semblantes tão cansados e abatidos pelo abandono do filho ao lar.

Ficamos um longo tempo abraçados e entregues à emoção pelo aguardado reencontro. Não era hora para questionamentos. E por isso mesmo, vendo o meu estado físico e as condições em que eu retornara para casa, ambos apenas agradeceram e prostraram-se em profundo louvor a Deus, cobrindo-me com o puro e verdadeiro amor. O amor de um pai para com seu filho, que agora possuía um querido e valioso irmão. Após contar a meus pais tudo o que havia ocorrido, a história de Alê e ainda dizer a meus pais que eu somente estava ali graças a ele, estes prontamente o acolheram em nossa casa como filho.

Irmão querido que, ali eu não sabia, mas já havia estado presente em nosso passado. Já havíamos estado juntos em outras encarnações, quando, completamente envolto em trevas e tomado pela revolta por não ter o amor de Elisa, eu ceifei-lhe impiedosamente a vida. Cego pelo ódio, não poupei a vida do jovem garoto Alexandre, enquanto me afundava cada vez mais fundo na obscuridade.

Mas graças à misericórdia divina, todos sempre temos a oportunidade de uma nova chance para, através do íntimo esforço, conseguirmos compreender onde falimos. Nossos caminhos não se cruzaram ao acaso, pois os laços que nos uniam seguiam somente aguardando por uma abençoada oportunidade. E enquanto estivera eu, junto aos espíritos construtores, a elaborar meu plano reencarnatório, humildemente solicitara a Alexandre uma abençoada oportunidade de reajuste sob as tão densas vestes do físico. Pedido este com o qual o bondoso amigo, compreendendo meu estado, gentilmente concordara.

Iria eu reencarnar como filho do casal Cláudio e Elisa, em cujos caminhos eu já havia deixado minhas marcas, e rogava a Deus que pudesse abrandá-las. E tão logo fosse possível, eu reencontraria na carne aquele que me traria à verdadeira luz do Cristo. O pequeno garoto que cruzaria meu caminho para salvar-me de mim mesmo. Um querido e abençoado irmão, Alexandre.

Nossa família sentia-se feliz e completa. Meus pais logo se encantaram com a doçura e humildade de Alê, e não tardou para que nos tornássemos grandes amigos. Eu voltei a trabalhar na fazenda de meu pai, e tanto sua saúde quanto da minha querida mãezinha seguiam restabelecendo-se após o susto que eu lhes dera quando abandonei o lar. O abençoado companheiro Balthazar seguia orientando-me, e pouco a pouco este iluminado espírito auxiliava-me. Enfim, eu podia dizer que vivíamos momentos de verdadeira paz.

Logo chegávamos ao ano de 1922, e contava eu com 21 anos, enquanto meu irmão Alê, com 15 anos. Algo de que ele gostava muito era quando havia os cultos na igreja. Como desde pequeno ele já ouvia falar no filho de Deus e que este sempre estaria ao seu lado, Alê, assim como eu, sentia-se muito feliz toda vez que íamos à igreja e o padre discorria sobre a história de Jesus.

Nós nos encantávamos com as maravilhas deste iluminado espírito, e a cada dia procurávamos aprender um pouco mais. Tanto que havíamos retomado um antigo costume que possuíamos em casa, que era de pelo menos um dia na semana dedicarmo-nos ao estudo do Evangelho. Apesar da saúde relativamente estável, fora algumas dores devido à idade, meus pais, Cláudio, com 76 anos, e minha mãe, com 74 anos, gostavam de realizar o estudo em casa.

Então aproveitávamos aquele momento para conversar não apenas sobre Jesus Cristo, mas também sobre nós mesmos. Como poderíamos aplicar em nossa própria vida o trecho que havíamos estudado. De que maneira nós estávamos agindo e como poderíamos melhorar-nos. Era uma abençoada oportunidade aquele momento que passávamos juntos, com as atenções totalmente voltadas para as obras de nosso Senhor.

Estudo que eu prosseguia também com o auxílio do companheiro espírito Balthazar. E apesar de ser um assunto um pouco confuso em casa, pois meus pais não compreendiam, mas respeitavam-me e aceitavam, eu prosseguia durante quase todas as noites conversando com o bondoso amigo.

— Senhor Balthazar, eu não compreendo por que algumas pessoas sofrem tanto em comparação com outras. Desculpe-me o questionamento, é que eu gostaria de entender por que isso ocorre – indaguei.

— Como nós já conversamos, meu querido amigo Matheus, o homem sempre recebe aquilo que planta. Se foi uma pessoa voltada para o bem, principalmente o do próximo, então não podemos esperar que ela porventura venha a sofrer. Contudo, há nisto uma grande consideração que na maioria das vezes nos esquecemos de levar em conta.

— O que seria? – quis saber.

— Observarmos as situações apenas com os olhos do físico. Esqueceu-se que nem sempre aquilo que você enxerga como uma tempestade também o parecerá ao próximo? Ainda mais se considerarmos tal evento com os olhos do espírito. Veja bem, por trás de cada fato que nos surge no caminho, há uma extensa malha criada e cultivada por nós mesmos. E nesta malha depositamos tudo aquilo que intimamente manifestamos. Se ao longo de todo o seu processo evolutivo, você sempre andou pela chuva, logo chegará o momento em que você estará tão encharcado, que isso invariavelmente recairá sobre seus ombros. Ou seja, tudo o que você acumulou sobre si, chegará um momento em que se lhe apresentará, cobrando-lhe o devido reajuste – considerou o amigo.

— Creio que eu compreendi. Não é que algumas pessoas parecem sofrer tanto em comparação com outras. Ocorre que tudo o que de ruim estas acumularam, é que está se fazendo presente. É apenas o resultado de suas ações.

— Exatamente, Matheus. O sofrimento existe para aqueles que o temem. Quando uma pessoa aceita suas próprias limitações e confia na providência, não vê diante de si obstáculos e sofrimento, mas sim valiosas oportunidades que anseia feliz por superar.

— Mas por que às vezes vemos pessoas que só fizeram o bem sofrerem, enquanto aqueles que praticaram maldades parecem estar isentos?

— Creio que esta resposta você já sabe, meu querido amigo – falou-me gentilmente Balthazar.

— Seria por que estão recebendo aquilo que praticaram no passado?

— Nem sempre. Você acha justo que uma pessoa que em seu passado deixou-se levar pelo lado da obscuridade, hoje deve ser obrigada ao sofrimento? – questionou-me ele.

— Eu creio que qualquer tipo de sofrimento é questionável. Se no meu passado eu cegamente fiz somente coisas ruins, e hoje sou obrigado a enfrentar as consequências, tendo de passar pelas mesmas coisas ou até piores, isso é algo que ainda não compreendo. Se Deus nos ama, por que ele permite a dor e o sofrimento? Não seria talvez mais fácil aprendermos de alguma outra maneira? – quis entender.

— E quem disse que só porque você está passando por algo que considera como um sofrimento significa que Deus não o ama? Ocorre justamente o contrário, Matheus. Ele só permite que seja desta forma porque nos ama. Nem todos necessitam enfrentar os mesmos tormentos que provocaram. Cada espírito compreende e reage de uma forma. Contudo a grande maioria é que anseia passar por estas provações. Não é Deus quem coloca as penas e nos condena ao suplício. Somos nós mesmos. Enquanto enraizados na carne, poucos são aqueles que compreendem os suplícios do próximo e os seus. Para a maioria, o corpo físico é tudo. Não aprenderam a alimentar a alma, o espírito. Logo, tudo aquilo que os fere é considerado injusto – considerou o companheiro.

— Mas por que então não conseguimos remover essa barreira e compreender o verdadeiro valor das coisas?

— Porque é por isto que estão encarnados neste globo. Para que gradativamente consigam compreender a verdadeira essência que carregam. Veja bem, se intimamente todos somos luz, envolvendo-nos numa espécie de casca, podemos nos comparar a uma crisálida. Assim sendo, como conseguir obter nossa transformação? Não é necessário passar primeiro pela fase de lagarta, para então se tornar uma borboleta? É algo parecido com isto o que ocorre. Há a necessidade de se depurar e assim conseguir se desvencilhar desta casca, para que a íntima centelha que carregamos possa brilhar. E isto se verifica apenas através do íntimo esforço de cada um. Alguns conseguem manifestá-la mais tranquilamente, enquanto outros requerem enfrentar longas provações. Ou seja, nós sempre somos os artífices de nossas próprias limitações. E quando nos permitimos compreender e sentir esta luz que somos, não há dor ou sofrimento que seja obstáculo capaz de impedir-nos o almejado avanço.

— Abençoada seja esta valiosa luz que alguns queridos irmãos já conseguiram manifestar. Creio que são estes os verdadeiros instrumentos de Deus, enviados a guiar-nos através de nossas próprias imperfeições, rumo à almejada felicidade, através da sublime luz que irradiam. Confesso que se hoje estou aqui, foi graças ao esforço e oração de meu querido irmão Alê. Foi ele quem conseguiu me fazer acordar daquele estado de total torpor em que eu me encontrava, e me mostrou o abençoado caminho que nos conduz a Deus. Que é através da valiosa propagação das palavras de nosso Senhor Jesus Cristo – considerei e prossegui.

— Sinto-me renovado. E tudo isso foi graças à luz do evangelho, que me abriu os olhos. Não fossem os ensinamentos de Nossa Senhora, transmitidos por meu pequeno irmãozinho naquele derradeiro momento, talvez hoje eu ainda estivesse mergulhado naquela obscuridade. Sinto em meu coração que devo me esforçar para, quem sabe um dia, possa auxiliar ao próximo, como meu irmão o fez. Confesso que nunca desejei algo como desejo agora. Humildemente rogo a Deus que eu possa ser digno de auxiliar ao próximo, auxiliando a mim mesmo, através dos valiosos ensinamentos deixados por nosso Senhor Jesus Cristo – desejei.

— Não se preocupe, meu abençoado amigo. Quando desejamos algo com amor, procurando empenhar o nosso melhor, e nos esforçando para o progresso do mundo, as leis do universo convergem ao nosso favor. Todo desejo que intimamente manifestamos reside em nosso próprio anseio. E quando o intuito é construtivo, não apenas em nossa própria formulação, mas também do próximo, a luz manifesta-se por si só. Prossiga sempre se esforçando, que logo compreenderá seu caminho – orientou o amigo.

Eu havia passado quase um mês com aquela ideia fixa na mente: *"Como posso auxiliar o próximo através dos importantes ensinamentos de Jesus Cristo? Como contribuir para a propagação de seu valioso evangelho, transformando-o em abençoada luz, capaz de guiar os inúmeros corações ainda perdidos no mundo?"*. A resposta chegaria ao final daquela semana.

Fazia tempo que não íamos à missa, e naquele domingo havíamos combinado que iríamos todos juntos. Após meu retorno para casa, fomos somente algumas poucas vezes. E no geral, prosseguíamos apenas estudando o evangelho em casa. Mas como estávamos todos com saudades de unirmo-nos naquele ambiente de paz e ainda desfrutar dos valiosos ensinamentos de Nosso Senhor através das palavras do bondoso padre Osvaldo, desejávamos muito conseguir ir naquele domingo de Páscoa.

— Eu e sua mãe já estamos prontos, Matheus – avisou meu pai.

— Nós também já estamos quase prontos. O Alê está calçando os sapatos e poderemos ir.

Eu havia acordado naquele domingo sentindo-me diferente. Um misto de alegria e ansiedade tomava conta de todo o meu ser. Era como se estivesse indo ao encontro de alguém que não via fazia tempos.

Logo todos chegamos à igreja. Meus queridos pais Cláudio e Elisa traziam um jubiloso sorriso no rosto, e meu querido irmão Alexandre parecia admirado com a grande quantidade de pessoas que compareceram à missa naquele dia tão especial, em que comemorávamos a ressurreição de nosso Senhor Jesus Cristo.

— Meus caríssimos irmãos e irmãs em Cristo, neste dia santíssimo da Ressurreição de nosso Senhor, em que o Espírito nos faz homens novos, vamos orar ao Pai para que esta alegria da Páscoa se propague por todo o mundo, dizendo com fé – iniciou o padre.

— O Cristo venceu! Aleluia! Ressuscitou! Aleluia! – respondemos todos.

— Queridos irmãos e irmãs, aqui reunidos celebramos a Páscoa de nosso Senhor, lembremo-nos sempre que Ele é luz, vida e salvação – prosseguiu o padre.

Com todo o ambiente tomado por uma maravilhosa luz, a luz do amor, procurávamos ali elevar nosso coração ao alto, agradecendo àquele que fora enviado por Deus para salvar-nos. E unidos em espírito, acompanhando a valiosa celebração, abençoados companheiros do invisível, queridos espíritos que junto a nós e por nós tanto se empenhavam para ascender-nos à meta, prostravam-se em profundo amor e reconhecimento a nosso Senhor Jesus Cristo.

Enquanto agradecíamos ao Pai da vida por trazer-nos a luz do Cristo, como chuva de bênçãos, centenas de pétalas de luz provindas dos milhares de corações a orar em amor e agradecimento, recaíam sobre todos nós em verdadeiro gesto de união e louvor ao Cristo. E tomado por lágrimas enquanto sentia-me acolhido nos braços daquele que sempre estivera ao nosso lado, enfim compreendi o que realmente deveria fazer. Eu iria tornar-me padre.

50 – Missionários da luz

> Assim resplandeça a vossa luz diante dos homens, para que vejam as vossas boas obras e glorifiquem a vosso Pai, que está nos céus.[39]

Com o passar dos tempos, a humanidade evoluiu, começou a buscar novas formas de manter-se materialmente mais confortável. Encontrou meios de aprimorar seu sustento. Elaborou regras e diretrizes cada vez mais específicas, para que a sociedade prosseguisse caminhando sobre um alicerce, em que todos que possuíssem condições pudessem colaborar através de seu trabalho, recebendo em

[39] Novo Testamento, Mateus 5:16.

troca recursos para manter-se. Desenvolveu e aprimorou sistemas cada vez mais eficientes e capazes de auxiliar nas diferentes áreas.

Contudo, lentamente tem avançado rumo ao autoconhecimento. É certo que de tempos em tempos a humanidade, através do auxílio de espíritos iluminados que vieram, pôde galgar mais um valioso degrau. Porém ainda muito distantes encontramo-nos do estágio que poderíamos ter alcançado. O orgulho, a inveja e vários sentimentos tão enraizados na humanidade, que a prendem em um verdadeiro mar de lodo, impedem tal processo.

A busca incessante de acumular um número cada vez maior de recursos contribui para que uma parcela diminuta consiga intervir de maneira ostensiva sobre a grande maioria. Isso dificulta que aqueles que ainda possuem pensamentos tão materialistas consigam desvencilhar-se e compreender suas íntimas e verdadeiras condições de evolução. Acabam por permitir-se envolver em um sistema corrompido pela vaidade, onde aquele que tem, deseja ter cada vez mais, e aquele que não tem, não consegue reunir condições para reverter sua situação.

Mas, mesmo ainda em tais condições, o progresso sempre prossegue. E pela pequena fresta da íntima compreensão, a luz gradativamente alcança seu objetivo, que é fornecer os subsídios necessários a uma sublime transformação. E mesmo estando distante a iluminação da grande parcela da humanidade, que ainda se escora na materialidade, e pouco se aprofunda em suas íntimas necessidades, o caminho sempre conduz ao avanço.

O sublime caminho capaz de permitir este progresso chama-se amor. O amor é a verdadeira chave capaz de abrir as portas dos mais obscuros corações. E Jesus Cristo foi a verdadeira personificação deste valioso sentimento. Ele foi, é e sempre será a pura luz de amor de Deus. Por isso, quando superamos esta materialidade que ainda nos cega e permitimos que a centelha viva do amor do Cristo seja a razão de nossa existência e o sopro que nos impulsiona, estamos contribuindo não apenas para o nosso íntimo progresso, mas também o de todos.

Devemos esforçar-nos para transmitir ao mundo a sublime e abençoada palavra de nosso Senhor Jesus Cristo. Cabe a nós tornar-nos esta luz e empenharmos o nosso melhor, contribuindo para que todos possam conhecer e compreender o verdadeiro significado do Cristo, o amor.

Nos dois anos seguintes, após meu desejo de tornar-me padre, confesso que por diversas vezes meu coração ficou apertado por ingressar em um estudo tão longo e que inevitavelmente me manteria longe de meus queridos pais. Estes, assim que souberam do meu desejo pelo sacerdócio, deram-me todo o apoio. É certo que meu pai gostaria que eu assumisse os negócios da família, mas respeitava minha vontade. Para ele, o mais importante era somente a felicidade do filho. Já em relação a minha gentil e tão bondosa mãe, esta foi às lágrimas de emoção quando lhes contei meu desejo. Desde cedo minha mãe procurou levar a palavra de Jesus ao lar, mesmo quando ainda era bem jovem e havia iniciado seu relacionamento com meu pai. Como tivera uma criação religiosa bem forte através de sua mãe, sempre procurou manter esses ensinamentos em nosso lar.

Então, desde criança, sempre acompanhei junto a meus pais os estudos que fazíamos do evangelho e seguíamos às missas. E a cada estudo, cada novo ensinamento que recebia, mais eu sentia-me atraído pelas valiosas lições de Nosso Senhor Jesus Cristo. Havia em mim algo que desde cedo irradiava em meu coração. Sem conhecer o que eu, enquanto desencarnado, elaborara junto aos espíritos responsáveis para esta encarnação, sentia como se o sacerdócio fosse a verdadeira luz que acalentaria meu íntimo.

E após os eventos que nos últimos anos eu enfrentara, este desejo enfim se acendera. Eu desejava, com todas as minhas forças, encontrar a luz do Cristo, para então, se Deus me permitisse, poder humildemente levá-la até meus queridos irmãos. Para mim a palavra de nosso Senhor era poderosa luz a guiar-me, e meu coração, repleto de amor, clamava para que outros também pudessem recebê-la.

E apesar de ter meu querido irmão Alexandre cuidando tão amavelmente de nossos queridos pais, que já beiravam a casa dos 80 anos, doía meu coração quando pensava que ficaria longe deles. Eu já havia ido pesquisar como era o curso de formação e preparação ao sacerdócio, e o seminário seria na Diocese da cidade vizinha. Faria os cursos de filosofia e teologia, para aí então obter o diaconato e em seguida, após cerca de um ano, o presbítero. E o período todo poderia chegar à duração de até sete anos. Eu poderia vir visitar minha família nos dias permitidos, mas a distância impedir-me-ia de fazê-lo com a frequência que meu coração desejaria.

Por isso, mesmo sentindo que este era o caminho que eu deveria seguir, ficar afastado deles fazia-me chorar só de pensar na saudade que sentiria.

Meu querido pai não andava com a saúde muito boa e tal fato preocupava-nos. Por isso pedi que o doutor Emílio o visitasse, ao que este gentilmente atendeu. O doutor era sempre muito atencioso e possuía muito apreço por nossa família. Principalmente por meu pai, que já conhecia de alguns anos. O doutor quase que mensalmente nos visitava para ver como ia a saúde de meus pais. Muito falador, gostava bastante de conversar. E como possuía apenas um único parente na cidade, passava a maior parte do tempo ocupado com o trabalho. Então suas consultas quase sempre eram bastante longas, pois durante o atendimento gostava de saber exatamente tudo o que se passava com seus pacientes.

Além do tratamento físico ministrado pelo doutor, existia também o tratamento espiritual, pois havia junto dele uma dedicada equipe do plano espiritual. Sempre que o doutor vinha à nossa casa, trazia consigo cerca de meia dúzia de companheiros do astral. Enquanto ele tratava do corpo, os amigos bondosamente cuidavam do espírito. Porém, como não possuía mediunidade específica para visualizá-los, ele prosseguia indiferente ao auxílio dos companheiros do invisível.

Mas, mesmo desconhecendo tal atuação por parte dos amigos em suas consultas, o doutor Emílio possuía um lado espiritual bastante consolidado. O amigo Balthazar revelara-me que todos os dias, ao acordar, ele orava a Deus e a seus anjos para que o amparassem em seu trabalho. Pedia-lhes amparo para que prosseguisse no caminho correto e suas escolhas e atitudes pudessem auxiliar o próximo. E quando recebia a notícia de que um de seus pacientes estava melhor graças ao seu trabalho, ele elevava opensamento a Deus e agradecia-lhe.

Então, assim como das outras vezes, quando o doutor chegou a nossa casa, trazia consigo sua abençoada equipe espiritual. Estava ali diante de nós uma poderosa e valiosa corrente do bem, todos humildemente concentrados naquela importante tarefa. E após os cumprimentos, convidei o doutor para que me acompanhasse até o quarto onde meu pai repousava.

— Faz tempo que seu pai está assim? – perguntou o doutor.

— Faz cerca de três dias que ele tem tido febre, sentindo algumas dores pelo corpo, calafrios e falta de apetite – respondi.

— E ele está tomando algum medicamento?

— Não, estamos apenas fazendo compressas para ajudá-lo a dormir. Mas pelo que minha mãe percebeu, ajuda apenas assim que ele se deita. Pelo meio da madrugada, ele já começa a se revirar na cama – expliquei.

Enquanto o doutor o examinava, no invisível os companheiros espirituais aplicavam-lhe passes ao longo de todo o corpo.

Como meu pai possuía como querido amigo espiritual o bondoso Cássius, este prosseguia em vibrações de paz também ao seu lado. A equipe de doutores e médicos do espaço ali presente era coordenada por um senhor de cabelos grisalhos e barba bastante espessa, que orientava os demais sobre como proceder. E após uma rápida higienização do perispírito de meu pai, feito através dos passes ao longo de seu corpo, enquanto dois dos assistentes permaneciam com as mãos sobre seu peito, realizando movimentos circulares, o espírito que coordenava a equipe focava-se na região da cabeça. Com as mãos abertas e os polegares sobre os olhos de meu pai, ele transmitia-lhe suaves emissões de coloração esverdeada. Já o restante de sua equipe concentrava-se na preparação de uma distinta mistura, que mais parecia extraída de algum tipo de erva.

De pé, próximo à porta, enquanto o doutor Emílio prosseguia examinando meu pai, eu acompanhava cada movimento seu e dos médicos espirituais, procurando entender o que faziam. E logo o gentil amigo Balthazar começou a explicar-me.

— Assim como os médicos do plano físico se utilizam dos recursos obtidos na natureza através das folhas e raízes, os espirituais também fazem uso de recursos naturais. Eles são poderosas fontes de auxílio, e possuem concentrações muito mais puras do que as encontradas no físico. E apesar deles estarem tratando o perispírito ou corpo fluídico de seu pai, tal processo faz-se altamente necessário. Estão preparando um valioso medicamento que irá contribuir em seu tratamento – explicou o amigo.

— Mas eles já sabem o que meu pai tem? – quis saber, curioso.

E antes que o amigo respondesse, o doutor Emílio chamou-me e explicou o que meu pai realmente tinha.

— Matheus, vamos ter que tomar bastante cuidado com nosso

amigo aqui, pois ele está com pneumonia. E em sua idade, sabemos que o corpo necessita de muito mais atenção. Eu irei ministrar-lhe um antibiótico, e veremos como ele reage.

Confesso que fiquei assustado. Apesar de não ser uma doença grave, ver meu querido pai naquele estado entristecia-me. E logo vi os médicos do espaço começarem a aplicar sobre o peito e pescoço do meu pai a mistura que preparavam. De coloração avermelhada, esta começou a alterar sua tonalidade em contato com o seu perispírito, e assim que ficou com uma tonalidade amarelada, o doutor que coordenava o grupo posicionou-se ao lado de meu pai e, com as mãos sobre seu aparelho respiratório, começou a emitir de suas mãos um suave brilho. Ele procurava ali fazer com que a mistura fosse absorvida pelas áreas afetadas e com isto evitar seu avanço.

Valiosa cena eu presenciava. Imediatamente vi que no local, ou seja, na região do aparelho respiratório de meu pai, começou a formar-se uma espécie de envoltório. Balthazar gentilmente me explicou que era muito mais comum do que eu imaginava o trabalho em conjunto entre encarnados e desencarnados. Enquanto um trata do corpo físico, o outro cuida do perispírito. Como um age diretamente sobre o outro, tal processo é bastante importante.

E emocionado com o carinho e respeito daqueles valiosos amigos, agradeci em oração por aquele abençoado trabalho de humilde auxílio e doação ao próximo. Rogava ao Pai para que os iluminasse e amparasse.

Após a aplicação do medicamento, o doutor Emílio fez questão de confortar meu pai. Com a mão sobre sua testa, garantiu-lhe que ficaria tudo bem.

— Não se preocupe, meu amigo, em pouco mais de uma semana você já deverá começar a sentir-se melhor. E logo esta sensação de desconforto será apenas uma lembrança. Eu vou instruir seus filhos e sua senhora sobre como agir, e em breve já poderá sair dessa cama.

Balthazar, após uma rápida conversa com o bondoso coordenador da equipe e Cássius, explicou-me que o tratamento espiritual ainda prosseguiria por mais alguns dias. Que uma equipe de enfermeiros viria a cada dois dias dar continuidade e ver a evolução de meu pai.

Fiz questão de agradecer àquela valiosa equipe espiritual e ao gentil doutor Emílio pelo respeito e atenção dedicados a meu pai.

Nos dias seguintes, assim como prometido, veio uma equipe de enfermeiros durante a noite cuidar de meu pai. Eles aproveitavam o momento de maior repouso do corpo para prosseguirem com o tratamento.

Foi um período em que percebi também haver uma maior aproximação de meu irmão Alê com meu pai. Meu irmão fazia questão de ficar junto a ele no quarto durante algumas horas no período da tarde. E minha mãe, sempre bondosa, cuidava para que ambos estivessem confortáveis.

Já fazia alguns anos que meu pai não possuía a mesma disposição de antes. Desde o infarto que sofrera, sua saúde ficou bem mais delicada. Talvez por isso eu me sentisse daquela forma, tão responsável por ele.

Assim como meu irmão, eu também fazia questão de zelar por meu pai. E ficava com ele nas primeiras horas de sono para que minha mãe pudesse repousar. Eu sabia que, mesmo ambos dormindo na mesma cama, ela deitava-se preocupada se ele dormiria bem. Então bondosamente ela permitia que eu permanecesse na poltrona ao lado dele durante algumas horas. Gostaria de permanecer ali durante a noite inteira, mas, atendendo ao pedido de meus pais, ficava apenas por algumas horas, pois não queriam que eu passasse as noites em claro.

Foi então que, enquanto prosseguia ali sentado e observando meu querido pai, que dormia respirando ainda com dificuldades por causa da pneumonia, comecei a repensar sobre deixá-los para entrar no seminário. Eles eram tudo o que eu tinha e não me perdoaria se algo acontecesse a eles. Eu sabia que poderia contar com o carinho e o amor de meu irmão, mas não poderia deixar aquela responsabilidade sobre seus ombros. Meu pai já não era mais o mesmo de antes, e minha querida mãe sobrecarregar-se-ia tendo de cuidar dele.

E vê-lo naquela situação partia-me o coração. Não parava de pensar no quanto eu contribuíra para sua saúde deteriorar-se quando cegamente decidira sair de casa. E agora que eu enxergara a luz e tinha-os novamente junto a mim, não queria abandoná-los mais uma vez.

— Não, eu não posso – sussurrei, às lágrimas. Me desculpe, Deus, mas eu não posso deixá-los. Não neste estado. Eles são tudo para mim. Nosso Senhor Jesus Cristo há de me perdoar, mas meus pais precisam de mim tanto quanto eu poderia oferecer aos meus irmãozinhos.

— Não chore, meu filho – solicitou meu pai, abrindo os olhos.

— Pai, o senhor está acordado? Me desculpe, eu não queria tê-lo acordado – disse-lhe, enxugando as lágrimas.

— Não precisa desculpar-se, meu filho. Eu estava sem sono.

— Então o senhor ouviu...

— Sim, Matheus – falou sorrindo – E eu quero que você escute o que eu tenho para lhe dizer, meu filho. No dia em que você nasceu, eu já sabia o quanto era especial. Eu nunca contei isto a sua mãe, mas quando você estava em seus braços, eu vi dezenas de anjos ao seu lado. Pensei que estivesse sonhando, mas com o passar do tempo, conforme eu ia vendo-o crescer e todo o amor e a luz que irradiava do seu coração, comecei a perceber o quanto Deus havia sido generoso conosco. Você não era apenas meu filho, você é filho de Deus. E foi graças a esta sua luz que eu pude me tornar uma pessoa melhor.

Muito emocionado, eu o ouvia, e ele prosseguiu:

— Graças a seu amor eu pude enxergar o verdadeiro caminho para Deus. Que pai eu seria se permitisse que meu tão amado filho se privasse de ir em busca daquilo que sempre esteve em seu coração? Eu sabia desde o início que este dia chegaria e que, assim como através do seu amor eu pude enfim ver a luz, outros também poderiam. Por isto eu lhe peço, meu filho: siga seu coração. Deixe que esta luz que você carrega possa iluminar o mundo, e que os anjos possam abençoá-lo em seus caminhos, transformando-o em um valioso instrumento de propagação da palavra de Deus e um abençoado missionário da fé, levando a todos a verdadeira palavra de amor, capaz de iluminar o mundo. A palavra de nosso Senhor, Jesus Cristo.

— Muito obrigado, meu pai – eu disse, não contendo as lágrimas e abraçando-o.

51 – Os chamamentos do Senhor

> E Jesus, passando adiante dali, viu assentado na alfândega um homem, chamado Mateus, e disse-lhe: Segue-me. E ele, levantando-se, o seguiu.[40]

[40] Novo Testamento, Mateus 9:9.

Quantos não são os chamamentos e as oportunidades que diariamente temos para seguir Jesus? Basta pararmos por um breve instante para, de coração aberto, conseguirmos perceber as abençoadas mãos de nosso Senhor convidando-nos a segui-lo.

Em um olhar fraterno, um sorriso amoroso ou um gesto de carinho. Em um ombro amigo, um valioso auxílio ou um abraço caloroso. Inúmeros são os exemplos onde podemos encontrar Jesus. Sua essência e sua presença estendem-se por todo o globo, alcançando e envolvendo todos os corações. Ele é a verdadeira e sublime luz do mundo, capaz de guiar-nos rumo ao seio de Deus.

Ele não faz distinções, não julga ou condena. Tampouco abandona ou castiga. Nosso senhor Jesus Cristo é a personificação da palavra amor, e o sentimento que carrega por nós todos é tão grande, que não há limites.

Ele conhece cada um de nossos defeitos e humildemente nos aceita. Sabe que, mesmo mergulhados em trevas, somos todos pequenas e valiosas sementinhas de Deus. Ele nos ama como verdadeiros irmãos e sabe que tão logo nos permitamos, os frutos do amor germinarão em todos os corações, transformando-nos em apóstolos do bem e abençoados missionários da luz.

Nosso Senhor conhece nossos íntimos anseios e sabe que mesmo quando estamos caminhando na escuridão, não extinguimos jamais a centelha do amor e do bem que trazemos em nós. Ele sabe que cada um faz aquilo que, ao seu modo de ver, considera como sendo o correto, aquilo que possui condições de realizar.

Assim, como uma criança que atira uma pedra e infelizmente fere alguém, porque ainda está aprendendo e desconhecia como agir corretamente, uma pessoa envolta em escuridão age, muitas vezes, da mesma maneira. Ela ainda não conseguiu reunir em si o entendimento necessário capaz de fazê-la compreender e mensurar as consequências de suas atitudes. É necessário ampará-la e fornecer-lhe condições para que a luz que ela carrega, luz que a conduzirá ao caminho do bem, possa enfim se sobressair e prevalecer.

Por isso devemos nos amparar e buscar forças naquele que é a luz do mundo, Nosso Senhor Jesus Cristo. Ele é o sublime guia e modelo capaz de fazer brilhar a fonte do amor em nossos corações. Aquele que segue Jesus, segue o caminho do amor. Amor não apenas pelo próximo, mas também por si mesmo.

Enfim iniciávamos o ano de 1926, já contando eu 25 anos, finalmente ingressaria na diocese da cidade vizinha, a fim de iniciar meus estudos no seminário.

Confesso que os últimos anos foram-me de grande valia, pois pude estreitar ainda mais os laços de carinho e respeito com minha amada família. Após o susto que havíamos levado com a notícia de que meu pai estava com pneumonia, ele abençoadamente se recuperou e, apesar dos probleminhas de saúde que o acompanhavam, tanto ele quanto minha querida mãe seguiam relativamente bem, o que me tranquilizara para seguir adiante com meu desejo.

Os últimos anos também me haviam sido inesquecíveis graças à valiosa companhia de meu irmão Alê. Este foi para mim o irmão que eu nunca tivera. Aproveitamos importantes momentos juntos e ele estaria sempre em meu coração por tudo o que passamos. Tão humilde, carinhoso e atencioso, Alê ensinou-me o quanto devemos agradecer pela vida que temos e dar valor a cada detalhe que muitas vezes deixamos passar despercebidos.

Foram anos iluminados que me fortaleciam para seguir firme e confiante na tarefa que iniciara. E após uma calorosa despedida, que na realidade era apenas uma mudança temporária de residência, agradeci carinhosamente à minha querida família e então parti rumo ao meu objetivo de tornar-me padre. Rogava a Deus que cuidasse da minha família e desse-me forças para encontrar a luz que procurava acender em minha vida.

Por situar-se na cidade vizinha, seriam poucas as vezes em que eu conseguiria visitar minha família, mas esforçar-me-ia para ir vê-los durante as folgas entre os períodos de estudos. Eu ficaria junto a outros seminaristas em um dos alojamentos na diocese, e faria os cursos de filosofia e teologia.

Assim que cheguei à diocese, pude perceber que havia um considerável grupo em busca do mesmo objetivo que eu. Inúmeros rapazes prosseguiam em espera no pátio que dava acesso aos conjuntos de instalações. Todos, assim como eu, estavam radiantes com a oportunidade que se iniciaria. E logo fomos então recebidos pelo simpático reitor, o Monsenhor Antero, que gentilmente nos contou um pouco sobre a história da diocese, sua origem e seus fundadores, para logo em seguida contar-nos sobre como ele havia decidido tornar-se presbítero. Disse que tudo ocorrera quando ele ainda era bem jovem, possuindo cerca de doze anos de idade.

O Monsenhor contou-nos que sua família era bastante pobre e vivia em uma modesta casa, próxima a uma importante fazenda no interior de Minas Gerais. Sua família fora uma das inúmeras que se assentaram naquela região em busca de uma oportunidade de trabalho. Possuindo cinco irmãos, ele era um dos mais velhos e por isso sempre auxiliava a família no que podia. Quando seu pai foi contratado para trabalhar na fazenda, ele fez questão de também tentar conseguir uma vaga. Porém, como era muito franzino, os responsáveis logo o descartaram. Mas isto não impediu que Antero tentasse mostrar seu valor. Ele sabia que se conseguisse aquele emprego, poderia auxiliar muito mais a família, uma vez que seu irmão mais velho sofria de idiotia e isso o impossibilitava de trabalhar.

Logo, sem que seu pai soubesse, ele invadiu a sede da fazenda e fez questão de ir ao encontro do próprio dono. Um italiano que viera ao Brasil juntamente com sua sobrinha, a fim de expandirem os negócios da família, chamado Lorenzo. Ele e sua sobrinha Francesca, da qual cuidava como se fosse sua própria filha desde que seu irmão e esposa tinham desencarnado em um naufrágio, haviam desembarcado no Brasil pouco mais de seis meses antes.

Contando treze anos de idade, Francesca era uma jovem muito simpática e gentil, cujo amor por animais, especialmente cavalos, era muito bem visto por seu tio, pois foi somente graças a este amor que ela vinha conseguindo enfrentar a perda dos pais, que ocorrera havia pouco mais de um ano.

Francesca conheceu Antero ao acaso, quando o viu sendo colocado para fora da sede a pedido do seu pai, após este se recusar a dar-lhe uma oportunidade de emprego. Muito curiosa com a atitude do jovem, que implorava a Lorenzo por uma oportunidade, Francesca decidiu segui-lo. Queria descobrir quem era aquele jovem que, diferentemente de todos à sua volta, não se intimidara com seu pai.

Então, seguindo-o enquanto ele caminhava para fora da fazenda, viu-o correr em disparada quando ouviu um som ofegante vindo de entre umas árvores. Antero, sem pensar duas vezes, dirigiu-se ao local a fim de verificar do que se tratava. E lá chegando, avistou um potro que se havia distanciado da mãe e encontrava-se caído. Oanimalzinho tinha um ferimento em uma das patas. Um pouco acima do casco, havia um pedaço de metal, possivelmente preso ali quando ele tentara passar por alguma das cercas.

Vendo o animal muito assustado e parecendo sem forças para levantar-se, Antero aproximou-se lentamente, procurando não o afugentar. Se não fosse removido e permanecesse em tais condições, possivelmente o animal não sobreviveria devido à quantidade de sangue que já havia perdido.

A poucos metros de Antero e do animal, mesmo angustiada com aquela situação, Francesca preferiu não intervir. Como não conhecia o rapaz, queria ver quais eram suas intenções.

Como a pedido de seu tio ela começara a estudar o português um tempo antes de eles desembarcarem, a jovem já conseguia compreender razoavelmente o idioma. E logo, após algumas tentativas de Antero de aproximar-se do animal e este, mesmo ferido, ameaçar levantar-se, o rapaz então apenas se sentou a cerca de um metro dele e começou a orar.

De olhos fechados e mãos unidas, Antero orava a Deus para que cuidasse do animalzinho e o acalmasse. Implorava que o Pai da vida estendesse suas mãos sobre ele. E como se tivesse então compreendido que o rapaz queria apenas ajudar, o animal baixou a cabeça e em seguida ficou imóvel. Assim que Antero percebeu, calmamente tocou na perna do cavalo, procurando demonstrar-lhe confiança, e com a outra mão segurou firmemente no metal preso ao animal, para com toda a sua força enfim poder puxá-lo.

Emocionada, Francesca viu Antero remover o metal do animal e então arrancar um pedaço de tecido da sua velha camisa para estancar-lhe o ferimento. Assim que se viu livre, o cavalinho levantou-se em um pulo e saiu em disparada rumo à estrada que dava na sede da fazenda. Foi quando Antero virou-se e viu Francesca observando-o.

Sem entender, ele viu a jovem correr em sua direção para logo em seguida abraçá-lo. Como era apaixonada por cavalos, ela queria muito agradecer-lhe pelo cuidado e sensibilidade que tivera com o filhote. Contou-lhe ter visto o que havia feito e disse-se espantada em como sua oração tinha conseguido acalmar o animal. Disse-lhe que aquele era um dom que ele tinha e que não deveria desperdiçá-lo. Como os animais são criaturas de coração puro, eles percebem quando o nosso também o é, e que o mundo seria um lugar mais feliz se houvesse mais pessoas como ele, capazes de orar para Deus não por suas próprias necessidades apenas, mas também pelo próximo, mesmo que este irmãozinho seja somente um pequeno animal.

Antero disse seguir, daquele dia em diante, atrás daquele conselho. E que através do auxílio da jovem, que convenceu seu pai a dar-lhe uma oportunidade, conseguira o emprego e trabalhara na fazenda por cerca de dez anos, podendo contribuir com seu pai e sua família. Durante esse período, também começara a estudar juntamente com um pároco muito amigo de Lorenzo, e que semanalmente realizava cultos na pequena capela construída na própria fazenda. A partir de então, Antero nunca mais parara de estudar e enfim, após muito esforço, pôde finalmente alcançar aquele objetivo e tornar-se padre. Graças à confiança e o conselho de sua antiga amiga, Francesca.

Valiosos ensinamentos o reitor transmitira-nos. Quando acendemos em nós a verdadeira luz do Cristo, a vontade e o puro desejo de propagar os abençoados ensinamentos do Senhor tornam-se tão fortes, que o coração transborda de alegria, impulsionando-nos a semear suas palavras, a fim de que, com a graça de Deus, possamos nós todos um dia compreender Seu sublime amor.

O dia a dia no seminário era para mim uma constante oportunidade de íntima evolução, não apenas através das aulas e do contato com meus queridos irmãos de estudo, mas também com os importantes momentos de oração.

Em geral acordávamos logo cedo, às seis horas, e nos reuníamos na capela para oração e meditação, seguida da primeira missa do dia. Terminada a missa, nos dirigíamos para o café da manhã no refeitório, onde o silêncio sempre deveria permanecer. Após o café, todos colaboravam com a limpeza, lavando as louças, arrumando as mesas e varrendo o chão.

Logo se iniciavam então as primeiras aulas do dia, cujos orientadores tratavam-nos com muito respeito e bastante atenção. Se ficássemos com alguma dúvida sobre alguma explicação, eles retornavam ao assunto com bastante paciência.

Um pouco antes do horário do almoço, aqueles que haviam sido designados para auxiliar dirigiam-se ao refeitório para preparar as mesas, enquanto o restante seguia à capela para orar. Toda semana alternavam-se os designados, de maneira que todos pudessem colaborar. No início do almoço, sempre líamos um trecho do Novo Testamento e, ao final, todos nos levantávamos para dar graças a Deus.

Depois do almoço, aqueles que não possuíam tarefas a realizar, podiam fazer um descanso, caminhar, fazer alguma leitura, estudar ou passar esse tempo na chamada sala de música, seja para praticar algum instrumento ou apenas apreciar as melodias.

Em seguida retornávamos para as aulas do período da tarde, que seguiam até o início da noite. Sua conclusão geralmente era acompanhada por uma conferência junto ao reitor sobre espiritualidade e temas similares. Findada a conferência, era rezado o terço, para então iniciarmos o jantar.

Terminado o jantar, assim como nas outras refeições, alguns tratavam dos afazeres domésticos enquanto outros permaneciam em oração. A união com Deus é muito importante durante todo o dia.

Em seguida, após um breve descanso, nos dirigíamos ao salão de estudos para mais uma hora de valiosos ensinamentos, o que terminava com todos se dirigindo à capela para o cântico de agradecimento a Deus pelas bênçãos do dia e para rogarmos que sempre tivéssemos Seu auxílio e proteção.

Com o fim dos cânticos, terminam também as tarefas do dia. Podíamos permanecer na capela em oração ou prepararmo-nos para dormir. Entretanto, ao horário de vinte e duas horas, todos deviam estar nas camas e o silêncio deveria ser obedecido.

Aos finais de semana, após as primeiras orações e um breve estudo, realizávamos trabalhos diversos, desde cuidar das hortas, até afazeres em geral. E como nossos compromissos de estudos eram menores, aproveitávamos e nos dirigíamos à cidade a fim de fazer compras, e também aproveitávamos para confraternizar.

Em geral, todos costumavam seguir este cronograma de atividades, salvo em algumas exceções, pois os horários de levantar-se e deitar-se são para a Diocese muito importantes.

Durante as primeiras horas em que me deitava, aproveitava para prosseguir com meus estudos junto aos queridos amigos espirituais. Enquanto Balthazar orientava-me acerca das questões morais, o gentil padre Antônio – amigo também de longa data, com quem eu havia convivido em minha encarnação anterior, e que depois me auxiliara no plano espiritual – abordava pacientemente os temas evangélicos que estudáramos durante o dia. Sempre muito humildes e atenciosos, procuravam elucidar-me a fim de auxiliar-me em minha própria evolução.

52 – Valioso presente

E Jesus lhes disse: Eu sou o pão da vida; aquele que vem a mim não terá fome, e quem crê em mim nunca terá sede.[41]

Nas tribulações do dia a dia, inúmeras são as oportunidades que a vida nos oferece, seja de auxílio, resgate, superação ou compreensão daquilo que intimamente buscamos e necessitamos para nossa própria construção moral. E prosseguimos caminhando, com os olhos fixos apenas naquilo que podemos tocar. Condicionamo-nos a ser, estar e agir, somente com aquilo que falsamente acreditamos como o mais importante à nossa existência.

Logo, quando uma determinada oportunidade apresenta-se, nosso primeiro impulso é saber como aquilo irá beneficiar-nos. E associamos a felicidade e o bem estar àquilo que nos traz conforto. Julgamo-nos quase sempre pessoas dignas e idôneas, cujos atos não pesam sobre a balança do próximo. Acreditamos estar caminhando de maneira correta e sem causar interferências no percurso daqueles que estão à nossa volta.

Contudo, se pararmos por um instante para pensar, veremos que quase tudo, senão tudo o que temos feito diz respeito unicamente a nós mesmos e a alguns poucos à nossa volta. Mas muitas vezes, nem mesmo aqueles que consideramos como caros recebem o mínimo de intenções benéficas de nossa parte. Condicionamo-nos a agir e conviver mais por necessidade do que com um desejo salutar de reciprocidade. Pouco temos demonstrado de carinho, amor e afeto. Na maioria das vezes, esses sentimentos acabam permanecendo apenas no pensamento. Ou seja, quando permitimos que a luz da verdadeira união vá começando a surgir em nosso íntimo, não conseguimos reunir forças suficientes para expressá-la. Enclausuramos em nosso âmago os sublimes sentimentos que germinam em nosso coração, sem efetivamente permitir que floresçam.

Por isto, ao ouvirmos a voz que intimamente clama em nosso ser, sentimos como se algo nos faltasse. É um desejo de saciação que ainda não compreendemos. Uma busca que nos condicionamos a não considerar como de extrema importância.

Mas é chegado o momento de derrubar as barreiras e ouvir a voz do coração. Ouvir a voz mansa daquele que veio ao mundo para

[41] Novo Testamento, João 6:35.

conduzir-nos à meta e ensinar-nos a viver como verdadeiros irmãos e irmãs em Deus. Ele é a luz que nos guia, o alimento que sacia e o amor que nos conforta e beneficia.

Sigamos as abençoadas palavras do nosso Divino Mestre, e permitamos que Seu amor possa agir em nossos corações, transformando-nos em pequenas fontes de luz a espargir somente o amor sobre todos aqueles à nossa volta. E que o Cristo vivo encontre sempre uma porta aberta em nossos corações.

Já se haviam passado seis meses desde que eu ingressara no seminário, e a cada dia que prosseguia com os estudos, mais feliz e realizado eu me encontrava. Ficava fascinado com todo o conteúdo que estávamos abordando e surpreendia-me com os magníficos ensinamentos. Sentia como se as belas lições transmitidas por Jesus fossem um valioso bálsamo a invadir-me o espírito, abrindo-me os olhos aos verdadeiros caminhos que necessitávamos seguir.

E motivava-me ver ali, junto a mim, muitos outros jovens com os mesmos propósitos. Todos em busca da sublime luz de Jesus Cristo.

Dentre todos, havia dois com quem eu mais me identificava. Eram Adalberto e Romualdo, queridos irmãos de aspecto bastante distinto. O primeiro era conhecido por todos devido à sua espontaneidade e por ser uma pessoa muito extrovertida. Enquanto o segundo, muito tímido, porém bastante educado e atencioso, era sempre muito prestativo com todos.

No início, quando não nos conhecíamos, e a timidez pairava no ar, a maioria apenas trocava meias palavras, pois apesar do mesmo objetivo em comum, a educação era diferente. E necessitou quase uma semana até que nos sentíssemos mais à vontade uns com os outros, e logo os primeiros grupos pudessem ser formados.

Com cerca de um mês de convivência quase que diária, já estávamos todos bastante familiarizados uns com os outros, e então as afinidades começaram a surgir. Eu, Adalberto e Romualdo aproximamo-nos enquanto realizávamos as tarefas do dia. Escolhidos para cuidar dos afazeres após um almoço, eu e Romualdo nos divertíamos com o jeito sempre brincalhão de Adalberto. Ele adorava fazer os outros rirem. E apesar de estarmos em um lugar de estudos, havia os momentos de descontração, em que às vezes até os orientadores entravam no clima. Tudo sempre bastante sadio e respeitoso.

Esse respeito se estendia a todas as situações, como no auxílio mútuo. Romualdo, por exemplo, por ser o mais franzino do grupo, geralmente acabava necessitando de algum auxílio quando tratávamos de afazeres mais puxados e de serviços braçais. Ele não se sentia menosprezado ou desfavorecido quando solicitava alguma ajuda, e todos o respeitavam. Era certo que havia alguns poucos que pareciam torcer-lhe o nariz, crendo que este fazia corpo mole, mas nada que provocasse algum tipo de desarmonia no grupo.

Eu havia contado a ambos um pouco de minha história e disse-lhes também que desde pequeno estava acostumado a ver e conversar com espíritos, fato inicialmente desacreditado por Romualdo, mais por incompreensão do que por incredulidade, mas que algum tempo depois começou a ser aceito, quando comecei a contar-lhe sobre seus parentes já desencarnados que cotidianamente vinham visitá-lo, e eu, conseguindo vê-los, descrevia sua aparência e informava-lhes seus nomes. Já em relação a Adalberto, dizia apenas crer na presença dos mortos, mas que não acreditava que els pudessem um dia retornar em novos corpos.

Um dia conversando sobre a existência dos mortos, explicava-lhes como eles agiam e influenciavam-nos, quando tivemos chamada a atenção por um de nossos instrutores que ouvira a conversa. Ele aconselhou-nos a abandonar aquela ideia se não quiséssemos receber algum tipo de advertência. Se estávamos crendo na ação dos mortos, isso era coisa do "capeta", e aquele assunto deveria ser encerrado ali.

Sem compreender os motivos por aquela repulsa ao assunto, uma vez que para mim o contato com os bons espíritos, mais precisamente com o dedicado amigo Balthazar, ocorria desde pequeno, silenciamos. Não queríamos sofrer nenhum tipo de represália ou desvirtuar o que era apregoado na diocese.

Porém, enquanto prosseguia entregue aos meus pensamentos, dirigindo-me à sala de aula, ouvi alguém timidamente me chamar.

— Ei, rapaz – sussurrou.

Virei imediatamente para ver se realmente era comigo e vi um senhor a acenar para mim. Eu já o havia visto antes: tratava-se de um dos encarregados gerais da limpeza. Nos conhecíamos apenas de vista.

— Pois não, senhor – disse, aproximando-me.

— Desculpe, mas não pude deixar de ouvir a conversa de vocês agora há pouco. Eu estava varrendo o chão quando vi o orientador chamar sua atenção. Falavam de espíritos, não é mesmo? Daqueles que já morreram e prosseguem aqui conosco...

Apesar de aquele senhor realmente ter razão, como o orientador havia ordenado que encerrássemos aquele assunto, por mais que não me sentisse à vontade com aquilo, emudeci com seus questionamentos, pois não queria sofrer nenhuma sanção e respeitava muito as recomendações de nossos amados orientadores.

— Ora, o que é isso, meu rapaz? Não precisa ficar com receio. Só estou lhe fazendo esses questionamento porque talvez eu possa lhe ajudar. Confesso que eu era bastante leigo no assunto, mas recebi um livro que me abriu o pensamento. Nele estão contidas inúmeras respostas para os mais diferentes pontos. E como eu ouvi que falavam deste assunto, do contato com os que já morreram, creio que talvez este livro lhe traga bastante esclarecimento – falou-me o senhor.

Sem saber o que dizer e ainda confuso com tudo aquilo, apenas sorri e então segui meu caminho. Porém, enquanto continuava na aula, as lembranças das conversas que tivera tanto com o orientador quanto com aquele senhor não permitiam que me concentrasse. Como poderia simplesmente abandonar o benéfico convívio que eu tinha com os amigos espirituais? Como considerar obra do "capeta" as maravilhosas instruções que recebia, cuja fonte de tudo era Deus? Ou então, como negar todo o ensinamento que me transmitiam do nosso abençoado Senhor Jesus Cristo, que eram sempre embasados no amor e na caridade?

Foram indagações que me tomaram os pensamentos praticamente durante todo o período da tarde. Até que, enquanto nos dirigíamos para o jantar, o mesmo sujeito abordou-me novamente. Muito cauteloso para não chamar atenção, ele trazia-me um embrulho.

— Pegue, rapaz, eu quero que fique com isso. Ganhei de um valioso amigo e agora quero passá-lo a você – disse-me, entregando o tal embrulho.

— Me desculpe, senhor, mas eu não posso aceitar – disse, afastando-me.

— Não, espere, por favor – solicitou-me gentilmente – Sei que deve estar achando tudo muito confuso, mas lhe garanto que irá entender. Se realmente você mantém este contato com aqueles que já partiram, posso lhe afirmar que isso lhe será de grande utilidade. Por favor, aceite. É de coração que lhe entrego isto – completou, sorrindo.

Sem saber o que dizer e verificando em seus olhos o quanto aquilo realmente lhe parecia importante, estendi as mãos e então, segurando o embrulho, apenas acenei com a cabeça, agradecendo-lhe. Confesso que assim que o segurei, tive imediatamente uma sensação muito diferente. Como se tal presente fosse trazer-me algo de muito proveitoso.

Sentindo então como se meu corpo e espírito vibrassem de maneira totalmente ímpar, guardei o embrulho sob os braços e prossegui normalmente com minhas tarefas. Foi apenas quando já me encontrava na cama, preparando-me para dormir, que, ao voltar os olhos para o embrulho posto sobre a cômoda ao lado de minha cama, finalmente decidi desembrulhá-lo.

Bastante cuidadoso para não perturbar os companheiros que também haviam ido deitar-se, procurava fazer o mínimo de barulho possível. No embrulho encontrei um livro consideravelmente grosso e de aspecto bastante surrado. Seu título chamou-me muito a atenção, pois até então nunca tinha visto ou ouvido falar de alguma literatura que abordasse o plano espiritual. E logo nas primeiras linhas que li, fui tomado por uma sensação de profunda paz; ao percorrer o prefácio, tive a impressão de que alguém possuidor de sublime luz simplesmente me velava. Não se tratava dos amigos Balthazar ou padre Antônio, mas sim alguém que jamais imaginava ver ali e que, tão logo fosse possível, eu teria a grande surpresa de reencontrar.

Como, apesar de encontrarmo-nos na cama, nada nos impedia de eventualmente realizar alguma leitura, tratei logo de acender a vela que possuía em minha cômoda, destinada a este fim, e segui noite adentro mergulhado naquela profunda e esclarecedora leitura. Sentia como se tivesse nas mãos uma chave capaz de abrir caminho às portas mais cerradas.

Tudo o que lia, apenas confirmava o que o bondoso amigo Balthazar tanto me elucidara. Que somos todos espíritos ainda muito imperfeitos, encarnados em corpos físicos, a fim de alcançarmos nossa íntima e verdadeira essência, diante das provas e expiações que somente uma existência no plano material é capaz de proporcionar-nos. E que a alma do homem, seu espírito, é e sempre será imortal, e que o fim de sua existência em um corpo físico não o estingue, mas sim o liberta. Que estes espíritos nada mais são que uma obra de Deus, inteligência suprema e causa primária de todas as coisas. Todo justiça e todo bondade, Ele permite-nos estes contatos com os espíritos desencarnados, para que possamos caminhar juntos para que a luz não permaneça reclusa, mas possa alcançar todas as direções, confortando os inúmeros corações ainda mergulhados nas sombras e que se encontram espalhados por todos os planos, físico e espiritual. Auxiliando-se mutuamente como verdadeiros irmãos em Deus, suas valiosas centelhas de luz.

Sem receber a visita dos queridos amigos espirituais, mas com a sensação de que alguém me observava, passei quase a noite inteira mergulhado naquela esclarecedora leitura. Quando chegou o dia seguinte, assim que tive uma oportunidade, corri para contar aos amigos Romualdo e Adalberto sobre o surpreendente livro que eu ganhara de presente. Eles ouviam e não podiam acreditar que pudesse haver tal literatura, ainda mais que tenha chegado até minhas mãos uma obra daquela, com pontos de vista tão diferentes dos que eram pregados ali na Diocese.

Expliquei-lhes que fora um dos encarregados da limpeza que me presenteara, após nos ouvir conversando sobre o assunto com o orientador, e eles logo quiseram que eu o descrevesse. Contudo, enorme foi a minha surpresa ao ouvir destes que, desde que havíamos ingressado no seminário, em nenhum momento haviam visto um homem com aquela descrição tão peculiar.

Confuso e sem entender, apenas pude então lhes garantir que o tal livro realmente existia e que lhes mostraria assim que fosse possível, talvez após o almoço. Eu o havia deixado na gaveta de minha cômoda, para evitar que alguém com as mesmas convicções do próprio orientador o visse, provocando um desconforto desnecessário. Respeitava muito meus queridos companheiros de estudo, bem como as regras e a filosofia ditadas na diocese, e a última coisa que queria era causar aborrecimentos. Por isso, procuraria ser o mais cauteloso possível com o trato àquele livro dos espíritos.

Assim que almoçamos, eu dava como certo poder levar meus colegas para ver o tal livro, mas fui então chamado a auxiliar com os afazeres de limpeza da louça, trabalho este que geralmente não passava de meia hora. Contudo, assim que terminamos de lavá-la e fomos guardá-la no armário, algo improvável aconteceu. Quando eu já estava na metade, o armário suspenso simplesmente veio abaixo, derrubando e quebrando quase tudo o que estava dentro.

Preocupados se tínhamos exagerado nas quantidades e distribuído mal o peso, confesso que todos ficamos assustados e perplexos com o estrago. Apenas quando o cozinheiro, que estava lá fora, chegou, preocupado com o barulho que ouvira e com a possibilidade de alguém se ter machucado, foi que nós começamos a acalmar-nos. Ele confortou-nos, dizendo que já fazia algum tempo que ele tinha avisado que aquele armário não parecia muito seguro para tanto peso, mas que infelizmente seus superiores não lhe deram ouvidos.

Passamos todos praticamente o descanso inteiro do almoço ajudando com a bagunça. Parecia que não seria tão cedo como eu imaginava que mostraria o livro aos amigos.

Ansioso, mas confiante de que tal momento logo chegaria, prossegui com minha rotina no seminário, tentando absorver os valiosos ensinamentos que meus queridos orientadores ministravam.

Findas as aulas da tarde, dirigimo-nos todos para o jantar. Após verificar com Romualdo e Adalberto se haviam sido escalados para os trabalhos de limpeza e descobrir que nada tinham, combinamos então que, logo depois do jantar, aproveitaríamos o descanso para eu finalmente lhes mostrar o livro.

Contudo, assim que jantamos, no caminho para colocar os pratos na área de limpeza, alguém me chamou muito a atenção. E ao olhar para o final do refeitório, avistei ninguém menos que o senhor que me havia presentado com o tal livro. Disposto a apresentá-lo aos amigos, a fim de que verificassem que ele realmente existia, saí da fila e então corri em sua direção.

53 – Luz que esclarece e conforta

> E ninguém, acendendo uma candeia, a põe em oculto, nem debaixo do alqueire, mas no velador, para que os que entram vejam a luz.[42]

Deus, nosso amado Pai, criou-nos simples e ignorantes para que pudéssemos através de nossas escolhas encontrar o sublime caminho dos justos. Para que através de nosso íntimo esforço, reuníssemos condições de gradativamente compreender a verdadeira essência da qual somos portadores, e sua importância perante

[42] Novo Testamento, Lucas 11:33.

o grande todo.

Como a criança que, tentando caminhar, cai e logo se levanta, prosseguimos observando, analisando e experimentando como o passo que damos hoje reage direta ou indiretamente sobre tudo o que existe à nossa volta, interligando-se com o ambiente em nosso entorno.

É como uma pedra atirada em um imenso lago. Ao primeiro instante, reagindo apenas sobre o ponto com que ela teve contato direto; porém, logo se inicia um processo de vibração e movimentação da água ao seu redor, e a influência causada pelo deslocamento expande-se e prossegue sobre uma área consideravelmente maior, reagindo sobre todo o lago, até que tal energia enfim se dissipe.

Conosco também ocorre da mesma maneira. A cada passo que damos, seja subindo um degrau ou mesmo falhando e tropeçando, colocamo-nos a influenciar relativamente o campo vibracional do próximo. Seja por nossas próprias dificuldades de movimentação, ou amparando-o e dando-lhe sustentação, dependendo das condições evolutivas em que nos encontremos.

Logo, à medida que prosseguimos evoluindo e compreendendo não apenas as peculiaridades de nossa íntima essência, mas também as do fluido universal que envolve a todos nós, estamos gradativamente acendendo em nós a valiosa centelha de luz que possuímos. Esta sublime luz nada mais é que a exteriorização da verdadeira moral da qual todos somos portadores.

Por isso, importante tarefa possuem aqueles que através dos valiosos exemplos que Deus nos deu, conseguem acender esta luz interior. Luz do amor, luz da caridade, luz da humildade, luz da paz, luz da união. Estes são os abençoados candeeiros que irão auxiliar e guiar-nos em direção ao verdadeiro caminho, o caminho do Cristo.

— Oi, moço, que bom que o encontrei – disse, aproximando-me ofegante.

— Ah, olá meu rapaz. Tem feito um bom proveito do presente que lhe dei? – indagou-me sorridente o senhor.

— Sim! Confesso que, mesmo com o pouco que li, já estou surpreso. Jamais imaginava encontrar uma literatura tão esclarecedora como essa. Ele descreve exatamente as características da vida após o corpo físico. Tudo o que meu mentor descreveu-me parece ser abordado mais profundamente neste livro.

— Puxa, que bom! Meu coração se enche de alegria ao ouvir isso.

— Eu vi que é de autoria de um francês. Poderia lhe perguntar como esse exemplar traduzido veio parar em suas mãos? – perguntei, curioso.

— Bem, na realidade ele foi entregue a mim quando eu ainda era moço. Devia ter quase a mesma idade que você tem hoje. Foi no início da década de oitenta do século passado. E com isto, lá se foram quase cinquenta anos.

— Nossa, setenta anos? O senhor está muito bem, aparenta ter apenas uns sessenta – considerei.

— Isto é verdade, meu rapaz. Na realidade sessenta e dois anos, para ser mais exato.

— Desculpe, não entendi. O senhor disse possuir sessenta e dois anos, porém falou que recebeu o livro de presente quando tinha a minha idade, há quase cinquenta anos. Peço perdão, acho que eu me confundi e entendi errado... Mas, não me interprete mal, na verdade a minha intenção era apenas apresentá-lo a dois amigos meus...

— Imagina, rapaz. Não há com o que se preocupar. Permita-me dizer que você realmente não se confundiu. Os números que entendeu estão corretos. Faz cerca de oito anos que pude conhecer a sublime e verdadeira vida com que Deus nos presenteou, sem as barreiras ou limitações que a transformam em uma tela ainda distante, com maravilhosos matizes de cores que somente um olhar apurado consegue apreciar. Creio que talvez eu não consiga apresentar-me aos seus colegas da maneira que gostaria. Pois dentre os que aqui se encontram, apenas você reúne condições para ver-me – explicou-me o simpático senhor.

Logo, após alguns instantes a observá-lo mais detidamente, eu enfim pude compreender o que ele tentava dizer-me.

— O senhor está desencarnado? – indaguei, surpreso.

— Exatamente, meu rapaz.

— Mas eu ainda não entendo. Por que o vejo diferente de como vejo os outros desencarnados, com exceção de Balthazar e padre Antônio?

— Basicamente por dois motivos. O primeiro é que, com o passar do tempo, a sua própria percepção vai se tornando mais depurada. E logo você começa a reunir em si tais recursos, à medida que prossegue se esforçando e permitindo que as portas desta percepção se desenvolvam. O segundo motivo é a afinidade. Faz cerca de três anos que o tenho acompanhado diariamente e reunido condições para que nossa tarefa possa se desenvolver.

— Tarefa? – questionei.

— Sim! Nossos superiores possuem grande interesse nas valiosas lições aprendidas através do abnegado exemplo de cada um dos filhos de Deus. Como lhe expliquei, eu o tenho acompanhado há alguns anos e aguardava ansiosamente por este momento. Devo acrescentar que meu contato com você só foi possível graças ao esforço e dedicação de seu bondoso mentor. Foi Balthazar quem me trouxe até você. Espero profundamente que eu possa, através de meu esforço, contribuir para esta grandiosa tarefa. Por isso, além dos queridos companheiros de labor que o têm auxiliado, eu humildemente também o estarei auxiliando. Espero que nosso amado Pai possa nos abençoar, e que seu querido filho e Nosso Senhor Jesus Cristo nos envolva com toda sua luz e o seu amor, amparando-nos para seguirmos sempre no caminho do bem – completou o querido amigo.

Sem palavras para expressar o que sentia, eu apenas sorri e, afirmando que faria todo o possível para colaborar naquela tarefa, indaguei seu nome. E retribuindo o terno sorriso, o simpático senhor olhou-me nos olhos e em seguida se apresentou:

— Você pode chamar-me de Esaú.

O simpático senhor logo me cativou com seu jeito simples e humilde. Ele explicou-me como eu havia ganhado dele o livro, uma vez que sua situação como espírito não permitiria tal feito. Ocorria que na verdade o livro que me foi entregue havia sido apenas momentaneamente materializado. Assim eu realmente o havia recebido e projetado em meu íntimo, dando-me a certeza de que realmente o segurava.

Sem que me desse conta, o livro que coloquei dentro da gaveta assim que cheguei a meu quarto, não era o mesmo que instantes depois eu dela tirei e coloquei sobre a cômoda. O tal livro em seu embrulho, na realidade já se encontrava guardado, e quase escondido, bem ao fundo da cômoda, havia vários anos.

O livro fora cuidadosamente guardado pelo próprio Esaú quando esteve encarnado e trabalhando nas dependências da diocese. Tão logo houve o seu desenlace e ele soube da valiosa tarefa que empreenderia, os espíritos superiores atuaram para que tudo transcorresse da melhor maneira possível.

Sobre contar aos amigos de seminário tudo o que havia ocorrido, os companheiros Balthazar, padre Antônio e Esaú aconselharam-me a não entrar em detalhes, visto que tais conhecimentos acerca do plano espiritual ainda não faziam parte dos processos existenciais dos amigos naquele momento.

Com o passar dos dias, à medida que eu prosseguia empenhado em meus estudos no seminário e conjuntamente recebia, durante a noite, instruções dos queridos amigos espirituais, quando também aproveitava para ler e estudar o tal livro que esclarecia sobre o plano espiritual, comecei a questionar-me sobre os pontos de vista que cada estudo me apresentava. Os valiosos esclarecimentos que aquele livro me trazia, associados aos oferecidos pelos bondosos amigos espirituais e tudo o que eu havia conhecido até então, não se alinhavam com os ensinamentos que vinha recebendo no seminário. Eu estava confuso se vinha fazendo a coisa certa. Se deveria prosseguir com aqueles dois estudos. Mas logo os bondosos amigos espirituais auxiliaram-me a compreender o que meu coração e minha alma desejavam.

— Querido Matheus, a vida é muito mais simples do que imaginamos. Somos nós que a complicamos. – iniciou Balthazar – Você se lembra de como vivem as tartarugas? Estas podem viver tanto na terra quanto na água. Não estão reclusas ou limitadas, pois para elas a vida acontece em ambos os meios. E nem por isso elas são mais ou menos felizes. São criaturas, filhas de Deus, que simplesmente vivem e seguem aquilo que intimamente trazem em si. Ou seja, elas aprenderam a viver em harmonia, querido amigo. Você também não está fadado a seguir uma coisa ou outra, uma vez que o caminho que você deve seguir é o da íntima centelha de luz, fruto do eterno amor de Deus que todos carregamos. É ela quem nos move e impulsiona a seguirmos adiante, na certeza de que estamos naquele momento fazendo o nosso melhor, dentro das condições e dos recursos que possuímos. Não irei lhe ditar os caminhos que deve seguir, pois a cada filho de Deus é dada essa escolha para que tenhamos todos os méritos por nossas boas ações. O que eu posso lhe dizer é para apenas procurar seguir pelo caminho que o faz feliz. Siga por ele e encontrará tudo o que precisa – concluiu o bondoso amigo.

— Meu querido filho, todo aquele que através do íntimo esforço conseguiu alcançar a luz, jamais retorna para a escuridão – lembrou-me padre Antônio. Imagine um pássaro que por longo tempo esteve cativo em uma gaiola, sendo esta seu cárcere, sua escuridão, e que sua liberdade é a luz. Durante todo o período em que o pássaro esteve preso, era obrigado a renegar aquilo que intimamente sempre trouxe dentro de si. Tinha de se conter, pois que tinha asas, mas só podia utilizá-las saltando de um ponto a outro. Sentia que havia nele algo que o impulsionava a ir além daquelas grades. Poder voar e ser tudo aquilo que instintivamente sentia que sempre fora capaz, porém que desconhecia. Ele via os outros pássaros voarem livres e felizes, algo que ele não podia fazer. Seria ele obrigado a permanecer assim? Preso e isolado dos outros? Não! Deus quer sempre a felicidade de todos os seus filhos. Ele espera que cada um alcance a sua íntima essência, que se liberte das amarras e voe livre. Por isto, quando o pássaro obteve sua liberdade e compreendeu tudo o que era capaz de realizar e a vida que existia além das grades que o prendiam, escolheu permanecer no caminho da luz. Ele enfim pôde conhecer a luz e não mais retornou para a escuridão que o envolvia. Compreende o que quero dizer, meu filho?

— Creio que sim, padre – respondi.

— Então não se deixe prender, Matheus. Hoje você já consegue ver a luz. Seu esforço e toda a sua dedicação o auxiliaram a compreender sua íntima essência. Não se permita renegar aquilo que sente. Seja livre e voe. Voe para o mais alto que puder, meu filho. Verás o quanto a vida é bela quando a olhamos, não por trás de uma grade, mas sim de onde ela deve ser vista. Lá do alto – concluiu o padre.

Importantes elucidações eu tivera. Compreendi que eu não era obrigado a escolher uma coisa ou outra se ambas deixavam-me feliz. E que não era só porque as duas doutrinas que estudava não se alinhavam em todas as premissas, que eu deveria negar o que abençoadamente havia visto e aprendido. Deveria permitir-me ser livre e absorver apenas o que elevaria meu espírito.

Por isso, com o consentimento dos abençoados amigos, que jamais me impuseram o que deveria seguir, decidi que prosseguiria esforçando-me e empenhando-me em ambos os estudos. Concluiria o seminário e realizaria meu objetivo, e também iria aprofundar-me na valiosa doutrina que esclarecia acerca do plano espiritual. Dedicar-me-ia então a ambos os estudos.

Como não pretendia causar desconforto aos amigos, tampouco

demonstrar desobedecer a meus orientadores no curso seminarista ao estudar o livro que esclarecia a vida espiritual, visitei os antigos acervos de livros da Diocese a fim de encontrar algo que pudesse ajudar-me a manter aquela leitura em sigilo. E logo encontrei a capa de um livro que seria descartado por estar danificado, que serviria perfeitamente para sobrepor à outra.

Após esclarecer aos amigos Romualdo e Adalberto que a história sobre o tal livro e o senhor que me presenteara com ele, na realidade não passara de uma grande confusão, encerramos aquele assunto e nunca mais o mencionamos. E assim prossegui, dedicado entre os assuntos evangélicos e os espirituais. Tudo muito bem instruído tanto pelos queridos orientadores da diocese, quanto pelos abençoados amigos espirituais.

Junto aos orientadores da diocese, começamos a aprofundar-nos na importância da oração não apenas em recluso, como também em comunidade. Por isso, alguns de nós aproveitavam que aos finais de semana íamos até a cidade buscar algumas provisões, para juntarmo-nos com aqueles que tivessem interesse em orar.

Era para mim um momento muito especial, pois me sentia útil àquelas pessoas. Poder levar as palavras de nosso Senhor Jesus Cristo trazia-me grande satisfação. Nós nos reuníamos sempre em número pequeno e na maioria das vezes em saletas dentro dos próprios estabelecimentos, para não chamar a atenção. Para alguns dos proprietários, nossa visita era muito importante. E foi justamente em uma destas despretensiosas visitas que pude conhecer o Senhor Onofre, sua esposa Aracélia e a filha Tarsila.

Senhor Onofre era proprietário de uma queijaria bem modesta e contava com a ajuda da dedicada esposa e da reclusa filha, que beirava a casa dos dezessete anos. Sempre muito sozinha, Tarsila quase não saía de casa, e evitava o contato com estranhos. Por isso seu pai acreditava que se ela tivesse o contato com a oração através de pessoas voltadas exclusivamente para isto, ela poderia começar a ficar mais confiante em Deus e nas pessoas, e perceber o quanto o mundo poderia ser um lugar mais agradável e sociável.

E logo, eu e uns amigos do seminário começamos a visitá-los e orar com a família. Buscávamos, dentro de nossas condições, tentar auxiliar àquela família e principalmente atender o desejo do pai em ver a filha sair daquele estado a que se havia condicionado. Porém fomos uma, duas, dez vezes e em nenhum momento a filha aceitou participar das orações ou mesmo apenas ouvir. Ela, quando nos via, corria e trancava-se no quarto e de lá não saía. Com o passar do tempo, meus amigos da diocese começaram a desiludir-se, crendo que o empenho que fazíamos em tentar auxiliá-los e à garota estava sendo em vão, e logo desistiram. Eles achavam que deveriam dedicar-se àqueles que realmente precisavam de nós e queriam ouvir-nos.

Eu, no entanto, não queria desistir. Acreditava que poderia de alguma forma contribuir com aquela família. E com o consentimento dos pais, prossegui. Nos dias em que visitávamos a cidade, dedicava-me exclusivamente a ir visitá-los. Nós nos reuníamos na saleta, em torno da mesa, com o evangelho em punho e orávamos. Passava cerca de uma hora lendo e orando com eles. Sempre entregando nossas vidas nas mãos de Deus e pedindo-lhe forças para seguirmos no bom caminho. Eu fazia aquilo com muito carinho e esperava, do fundo do meu coração, ajudá-los. Então, quando fiz a terceira visita sozinho, percebi que alguém nos observava. E ao olhar de lado na direção da porta, meu coração começou a bater com profunda alegria. Era a garota Tarsila que timidamente surgia.

54 – Almas na escuridão

> Mas cada um é tentado, quando atraído e engodado pela sua própria concupiscência.[43]

Uma alma de coração puro e simples não se envaidece, tampouco se permite entrar no charco envolvente da cobiça. Para ela, não há a compulsiva necessidade de acumular coisas desnecessárias, cuja superfluidade a inebria, prejudicando sua própria razão. Ela segue mansamente repousada em sua íntima simplicidade.

Tanto na forma física quanto na espiritual, a alma simples não se deixa levar por devaneios, pois que em suas bases já construiu sólidos alicerces capazes de oferecer-lhe o abrigo seguro, e não se deixará levar por desejos imorais e obscuros, uma vez que não sintonizam com ela.

Agora, se essa alma possui ímpetos de deixar-se levar pelo desejo de tomar para si algo que não lhe pertence, seja um objeto, o amor ou dedicação de alguém, inevitavelmente será então arras-

[43] Novo Testamento, Tiago 1:14.

tada a falir em seu íntimo progresso.

Quando cobiçamos algo, não apenas emanamos nosso desejo de obtê-lo, mas também uma forte energia, altamente destruidora. Pois envolve a cega, e muitas vezes doentia, necessidade daquilo que cremos possuir algum valor para nós.

Todo aquele que se permite chegar ao ponto de ultrapassar esta linha que separa do desejo ilusório o desejo real, isto é, a cobiça, encontra-se totalmente alheio ao sublime caminho dos simples e humildes. E assim, a luz da razão não consegue revelar-lhe o denso abismo em que adentrou. A sedução que tal desejo provoca,transforma-o em um poderoso ímã que continuamente atrairá para si cada vez mais ambições.

Por isso, devemos sempre possuir um coração simples e humilde, a cada passo procurando melhorar-nos, sem nos colocar acima do próximo, tampouco obrigá-lo a entregar-nos algo que não nos pertence e de que não somos merecedores. Pois que se o fôssemos, a conquista surgir-nos-ia inevitavelmente pelo caminho, sem que precisássemos tomar nada de outrem.

A simplicidade é o abençoado caminho que nos conduz à necessária e verdadeira felicidade da alma, que é nosso único e verdadeiro desejo e objetivo.

Após aquele primeiro passo dado por Tarsila, demonstrando que talvez enfim manifestasse a intenção de sair de seu isolamento, uma porta finalmente se havia aberto entre nós, e empenhar-me-ia ao máximo para deixá-la aberta. Sentia que de alguma maneira que ainda não conseguia explicar, havia algo em Tarsila que parecia atrair-me.

Com o passar do tempo, a garota deixou de espreitar à porta, para em seguida começar a ficar na saleta e então finalmente a termos sentada conosco à mesa. Aquilo para mim era extremamente gratificante e recompensador. Ver ali, sentada bem ao meu lado, a garota que não queria o contato de ninguém e que às vezes evitava até mesmo os pais, inundava-me o coração de alegria. Foram quase seis meses de bastante oração, sincera oração. Não apenas ao refazimento de Tarsila, mas também por seu lar e seus dedicados pais. Rogava a Deus para que abençoasse aquela humilde família.

Logo me tornei bastante amigo daquela família, e pouco a pouco comecei a sentir-me como se fosse um querido irmão mais velho de Tarsila. Alguém por quem sentia um profundo carinho e que levaria sempre guardada em meu coração.

O meu primeiro ano no seminário enfim estava terminando, e com isto vinha a sensação de uma valiosa etapa concluída. Muitos ensinamentos, muitas oportunidades e grandes amigos eu havia feito. Tanto encarnados como desencarnados. Sentia-me profundamente agradecido a Deus por tudo o que a vida estava me proporcionando.

Era hora de aproveitar que todos teríamos alguns dias de descanso, para sanar um pouco a enorme falta que sentia de minha abençoada família. As cartas pelas quais nos correspondíamos já não eram suficientes para amenizar a saudade, e seria aquela a segunda vez que os conseguiria visitar naquele ano.

Confesso que não estava sendo fácil permanecer afastado da querida família. Não poder contar com os valiosos conselhos de meu pai, nem a grata companhia de meu irmão, tampouco o materno carinho de minha doce mãe, eram uma verdadeira provação que meu coração enfrentava, agora que a sublime luz do amor havia invadido a minha alma. Por isto, nos dias em que conseguia visitá-los, aproveitava cada instante para suprir a falta que a abençoada presença deles me fazia.

Conversávamos sobre tudo o que eu estava tendo a oportunidade de aprender, e o quanto me sentia feliz por enfim poder aprofundar-me nos tão necessários ensinamentos de Nosso Senhor. Eles contavam-me as novidades e como seguia minha tão querida cidade. Nós ríamos muito e aproveitávamos aqueles momentos para fazer uma verdadeira festa de confraternização. Meu irmão também fazia questão de aproveitar os nossos encontros para garantir-me que seguia cuidando de nossos amados pais, e que eu então poderia prosseguir tranquilo em meus estudos.

Aquelas visitas eram para mim um valioso momento em que podia estar próximo da querida família, e junto deles restabelecer as forças para prosseguir na jornada que estava apenas começando.

Tão logo voltei aos estudos na diocese e também com os amigos espirituais, em novos e valiosos apontamentos começaria a aprofundar-me. Enquanto no seminário adentrávamos nas questões mais teológicas, junto a Balthazar e Esaú começava a detalhar uma questão que muito me fascinava, o desdobramento.

— Querido Matheus, sei que já abordamos inicialmente assuntos voltados para estas particularidades, contudo entraremos no mérito de algumas técnicas que lhe possibilitarão, dentro de suas íntimas condições, já pertinentes ao seu desenvolvimento, adentrar neste campo de maneira mais consciente – iniciou o amigo Balthazar.

— Você reúne em si o princípio necessário para conseguir temporariamente que seu corpo fluídico se afaste de seu corpo material, porém iremos nos aprofundar nesse mérito. Com isto, iniciaremos uma série de incursões, através do desdobramento, a algumas regiões do plano espiritual, que serão de extrema valia para o seu próprio progresso – explicou o amigo.

Foram cerca de três meses até que eu conseguisse enfim me ver projetado acima do meu corpo em repouso, com a particularidade de ao retornar ter a lembrança de que o havia feito. Sempre unido por um luminescente laço sutil, eu pairava com meu corpo fluídico a pequena distância do material e retornava, tentando recobrar cada detalhe que observara. Eu permanecia fazendo, com o auxílio e apoio dos amigos, estes exercícios durante quase todas as noites. No início eu despertava assustado com a sensação de queda, tendo a respiração ofegante e o coração acelerado. Apenas ao final de cerca de seis meses é que pude começar a compreender e controlar com mais segurança os desdobramentos conscientes. Em cada oportunidade que não prejudicasse outras tarefas no seminário, prosseguia junto aos amigos empenhando-me no desdobramento.

Contudo, com minha atenção voltada às novas e importantes questões que me eram apresentadas tanto no seminário quanto junto aos amigos espirituais, acabei deixando de dar atenção a outra questão de grande valia. Eu havia parado de realizar as visitas com os companheiros de estudo aos lares das famílias para orarmos nos finais de semana. E até então, mal sabia eu o quanto aquilo estava sendo prejudicial a uma das famílias que conhecia muito bem. A família de Tarsila.

Vim a saber da situação que os envolvia através do companheiro de seminário Romualdo. Ele me contou que em sua última visita à cidade, fora abordado pelo pai de Tarsila, profundamente preocupado. Dizia o quanto o estado de sua filha havia se deteriorado desde que eu não mais os visitei. A garota tinha voltado a recolher-se em seu quarto, não mais se alimentava direito e parecia ter entrado em profunda depressão, com visíveis sinais de intenções suicidas.

Seu pai, o senhor Onofre, implorava para que, se fosse possível, eu pudesse urgentemente ir visitá-los, tendo em vista o quanto a garota havia progredido durante o período em que lá estive e o quanto ela havia regredido desde que minhas visitas cessaram. Disse-lhe também que sua filha nunca se havia apegado a alguém como ocorrera comigo, e que talvez somente eu pudesse evitar que o pior acontecesse.

Bastante preocupado com o que o companheiro revelara, meu desejo era de abandonar todos os compromissos e correr imediatamente até a casa de Tarsila. Porém, como estava se encerrandoo final de semana, e com isto os dias em que podíamos sair da Diocese, seria obrigado a aguardar até o próximo. Contudo eu não sabia se na próxima oportunidade já não seria tarde demais, e corri até um orientador a fim de explicar-lhe o que estava acontecendo e saber se o mesmo não poderia liberar-me. Seguiria naquela mesma noite até a casa de Tarsila, se permitido.

Bastante atencioso, o orientador ouviu-me respeitosamente e expressou também suas sinceras preocupações. Embora tenha explicado a situação para ele, não entrei em detalhes a respeito das atividades que eu e um seleto grupo vínhamos mantendo com as orações que fazíamos junto a algumas das famílias quando em visitação à cidade, pois não queria com meus problemas causar maiores transtornos aos amigos.

Porém, mesmo compreendendo a situação, o orientador não poderia simplesmente me liberar sem que isto fosse reportado ao próprio reitor. E como já havíamos encerrado todas as atividades e entraríamos no período do silêncio, infelizmente deveria aguardar até o dia seguinte para que talvez este abrisse uma exceção e eu pudesse então ser liberado por um dia de minhas obrigações.

Muito preocupado com a situação de Tarsila, retornei ao meu quarto, buscando os conselhos dos queridos amigos espirituais. Estes, sempre muito atenciosos, ouviram-me e solidarizaram-se com a situação que se instaurara naquela família. Contudo, aconselharam-me a prosseguir conforme as instruções do orientador e acrescentaram que deveria confiar na providência divina. Que não devemos crer em fatalidades, pois que tudo sempre prossegue exatamente como deve ser. E nosso papel é procurar fazer o melhor dentro das possibilidades que possuímos, mantendo sempre o pensamento firme em Deus e nos ensinamentos de nosso Senhor Jesus Cristo.

Deitado em meu leito e procurando entregar-me em oração por aquela família, principalmente Tarsila, enquanto tentava afastar as preocupações e concentrar-me nas orientações dos abençoados amigos, tive uma ideia para contornar aquela situação e talvez auxiliar a querida amiga. Eu lançar-me-ia em desdobramento e seguiria até o seu lar, procurando com isso me encontrar, no plano espiritual, diretamente com seu espírito, enquanto ela dormia.

Eu até então não havia conseguido afastar-me de maneira consciente em uma distância consideravelmente grande. Mas dada a urgência da situação, senti que valeria a pena arriscar.

Logo, recostei-me e então, utilizando as técnicas que os mentores haviam-me transmitido, empreguei todas as minhas forças a fim de obter o esperado afastamento do corpo físico. Como estava muito ansioso e preocupado para conseguir reunir a atenção necessária, falhei.

Eu suava frio e estava com o coração bastante acelerado por tanto ansiar conseguir projetar-me. E conforme o tempo passava, sentia que as dificuldades ficavam cada vez maiores. Começando a ficar desesperado e tendo em mente a imagem de Tarsila indagando-me por que a havia abandonado, não suportei e comecei a chorar.

Por mais que procurasse manter o pensamento elevado, eu só conseguia pensar nela com o aspecto frágil, desolada e com a mente completamente entregue a intenções suicidas. Aquilo me invadia de uma tal forma que parecia sentir toda a dor e o sofrimento que ela estava enfrentando, no fundo de minha alma.

Entregue às lágrimas, sentia-me incapaz de auxiliar a quem suplicava por minha ajuda. E o pouco que poderia fazer, eu infelizmente naquele momento não conseguia.

— Oh, Deus, por favor... – suplicava.

Foi neste instante que senti então, pela primeira vez naquela encarnação, a sublime luz de alguém que por mim nutria um profundo e fraterno sentimento de carinho. Era o humilde espírito daquele que fora meu querido protetor na encarnação anterior. Meu bondoso pai, o Senhor José.

Enquanto tentava divisar a imagem daquele iluminado espírito, este gentilmente se aproximou e, com voz firme, orientou-me que deveria acalmar-me.

— Apazigue seu coração, filho. Busque em seu interior a paz necessária e a confiança bendita naquele que por todos nós vela como um querido irmão mais velho. Confia, que sua vibrante luz há de guiar seu caminho, conduzindo-o por entre as veredas de cada uma de suas tarefas. Ele é o condutor seguro e a cintilante estrela guia. Entrega-lhe humildemente tua vida e permite que Ele seja não apenas o seu porto seguro, mas a força que o impulsiona a seguir sempre adiante. Lembre-se, você jamais está sozinho – asseverou-me o bondoso senhor.

Sentindo-me então como se uma chuva de luz invadisse minha alma, foquei meu pensamento naquelas valiosas palavras. E respirando fundo, entreguei-me confiante.

— Vamos, filho, você consegue! – sussurrou ele.

Logo um enorme clarão surgiu em minha mente e, como um pássaro liberto, finalmente alcei voo. Graças ao abençoado auxílio de meu querido pai, conseguira obter a calma necessária e poderia enfim me dirigir ao encontro de Tarsila.

Sem demora, concentrei todas as minhas atenções no avanço rumo à casa da amiga, enquanto procurava manter-me senhor de mim. Não poderia perder-me na tênue linha entre o desdobramento consciente e o inconsciente.

Durante o desdobramento, vislumbramos uma considerável expansão de nossa consciência e conseguimos experimentar um pouco do turbilhão reinante nos distintos campos vibratórios. Estes são como verdadeiras faixas de convivência, onde cada qual prossegue conforme sua íntima afinidade com àqueles conjuntos de emanações.

Um projetor de primeira viagem poderia facilmente assustar-se com o elevado número de pessoas que, mergulhadas no sono, deixam momentaneamente o corpo físico e lançam-se no espaço. Seguindo de um lado para outro, elas, devidamente acompanhadas por seus mentores, dificilmente irão recordar-se ao acordar dos locais que visitaram e das tarefas que realizaram.

Como a afinidade é um poderoso ímã, tanto no plano físico quanto no espiritual há inúmeros encontros, cuja finalidade nem sempre possui um teor elevado. E unindo-se em torno de um objetivo geralmente pueril, esses grupos compactuam em padrões vibratórios sempre muito baixos. Ocorre uma íntima simbiose espiritual entre os encarnados e os desencarnados que ainda prosseguem profundamente enraizados em seus próprios vícios trazidos ao longo dos tempos. Eles criam mentalmente verdadeiras cópias espirituais das localidades em que se sentem mais à vontade, para assim poderem prosseguir conforme aquilo em que creem, sem se sentirem deslocados.

Então, junto a algumas regiões, como casas e até mesmo a mata densa, proliferam grandes concentrações de espíritos e almas de moral inferior. É possível divisá-los junto a residências físicas, alguns casebres e até mesmo construções maiores, aempre revestidos por uma densa e muito pesada carga mental e vibratória, sua finalidade é lançar em conjunto todo o ódio e revolta que creem sobre eles o mundo ter despejado.

Reunindo criaturas de todas as classes, estes grupos contêm homens, mulheres, idosos, jovens, doentes, enfim todos que ali se sentirem de alguma forma atraídos por sua ideologia.

Espíritos desencarnados, que faleceram na amargura de uma existência lamentável e tudo o que conseguiram foi prosseguir cultivando as feridas que carregavam. E as almas em desdobramento inconsciente, que seguem uma vida física repleta de frivolidades e intenções inferiores, onde os desejos imorais como a revolta, a obsessão e a cobiça encobriram a sublime luz da razão. Local este onde, para minha triste surpresa, encontraria ninguém menos que a amiga cuja alma em desdobramento inconsciente eu pretendia auxiliar. A garota Tarsila.

55 – A luz da oração

Vigiai e orai, para que não entreis em tentação.[44]

Significativa é a parcela de espíritos em grau de evolução inferior que, em reconhecendo no próximo um padrão vibratório semelhante ao seu, aproxima-se de maneira voluntária, e às vezes involuntária, buscando suprir ou saciar as mais variadas necessidades que carregam.

Sem nos dar conta, muitas vezes trazemos conosco ou atraímos inúmeros irmãos das mais diversas classes e estados evolutivos. E conforme nos encontremos diante de uma situação ou período em que nos permitimos ser por eles influenciados, acabamos por intensificar seu estado, ação que poderia ser completamente oposta.

Ou seja, ao invés de, ao depararmo-nos com um enfermo, ten-

[44] Novo Testamento, Mateus 26:41.

tarmos auxiliá-lo, enviando-lhe fluidos salutares e oferecendo-lhe a mão prestativa, deixamo-nos ser levados pela situação deles e ainda aplicamos sobre eles nossos íntimos descontentamentos. E a mão que lhes apresentaríamos como bálsamo curador, age então como um sobrepeso, colocando-os ainda mais baixo do que estavam quando se nos apresentaram.

E este não deve ser o papel do verdadeiro cristão. Imagine se indo a um psicólogo expor-lhe seus problemas, na esperança de ouvir bons conselhos e encontrar um caminho seguro para ser auxiliado a superar as dificuldades enfrentadas, você recebesse dele exatamente aquilo do que pretendesse libertar-se. Se você buscasse nele, ao contar-lhe seus problemas, uma solução para não pular de um precipício, e ele, ao ouvir seu relato, se solidarizasse com seus tormentos, verificando ou reconhecendo nele próprio tais enfrentamentos. E logo concordasse com você, incentivando-o a que pulasse do precipício, ou pior, segurando sua mão para que pulassem juntos. Diríamos que algo está incompatível com aquilo que ele se propõe.

Por isso, devemos sempre procurar manter o pensamento e o padrão vibratório elevados. Devemos ser para aqueles que estão à deriva e ainda perdidos no mar, o farol a guiá-los rumo ao porto seguro, e não a âncora que os arrastará para baixo.

Podemos afirmar então que não basta apenas crermos estar com nossas bases fixadas em terreno seguro. É necessário empenharmo-nos para que tal terreno seja sempre nutrido com recursos que o mantenham em condições propícias. Ou seja, quando vigiamos, resguardamos nosso próprio pensamento para que este não seja influenciado com energias negativas, que são muito comuns à nossa volta. Porém é de extrema importância que também tenhamos o hábito da oração, porque é através dela que obtemos os sublimes recursos que nos sustentarão, e auxiliarão àqueles que a nó se apresentarem. E quem melhor do que aquele que é a verdadeira luz do mundo, para amparar-nos e amparar o próximo, do que o abençoado Filho de Deus?

Lembremo-nos sempre: nenhuma travessia é realizada em isolamento. Nenhuma dificuldade é eterna. E nenhuma escuridão é tão profunda que não possa ser envolvida pela luz. A luz do amor. A luz de nosso senhor Jesus. E a luz do próprio Deus. Basta apenas permitirmos que ela chegue até nós.

Lamentável era a situação em que encontrei Tarsila. Temporariamente afastada de seu corpo físico através do sono, seu corpo fluídico prosseguia quase que totalmente envolto por dezenas de criaturas desencarnadas. Estas se aproveitavam dos fluidos emanados pela garota. Como Tarsila fora em suas encarnações anteriores uma pessoa bastante possessiva, e na atual sua alma ainda se encontrava profundamente presa aos vícios que trazia, tais condições eram um verdadeiro deleite aos espíritos inferiores.

Em estado completamente deplorável, ela, juntamente com aqueles que a obsediavam, bradavam e agarravam-se a objetos dos mais variados, mostrando claramente o quanto se encontravam presos à matéria. Gesticulavam, rolavam pelo chão, cerravam fortemente os punhos, e como animais a defenderem suas posses, caminhavam de um lado para outro em vigilância.

Tomado por tristeza com a cena que via, fiquei estático quando pude visualizar na tela mental de Tarsila uma imagem que a fizera entrar ainda mais em desespero. No meio de todo aquele turbilhão que a consumia, estava simplesmente a minha imagem a envolver-lhe os pensamentos. Tarsila estava tão imersa e profundamente perturbada, que gritava enquanto com as unhas feria seu próprio rosto.

Atordoado, tentei aproximar-me, mas não tive forças. Ver diante de mim todo aquele sofrimento e descobrir possuir eu uma parcela de sua angústia era algo que não esperava. Havia realizado o desdobramento a fim de dirigir-me à amiga, procurando levar-lhe um bálsamo que a auxiliasse, contudo acabei sendo tomado por seus tormentos e não possuía forças nem para levantar a cabeça.

Sentindo-me culpado, sem perceber eu agia diretamente em meu próprio campo vibracional, e com isto, acabei adentrando na mesma região mental que Tarsila. E ao invés de auxiliá-la, estendendo-lhe a mão prestativa, acabei intensificando ainda mais seus tormentos. Tentava acalmar-me, buscando a luz da razão, mas meus pensamentos logo começaram a ser bombardeados por todo o desespero da dor e revolta que a garota sentia.

Assustado com a situação e envergonhado pela sensação de fracasso, não contive a comoção, e caí em lágrimas. Estava sentindo-me tão culpado pelo lamentável estado da amiga, que somente após um bom tempo enfim permiti que uma diminuta centelha de luz pudesse romper toda aquela escuridão. E imediatamente consegui então sentir uma mão amiga a tocar-me o ombro.

— Por que chora, querido amigo? – indagou-me paternalmente alguém.

Eu reconhecia aquela voz. Ao abrir os olhos e levantar a cabeça, pude visualizar a presença dos dedicados amigos Balthazar e Esaú. Os abençoados companheiros eram um verdadeiro bálsamo aos meus olhos.

— Venha, deixe-me ajudá-lo a se levantar – amparou-me Balthazar, estendendo-me a mão.

— Como vocês me acharam? – questionei surpreso – Eu tentei contatá-los informando que pretendia realizar o desdobramento, mas não conseguia. Minha mente parecia envolta em um turbilhão – lamentei.

— Nós não saímos por um único instante do seu lado quando orou por nosso amparo, querido Matheus. – explicou Balthazar – Fomos nós que o conduzimos até aqui para que pudesse encontrar-se com Tarsila.

— Vocês estavam comigo? Mas por que eu não os via? – indaguei, confuso.

— O desdobramento é poderosa ferramenta, que se não amparada por algum companheiro ou mentor bem instruído, pode provocar considerável contratempo e acarretar variáveis desconfortos mentais ao seu executor. O pensamento é o veículo no plano espiritual. E aos encarnados em desdobramento, é muito factível que se precipitem em localidades bastante diversas. Por isso o amparador é de extrema valia – explicou Esaú.

— E nossa presença não lhe era visível devido ao seu próprio estado mental, querido amigo. Como sua aflição em auxiliar sua amiga povoava-lhe os pensamentos e por isso você baixou seu campo vibracional, ficou momentaneamente privado de verificar nossa presença ao seu lado. E tão logo permitiu que se acalmasse e a luz da razão se acendesse, pôde então nos perceber – elucidou Balthazar.

— Desculpem-me o trabalho. É porque sentia que precisava fazer algo por Tarsila o mais rápido possível.

— Imagina, Matheus. Não há o que desculpar, você agiu muito bem. Utilizou das ferramentas que tinha disponíveis para auxiliar ao próximo. Estou muito orgulhoso de você.

— Mas creio que orgulho talvez não seja a palavra certa, Balthazar. Eu esperava poder ajudá-la, mas como o senhor pode ver em sua tela mental, sou eu o próprio causador de seus tormentos. Foram minhas atitudes que a levaram a este estado. Se eu não tivesse me ausentado, se tivesse prosseguido com as visitas, ela não estaria envolta nesta escuridão – lamentei.

— Ora, o que é isso, Matheus? Levante a cabeça, querido amigo. Como bem sabe, nada ocorre sem motivo e ninguém está desamparado. São nossas escolhas que nos levam aos caminhos que nos são apresentados. Vou lhe contar algo. Esta não é a primeira vez que você e sua amiga Tarsila se encontraram. A vida já os colocou a prosseguirem nas mesmas rotas, e este reencontro já era almejado para que pudessem revolver as querelas que os envolviam. Era extremamente necessário que seus espíritos mortais se cruzassem na escola da vida e então se permitissem auxiliar-se mutuamente. Então, não se deixe abater por um obstáculo que lhe surge no caminho. Faça dele um degrau para prosseguir adiante. Não devemos jamais permitir que as dificuldades nos impeçam de prosseguir, mas procurar fazer o melhor, confiantes de que Deus nos ampara e que a verdadeira luz do amor do Cristo reside em cada um de nós. Basta apenas ter fé e amor no coração, para ajudarmos o próximo – aconselhou Balthazar.

Então, recordando-me dos valiosos ensinamentos de Nosso Senhor, respirei profundamente e, entregue nos mais puros e sinceros desejos de carinho e afeto, procurei, através da humilde oração, romper aquelas pesadas barreiras que envolviam Tarsila e estender-lhe a mão amiga. Lançava-lhe vibrações de paz e muito amor. Desejava com todas as minhas forças que a querida amiga conseguisse libertar-se daquelas angustiantes amarras e permitisse o humilde auxílio.

Sustentado pelos dedicados benfeitores e uma sublime plêiade de espíritos de luz, clamei ao Pai da vida para que acolhesse a querida irmã e seus atormentados carcereiros. E que o bálsamo reparador, o singelo sentimento do amor, pudesse enfim chegar até seus distantes corações.

E como uma eterna família, demos as mãos em torno daqueles sofridos irmãos, formando uma poderosa corrente de amor e de luz. Logo percebi que surgia, ao centro, uma pequena, porém vibrante centelha, em formato de um luminescente coração de tonalidade azul, banhado por pequenas pétalas de luz que caíam do alto. E amparados por uma suave melodia, tão profunda e bela que nos unia em verdadeira comunhão, pude sentir que não éramos mais um grupo, mas sim um único e radiante espírito. Um humilde espírito entregue em auxílio e benefício de nossos queridos irmãos.

Tomado de imensa felicidade, não contive a emoção e caí em lágrimas quando pude perceber que aqueles irmãos, antes tão perdidos e revoltados, não mais bradavam, mas sim choravam. Os semblantes, antes tão macerados e distantes, haviam simplesmente ganhado vida. E toda a tempestuoso emoção transformara-se, dissolvendo aquelas pesadas nuvens, abrindo-lhes os olhos e permitindo que enfim compreendessem seu estado e o quanto haviam prejudicado a si mesmos.

Arrependidos, um a um eles iam sendo acolhidos nos braços fraternos dos tão dedicados e pacientes espíritos benfeitores que os acompanhavam. E pude, enfim, aproximar-me de Tarsila e, de joelhos, olhar profundamente em seus olhos também banhados em lágrimas, para humildemente pedir-lhe perdão.

Acolhidos pela chuva de bênçãos que os queridos companheiros nos transmitiam, permanecemos ali abraçados por longo tempo, enquanto nossos corações entrelaçavam-se no puro e sublime sentimento do amor. Não éramos ali eu, uma alma voltada ao auxílio e amparo, e ela, minha querida amiga, uma alma enferma e mergulhada no charco da obsessão. Éramos ali duas almas em humilde reajuste, cujos nós ansiavam ser desatados para que pudéssemos avançar. E graças à providência divina, fomos presenteados com aquela íntima, inconsciente e importante oportunidade.

Todo sentimento contrário ao amor, estivesse ele impregnado em nosso subconsciente ou não, fruto das próprias faltas que nas existências pretéritas aquinhoamos ou não, deveriam ser ali superados e convertidos em valiosas sementes de carinho e afeto.

Somente assim podemos despir-nos das vestes do orgulho e, com a alma pura e a consciência tranquila, seguir adiante. O sincero perdão das ofensas, sejam elas quais forem, é a única chave capaz de abrir as portas de nossa própria prisão mental.

Após o abençoado encontro com Tarsila através do desdobramento, os queridos companheiros Balthazar e Esaú auxiliaram-me no retorno ao corpo físico, que repousava em meu quarto. E os benfeitores da amiga, após aplicarem-lhe passes salutares para seu total refazimento, prosseguiram da mesma maneira.

No dia seguinte, com a devida autorização do reitor da diocese, segui bem cedo para a casa da amiga, para ver como estava. E ao chegar, espantei-me com a cena que vi.

Após a gentil esposa do Senhor Onofre atender-me toda sorridente à porta, convidou-me a entrar e a juntar-me a eles no café da manhã. Mas não era um café da manhã comum, pois simplesmente havia sido preparado por Tarsila. Em um ambiente completamente diferente daquele que conhecia – o qual antes, mesmo com todas as orações que fazíamos, parecia estar sempre tão cinza e sem cor –, encontrei a família do senhor Onofre às gargalhadas. Sua esposa contara-me que ela e seu marido foram despertos logo cedo pela garota, que os enchia de beijos enquanto avisava que o café estava na mesa. Disseram-me que a filha parecia até outra pessoa, e não aquela garota que não saía de seu quarto e vivia entristecida para o mundo.

E realmente ela estava diferente. Seus olhos brilhavam e seu semblante estava tranquilo e sereno. Bastante sorridente, Tarsila contou-me que se sentia como se houvesse retirado um grande peso dos ombros. E sem conseguir explicar, sentia-se leve e feliz como jamais estivera.

Meu coração transbordava de alegria por ver a querida amiga tão radiante. Era uma verdadeira bênção poder ver aquela humilde família assim. Unida e feliz. E enquanto eu orava em agradecimento, o dedicado amigo Balthazar fez questão de abençoar-nos a todos. Sem que os amigos pudessem percebê-lo, ele disse-me que estava muito orgulhoso pelo valioso trabalho que havíamos feito. Disse que todos ali éramos importantes centelhas de luz e que não havia nada mais gratificante do que poder ver o trabalho mútuo e empenhado no amor e bem estar do próximo.

Mesmo inconsciente de nosso abençoado encontro durante seu sono, foi somente graças ao seu próprio e íntimo esforço que Tarsila conseguiu auxiliar-se. Enquanto formávamos uma corrente em torno da querida amiga, transmitindo-lhe a luz do amor e amparando-a para desvencilhar-se daqueles pobres espíritos perdidos e sofredores, para que eles também pudessem compreender sua situação e receber o necessário auxílio, amparadores do alto também atuavam junto aos pais de Tarsila. Fora necessário um valioso esforço e dedicado empenho sobre todos nós, para que a sublime e tão necessária luz do Cristo nos cobrisse.

Somente o verdadeiro amor, o amor puro de irmãos em Deus, é capaz de transformar-nos. Ele é o sentimento que eleva os homens. É a alma do Cristo, e a almejada escada que nos conduz ao seio de Deus.

56 – O bom semeador

> E disse-lhes: Vinde após mim, e eu vos farei pescadores de homens.[45]

O bom samaritano, o bom filho e o homem de bem são majestosas fontes de luz e amor. Em seus humildes corações, a caridade é a flama que os move. Nestes já nascem os bons frutos que alimentarão e confortarão as almas tão sequiosas de íntima paz e benfazejo alento, as que ainda jazem imersas em profundos tormentos.

Os caminhos que nos surgem nem sempre são planos e livres de intempéries. Contudo, devemos trazer em nós a confiança de que, por mais árduos e tortuosos que estes se nos apresentem, jamais nos encontramos desamparados, pois por nós e em nós vibra a sublime luz do amor de nosso Senhor Jesus Cristo.

Ocorre que poucos ainda são aqueles que já despertaram e compreenderam isso. A grande maioria de nós ainda prossegue atrelada a preceitos puramente irracionais. Heranças de incontáveis existências mergulhadas em um processo pouco progressivo.

Extremamente diminuta é a parcela dos que avançaram galgando sua própria evolução moral, obtendo os recursos para o progresso e consequente compreensão das íntimas manifestações de afeição, que traziam ainda tão profundamente dentro de si. São em número incomparavelmente superior os que agiram de maneira quase que animalizada e totalmente indiferente para com o próximo, dispostos a atender única e exclusivamente suas próprias necessidades. Ou seja, poucos foram aqueles que se libertaram do homem primitivo que foram durante longos séculos.

Fazia-se necessário que sementes fossem plantadas para que a luz do sublime caminho enfim pudesse conduzir a humanidade. E pouco a pouco, poderosos focos de luz começaram a ser germina-

[45] Novo Testamento, Mateus 4:19.

dos no globo, transformando-se em importantes exemplos do quão racionais, afetivos e grandiosos todos podemos ser, desde que nos permitamos ser tocados pela luz do amor.

Compreenderemos então o quanto nosso próprio bom exemplo será capaz de contribuir, da mesma maneira que aqueles bons samaritanos que nos precederam contribuem hoje. Foi graças ao esforço desses irmãos que hoje começamos a colher os frutos do caminho justo, o caminho do amor ao próximo. Foram os exemplos deles que, semeados no passado, hoje nos permitem ver a luz.

E assim como os bons frutos trazem no seu íntimo a valiosa semente que, se nutrida e bem cuidada, gerará novos frutos, o nosso papel é prosseguir da mesma maneira. Assim como o bom jardineiro dedica-se no cultivo de suas plantações, e o pescador, de seus peixes, para que nunca faltem os recursos necessários às gerações futuras, devemos nós também trabalhar e empenhar-nos para colher o melhor que o próximo tem a oferecer, transformando-nos em sublimes jardineiros e tão necessários pescadores. Pescadores de almas. Pescadores de homens.

Já se haviam passado alguns bons anos desde que ingressara no seminário, e a cada aprendizado, cada oportunidade de esclarecimento e cada obstáculo superado, mais minha mente, corpo e espírito sentiam-se em paz. Parecia que enfim meu cálice começava a encher-se. Tanto carinho e dedicação que os amáveis orientadores transmitiam-me nas aulas teóricas e práticas, eram um verdadeiro alento ao meu coração. Ter a abençoada oportunidade de conhecer a fundo a linda história de nosso Senhor Jesus Cristo e entender tudo o que ele significou e significa, deixava-me radiante. E à medida que o tempo prosseguia, mais eu ficava consciente de que estar ali, aprofundando-me e vivenciando junto aos amigos todas aquelas bênçãos, era algo de extrema importância espiritual para mim.

Com o auxílio dos dedicados benfeitores espirituais, sentia como se uma vívida luz se acendesse em meu íntimo, tomando pouco a pouco conta de todo o meu ser. E não me sentia em conflito por prosseguir estudando e seguindo todos os preceitos que a minha escolha em tornar-me padre impunha, enquanto por outro lado mantinha os contatos com os benfeitores espirituais. Em minha mente estava claro que ambas as convicções poderiam viver harmoniosamente. Eu era cristão e trazia a palavra de nosso Senhor

Jesus Cristo em meu coração, contudo para mim a morte não era tão somente o fim, onde os justos e pecadores são conduzidos a um céu ou inferno. Para mim, havia compreendido que a morte nada mais é que uma simples passagem. Uma mera troca de vestimenta, cujo desgaste, tão comum a qualquer objeto, simplesmente nos obriga a substituí-lo.

Se estivermos navegando em um barco pela imensidão do oceano, e após determinado tempo ele não nos oferecer condições de prosseguir, não devemos buscar outra embarcação? Devemos simplesmente afundar com ele, sem nos permitir chegar ao almejado destino? Não. A vida física é apenas um pequeno percurso que navegamos com este corpo. Esgotadas as forças deste, Deus é tão misericordioso que nos oferece outro para que possamos prosseguir.

Contudo, aí entra o quanto nos esforçamos para receber outra oportunidade e o quanto a merecemos. E é exatamente por isso que existe sempre uma transição antes de passarmos de uma embarcação para outra. Se reunimos em nós o preparo necessário à boa condução de nossa nova embarcação, seguimos adiante. Se em nós ainda houver algo que precisa ser melhor trabalhado, algo que nos torna pesados para que nossa nova embarcação possa prosseguir, então permanecemos neste local de transição, depurando-nos até que estejamos aptos ao prosseguimento.

E é exatamente para estes locais de transição que prosseguimos ao desencarnar. Tudo depende de nossa própria faixa mental. Se estivermos densos, seremos arrastados aos locais de purgação e esgotamento. Agora, se estivermos leves, seguiremos aos locais onde o amor, a paz, o carinho, a união e a harmonia são os sentimentos reinantes. Estes são apenas locais onde nosso espírito imortal permanece por um determinado período, antes de reunir em si condições de reencarnar em algumas das moradas de nosso Pai.

Ou seja, não estamos jamais condenados a vagar eternamente no fogo do inferno, ou tampouco só porque estamos em um local de luz já somos totalmente dignos e merecedores de todos os louvores. O progresso é sempre constante, e somente através do estudo e do esforço no bem é que conseguimos avançar mais um degrau.

Por isso, devemos procurar sempre empenhar o nosso melhor. Não apenas conosco, mas principalmente para com os outros. Pois quando nos entregamos ao próximo, com o sublime amor no coração, não estamos apenas fazendo o bem para ele. Não estamos apenas auxiliando-o, mas também a nós mesmos. E o caminho para alcançarmos a felicidade está em estendermos as mãos ao próximo. Bons exemplos não nos faltam. Basta apenas removermos o véu do orgulho e da vaidade, e termos como guia aquele que foi e é a verdadeira luz do mundo, nosso abençoado Senhor Jesus Cristo.

O ano de 1932 começou para mim com uma maravilhosa notícia. Meu querido irmão Alê iria casar-se. Havia cerca de três anos que ele conhecera uma linda jovem, chamada Amália, por quem, durante minhas visitas à casa de meus pais e nas cartas em que nos correspondíamos, ele fazia questão de frisar o quanto estava apaixonado.

Uma menina muito doce e simpática, que durante minhas visitas ao amado lar já tivera o prazer de conhecer. Confesso que não tinha como deixar de comover-me pelo enorme carinho com que meu querido irmão era tratado por ela. Sempre com palavras afáveis e bastante humildade, Amália tratava-o com muito amor. Nunca havia visto meu irmão tão feliz e radiante. A jovem era um pequeno anjinho que Deus enviara para completar-lhe o coração.

Meus pais contaram-me que não apenas a Alê, mas a eles também ela fazia questão de tratar com bastante carinho. Sempre que ia à casa deles para ver meu irmão, ela procurava ser o mais solícita possível com meus pais e tentava colaborar com a casa da maneira que podia. Sendo ela a caçula de quatro irmãos, Alê confessou-me que toda a família da garota também era muito simpática com ele. E quando ia à casa dela visitá-los, tratavam-no com o mesmo carinho e humildade da filha.

Enfim, todos de minha família estavam muito felizes por aquela tão abençoada notícia. Meu querido irmão já havia sofrido muito em sua infância e merecia toda a felicidade naquela iluminada união. O casamento deles seria em menos de dois meses, e ambos não viam a hora de concretizar perante a igreja aquela união, pois assim como minha família, Amália também era muito devota. Inclusive gostava de participar das orações que eles faziam em casa.

Outro ponto que me chamou a atenção era que tanto Alê quanto Amália haviam decidido que após a união, ambos ficariam morando na casa de meus pais. A jovem sabia o quanto meu irmão era preocupado com eles e não queria fazê-lo mudar-se. Muito pelo contrário, entendia que se para meus pais, tê-los morando com eles era uma grande felicidade; se havia espaço na casa e eles não iriam atrapalhar, residiriam lá então com a maior alegria.

Chegado o dia do casamento, após eu ter conseguido junto ao querido reitor da diocese liberação para prestigiar meu querido irmão naquele dia tão importante, encontrei-o junto a meu pai, terminando de arrumar-se. E ao vê-los, agradeci imensamente a Deus pelo abençoado irmão com que a vida tinha me presenteado. Ali diante de mim não estava mais o pequeno garoto que conhecera, mas sim um verdadeiro homem, com seus 26 anos de idade. Alguém que mesmo diante das dificuldades, mostrou-me o verdadeiro caminho à luz. Alguém que me auxiliou não apenas durante os difíceis momentos em que estivemos presos no cativeiro, mas também me ajudou a abrir os olhos e conseguir sair de toda aquela escuridão. Eu era eternamente grato a Deus por colocar aquela pequena sementinha de luz em meu caminho. E poder, após tudo o que passamos, vê-lo tão feliz e radiante, deixava-me sem palavras. Eu estava muito orgulhoso e ao mesmo tempo bastante comovido.

Bem ali diante de mim estava meu amado pai, com lágrimas nos olhos e emocionado pela alegria de ver um dos filhos casando-se. Ele o abraçava e felicitava por aquele grande dia, enquanto minha querida mãe e a mãe de Amália faziam o mesmo com a noiva.

Após abraçar meu irmão e dizer-lhe o quanto me sentia feliz por estar ali, dirigimo-nos para a igreja, a fim de aguardar a noiva. E quando esta surgiu, linda e com lágrimas nos olhos, acompanhada por seu querido pai, divisei que os dois não vinham sós, mas sim acompanhados por um iluminado casal de espíritos que vinha feliz e sorridente com eles. Casal este que era, pelo que vim saber mais tarde em conversa com o querido amigo Balthazar, de espíritos familiares de meu irmão Alexandre, e que ansiavam muito por uma nova oportunidade no corpo físico.

O dedicado mentor contou-me que Amália também possuía um parentesco com eles, e que sua bisavó fora na realidade irmã daquela mulher que a acompanhava. Ele explicou-me que era bastante comum espíritos que já estiveram presentes em nossa família durante encarnações passadas tornarem a reencarnar no mesmo âmbito familiar. Disse-me que acompanhavam Amália porque dentro em breve ambos tornariam a reencarnar e seriam os futuros filhos do casal. Possuindo um elo muito forte com o Alexandre, estes, que tinham sido seus pais em uma antiga encarnação, com os nomes de Fausto e Maria, desta vez seriam seus filhos.

Valiosa lição a vida ensinava-me. Poder ver bem ali diante de mim aqueles espíritos acompanhando o casamento daqueles que seriam seus futuros pais era grandiosa bênção. Apesar do constante contato que desde pequeno tivera com os queridos irmãos desencarnados, jamais imaginaria que tal seria possível. Não apenas de os laços familiares perpetuarem-se de maneira tão maravilhosa, uma vez que os queridos benfeitores Balthazar e Esaú já me haviam orientado a respeito, mas sim o fato de a misericórdia Divina permitir aos futuros filhos, ainda desencarnados, acompanharem aquele lindo evento. Emocionava-me poder vê-los com os semblantes felizes ali junto ao casal Alê e Amália.

Isto provava o quanto o trabalho realizado no plano espiritual é sério e muitas vezes elaborado com a necessária antecedência. Conseguia imaginar o quanto fora longo e trabalhoso o caminho percorrido até ali. Inúmeros trabalhadores do plano espiritual atuando dedicadamente para que cada detalhe e cada etapa fossem cuidadosamente realizados. Um trabalho maravilhoso. Prosseguimos em nossa vida física sem a menor compreensão do quanto a espiritualidade age e atua a nossa volta para possibilitar-nos a obtenção das mais diminutas realizações.

Por isso se faz necessário que procuremos sempre nos manter em harmonia com esses nossos irmãos. Não julgar ou condenar quando algo simplesmente ocorre de maneira diferente da que esperávamos, pois tal fato pode perfeitamente nos estar livrando de um acontecimento desagradável. Devemos sempre procurar ver o melhor e seguir com o pensamento elevado. Somente assim os auxiliamos e principalmente auxiliamos a nós mesmos. Aquele que semeia o bem, sempre colherá o bem.

57 – Fonte de luz e amor

> Mas aquele que beber da água que eu lhe der nunca terá sede, porque a água que eu lhe der se fará nele uma fonte de água que salte para a vida eterna.[46]

[46] Novo Testamento, João 4:14.

Ainda é bastante maior o número daqueles que prosseguem mais inclinados ao seu lado puramente irracional e animalizado, do que os inteiramente conscientes das mais diversas situações que nos envolvem diariamente. Principalmente aquelas ligadas à espiritualidade.

Pouco a humanidade tem progredido ao longo dos séculos em relação à verdadeira busca interior. É certo que nos últimos séculos o avanço tem sido notório e considerável. Contudo isso só foi possível graças ao vívido ingresso de inúmeros espíritos em graus mais elevados de evolução que vêm reencarnando no globo. São eles pequenas e valiosas fontes de saber e conhecimento que, através do amplo trabalho que o plano espiritual tem desenvolvido, trazem os alicerces que nos possibilitarão distanciarmo-nos de maneira efetiva da contínua linha progressiva da irracionalidade que vem, desde os primórdios, acompanhando ativamente a linha racional.

Lá atrás, quando o homem bárbaro começou a dar os primeiros sinais de que tal condição intelectual podia ser mais eficiente e até sobrepor-se aos costumes irracionais, houve uma pequena e importante intervenção na mente humana, criando assim uma linha de pensamento mais sublime e menos densa do que aquela única conhecida e reinante. Porém, mesmo com esta importante ramificação, o tronco, que desde o início fora sendo nutrido e fortalecido, ainda prevalecia fortemente. Ou seja, o tronco do homem irracional estava tão consolidado, que não permitiria que aquele pensamento, que vinha a lume como algo novo e ainda incompreendido, pudesse sobressair-se.

Logo a humanidade prosseguiu, e a nova ramificação, que permitia ao homem não mais agir unicamente por impulso, começou a reunir em si condições de sobrepor-se, fornecendo à humanidade o valioso terreno propício ao necessário plantio.

E através do advento do Cristo, verdadeira fonte de luz, a humanidade pôde enfim receber abençoada semente que permitiria a verdadeira compreensão do caminho que deveríamos seguir e de como poderíamos reunir condições para que nossa íntima centelha de luz enfim se acendesse.

Ainda há grande parcela de homens encarnados e desencarnados muito propensos a inclinarem-se ao lado irracional que os envolve. Nestes, as ramificações racional e irracional ainda prosseguem de maneira equivalente, levando-os continuamente a se verem envolvidos por um incompreensível turbilhão de sentimentos.

Porém, há de destacar-se que até mesmo nessas criaturas, em que os sentimentos mais baixos são os elementos que as movem, o terreno da racionalidade, e consequente manifestação de afeto para com o próximo, encontra-se preparado.

É necessário apenas que a luz possa ultrapassar as pesadas barreiras que foram criadas, através do despertar da verdadeira essência da humanidade, essência esta que é o amor. E para tal, devemos buscar amparar-nos naquele que é a valiosa fonte de amor entregue à humanidade, nosso Senhor Jesus Cristo.

Eu havia começado aquele ano de 1933 sentindo-me muito feliz, pois além de ter recebido a notícia de que apenas alguns meses após o casamento de meu irmão, sua esposa já estava grávida, eu havia me tornado Diácono. Eu tinha recebido o sacramento da ordem no grau de diaconato, e com isso entrado em meu último ano no seminário. Não poderia sentir-me mais realizado. Haviam sido abençoados anos de bastante empenho e dedicação, tanto junto aos orientadores em meus cursos na diocese, quanto aos queridos benfeitores espirituais, que me elucidavam sobre os mais diversos assuntos da vida física e da própria espiritualidade, aprofundando os temas que estudara através do maravilhoso "Livro dos Espíritos" daquela surpreendente doutrina.

Poder conhecer tão grandiosa obra, e junto aos amigos Balthazar e Esaú descobrir as peculiaridades do vasto mundo que nos cerca, era para mim um verdadeiro bálsamo de luz. Junto aos meus estudos no seminário, inundava-me os pensamentos, provocando um vislumbre do quanto a vida física e espiritual prosseguem interligadas. Imaginava que a vida física era nossa importante escola apenas quando prosseguíamos encarnados e mergulhados na matéria, mas descobrira então que, mesmo após o rompimento dos laços que prendem o espírito ao corpo, os estudos ainda continuam. E que para aqueles que através do esforço íntimo conseguem acender em si a luz da razão, esta linda escola física é vasto campo de aprendizagem.

Foi esse o caso de um antigo conhecido, cuja presença eu tornara a sentir já fazia um bom tempo. Mais precisamente quase desde o início de meu ingresso no seminário percebera-o a observar-me.

Eu o havia visualizado pela última vez no dia em que conseguira escapar de meu cativeiro na boate de Lúcius. Estando ele completamente diferente daquele espírito revoltado e tão distante de qualquer compreensão de quanto seus atos o prejudicavam, pude ver pouco a pouco sua verdadeira mudança.

Assim que eu fora liberto de toda aquela pesada influência dos espíritos inferiores que, arrependidos, puderam enfim ser auxiliados e amparados, este querido amigo que ainda não conseguia ver a luz, balbuciou sua incompreensão e então fugiu. Porém, sem que ele compreendesse, uma singela porta havia sido aberta em seu coração. E por demasiado tempo prosseguiu ele tentando entender o que era aquele renascente sentimento que brotava em si. Uma pequenina centelha de luz começava a surgir em seu íntimo, fazendo-o ir em busca de respostas que saciassem aquele estranho sentimento que começava a envolvê-lo.

E logo, através do dedicado empenho de humildes equipes de samaritanos, aquele espírito, que antes apenas me observava ao longe e com um ar de indiferença, começou a aproximar-se. Gentis, os queridos amigos Balthazar e Esaú deixavam-no agir conforme seu tempo, sem o incitar a fazer algo com que não se sentisse à vontade.

Então, assim prosseguimos. Ele acompanhava-me em meus estudos e tarefas na Diocese e também junto aos amigos benfeitores. E com o tempo percebi que aquele irmão de aspecto rude e sempre envolto em sombras, começou a ficar cada vez mais próximo. Quando eu me dirigia até a cidade a fim de orar com os amigos, ele acompanhava-me. Assistia às orações com bastante atenção, mas nada falava. Quando eu ajudava com a limpeza ou com a nossa horta, ele também acompanhava. Quando eu conversava com algum amigo a fim de dar-lhe bons conselhos, ele também me acompanhava.

Observava tudo aquilo e parecia procurar entender cada detalhe, como se minuciasse a fundo nossas atitudes e interiorizasse o porquê de agirmos daquela maneira. E como alguém que estivera por longo tempo sentado e ao verificar que passando à sua frente inúmeras pessoas simplesmente corriam, fazendo com que nele surgisse o interesse de também tentar fazer o mesmo, este espírito logo decidiu levantar e então ele mesmo tentar.

Com muito esforço e empenho, ele enfim começou a movimentar-se. E com isso, compreendeu o novo horizonte que ele era capaz de vislumbrar. Percebeu que à sua frente descortinava-se um verdadeiro mundo novo de possibilidades e entendeu o quanto aquilo o fazia sentir-se diferente da maneira como se havia moldado a ser. Percebeu o quanto aquilo o deixava feliz. E logo, enfim, fez surgir um resplandecente sorriso. Um lindo e iluminado sorriso de quem havia compreendido o amor. E em seu coração pude ver brilhar fortemente aquela pequena centelha, transformando-se então em um verdadeiro arco-íris de luz. Um verdadeiro clarão.

E olhando no fundo de seus olhos, vendo-o à minha frente sorrindo e estendendo as mãos em humilde gesto de carinho, não contive a comoção, e abracei-o fortemente em espírito, um caloroso e abençoado abraço de irmão.

— Seja muito bem vindo, meu querido amigo e irmão Thomás!

Ele, como um prisioneiro que esteve cativo por longo tempo, havia enfim quebrado as pesadas correntes que o impediam de levantar-se e ver a luz. Pude ver em seus olhos macerados que todo o sentimento negativo que tanto o perturbava diluíra-se com as sublimes e sinceras lágrimas que escorriam no íntimo de seu espírito, tomando todo o seu coração e envolvendo-o em salutares eflúvios de paz e afeto.

E logo, prostrando-se em profundo arrependimento por tudo o que de negativo fizera, Thomás ajoelhou-se e, posto a chorar compulsivamente, implorava-me que o perdoasse.

— Por favor, me desculpe. Eu confesso que não sabia o que estava fazendo. Deixei-me cegar pelo ódio e, tomado por um descontrolado sentimento de fúria, perdi-me em mim mesmo. Fui um fraco e caí em verdadeira desgraça, lançando minha ira e minha revolta sobre tudo e todos. Mas principalmente sobre você, meu irmão. Sei que nada irá abrandar o mal que lhe causei, tampouco aliviar a minha culpa. Oh, meu irmão, se soubesse o quanto me arrependo. Me perdoa, me perdoa – suplicava-me o amigo, de cabeça baixa e entregue às lágrimas.

— Ora, não se condene assim, meu querido amigo – disse-lhe, ajoelhando-me em pensamento à sua frente.

E tocando em seu rosto, levantei-lhe a cabeça.

— Olhe para mim, meu querido irmão. Por favor, não se sinta assim. Eu não o condeno. Muito pelo contrário, hoje consigo compreender que você simplesmente agiu como naqueles momentos podia agir. Nós sempre fazemos o que estamos preparados para fazer, meu irmão. Você apenas fez o que em sua mente considerava como sendo o certo, Thomás. Mas a vida é um verdadeiro rio de bênçãos, cujas águas sempre deságuam no Pai. E ainda que estas estejam turvas, sua essência jamais se perde. Por mais longo que seja o percurso deste rio, ele sempre encontra o oceano. E por mais turva que seja a água, a energia que a movimenta sempre permite que ela própria vá pouco a pouco se purificando. Você entende, meu irmão?

— Mas eu magoei muitas pessoas – respondeu-me Thomás, enquanto tentava enxugar as lágrimas.

— Tudo bem, meu irmão. Lembre-se de que ninguém entrou em seu caminho simplesmente ao acaso. Muitos rios se encontram e nem por isto mudam sua verdadeira essência. Existe apenas um choque de informações que são de extrema importância para ambos. Muitas vezes é este encontro que fornece os recursos necessários à própria formulação e consolidação, para que sua estrutura encontre o amparo necessário para prosseguir . Não permita que as águas turbulentas que já passaram continuem a impedi-lo de seguir adiante. Você já obteve um grande progresso compreendendo tudo o que fez para com o próximo e para consigo mesmo, e é assim que deve prosseguir, Thomás. Vamos juntos, meu irmão, em busca da verdadeira felicidade. Permita que nosso Senhor Jesus Cristo seja o abençoado farol a guiá-lo e siga sempre em frente. Confiante de que não está só, e a ampará-lo e sustentar-lhe o necessário avanço prosseguem inumeráveis irmãos em Deus, que estão ao nosso lado, sempre dispostos a entregar o seu melhor.

E enquanto nos abraçávamos em espírito, divisei uma linda corrente fluídica, composta por valiosos sentimentos de amor e de paz que os benfeitores amigos que nos acompanhavam emanavam ao nosso redor, acalentando e serenando os corações. Uma demonstração do sublime amor universal, onde não há desconhecidos ou desafetos. Ali, independentemente dos atos que praticáramos, éramos acolhidos por todos aqueles irmãos como uma fraterna família. E merecedores dos mais puros sentimentos de afeto e carinho.

Não via Thomás como um inimigo, tampouco nutria por ele qualquer sentimento negativo. Assim como eu, que também já fora perdido e somente graças ao dedicado esforço dos que permaneceram ao meu lado pude receber o auxílio necessário e conseguir encontrar o caminho à luz, meu querido irmão também poderia. Onde quer que estejamos, sempre haverá singelos corações orando por nós.

E do centro daquela iluminada corrente de amor, vi surgir atrás de Thomás alguém que há muito o esperava. Com os olhos banhados em lágrimas e os braços abertos, ansiando pelo aguardado abraço, estava aquela que fora sua humilde protetora e sempre esteve ao seu lado em sua última encarnação.

Sentindo então aquele caloroso afeto, que lá no fundo de sua memória ainda permanecia intacto, lembrando-se dos poucos momentos em que realmente se sentira amado e protegido, Thomás levantou-se e, virando-se, teve uma inesperada surpresa.

— Vovó? Vovó Matilde, é a senhora? – espantou-se Thomás.

— Sim, sou eu, meu netinho! Você não sabe o quanto meu coração esperou por este momento.

— Oh, vovó... Mas eu sempre fui tão mau para a senhora. Eu... a maltratava e ofendia...– disse-lhe, comovido.

— Não pense nisso, meu netinho – solicitou, segurando em suas mãos.

— Mas, como a senhora pode me perdoar, vovó, depois de tudo o que eu lhe fiz?

— Não fique assim, Thomás! Eu não tenho do que perdoá-lo. Apenas aquele que se sente ofendido necessita perdoar. E em momento algum a vovó sentiu-se assim. Eu estava a seu lado porque o amava, porque estando ali me sentia feliz. Você sempre foi meu netinho tão querido e amado – disse, abraçando-o.

E tomado por aquele valioso sentimento de carinho, perdão e amor, fomos todos envolvidos por uma poderosa luz que nos acalentava os corações e unia-nos todos, como queridos irmãozinhos e abençoadas centelhas de luz. Luz de amor, a verdadeira luz de nosso Senhor.

58 – O aguardado presente

E conhecereis a verdade, e a verdade vos libertará.[47]

A humanidade tem sempre avançado de maneira contínua e gradativa. Não houve sequer um único instante em que sua trans-

[47] Novo Testamento, João 8:32.

formação, e consequente construção, esteve inerte. Por mais ínfimo que possa parecer, um simples ato, até mesmo o de pensar, gera uma verdadeira corrente fluídica que atua no corpo, no espírito e no ambiente a seu redor. E esta atuação é uma sublime engrenagem capaz de operar verdadeiras transformações, tanto em nível molecular, quanto espiritual, funcionando como se fosse uma diminuta alavanca que, se acionada, agirá e movimentará todo um complexo sistema que permanece a sua volta.

Foram estes pequenos movimentos que, até mesmo realizados de maneira instintiva, contribuíram para que a humanidade pudesse seguir subindo e avançando sem cessar.

Foram longos períodos de movimentação, observação e assimilação. Mas por mais que a humanidade tenha aprendido, realizado e colhido os frutos de cada um dos objetivos que esperava alcançar, nunca havia verdadeiramente compreendido o que realmente existe como pilar central por baixo do que se imaginava como absoluto. Ou seja, não se compreendia o verdadeiro propósito da vida, que se estende muito além da matéria.

Graças à centelha de luz que todos carregamos e cuja ascensão depende única e exclusivamente de cada um, pôde-se ter uma leve compreensão do quanto tudo é muito mais amplo e complexo. Contudo, ainda assim sem jamais se conseguir o aprofundamento dessa compreensão.

Apenas com a vinda do Cristo é que os caminhos dispersos começaram a fazer a humanidade compreender o valioso caminho a seguir. Nosso Senhor é a luz capaz de guiar-nos na escuridão. Ele é a fonte capaz de saciar-nos a sede. Ele é o alimento do corpo e do espírito. É a benfazeja esperança aos desconsolados, e o poderoso alicerce capaz de fornecer-nos alento aos corações.

É chegado o momento da humanidade enfim se desvencilhar das ilusões da cobiça, e com passos firmes caminhar em direção ao bom caminho. O caminho dos justos e dos humildes. É chegado o tempo de desfazermos nossas amarras, as mesmas que sempre nos impossibilitaram avançar grandes distâncias, e fazer brilhar em nossos corações a sublime centelha de luz, de amor.

Somente assim, abrindo os olhos da alma e do espírito, é que nos transformaremos e libertaremos. E a valiosa chave que sempre estará ao nosso lado, aguardando pacientemente por nossa escolha, chama-se Jesus Cristo.

Oh, meu bom Senhor, muito obrigado por todo o amparo. Agradeço-lhe humildemente pela abençoada oportunidade de ter chegado até aqui. Que eu possa seguir sempre no bom caminho, sustentado pelo teu amor e guiado por tua luz. Rogo que eu possa ser digno desta eterna e importante aliança, levando tua palavra a todos os corações! Que assim seja – agradecia eu em pensamento.

Enfim havia concluído todo o período no seminário, e com isso, dentro em breve, seria ordenado presbítero pelo bispo. Meu coração pulsava de alegria, e uma indescritível felicidade invadia todo o meu ser. Confesso que não havia palavras que descrevessem o que estava sentindo. E para comemorar aquela grata notícia, meus pais decidiram dar-me uma linda festa de aniversário, uma vez que completaria 33 anos em pouco menos de uma semana.

Foram anos maravilhosos, e levaria toda a experiência que tivera no seminário pelo resto da minha vida, como um grande e valioso aprendizado, uma importante lição de amor. Agora finalmente me sentia como se o vazio que me acompanhava houvesse sido preenchido.

Se Deus me permitisse, enquanto eu tivesse força, empenhar-me-ia para levar ao próximo as palavras de Nosso Senhor Jesus Cristo. E faria isso com toda minha fé e todo o meu amor.

Chegado o dia da festa de aniversário que minha amada família me preparara, fui recebido em casa com muito carinho. Meus queridos pais, Cláudio e Elisa, mesmo com a idade avançada, fizeram questão de auxiliar como podiam com os preparativos, para que tudo estivesse prefeito. Como permanecera por longo tempo no seminário, fazia anos que eu não tinha a oportunidade de comemorar meu aniversário junto da família. E por isso, aquela data seria muito especial para mim.

— Agradeço, de coração, o carinho de todos! Mas não precisavam ter se incomodado... – iniciei, interrompendo minhas palavras por causa uma persistente tosse que me acometia havia algum tempo – Nem imagino o trabalho que tiveram para preparar este lindo banquete – agradeci, comovido.

— Imagina, meu filho, esta é uma data muito especial e merece ser bastante comemorada – parabenizou-me meu pai.

— É verdade, Matheus! Você não imagina o quanto seu pai e eu estamos orgulhosos por você – disse minha mãe, com um largo sorriso.

— Puxa, não precisava, de verdade. Só em poder estar aqui em casa com todos vocês já é o suficiente para mim... – considerei, tentando conter a tosse.

— O que foi, meu filho, está resfriado? – preocupou-se minha mãe.

— Não se preocupe, não é nada. Deve ser a emoção por estar com vocês – respondi, sorrindo.

— Ora, não seja modesto, meu irmão. Você merece todas as congratulações. Quem diria que um dia eu teria um irmão padre – disse Alê, abraçando-me.

— Vocês me deixam sem palavras. Tudo isso é muito mais do que alguém como eu merece. Agradeço imensamente a Deus por ter me permitido hoje estar junto a vocês. Rogo a Ele para que sempre os abençoe – desejei, tentando segurar as lágrimas.

Eu sentia-me realizado por ver todos ali, contentes e felizes. Não apenas por meus queridos pais, mas também por meu irmão Alê e sua esposa Amália. Aliás, ela que tido um lindo casal de gêmeos. Um menino e uma menina.

Foi uma grande emoção poder conhecer meus sobrinhos. Sobrinhos que, como me havia informado o amigo Balthazar, eram reencarnações dos antigos familiares de Alê – Fausto e Maria.

Como a vida é bela e nosso Pai bondoso por permitir-nos estes reencontros. Eram os valiosos laços do amor que ultrapassavam as barreiras do tempo e uniam-nos como uma grande e abençoada família universal.

Meu querido irmão Alê e sua esposa Amália estavam muito felizes no casamento. Observando-os ali, tão contentes e com os pequeninos nos braços, refleti sobre o quanto nossos amados pais são valiosas fontes de conforto e amparo com que Deus nos presenteia. Abençoados anjos que nos entregam uma parte de seu terno coração, cobrindo-nos com amor e carinho. Rogando então ao Pai que nos cobrisse com seu manto sagrado, eu ajoelhava-me a seus pés em pensamento, agradecendo pela vida que tive e por todo o amparo que a amada família sempre me proporcionara.

E enquanto conversávamos sobre as alegrias do encontro de almas que se amam e completam, e da oportunidade de reafirmar estes votos perante o Pai, através do casamento religioso, a esposa de meu irmão logo quis saber dos motivos pelos quais meus pais não se haviam casado religiosamente.

— O carinho e amor entre vocês é uma verdadeira inspiração para nós. E se Deus permitir, queremos chegar até a idade de vocês com o mesmo sentimento de respeito e companheirismo. Sei que assim como nós, vocês também são muito religiosos, mas o Alexandre nunca me contou por que não se casaram – quis saber Amália.

E segurando nas mãos de minha mãe, meu pai olhou-a nos olhos e sorriu.

— Bom, na verdade há muitos anos, – lembrava meu pai – bem antes de nosso Matheus nascer, eu e minha amada Elisa pretendíamos nos casar. Se bem me recordo da data, era 30 de março de 1867. Após eu ter a grata felicidade de conhecer minha eterna companheira enquanto orava na igreja, soube que ficaríamos juntos pelo resto de nossas vidas. Ela parecia um pequeno anjo que logo conquistou meu coração.

— Nós éramos tão jovens e cheios de energia,– continuou ele – que talvez até provocássemos inveja em algumas pessoas. Ocorreu que, por obra do destino, nós viemos a conhecer um rapaz durante este mesmo período em que estávamos começando a nos aproximar. Um rapaz que, infelizmente, na época estava muito perdido e distante de Deus. Pobre rapaz... – lamentou Cláudio.

Meu pai então começou a contar-nos um pouco da difícil época que viveram e o quanto tiveram de ser fortes para superar as dificuldades enfrentadas. Contou-nos que este pobre rapaz que entrara em seus caminhos foi o grande motivo pelo qual eles decidiram não realizar o matrimônio. Disse que tudo ocorreu na mesma igreja onde ele conhecera Elisa e onde meu irmão e sua esposa casaram-se.

— Lembro-me como se fosse ontem. A igreja cheia e minha querida companheira tão linda e radiante – completou ele.

— Mas o que houve? – quis saber Amália.

— Sem que nós soubéssemos, este mesmo rapaz que, como lhes contei, estava tão perdido, simplesmente surgiu na igreja interrompendo a cerimônia – lamentou ele.

— E ele fez algo? – indagou a jovem.

— Na verdade ele... – dizia Cláudio, sendo interrompido por Elisa.

— Ele infelizmente faleceu – respondeu ela.

— Puxa, que triste – considera Amália.

— Sim, é verdade. Foi algo que jamais imaginávamos que fosse ocorrer. Ver aquele pobre rapaz falecer diante de nós, nos fez concordar que, em sua memória, simplesmente deixaríamos de realizar a cerimônia. Não achávamos justo seguir adiante, por respeito a ele, até que sua pobre alma estivesse livre e encontrasse o verdadeiro caminho para Deus – explicou Cláudio.

— Que triste, eu lamento – falou Amália.

— Imagine, não se lamente. Foi exatamente como deveria ser. Nós nunca desistimos de nos casar. Se naquele momento fosse para nos casarmos, Deus proveria que isto realmente ocorresse. Devemos sempre respeitar os desígnios do Pai e confiar que apenas Ele sabe o que é melhor para cada um de nós – considerou Elisa.

— É verdade – concordou Cláudio – Mas saiba que nós não temos qualquer sentimento negativo em relação a isso, muito menos para com aquele pobre rapaz. Ele apenas estava passando por um período de dificuldades, e infelizmente não conseguia ver a luz da razão. Talvez porque em algum momento ele sentiu que o mundo havia lhe dado as costas, ou porque era ele mesmo que desejava que fosse assim. Não sabemos, mas respeitamos. E na verdade, hoje nós o vemos de outra maneira. Como alguém que apenas desejava ser amado. Alguém que amaríamos com todas as nossas forças, se Deus assim nos permitisse. E é por isto que rogávamos ao Pai, para que talvez um dia a vida nos permitisse a oportunidade desse abençoado reencontro. Nós gostaríamos muito de ser seus pais, e assim talvez podermos todos caminhar juntos. Nós lhe entregaríamos nossos corações e teríamos orgulho de olhar bem no fundo de seus olhos e dizer...

— Nós te amamos, meu filho – disseram eles enquanto, sorrindo, olhavam-se.

Bem ali, sentado diante deles, estava aquele que lhes cruzara os caminhos. O antigo rapaz que a eles tanto mal causara, mas que, com o coração enfim arrependido e envolvido no sublime sentimento de amor, havia realmente reencarnado como seu amado filho, e agora os amava como seus queridos pais. Valiosos encontros e reencontros que mal sabíamos nós que, graças à misericórdia divina, tínhamos a abençoada oportunidade de vivenciar.

E foi ali então que, olhando ternamente para eles, eu senti no fundo de minha alma o que verdadeiramente deveria fazer.

Quando chegou o início de 1934, finalmente era chegado o

grande dia do Rito de Ordenação Presbiteral. Após aqueles valiosos anos de estudos, eu enfim receberia o esperado sacramento da Ordem. Sentia-me como se estivesse sonhando, pois por mais esforço e dedicação que tivera, alcançar aquele importante objetivo parecia algo muito distante para mim.

Confesso que desde pequeno já trazia em meu íntimo um grande desejo de encontrar as respostas que preenchessem a estranha lacuna que me acompanhava. Foi somente graças às valiosas iniciações que tive junto à família que pude começar a compreender o sublime caminho à verdadeira felicidade da alma, que é a busca por aquele que foi, é e sempre será o instrumento de Deus enviado para conduzir a humanidade. Não fosse o apoio da amada família, eu nunca teria chegado até ali.

Apoio que, como não posso deixar de mencionar, fora recebido também do dedicado benfeitor que tanto me auxiliara com suas importantes elucidações. Sem a presença do querido amigo Balthazar, meu caminho talvez não fosse o mesmo e não teria uma poderosa luz a guiar-me. Incontáveis foram os ensinamentos e orientações que ao seu lado eu tivera.

O querido amigo Esaú também sempre me presenteava com um conselho ou uma necessária palavra amiga. Querido amigo, que mesmo com seu jeito tão simples e humilde, jamais deixou de oferecer-me um norte, um caminho a seguir.

Valiosa família, da vida física e da espiritualidade, que sempre se esforçara para entregar-me o seu melhor e auxiliar-me a seguir no bom caminho. Eterna família que, mesmo com minhas inúmeras fraquezas e falhas, soube amparar-me para jamais desistir, mas prosseguir sempre e buscando melhorar-me a cada dia. Por eles eu enfim havia alcançado a minha própria luz interior, e se Deus permitisse, continuaria esforçando-me para que esta jamais se apagasse.

Reunido ali com meus queridos companheiros da diocese e toda aquela querida família, pude perceber que, enquanto era agraciado com o rito de Ordenação Presbiteral, todas as paredes e o teto do local simplesmente haviam desaparecido, dando lugar a uma espetacular vastidão de luzes que mais parecia um céu de estrelas.

Estávamos todos sendo envolvidos por uma indescritível corrente fluídica, parecendo provir do mais alto e contendo os mais puros sentimentos. E ao nosso redor pude perceber a presença de incontáveis espíritos de luz, que com a destra voltada sobre nós, emanavam de si sutilíssimas centelhas de luz, carregadas com seu terno amor.

E como uma suave chuva de bênçãos a derramarem-se sobre nós, pude sentir um pouco do tão grandioso amor que eles sentiam. A sublime manifestação dos sentimentos mais puros, em que o carinho e ternura não encontram barreiras. Sentimentos que nos envolvem e, como o amor daqueles que se completam, chegam profundamente ao nosso coração, invadindo nossa alma e nosso próprio espírito.

Espírito que, quando puro, é capaz de remover qualquer véu e ser agraciado com a majestosa visualização daquele que sempre está ao nosso lado, amparando-nos, auxiliando e confortando, como um querido e verdadeiro irmão.

E enquanto tentava conter as lágrimas e a emoção por ser abençoado por aquela sublime visão, prostrei-me em sincera oração, agradecendo ao Pai da vida por tão valioso presente que recebia de coração. Enquanto, alegre, concluía finalmente meu Rito de Ordenação.

"Portanto ide, fazei discípulos de todas as nações, batizando-as em nome do Pai, e do Filho, e do Espírito Santo."[48]

59 – Emissários de Jesus

> Assim não são mais dois, mas uma só carne. Portanto o que Deus ajuntou não separe o homem.[49]

No matrimônio, duas almas distintas que se complementam, aliando suas diferentes particularidades, unem-se para que juntas possam galgar novos degraus em sua evolução.

Eis um princípio estabelecido pelas leis da própria natureza humana: a necessária busca por um íntimo complemento que, obtido através da interação com o próximo, é capaz de influenciar na construção do caráter de cada indivíduo. Sem esse complemento, o tempo necessário para o progresso de cada um poderia estender-se, acarretando dificuldades e perturbações na evolução das almas.

Por isso, desde o princípio Deus presenteou-nos com inume-

[48] Novo Testamento, Mateus 28:19.
[49] Novo Testamento, Mateus 19:6.

ráveis instrumentos, chamados de irmãos, para que pudéssemos pouco a pouco sermos por eles lapidados.

Como fomos criados simples, foi através do contato com esses irmãos que começamos a reunir em nós pequenas parcelas daquilo que efetivamente esperávamos alcançar. Logo começamos a compreender o quanto tal contato é necessário, pois somente por meio dele podemos realmente avançar de maneira mais efetiva.

Contudo, não somente se manifestou na humanidade a íntima procura por uma complementação, mas também o sublime desejo de doar. Ou seja, aqueles que com o passar do tempo conseguiram angariar mais recursos que o próximo, viram-se profundamente dispostos a realizar uma íntima doação. E logo elos começaram a formar-se entre os verdadeiros irmãos. Elos de auxílio, amparo e doação. Elos de carinho, de humildade e afeição. Elos de luz, de amor e abnegação.

Já no mês seguinte após minha Ordenação Presbiteral, recebi a notícia de que começaria a atuar junto ao padre de uma igreja localizada em outro estado, pois o presbítero já possuía idade avançada e aguardava ansioso por alguém que pudesse auxiliá-lo em sua paróquia.

Confesso que por maior que fosse o desejo de iniciar minhas atividades em uma paróquia, a notícia de que teria de ficar tão longe da amada família fez-me desabar. Meu coração não suportaria a dor de uma grande distância, e com meus queridos pais já com a idade bastante avançada, tal sentimento não me permitiria exercer a função tranquilamente.

Logo, após uma longa conversa com os amigos Balthazar e Esaú, que gentilmente me aconselharam a seguir meu coração, fui à procura do atencioso Monsenhor Antero. Era muito importante que eu lhe explicasse minha situação e com isto, talvez, conseguir ser destacado para alguma cidade mais próxima da minha família.

Com o coração apertado e intimamente suplicando a Deus que não me desamparasse, calmamente contei ao Monsenhor o quanto permanecer próximo de minha família era importante para mim. Eu sabia das dificuldades para atender tal pedido e o quanto se fazia necessário seguir minha indicação ao local indicado, mas havia algo em mim que sussurrava não ser aquele o caminho que eu deveria seguir. Sentia que minha tarefa junto aos meus pais e o desejo que meu coração ansiava por realizar eram muito mais fortes e profundos. E de alguma maneira fazia-se necessário que tal destacamento fosse revisto. E se alguém poderia auxiliar-me nesta questão, era o gentil Monsenhor Antero. Ele era uma pessoa muito compreensiva, mas principalmente muito centrada. Por isto, sempre analisava todos os ângulos antes de tomar uma decisão. Ouviu-me atentamente e então me pediu alguns dias para pronunciar-se.

Enquanto aguardava, eu apenas orava. Pedia ao Pai que se fosse meu destino permanecer mais próximo de meus pais, então assim procedesse. Ou que se tivesse de seguir até a paróquia de outro estado, que seus anjos dessem-me forças e sustentassem-me a seguir firme no bom caminho.

Chegado o dia, o Monsenhor chamou-me até sua sala e, com o olhar sério, explicou-me que fizera alguns contatos e, apesar de não parecer, aquela era uma situação bastante comum. Mas que poucos eram aqueles que tinham tais pedidos atendidos, e muitas vezes podia ver em seus semblantes o sentimento de decepção quando não ouviam o que queriam. Por isto fez questão de consolar-me com relação à influência que isto poderia ter no desempenho do trabalho, dizendo que o mais importante não é o sentimento que trazemos, mas sim aquele que transmitimos. E que mesmo em um coração despedaçado, pode haver muito mais amor do que naquele aparentemente inteiro. Que o importante não é quem nós somos, mas sim aquilo o que nós fazemos com o que realmente somos.

Foi então que ele disse algo que eu jamais esperava ouvir.

— Matheus, você será destacado para atuar como auxiliar do padre Vicente na própria paróquia de sua cidade natal.

A emoção tomou conta de mim. Não apenas eu atuaria em minha própria cidade, como também junto ao querido padre Vicente. Eu sentia que Deus havia ouvido minhas preces, pois ter a abençoada oportunidade de ser destacado para atuar na igreja onde eu crescera era um verdadeiro sonho que se realizaria. Como eu nutria um carinho muito grande por aquela paróquia, fiquei totalmente sem palavras para agradecer a imensa generosidade do atencioso Monsenhor Antero.

Apenas o abracei como um querido amigo e humildemente beijei a sua destra em sinal de respeito.

Eu me sentia tão feliz com aquela notícia e com vontade de

correr e festejar feito uma criança, que até mesmo o cansaço que me acompanhava já havia algum tempo, parecia simplesmente ter desaparecido. Eu enfim retornaria ao meu amado lar após todos aqueles anos de empenho e dedicação, levando comigo a tão sonhada Ordenação Presbiteral.

Após agradecer humildemente a todos os meus queridos orientadores, aos meus superiores, aos trabalhadores da diocese e aos valiosos companheiros de estudos que eram para mim eternos e importantes irmãos de caminhada, fiz uma dedicada prece ao Pai da vida, agradecendo-lhe por tudo e pedindo que seus anjos, seus missionários, os nossos queridos benfeitores espirituais, continuassem sempre a abençoar aquela querida escola. Que a luz de nosso Senhor Jesus Cristo os envolvesse e amparasse a cada um deles, nutrindo seus corações com muito amor e carinho.

Foram abençoados anos que eu guardaria para sempre em meu coração.

Enfim era hora de retornar ao lar e eu não via a hora de poder contar à amada família que atuaria como auxiliar do padre Vicente na iluminada paróquia que todos conhecíamos e frequentávamos.

E como esperado, assim que regressei e contei-lhes a novidade, meu lar foi tomado por uma imensa felicidade que rendeu até uma pequena festa de comemoração. Pude ver claramente nos olhos úmidos de emoção dos meus pais, o quanto estavam surpresos e orgulhosos. Ter a oportunidade de ver o filho atuando como auxiliar direto do padre e sendo gentilmente preparado para talvez um dia poder conduzir aquela abençoada paróquia, que ambos conheciam tão bem, era uma indescritível alegria.

Era a paróquia onde meus pais haviam se conhecido e onde no passado haviam planejado casar-se, e também a mesma paróquia onde, em minha encarnação anterior, eu havia permitido que as trevas me envolvessem e eu viesse a cair em profunda escuridão. Mas, graças à providência divina, nós sempre temos a oportunidade de recomeçar e procurar, através de nosso próprio esforço, superar os obstáculos e compreender o verdadeiro caminho a seguir. O caminho do amor, da bondade, da caridade, da humildade e da fé.

A sublime luz de Deus que nos faz empenhar o nosso melhor e é capaz de conduzir-nos em meio às mais diversas tribulações. Ele é a verdadeira luz que existe por trás da escuridão e o eterno sustentáculo capaz de auxiliar-nos a sair das trevas à luz. Ele é o único capaz de conduzir-nos em direção à nossa sublime remissão e amparar--nos ao caminho de Deus. Nosso amado Senhor Jesus Cristo.

Com a oportunidade de atuar na paróquia próxima ao meu antigo lar e casa da abençoada família, recebi de meu pai um convite que jamais poderia recusar. Como a casa de meus queridos pais havia sido reformada para a chegada dos bebês de meu irmão, e com isso criado novos quartos para este e a família, meu antigo quarto havia ficado vago, dando-me assim a possibilidade de voltar a morar com eles.

Eu teria mais uma vez a grata felicidade de ser agraciado pelo convívio da iluminada família. Convívio que meu coração ansiava por reviver. Poderíamos tornar a reunir-nos à mesa como sempre fazíamos, para nossas agradáveis conversas cheias de muitas alegrias e gargalhadas. Tudo aquilo ainda era para mim um grande sonho que jamais imaginara experimentar. Eu estava novamente em casa, junto da amada família, e ainda começaria a auxiliar o padre Vicente com as missas. Não poderia sentir-me mais realizado.

Era certo que apesar de intimamente estar feliz e bem disposto, sentia que havia algo em meu corpo que parecia provocar-me uma sensação de desconforto e cansaço que não me abandonava. Além de algumas abruptas crises de tosse, que me faziam querer esforçar-me ainda mais.

Logo comecei a atuar junto do querido padre, procurando sempre realizar o meu melhor. Estar ao seu lado auxiliando-o a conduzir a missa era uma bênção para mim. Bênção que foi completa quando tive a enorme alegria de ser prestigiado pela presença da querida família. Mesmo com a idade avançada e algumas dificuldades de locomoção, meus amados pais Cláudio e Elisa fizeram questão de acompanhar meu irmão Alê com sua família para assistirem à missa.

Ao vê-los, tentei segurar as lágrimas, mas não me contive. Bem ali diante de mim estavam aqueles que me ensinaram o verdadeiro significado do amor. Que me ensinaram a procurar ser sempre o melhor que eu pudesse, não apenas para mim, mas também para o próximo. Ter fé em Deus e acreditar que Nosso Senhor Jesus Cristo sempre está ao nosso lado, sustentando-nos no transpor de qualquer dificuldade. Bem ali diante de meus olhos estava o que era para mim o verdadeiro significado de companheirismo. De mútuo afeto, carinho, respeito e amor. Poder ver meus queridos pais de mãos dadas e ainda se olhando com ternura, a ternura de um lindo casal que sempre fora apaixonado, tocava profundamente meu coração. Tão profundamente, que me fizera orar a Deus para que, se fosse permitido, eu pudesse seguir adiante com meu humilde sonho. Por isto, segui trabalhando firme e entregando nas mãos de Deus.

Durante aquele segundo semestre inteiro de 1934, eu atuei como auxiliar do padre Vicente em sua abençoada paróquia, procurando levar a todos as valiosas palavras de Nosso Senhor. Sentia-me tão realizado, que nem mesmo nos períodos em que tive febre ou fui acometido por alguns desmaios, eu quis ausentar-me.

Era certo que, procurando não causar preocupação à família com aqueles estranhos sintomas, eu sempre tentava contornar a situação afirmando-lhes que não era nada. Que não deveriam preocupar-se e que eu estava bem. Contudo havia alguém para quem eu não conseguia disfarçar, que era o sempre atencioso padre Vicente.

Foi ele quem, apesar de muita relutância minha, conseguiu convencer-me a procurar um doutor, a fim de avaliar-me para saber se realmente estava tudo bem. Como intimamente me sentia disposto, considerava eu que tudo aquilo era apenas uma fase e logo tornaria a ficar melhor. Mas como o querido padre sabia exatamente como conduzir as palavras, tratei logo de ouvi-lo e fui então me consultar com o doutor Anézio, um antigo conhecido de minha família.

Ele era um médico bastante meticuloso, e em minha consulta logo quis saber de todos os detalhes sobre os sintomas que vinha por algum tempo sentindo. Expliquei-lhe sobre o cansaço, a febre e os desmaios, e ele pediu inicialmente alguns exames. Recebidos os exames preliminares, e nestes a princípio nada de severo constatado, fui medicado e então aconselhado a repousar.

Confesso que realmente obtive uma leve melhora, apesar de ainda me sentir fatigado, mas foi o suficiente para alegrar-me e voltar a auxiliar o padre na paróquia. Eu procurava não me deixar abater ou desanimar e seguia apenas pensando em prosseguir com meu trabalho.

Poder estar ali na igreja como pároco auxiliar e levando aos queridos irmãos a palavra de Nosso Senhor, era para mim um verdadeiro bálsamo que contagiava todo o meu ser e envolvia-me em um estado de verdadeira alegria. Alegria que também manifestava durante os trabalhos de desdobramento que seguia mantendo junto aos queridos benfeitores Balthazar e Esaú. Poder colaborar com o plano espiritual era extremamente gratificante, e realizava-o com muito amor e carinho, nos períodos de repouso do corpo físico. Estas duas tarefas faziam-me sentir a criatura mais realizada possível.

E assim prossegui durante aqueles últimos meses do ano, para enfim adentrarmos 1935. Contudo, no início do ano, eu sentia que meu corpo físico parecia estar cobrando-me novamente, e logo tornei a sentir os mesmos sintomas, porém com maior intensidade e, desta vez, acompanhados por uma angustiante dor torácica e falta de ar, o que acabou me levando mais uma vez a consultar o doutor Anézio.

Com o semblante bastante preocupado ao relatar-lhe os novos sintomas, fui convidado a acompanhá-lo em uma consulta com um grande amigo seu, o doutor Deodoro. Este era um grande especialista, e tratou logo de pedir que eu realizasse alguns exames mais detalhados em sua clínica. Porém, como tais exames eram mais específicos, foram encaminhados para a capital e demorariam cerca de dois meses para ficarem prontos.

Eu fui novamente medicado e aconselhado a manter repouso. Contudo, logo no dia seguinte lá estava eu na paróquia, preocupado em auxiliar ao padre Vicente. Como este, nos últimos dias, também não estava muito bem de saúde, e eu possuía forças para seguir com minhas tarefas, considerei prudente ir auxiliá-lo. Mas pouco mais de uma semana depois, a saúde do padre infelizmente piorou e este acabou tendo de afastar-se da paróquia, necessitando assim que eu então assumisse o trabalho de pároco da igreja.

Apesar das circunstâncias, não poderia sentir-me mais realizado, pois eu enfim estava conduzindo as missas e podendo realizar o sonho que tanto queria. Mas havia algo que meu coração ainda desejava muito realizar.

Nós entraríamos no mês de maio, e pretendia aproveitar que seria o aniversário de minha mãe e dar-lhe um abençoado presente. Porém, enquanto imaginava como iria proceder, fui visitado às pressas por um doutor Anézio bem diferente daquele de aspecto tranquilo e sereno que conhecia. Os resultados de meus exames feitos com o doutor Deodoro haviam chegado, e ele disse-me que precisávamos muito conversar.

Levei-o até a sala administrativa da paróquia a fim de saber o resultado de meus exames, enquanto, acompanhando-nos do invisível, os amigos Balthazar e Esaú, já conscientes dos resultados, conversavam a respeito.

— Mas como isso pode ocorrer? – indagou Esaú.

— Isso já estava previsto, meu amigo. Ocorre que nosso Matheus possui débitos a saldar, e a depuração fazia-se necessária dessa forma. Nesta encarnação ele cumprirá o tempo que lhe restava em sua encarnação passada, interrompido antes do que era previsto quando, por infelicidade, ele provocou o rompimento dos laços que o prendiam àquele envoltório. Somente assim ele conseguirá abrandar e dissolver os densos acúmulos vibratórios que ainda se encontram presentes em seu corpo semimaterial. É a eterna lei de causa e efeito, meu amigo. Contudo, como lhe expliquei, tudo faz parte de um plano maior, e nosso Matheus, antes mesmo de reencarnar, já conhecia os caminhos que deveria seguir. E ele, humildemente, para auxiliar-se e auxiliar seus amados pais, decidiu percorrê-los – concluiu o querido Balthazar.

Foi então que, olhando-me fixamente nos olhos, e procurando encontrar uma maneira de dar-me a notícia, o doutor resolveu ser claro e direto.

— Matheus, você está com câncer e talvez tenha apenas um pouco mais do que seis meses de vida.

60 – Alvorecer da redenção

> Se pedirdes alguma coisa em meu nome, eu o farei. Se me amardes, guardareis os meus mandamentos. E eu rogarei ao Pai, e ele vos dará outro Consolador, para que fique convosco para sempre; O Espírito de verdade, que o mundo não pode receber, porque não o vê nem o conhece, mas vós o conheceis, porque habita convosco, e estará em vós. Não vos deixarei órfãos; voltarei para vós.[50]

Quando compreendermos que nós somos aquilo que desejamos, aquilo que manifestamos e aquilo que realizamos, nos tornaremos capazes de não mais sermos conduzidos pelo mundo, mas sim sermos os nossos próprios condutores.

Quando compreendermos que toda pedra lançada em um

[50] Novo Testamento, João 14:14-18.

mundo esférico tenderá a sempre retornar na direção de quem a lançou, e que toda ação provoca inevitavelmente uma reação, verificaremos que nossas chagas de amanhã serão o resultado de nossas ações de hoje, e que nossas chagas de hoje são sempre o resultado de nossas ações de ontem.

Quando compreendermos que a verdadeira vida jamais cessa e que tudo à nossa volta sempre se renova, finalmente abriremos completamente os olhos e não mais enxergaremos uma única direção. Quando compreendermos que mesmo aparentemente sós, sempre nos encontramos acompanhados, e que nos condicionamos a crer apenas naquilo o que conseguimos ver, entenderemos que não somos fadados a caminhar por apenas um caminho.

Quando compreendermos que desde o advento do Cristo fomos informados jamais estar desamparados, e que através de suas sublimes palavras Ele já nos informava a real e extensão da evolução que um dia nós todos iremos alcançar, então finalmente entenderemos o verdadeiro sentido da vida.

Ouvir do doutor que eu estava com câncer em um estágio bastante avançado e que talvez me restasse pouco menos de um ano de vida, fez-me sentir algo que jamais sentira antes. Um forte calafrio e um imenso vazio no estômago, seguidos por um doloroso aperto no coração. Imediatamente me veio à mente a imagem da amada família e um lampejo de tudo o que pretendia fazer. Todos os sonhos e desejos que ansiava realizar pareciam agora desfeitos em questão de segundos. Logo uma pequena lágrima rolou por meu rosto e imediatamente pude ver-me transportado para fora de meu corpo. Eu pairava no ar a poucos metros de mim mesmo, observando a figura daquele jovem sentado e com os olhos úmidos. Eu podia vê-lo, mas o jovem emocionado não me via. Ele estava em estado de choque e uma pequena névoa surgia-lhe aos pés, procurando lentamente envolvê-lo. Ele tinha medo e estava aflito. Queria correr para longe dali, como se quisesse de alguma maneira fugir de si mesmo, das dúvidas e incertezas que o acometiam. Precisava gritar e bradar para expulsar de si aquela sufocante situação. O coração estava acelerado e as mãos trêmulas. Ele não queria sentir aquilo, mas não conseguia evitar. Estava envolvendo-o e consumindo-o.

Observando-me ao longe, eu queria abraçar-me, mas era apenas um espectador de mim mesmo enquanto me via consumido pelo medo. Deveria também chorar? Deveria também me desesperar? Onde eu estava e por que me via naquele estado? Qual dos dois eu realmente era? Haveria de alguma forma uma dualidade, ou tudo não passava de um simples mecanismo de autodefesa?

Não! Deus apenas estava mostrando-me a verdade. A verdade que eu não tinha forças para ver. Ir além do véu e realmente ver aquilo o que somos. Pequenas centelhas de um todo. Criaturas em constante aprendizado e evolução, cuja verdadeira essência brota diretamente de Deus. Seus amados filhos. Sublimes parcelas de seu íntimo amor. Logo, como pode alguém se considerar privado de suas melhores aspirações? Tudo é vida! Tudo é progresso! Tudo vem de Deus, e Deus é amor! Fonte eterna de justiça e bondade. Ele me ama e quer apenas o melhor para mim.

Entrando naquele estado de desespero, eu estava sendo justo com Seu amor? Eu estava sendo justo comigo? Foi apenas abrir mais uma porta, que eu simplesmente esquecera tudo o que através do íntimo esforço havia aprendido? Esquecera que Deus me ama? Esquecera que Jesus afirmara que sempre estaria conosco?

Não! Eu não era mais aquele jovem desesperado e tão perdido. Eu havia encontrado Nosso Senhor Jesus. Ele era meu guia e meu eterno farol. O sublime amor de Deus habitava em mim e eu seguiria firme e com fé por entre todos os caminhos, até fazer enfim brilhar minha verdadeira luz.

Foi então que vi surgir bem diante de mim um inenarrável clarão, imediatamente reconhecido por mim e colocando-me em completo estado de emoção. E ajoelhando-me em humilde agradecimento, logo tornei a ver-me novamente sob as vestes de meu tão abençoado corpo físico.

Valiosa lição eu havia aprendido. Era hora de mais uma vez levantar a cabeça e seguir apoiado na fé. Na fé que aviva, na fé que renova e na fé que sustenta. Aproveitaria cada valiosa oportunidade para seguir firme nos abençoados caminhos que a vida teria a oferecer-me, e sustentar-me-ia Naquele que sempre está ao nosso lado, disposto a indicar-nos a sublime meta a seguir.

Eu aproveitaria então os dias que me restavam, e não permitiria que a tristeza ou qualquer sentimento negativo me envolvesse. Aproveitaria cada segundo para sorrir mais, ouvir mais, auxiliar mais e, principalmente, amar mais. Seguiria realizando o grande sonho de levar a todos os meus amados irmãos as abençoadas palavras de Nosso Senhor Jesus Cristo, enquanto Deus assim me permitisse. E aproveitaria também aquela valiosa oportunidade que a vida havia-me concedido de tornar-me padre, para enfim realizar a sublime tarefa que compreendera ser importantíssima parte de minha missão: eu casaria meus pais.

Aproveitaria assim que se aproximava o aniversário de minha querida mãe, que completaria 88 anos de idade, e dar-lhes-ia aquele singelo presente. E evitaria perturbá-los com a notícia de minha doença, para que aquele fosse realmente um momento especial para eles. Como no passado o casamento deles fora interrompido, e desde então eles nunca mais se propuseram a realizar o matrimônio, eu ficaria muito feliz se pudesse dar-lhes aquele inesperado presente.

Logo, sem muito tempo para os preparativos, informei meu querido irmão Alê sobre meu desejo, e este, bastante feliz, rapidamente concordou em auxiliar-me com aquela surpresa. Como meus pais sempre possuíram muitos amigos em nossa cidade, consideramos convidar todos. Advertindo-os, porém, de que tal cerimônia deveria ser mantida em segredo, pois meus pais não poderiam saber de nada, já que se tratava de uma grande surpresa. Fomos de porta em porta convidando-os, e não houve um sequer que não se surpreendesse com a notícia.

Poder assistir ao matrimônio de um querido casal que já estava junto por longos anos, e ainda mais sendo realizado pelas bênçãos do próprio filho, comovera-os ao ponto de muitos insistirem em também colaborar para a realização de uma grande festa. Muito emocionados com toda aquela demonstração de carinho, nós acabamos então concordando com os festejos, desde que ninguém ficasse sobrecarregado e todos que desejassem também pudessem de alguma forma colaborar.

Tivemos pouco menos de uma semana para os preparativos, mas graças ao auxílio de todos, enfim havíamos chegado ao dia 01 de maio de 1935, dia do aniversário de minha mãe e da cerimônia surpresa, com tudo pronto. Apenas aguardávamos os noivos.

Eu havia informado aos meus pais que gostaria muito de aproveitar o aniversário de minha mãe para dedicar-lhes uma missa. Que seria para mim uma grande bênção contar com eles naquela cerimônia, pedido este que foi logo atenciosamente atendido por meus queridos pais, que mesmo já possuindo algumas limitações para locomover-se, ficaram muito contentes por poder comparecer.

Enquanto me dirigia à igreja para verificar os últimos detalhes, meu amado irmão e sua esposa conseguiram convencer meus pais a arrumarem-se de maneira bastante elegante, colocando nele um vistoso terno e nela um reluzente vestido, porém de forma que ambos acreditassem apenas estar indo para mais uma missa.

Devo confessar que mesmo desejando muito poder casá-los, eu apenas segui com a ideia quando rememorei que durante alguns diálogos que tivéramos, eles contaram com certo pesar que somente não se haviam casado porque as circunstâncias na época os impediram, mas que jamais abandonaram ou deixaram de pensar no assunto com bastante carinho. E foi esse um dos motivos que me incentivaram a prosseguir. Seria para mim, como seu filho, uma grande honra e valiosa bênção poder casá-los, e meu coração transbordava de alegria somente de pensar em poder dar-lhes aquele precioso presente.

Chegado o grande momento, meus queridos pais foram conduzidos à igreja por meu irmão Alê com sua família. Já no altar e com a igreja repleta de amigos, eu aguardava ansioso por aquele momento, tendo de conter a emoção enquanto, em silêncio, orava ao Pai para que me amparasse e conduzisse as palavras durante a cerimônia.

Com todos em silêncio, fomos então informados que meus pais haviam chegado e encontravam-se junto de meu irmão em frente às portas da igreja, que estavam fechadas. Confusos e sem compreender por que as portas estavam fechadas, atenderam à solicitação de meu irmão para que aguardassem ali enquanto ele iria por outra porta verificar o que estava ocorrendo.

Foi então que, muito bem vestidos e com os braços dados, sem saber o que estaria por vir, meus queridos pais foram então surpreendidos quando as portas se abriram e eles encontraram diante de si uma igreja toda enfeitada para a realização de uma linda cerimônia matrimonial, repleta de sorridentes amigos que de pé os aplaudiam. Ainda tentando compreender o que era tudo aquilo, eles sorriram enquanto uma amiga colocava um enfeitado véu em minha querida mãe e entregava-lhe um primoroso buquê de rosas. E sussurrando em seus ouvidos, ela disse que aquilo tudo era para eles. Uma singela cerimônia de casamento.

Entreolhando-se com os olhos úmidos pela inesperada surpresa, meus queridos pais apoiaram-se um no outro e, convidados por mim, que no altar os aguardava de braços abertos, começaram então a caminhar lentamente enquanto eu continha-me para não chorar.

Acompanhados por um lindo cortejo formado por abençoada orquestra angelical a entoar um lindo cântico matrimonial provindo do mais alto, à medida que eles caminhavam, pude vislumbrar, para minha surpresa, que junto deles seguia uma iluminada legião de espíritos carinhosamente acompanhando-os. E que pouco a pouco os semblantes maduros de meus queridos pais transfiguravam-se na sublime imagem de quando ainda eram jovens. Eu podia ver minha bela mãe e meu vigoroso pai, com a mesma aparêncis que possuíam na época em que no passado iriam casar-se. Bem diante de mim não estava mais o emocionado casal de idosos, mas sim os jovens apaixonados de outrora.

Comovido, eu não contive as lágrimas e logo fui tomado por uma surpreendente emoção. Sentia como se em minha vida toda eu simplesmente houvesse esperado por aquele iluminado momento. Poder, com as bênçãos de Deus, realizar aquela humilde cerimônia e enfim casar meus amados pais. Eu enfim realizaria aquilo que no passado eu mesmo impedira. E dessa forma completaria minha íntima missão. A missão de retornar ao corpo físico como querido filho daquele abençoado casal, para assim poder, através dos valiosos laços familiares, abrandar minhas faltas, suavizar meus erros e entregar-lhes meu mais puro amor em forma de agradecimento e remissão de meus próprios pecados.

Graças à misericórdia divina, eu estava ali mais uma vez diante deles, porém não como algoz, mas sim como um humilde filho, que através do grandioso auxílio e amparo de inúmeros companheiros, conseguira enfim encontrar o sublime caminho par a Deus. E compreendera através das valiosas palavras de Nosso Senhor, o quanto o amor ao próximo é a valiosa flama capaz de acender a abençoada centelha de luz que todos intimamente carregamos.

Louvado seja Nosso Senhor Jesus Cristo por indicar-nos o caminho. Agora cabe a cada um de nós esforçarmo-nos para manter essa luz sempre acesa e fazer o nosso melhor, confiantes de que jamais nos encontramos desamparados e que todos somos abençoados filhos e filhas do mesmo Pai, frutos de Seu eterno amor, e capazes de fazer brilhar a sublime luz de Jesus Cristo em cada um de nós, a aquecer os mais duros corações. Basta ter fé e jamais desistirmos de tentar.

Quando meus amados pais enfim chegaram ao altar e viram-me como pároco bem ali diante deles, emocionados, prostraram-se em profundo agradecimento ao Pai da vida, rogando-lhe que nos abençoasse. E então pude divisar que o teto da igreja simplesmente se havia agigantado, permitindo-me ver o céu e as estrelas do firmamento, cada uma a brilhar radiante como se parabenizasse o matrimônio daquele abençoado casal.

Pela igreja, via uma vasta plêiade de espíritos de luz a enfileirarem-se ao longo dos corredores, formando grandes camadas que se estendiam ao alto, revelando aquela grande família universal que comparecia, trazendo-lhes gentilmente suas mais puras emanações de carinho e afeição. E do alto, vi então descer sobre as cabeças de meus queridos pais uma cintilante luz a coroá-los e abençoá-los por aquela terna união. União esta tão consolidada em mútuo afeto, respeito, cumplicidade e amor.

Que bênção poder presenciar tão majestosa cena, quando todos, de mãos voltadas para eles, começaram a transmitir-lhes vibrantes luzes de amor, emanadas diretamente de seus próprios corações. E logo vi formando-se e envolvendo-os um acolhedor manto composto por iluminadas pétalas de rosas. Cada qual contendo as íntimas vibrações de paz e amor de nossos valorosos irmãos em Deus. E do mais alto vi formar-se um radiante elo de luz quando carinhosamente presenteei meus amados pais com um singelo par de alianças, a fim de, com as bênçãos de Deus, selarmos aquela afetuosa união.

E emocionado, agradeci então ao Altíssimo quando vi junto a mim os tão queridos companheiros de luz com suas destras voltadas em minha direção, humildemente me amparando e sustentando diante daquele valioso momento. Momento em que eu, com o coração banhado em emoção, enfim os abençoava como marido e mulher. Um lindo e querido casal, que agora, mais do que nunca, estava unido de corpo e espírito para todo o sempre. E não apenas naquela vida, mas sim por toda a eternidade, enquanto seus espíritos imortais e seus corações assim o desejassem.

— Que Deus Pai todo-poderoso vos conceda a sua alegria e os

conserve unidos no amor, para que habite em vós a paz de Cristo e que esta permaneça sempre em vossa casa. E que o Espírito Santo derrame o seu amor divino em vossos corações – abençoei-os.

— Assim seja!

A cerimônia foi realmente um momento bastante especial na vida de todos nós. Poder ver a alegria nos singelos rostos de meus amados pais era algo indescritível. Só podia mesmo agradecer a Deus pela valiosa oportunidade. Graças ao amparo dos queridos benfeitores, conseguira conduzir o matrimônio, e com as bênçãos de nosso Senhor Jesus Cristo, meus pais enfim estavam casados!

Nos dias que se seguiram, via-os radiantes e felizes como nunca antes tinha visto. Expressaram-me sua eterna gratidão por proporcionar-lhes a realização daquele sonho, contudo era eu quem lhes agradecia, não apenas por permitirem-me tamanha honra, mas também por tudo o que eles sempre fizeram por mim. Todo o carinho, afeto, os conselhos, amparo, amizade, consolo, amor, enfim por terem-me permitido ser seu filho. Não fosse por eles, eu dificilmente me haveria tornado aquela pessoa. Foram eles que me ensinaram a olhar a vida com os olhos do amor. Que me ensinaram a jamais desistir, e sempre seguir em busca de nossos sonhos. Graças a meus amados pais, eu compreendera o verdadeiro valor de doar-se de coração ao próximo, sempre nos esforçando para melhorar a cada dia.

Foi graças a meus abençoados pais Cláudio e Elisa, que eu pudera ter a grandiosa oportunidade de abrandar os erros de minha encarnação passada, quando tanto os fizera sofrer. Com eles eu aprendera o verdadeiro sentido da palavra perdão, e como somos capazes de transformar-nos em pessoas cada vez melhores. Basta cremos que uma cintilante luz reside no íntimo de nossos corações e esforçarmo-nos para poder acendê-la. E crermos que ao nosso lado sempre existirão amigos valorosos, dispostos a amparar-nos durante toda a caminhada.

Com meus pais eu conhecera o amor. Abençoado amor que me ensinou a sorrir com os olhos do coração. Sorrir com os olhos da alma. Foram tantos os momentos felizes que passamos juntos, que me sentia verdadeiramente abençoado. E foi procurando manter na memória esses iluminados momentos, que confortei meu coração quando os encontrei desencarnados em seu quarto. Cerca de um mês após o casamento, e apenas alguns dias após meu querido pai completar 90 anos de idade, encontrei-os deitados e de mãos dadas. As mesmas mãos onde haviam sido postas suas alianças. O humilde presente daquela afetuosa aliança que aqueles dois corações haviam selado. A união de duas almas que se amavam e completavam. Almas de que eu jamais me esqueceria.

E sentindo que minha missão também logo terminaria, segui procurando levar a palavra de nosso Senhor Jesus Cristo enquanto meu corpo aguentasse. Com a doença já bastante espalhada, eu procurava ter fé e não me deixar abater. Trazia sempre um sorriso no rosto e os ensinamentos de Jesus no coração. Aproveitaria cada momento para realmente fazer algo de valioso. E que maior valor do que através do amor tentar fazer o bem ao próximo? Agradecia a Deus por cada palavra amiga que transmitia, cada gesto de afeto que praticava e cada coração que tocava.

Durante quase um ano eu tivera a grata felicidade de ainda encontrar, em meu caminho, corações simples que eu sentia de alguma forma poder ajudar. E mesmo fraco e abatido, jamais me deixei derrotar. Para mim, cada instante era valiosa oportunidade de fazer algo de importante, fosse para mim mesmo ou para o próximo. Compreendera o quanto tudo possuía imenso valor. Uma pequena flor, uma simples brisa ou um aconchegante raio de sol. Engraçado dizer como no fim da vida é quando ela parece ganhar mais cor.

E foi com esse singelo pensamento que, em 21 de fevereiro de 1936, durante o repouso em meu quarto, eu então desencarnei. Diferentemente do que imaginava que seria, simplesmente meu coração cessou os batimentos enquanto eu dormia.

Tinha eu 35 anos de idade e, apesar do curto período que tivera naquela existência física, sentia-me completamente realizado. Aproveitara as oportunidades com que a misericórdia divina havia-me presenteado, para enfim tentar ser um Matheus diferente daquele espírito tão perdido e revoltado de outras encarnações. Não mais via o mundo com os olhos do orgulho e da ira, mas através dos olhos de Jesus.

Eu compreendera o quanto nossas ações são capazes de influenciar todos a nossa volta e o quanto os sentimentos negativos são verdadeiras chagas que nos consomem pouco a pouco, transformando-nos e afastando-nos do sublime caminho de Deus. Também aprendera que jamais, *jamais*, estamos desamparados. Que conosco prosseguem valorosos irmãos dispostos a estenderem suas mãos, sejam eles encarnados ou desencarnados. Basta apenas termos humildade para enxergá-los e simplicidade para compreendê-los.

E logo, assim que meus olhos do corpo físico se fecharam, os olhos do corpo espiritual se abriram. E para minha surpresa e alegria, vi que realmente não estava só, mas sim rodeado de amigos. Aguardavam-me carinhosamente alguns sorridentes irmãos de luz, dentre os quais se destacavam os queridos amigos e companheiros Balthazar e Esaú, que com os semblantes felizes e orgulhosos, aguardavam meu desenlace. Nós não mais estávamos separados pelas limitações da matéria, e eu enfim podia realmente senti-los. Tão queridos e valorosos benfeitores, iluminados servos de Jesus que tanto me auxiliaram para que prosseguisse no bom caminho e conservasse o coração sempre puro.

Emocionado, fui então convidado por Balthazar, com as mãos estendidas, a acompanhá-los. Levantando-me do leito, agradeci ao Pai da vida e segurei firmemente as mãos do tão querido amigo. Este me convidava para uma alegre viagem, um valioso caminho que meu espírito ansiava por fazer.

Logo fomos envolvidos por uma calorosa luz e então verifiquei que não estávamos mais em meu quarto, mas sim prosseguindo por entre as nuvens, dirigindo-nos para um local, do qual meu coração imediatamente recordou com carinho e ternura. Eu estava mais uma vez retornando ao meu abençoado lar.

A morte não é o fim, mas apenas um novo recomeço!

Após um certo tempo a volitar, acolhido junto aos queridos amigos, estacamos diante de majestosos portões. Rodeado por verdes campos e um vasto e florido jardim, tão colorido quanto um lindo arco-íris, eu podia alegremente sentir os raios de sol a tocarem meu rosto, suavizados por uma refrescante brisa, acompanhada por um sutil e agradável cheiro de flores. Encantado com a incomparável beleza e a grandiosa perfeição de Deus em cada detalhe, vi então os singulares portões abrirem-se, dando-me assim a visão de um extenso caminho, todo ornado com arbustos, árvores e muitas flores.

Convidado pelos amigos a entrar, baixei a cabeça em humilde agradecimento. E respirando profundamente, elevei o pensamento a Deus, curvando-me à sua eterna bondade. Eu sentia-me verdadeiramente comovido e meu coração pulsava de imensa alegria.

À medida que íamos calmamente caminhando, maravilhava-me com cada pequeno detalhe e a sutileza que encontrava. Tudo era belo, tão vivo, e transmitia uma agradável paz. Via diante de mim passarem alegres crianças, idosos, irmãos de todas as raças e aparentemente de todos os credos. Não havia restrições ou distinções, tudo seguia em perfeita harmonia, inclusive os animais; alguns se aproximaram de nós calmamente, confiantes e sem qualquer temor. Pareciam vir dar-me as boas-vindas e trazer-me um pouquinho da tão sutil e calorosa energia que possuíam.

Ao longe eu avistava distintas construções, desde as mais simples até as mais majestosas, tudo em sintonia. Nada era grandioso demais ou diminuto demais, todas seguiam uma harmoniosa complementação. E todos ali transpareciam viver em sublime alegria.

Admirado com o que ia encontrando, parei por alguns instantes a apreciar um magnífico riacho de águas calmas, tão iluminado, que parecia nascer diretamente dos jardins de Deus. Tinha pequenas quedas d'água e circundava agradáveis praças, sempre bastante floridas. O som de suas águas, acompanhado do cântico dos pássaros, criava uma aconchegante melodia, convidando-me a reclinar na vistosa grama.

Toda e qualquer sensação ou desconforto que possuía no corpo físico, simplesmente havia desaparecido. Sentia-me mais alegre e vibrante do que nunca. Encontrava-me em perfeita disposição.

Gentilmente convidado pelo amigo Balthazar a prosseguir, seguimos até uma deslumbrante praça, a qual parecia trazer-me lembranças pouco a pouco, revivendo lentamente a sensação de estar de volta ao lar. Lar tão acolhedor, minha tão abençoada Morada Renascer. Morada que tanto me auxiliara e carinhosamente me acolhera. O querido lar de companheiros tão iluminados, cintilante morada de irmãos valorosos, sublimes e abençoados irmãos em Deus. E lar de carinhosas famílias de espíritos, unidas e sustentadas pelos eternos laços de amor. Laços que se perpetuam e estendem ao infinito, formando uma verdadeira família universal de espíritos que se amam e completam.

E foi com esse pensamento que fui mais uma vez surpreendido quando vi diante de mim o semblante jubiloso dos queridos amigos que vinham receber-me: Cássius, Balthazar e Esaú, o qual em mais alguns anos preparar-se-ia para iniciar por mim uma abençoada missão, o que eu humildemente espero um dia ser digno de retribuir-lhe, que é fazer vir a lume esta minha íntima história e assim, através dela, poder demonstrar que se nos despojarmos dos sentimentos inferiores que nos aprisionam e nos empenharmos, de coração, vivenciando os abençoados ensinamentos cristãos, seremos capazes de fazer brilhar nossa verdadeira luz interior.

Também estavam ali presentes o querido padre Antônio, José, Madalena, Júlio, Matilda, enfim muitos outros amigos, inclusive instrutores que no passado tanto me auxiliaram. Além do querido amigo que me despertara enorme gratidão ao permitir-me participar de sua abençoada transformação, meu amado irmão Thomás.

E por fim, aqueles que, ao ver, não contive as lágrimas e entrei em profunda emoção. Louvado seja Nosso Senhor por permitir que eu vivenciasse tamanha felicidade ao identificar a presença deles. Feito uma comovida criança, comecei a chorar quando vislumbrei diante de mim, de braços abertos e com a ternura de sempre em seus corações, meus tão amados pais, Cláudio e Elisa. Os abençoados servos de Jesus, que tanto me ensinaram e me acolheram como seu amado filho.

Mais uma vez estávamos unidos e todo o meu ser vibrava de imensa alegria. Alegria por ser tão amado e por Deus permitir-me encontrar companheiros que eu carinhosamente levaria no íntimo de meu espírito e em meu coração. E abraçando-os, sem conter as lágrimas, roguei a Deus que derramasse suas eternas bênçãos sobre todos nós, suplicando-Lhe que sempre nos sustentasse no caminho do bem, envolvendo-nos em Seus sublimes braços paternais, guardando-nos de todo mal e iluminando-nos para que repousássemos em Sua bondade.

Enfim, eu estava mais vivo do que nunca e sentia-me inteiramente feliz, pois sabia que havia retornado para casa. Nossa verdadeira casa.

A vida não cessa, ela apenas se renova a cada dia. Cabe a nós aproveitarmos as valiosas oportunidades que temos, para desempenhar o nosso melhor diante de cada tarefa. E fazer de cada instante um novo recomeço. Um novo caminho a seguir. Uma grande oportunidade de realizar uma importante transformação no que realmente somos. Procurando seguir os caminhos da bondade, da simplicidade, da humildade e da caridade. Despojemo-nos de tudo o que dificulta nosso avanço e impede-nos de realmente reconhecer Deus. Somente assim seremos capazes de encontrar e fazer brilhar nossa verdadeira luz interior. A sublime luz que vive e sempre viverá em cada um de nós. A envolvente luz do amor. A eterna luz do Cristo!

FIM

O Reencontro

No silêncio da madrugada, um grito selvagem subitamente ecoa pelos corredores desertos de um hospital, onde imediatamente se instala um grande tumulto. Correria, vozes alteradas, imprecações, pavor, ódio, medo e insegurança logo tomam conta do ambiente. Este é o terrível drama da insanidade mental. Analisado aqui, sob a ótica espiritual, vamos encontrar a personagem Lorraine sofrendo um pungente resgate cármico. Sua trajetória é sofrida, dolorosa, e reflete o mesmo drama vivido por muitas pessoas. Enclausurada em si mesma e ligada a poderosas raízes maléficas, cuja origem está em um passado sombrio, inconsequente e delituoso, ela foi diagnosticada pela Medicina convencional como sendo uma paciente psicótica. A enfermidade insidiosa que desencadeou todo esse processo, conduzindo-a gradativamente ao desespero e à loucura, é considerada incurável. Lorraine deixou de viver uma vida comum: a saudável existência familiar e profissional foi totalmente destruída; ela está condenanda a um mundo caótico, alienante, e sem quaisquer esperanças. Mas quando tudo parecia irremediavelmente perdido, e o desânimo já havia se instalado em todos aqueles que a amavam, uma intervenção magnânima do Alto entra em ação, delimitando nos anais do tempo o término desse resgate.

Atuando no destino de Lorraine, no momento preciso, a Lei Maior a liberta de todas as dores e sofrimentos, facultando-lhe a completa assimilação da experiência espiritual salutar e fecunda. Então, descortina-se para ela um novo porvir espiritual. O percurso dessa inapelável e dolorosa expiação, bem como o seu difícil mas triunfante final, com toda certeza, irá emocionar o leitor, fazendo-o refletir profundamente sobre a inesquecível máxima de nosso Nazareno Mestre: "A semeadura é livre, porém a colheita é obrigatória".

SOB A LUZ DA REDENÇÃO
foi confeccionado em impressão digital, em maio de 2018
Conhecimento Editorial Ltda
(19) 3451-5440 — conhecimento@edconhecimento.com.br
Impresso em Super Snowbright_b 70g. - Hellefoss AG